高等教育秘书学专业本科系列教材
中国高等教育学会秘书学专业委员会组编

SECRETARY SCIENCE

秘书写作实训

MISHU XIEZUO SHIXUN

主　编　郝学华
副主编　蒋艳丽　杨正刚
参　编　许心宏　邢红静　杨　红

北京师范大学出版集团
BEIJING NORMAL UNIVERSITY PUBLISHING GROUP
北京师范大学出版社

图书在版编目（CIP）数据

秘书写作实训 / 郝学华主编. —北京：北京师范大学出版社，
2018.1（2024.8 重印）

高等教育秘书学专业系列教材

ISBN 978-7-303-22569-9

Ⅰ. ①秘… Ⅱ. ①郝… Ⅲ. ①公文－写作－高等学校－教材 Ⅳ. ①H152.3

中国版本图书馆 CIP 数据核字（2017）第 155527 号

教材反馈意见　　zhijiao@bnupg.com
营销中心电话　　010-58802181　　58805532
编辑部电话　　010-58808077

MISHU XIEZUO SHIXUN

出版发行：北京师范大学出版社　www.bnupg.com
　　　　　北京市西城区新街口外大街 12-3 号
　　　　　邮政编码：100088
印　　刷：唐山玺诚印务有限公司
经　　销：全国新华书店
开　　本：787 mm×1092 mm　1/16
印　　张：23.25
字　　数：520 千字
版　　次：2018 年 1 月第 1 版
印　　次：2024 年 8 月第 3 次印刷
定　　价：57.80 元

策划编辑：易　新　　　责任编辑：陈　倩
美术编辑：焦　丽　　　装帧设计：焦　丽
责任校对：陈　民　　　责任印制：陈　涛　赵　龙

出版序言

本套教材是中国高等教育学会秘书学专业委员会（以下简称"秘书学专业委员会"）组织编写的第一套秘书学专业本科教材。

"秘书学专业委员会"于 1982 年 12 月创办，1990 年 9 月正式成立，原称"中国高教学会秘书学会"，是经过民政部核准注册的国家二级学会。全国性社会团体清理整顿工作后，于 2004 年 4 月正式更名为现称，为中国高等教育学会分支机构——"学科"专业委员会，我国秘书界唯一的全国性社团学术组织。

"秘书学专业委员会"通过广泛开展学术交流与研讨活动，在全国尤其是在高等院校有较大影响。随着秘书学学科建设与专业教育发展的需要，申请秘书学专业加入国家教育部本科目录的问题逐步提上日程。

教育部于 1997 年进行修订的《普通高等学校本科专业目录》颁布之后，"秘书学专业委员会"在北京召开的"1999 年学术研讨会"上，围绕"21 世纪高等院校如何提高教学质量，培养高素质秘书人才，以适应社会发展需求"的问题进行了深入研讨。与会专家、教授、学者一致认为，经过将近 20 年的秘书学研究和教学的探索与实践，我国高校设置秘书学本科专业的条件已具备，主要表现：一是秘书学科理论体系已逐步形成，二是秘书学专业教师和研究队伍已逐步建立，三是秘书学专业教学经验日趋丰富。所以，应该抓紧开展申办秘书学专业"入本"工作。当时因有一些同志认识不同，于是会议就此展开了热烈深入的讨论，最后大家统一了认识：秘书学专业必须设置本科层次，甚至发展到硕士、博士的层次，这是社会发展的需要。教育部高教司刘凤泰副司长应邀出席了这次研讨会并讲了话，他对会议决定申办秘书学专业"入本"工作表示支持，当即表态说让"秘书学专业委员会"提交文字报告。当"秘书学专业委员会"向教育部提交了申办秘书学专业"入本"的书面报告之后，教育部在 2004 年调整高等学校本专科目录时，在教育学门类职业教育种类的"本科专业目录"之外增加了"文秘教育"专业，代码为"040335W"，属于师范教育。原因是，为了适应经济社会发展对秘书人才的迫切需要，教育部已批准在"本科专业目录"之外的专科层次增设了"文秘"专业，主要在高职高专中招生。这次调整在"本科专业目录"之外增加"文秘教育"专业，主要是为了解决"文秘"专业师资问题。当然，这对于秘书学学科建设与专业教育的发展也同样起到了一定的推动和促进作用，但仍然不能够满足秘书学专业建设与发展的需要。这是"秘书学专业委员会"首次申办秘书学专业"入本"的情况。

2010 年 3 月，教育部自改革开放以来第四次对《普通高等学校本科专业目录》的修订开始启动。"秘书学专业委员会"抓住机遇，再次向教育部提交了申请秘书学专业"入本"的书面报告。2011 年 4 月，教育部把秘书学专业正式列入新修订的《普通高等学校本科专业目录》进行公示，第一次把"秘书学"定位为"文学"类属下与"汉语言文学"并列的二级学科，代码为"050107T"，并于 2012 年颁布实施。此前的教育部本科目录在教育学门类中把"文秘教育"作为目录外本科专业列入其中，这次修订，"文秘教育"在教育学门类内已被撤销。

秘书学专业进入国家教育部正式颁布的《普通高等学校本科专业目录》，标志着历经 30 年的中国秘书学"学科"的正式确立，也预示着中国秘书学界春天的到来。

面临秘书学专业"入本"之后的新形势和新任务，为了集思广益，商讨对策，解决实际问题，"秘书学专业委员会"及时在京举办了"秘书学本科专业学科建设座谈会"。会议一致认为，解决好秘书学专业本科教材和师资问题是当务之急。

自从"秘书学专业委员会"于 1990 年正式成立迄今，有不少院校已自行编辑出版了秘书学本科教材，这些教材在推动秘书学专业发展和秘书学学科建设方面做出了重要贡献。而"秘书学专业委员会"到底需要不需要直接组织编写秘书学专业的本科教材？有个别领导认为，仅在秘书学专业"入本"前后，市场上就已经出版了不少本科教材，不需要再费力组编。但是，"秘书学专业委员会"的委员们经过认真讨论最后统一了意见。大家一致认为：当前现有本科教材的实际状况，已不适应"入本"后秘书学学科建设和专业教育发展的需要，根据"秘书学专业委员会"的宗旨与业务范围，应该勇于担当，组织编写一套秘书学专业本科教材，并引领秘书学学科发展的方向，这也是义不容辞的责任和义务。而如何着手组织编写？经过研究决定，先行展开调研，以便结合实际，做到有的放矢，编写出适用的精品教材。

据此，"秘书学专业委员会"自 2013 年 1 月开始，展开了深入细致的调研工作。为了做好调研工作，成立了以第一副会长郭长宇为组长，教育部高教司原副司长刘凤泰为常务副组长，以及其他有关领导成员参加的调研工作小组，并邀请国防大学基本系原主任孟进鸿将军、总参工程兵部办公室原主任郑德源大校、北京师范大学侯玉珍教授、北京联合大学应用文理学院周文建教授、北京联合大学师范学院张东昌教授等参加调研。直至 2015 年 1 月，经过两年来的多轮调研和反复论证，并几易其稿，做出了《秘书学专业本科人才培养方案》，确定了基础课、专业课和实践课的课程，在此基础上才开始着手组织编写这套本科教材。

为了加强这套教材的编写工作，"秘书学专业委员会"经 2014 年 9 月 16 日会长办公会议通过，成立了以时任名誉会长、教育部原国家督学郭长宇为主任，教育部高教司原副司长、高等教育教学评估中心原主任刘凤泰为常务副主任，以及常务理事会成员组成的"中国秘书学专业本科教材编审委员会"（后决定吸收参编院校的领导参加）。"编审委员会"几经讨论，认真准备，"秘书学专业委员会"于 2015 年 5 月 15 日以"中高秘〔2015〕12 号文件"发出了《关于征集秘书学本科专业教材参编院校与参编个人的通知》，开始了本套教材的编写工作。

本套教材编写的指导思想：坚持以马列主义、毛泽东思想、邓小平理论、"三个代表"重要思想、科学发展观和习近平总书记有关重要讲话的精神为指导，结合实际，编辑出版本套秘书学本科专业教材。

本套教材编写的基本原则：集体组织，自愿参编；统筹安排，民主决策；主编负责，分工合作；严格程序，确保质量；按时完稿，力出精品；既出成果，又出人才。

本套教材编写的具体要求：坚持质量第一，对教材中的基本概念、理论的表述，力争准确、简明，语言通俗、流畅。

本套教材编写队伍的组成：由热爱秘书事业，积极参加秘书活动，从事秘书学教学、科研工作，实践经验丰富，学术造诣较深，开拓进取，善于团结合作，乐于奉献的人员组成。

本套教材编写的主要内容：本套教材涵盖了基础课教材、专业核心课教材和实践课教材三大类，其中包括：《秘书学概论》《中国秘书史》《秘书应用写作》《秘书写作实训》《秘书实务》《秘书文档管理》《秘书文化导论》《秘书心理学》《秘书礼仪》《办公数字化》《速记与速录》《领导科学》《管理学原理》《形式逻辑》《古代汉语》《现代汉语》《基础写作》《中国文学简史》共 18 本。每本教材按照满足学生自主学习，教师可翻转教学，师生共筑快乐课堂的目标而设置，不仅配有数字化资源、思考题答案、参考资料，而且有丰富的知识链接、章节说课链接等，可用来建设微课、慕课教学，供授课教师教学参考之用。

本套教材编辑出版的意义：第一，这套教材是"秘书学专业委员会"组编的第一套秘书学专业本科教材，属于集体行为，是在秘书学专业"入本"之后进行深入调研的基础上确立的本科人才培养方案，所以，它适应秘书学学科发展和秘书学专业人才培养的需要。第二，"秘书学专业委员会"组编的这套教材，是在深入调研的基础上，汇集全国秘书学界的精英，实行编审委员会集体领导下的主编负责制，并选择了"老、中、青"相结合的参编方案，所以，教材的质量是毋庸置疑的，是能够适应市场需要的。第三，这套教材汇总了多年来秘书学学科创建发展的成果，而且要求能够引领今后学科发展的方向，同时贯彻落实习近平总书记的有关重要讲话精神，体现新的执政理念，所以，编辑出版这套本科教材具有重要的历史意义和现实意义。

本套教材的特色：基于秘书学具有交叉学科的特性，本套教材在编写过程中，力争突出秘书学专业独特性、完整性、综合性和时代性的特色。所谓"独特性"，是指它的研究对象和内容与其他学科专业不同，是"研究秘书（个体）、秘书机构（群体）和其动作（秘书工作）规律，以及秘书学本身发展规律的一门科学"。所谓"完整性"，正如苏联学者拉契科夫所说，"每门科学总是以建立统一的、逻辑严密的、关于周围世界某一方面的知识体系为前提的"，秘书学也不例外，同样要形成自己完整的知识体系和统一的、逻辑严密的学科专业体系。所谓"综合性"，主要体现在以下两个方面。一方面体现在秘书工作的性质上，即秘书工作是一种综合性的工作；另一方面体现在秘书学科自身的特征上，即交叉学科的综合性。所谓"时代性"，从 20 世纪 70 年代开始的信息革命正给人类文明带来前所未有的影响和挑战，在信息革命中出现的数字化、智能化和网络化的大趋势正改变着现代人政治、经济、文化各方面的活动面貌。因此，秘书学的理论体系必须符合时代的特征，要重视引进信息革命所形成的各种适合于我国国情的先进理论，来充实和完善秘书学自身的理论内容，以保证秘书学理论体系的不断更新，这也是中国秘书学自身发展的必然要求。

本套教材的创新：以教育部教改的新精神为指导，进行教学内容的改革和教材新体系建设，改变传统的教学模式，建立具有个性化特征，适于教师教学、学生自主学习，注重学生创造性思维与创新能力培养的立体化教材；区别于已经出版的其他秘书学专业教材，更不等同于"文秘专业"高职高专教材。它拓宽了研究方法和视野，并注意从感性认识中概括出新观点，从实践中提升新理论，善于选用新案例、新数据、新材料，推陈出新，推进秘书学学科应用理论系统化的建立。不仅教学内容、教学方法与手段体现了教学改革的新精神，而且案例新、数据新、材料新，充分体现了专业的最新发展及学科优秀科研成果；较之于同类教材更适合教学的需要，具有鲜明的特色和优势，突出信息数字化，弥补了现有教材教案刻板、表现形式单一等不足。同时，考虑到秘书学交叉学科的特性，使其在人才培养的目标定位、质量内涵等方面不可避免地会产生模糊性的特点，该教材在内容的选材、概念的界定、体系的完整等方面坚持不可替代性原则。本套教材坚持了研究成果进教材，注重在学科交叉领域开拓秘书学理论的新观点。

总之，这套秘书学专业本科教材是"秘书学专业委员会"的集体成果，是秘书学界所有关心支持这一工作的领导、参编人员和诸多同仁的智慧结晶。而且，经过认真比对，最后确定了与北京师范大学出版集团合作编辑出版这套教材。通观这套秘书学专业本科教材的特点，它具有科学性、知识性、新颖性及趣味性等诸多优点。由于受作者水平限制，而且编写时间过紧，书中难免有诸多不足之处，因此诚恳希望广大师生、同行专家与学者们批评和赐教。

让我们更加紧密地团结在以习近平同志为核心的党中央周围，务实苦干，攻坚克难，同心协力，使这部教材成为具有当代水平的精品，为提高秘书学专业的教学质量，为中华民族的伟大复兴做出贡献！

高等教育秘书学专业本科教材编审委员会

致读者

亲爱的读者朋友：

　　您好！

　　作为长期从事秘书学专业"秘书写作"类课程教学的一线教师，我们一直困扰于秘书应用写作的实训教学问题，如是否需要设置单独的秘书应用写作实训课程，安排多少课时的实训，如何开展秘书应用写作的实训教学活动，如何能够切实提高学生的秘书应用写作能力，等等。通过多年的教学实践，我们认识到：第一，秘书应用写作作为一项专业技能，必须经过长期的系统训练（指包括写、评、改等必要环节的完整训练）才可以培养出来，单一的理论讲授和少量的练习是远远不够的；第二，秘书应用写作的实训教学理应在仿真的情境训练中展开才更为有效，闭门造车式的训练解决不了能力培养和提升的根本性问题；第三，秘书应用写作的实训教学是一项系统工程，理应从高层次专业人才培养的视角进行全盘规划，形成一套符合秘书学专业本科人才培养实际的教学体系。正是基于这些认识，我们认为：编写一本《秘书写作实训》教材是非常必要而急迫的，而且这一教材应当既可以作为"秘书写作"类教材的配套教材、补充教材，也可以作为秘书写作实训教学的基本教材，以及学生自主学习的自学教材。

　　于是，当我们接受了《秘书写作实训》教材的编写任务后，我们既兴奋又紧张：为有机会呈现自己的教学心得而兴奋，为才疏学浅而恐力有未逮而紧张。为了编好这本教材，不负诸位前辈及出版社的委托，我们在编写中努力贯彻如下原则：

　　其一，稳中求新的原则。我们一方面充分借鉴、整合国内同类教材中的案例教学、情境模拟教学、互动式教学等教学模式，另一方面强化在训练文种的审定、材料与案例的选用、团队训练、评价反馈、视野拓展、思路开拓等方面的创新与革新，力争较为全面地呈现秘书实训教学领域的最新教研成果。

　　其二，系统高效的原则。教学效果是检验教学的最高标准，因此，我们在教材编写中致力于建构一套系统高效的实训教学体系，即将秘书写作中的常用文种分为8个大类共66个文种，而每一文种的训练均采用"情境植入—实训材料—讨论分析—任务与要求—实训总结—实训评价—拓展思考—案例分享—拓展阅读"的9环节训练法，以确保各类文种的训练都到位有效。

　　其三，务实开放的原则。教材编写注重符合社会实际、学生实际以及各个文种的应用实际，确保各项实训都能够满足学生今后工作的实际需要；同时，教材在拓展思考、案例分享、拓展阅读等构成要素的设计方面又具有一定的开放性，力图充分体现社会发展的现实需要以及未来趋势，给予学生更为开放、自由而进取的认识视角和视野。

为体现上述原则，我们在教材编写中采用了如下体例："情境植入"用以描述各个文种的实际应用场景及情形，提供一种真实的工作背景；"实训材料"用以提供文种训练的模拟情境，营造一种仿真的实训环境；"讨论分析"用以解决材料理解方面可能存在的问题，排除写作之前的认知障碍；"任务与要求"用以安排训练的具体事项，明确目标、分工、标准及规范性要求；"实训总结"用以点评习作完成情况，并有针对性地解决各种偏误；"实训评价"用以对习作进行量化分析和评判，有助于学生全面了解写作的得失；"拓展思考"用以开拓学生的认知视野和思路，让学生汲取具体文种应用的成功经验；"案例分享"用以展示具体文种应用的可能情境，让学生了解文种应用的发展趋势；"拓展阅读"用以为学生提供进一步学习和思考的基本资料；而每一单元最后的"综合实训"用以提供更多的训练题目，便于教师开展强化教学。这里需要特别说明的是，本教材选用的例文皆选自网络、报刊等，并对组织名称、人名、地名等进行了必要的匿名处理。

最后向您介绍一下本教材的编写团队：聊城大学的郝学华、兰州城市学院的蒋艳丽、安徽财经大学的许心宏共同商定了全书的纲目和体例，郝学华负责全书的统稿和修订工作。具体撰写分工如下：宁夏师范学院的杨正刚负责第一单元；许心宏负责第二单元的实训一、二、三、四；蒋艳丽负责第二单元的实训五、六，第五单元，第七单元；聊城大学的邢红静负责第三单元；四川民族学院的杨红负责第四单元；郝学华负责第六单元。同时，我们还要非常感谢《秘书应用写作》的主编张庆儒先生，他在纲目和体例方面所提出的宝贵意见，不仅促进了两本教材的相互衔接和配合，也提升了本教材的编写品质。当然，本教材的付梓，还要特别感谢中国高等教育学会秘书学专业委员会和北京师范大学出版社，感谢郝银奎副会长、路振文副会长的信任、理解和包容。在教材编写过程中，我们还请教了业界专家，并参阅了业内同行的相关成果，在此一并表示衷心的谢意。

切磋琢磨，砥砺精进，教材的编写过程既是一个自我反思、自我提升的过程，也是一个相互学习、相互借鉴的过程。在这一过程中，我们非常荣幸地结识了秘书学界的各位前辈专家学者，并得到了他们的不吝支持、理解和指导，也非常欣慰能有这样一个机会将自己的教学思考与各位分享，诚挚希望本教材能够有助于您真正有效地提高自己的应用写作能力和水平。同时，由于编者们的学识有限，本教材难免存在着一些问题和疏漏，我们热忱地欢迎您提出客观中肯的批评意见，以有助于本教材今后的不断完善。

编　者

本书使用指南

全书栏目

致读者

亲爱的读者朋友，

您好！

作为长期从事秘书写作专业"秘书写作"类课程教学的一线教师，我们一直困扰于秘书应用写作的教学问题，如是否需要设置单独的秘书应用写作实训课程，安排多少课时的实训，如何开展秘书应用写作的实训教学活动，如何能够切实提高学生的秘书应用写作能力，等等。通过多年的教学实践，我们认识到：第一，秘书应用写作作为一项专业技能，必须经过长期的系统训练（微包括写、评、改等各环节的完整训练）才可以培养出来，单一的理论讲授和少量的练习是远远不够的；第二，秘书应用写作的实训教学应在仿真的情境训练中提升才更为有效，闭门造车式的训练法解决不了能力培养和提升的根本问题；第三，秘书应用写作的实训是一项系统工程，理应从高层次专业人才培养的视角进行全盘规划，形成一套符合秘书学专业本科人才培养实际的教学体系。正是基于这些认识，我们认为，编写一本《秘书写作实训》教材是非常必要且迫切的，而且这一教材应当既可以作为"秘书写作"类教材的配套教材、补充教材，也可以作为秘书写作实训教学的基本教材，以及学生自主学习的自学教材。

于是，当我们接受了《秘书写作实训》教材的编写任务后，我们既兴奋又紧张：为有机会呈现自己的教学心得而兴奋，为对诸多难题力有未逮而紧张。为了编好这本教材，不负诸位前辈及出版社的委托，我们在编写中努力贯彻如下原则。

其一，稳中求新的原则。一方面充分借鉴、整合国内同类教材中的案例教学、情境模拟教学、互动式教学等教学模式，另一方面强化在训练文种的审定、材料与案例的选用、团队训练、进行视野拓展、思路开新等方面的创新与革新，力争使之为全面地呈现秘书实训领域的最新教研成果。

其二，系统高效的原则。教学效果是检验教学的最高标准。因此，在教材编写中致力于搭构一套系统高效的实训体系，即将秘书写作中的常用文种分为8个大类共66个文种，而每一文种的训练均采用"情境植入一实训材料一讨论分析一任务与要求一实训总结一实训评价一拓展思考一案例分享一拓展阅读"的9环节训练法，以确保各类文种的训练都到位有效。

其三，多元开放的原则。教材编写注重置符合社会实际、学生实际以及各个文种的应用实际，确保各文种都能够满足学生今后工作中的实际需要；同时，教材在拓展思考、案例分享、拓展阅读等内容要素的设计方面又具有一定的开放性，力图充分体现社会发展的现实需要以及未来趋势，给予学生更为开放、自由而进取的认识视角和视野。

> **致读者**：简要介绍本书的编写缘由、原则与体例，并说明编写团队及分工情况。

> **详细目录**：双层级的详细目录为你提供更具体的页码索引，并展示各单元所包括的具体文种。

主要参考文献

[1] 杨熙. 公文写作规范与例文解析(第二版). 北京：北京大学出版社，2013.
[2] 刘伟作. 公文写作中最常见的100个错误. 北京：中国人民大学出版社，2015.
[3] 韦红宁，庄小彤. 商务文秘写作实训教程. 北京：北京交通大学出版社，2011.
[4] 马正平. 高等文体写作训练教程(下册) 实用文体写作. 北京：中国人民大学出版社，2002.
[5] 朱行璧. 写作思维学. 北京：人民出版社，2007.
[6] 王素柜. 新编大学应用写作. 北京：中国社会出版社，2011.
[7] 朱志荣. 秘书应用写作. 大连：大连理工大学出版社，2012.
[8] 张文英. 新编应用写作教程. 天津：南开大学出版社，2010.
[9] 徐望驾，詹昌平，司马晓莹. 应用写作教程. 西安：西安交通大学出版社，2013.
[10] 杨元申，孟金蓉，等. 秘书写作. 上海：复旦大学出版社，2001.
[11] 柳宏，丁晓昌，杨剑宇. 秘书写作. 北京：高等教育出版社，2011.
[12] 郭华. 秘书写作(第三版). 北京：高等教育出版社，2014.
[13] 杨文丰. 秘书应用写作. 北京：高等教育出版社，2015.
[14] 郭艳婷，王瑞玲. 现代秘书通用写作. 北京：北京大学出版社，2012.
[15] 卢如华. 新编秘书写作(第二版). 北京：高等教育出版社，2015.
[16] 陈江艳. 电子公文写作训练教程. 北京：高等教育出版社，2009.
[17] 谢亦森. 大手笔是怎样炼成的(理论篇). 长沙：长江文艺出版社，2013.
[18] 刘永红. 商务策划实务(案例教学). 北京：机械工业出版社，2012.
[19] 刘建明，张明根. 应用写作大百科. 北京：中央民族大学出版社，1994.
[20] 石大宇. 应用写作. 成都：西南财经大学出版社，2013.
[21] 施新. 商务文书写作：要领·技巧·最新例文. 北京：中国纺织出版社，2010.
[22] 冯瑞珩，卢颖，蔷薇立. 商务文书写作与处理(第三版). 北京：中国人民大学出版社，2012.
[23] 周虔玲. 商务文书写作实务. 北京：机械工业出版社，2012.
[24] 张春宝，吴珠林. 商务经济应用写作. 太原：山西经济出版社，2007.
[25] 张小系. 实用商务文书写作(第二版). 北京：首都经济贸易大学出版

> **主要参考文献**：提供与本书相关的文献，方便读者扩大阅读范围，进一步探究相关理论，获取知识。

章前栏目

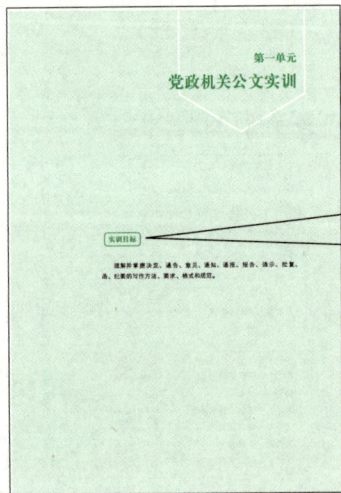

实训目标：介绍每个实训单元的基本内容及应当达成的训练目标。

结构图：立体化呈现各实训单元所包括的具体文种及其关联。

章内栏目

拓展思考：提供最新的文种应用资料，深化你对相关文种的认识和理解。

情境植入：源于实际的工作案例及场景，使你迅速进入写作情境。

实训材料：介绍和说明实训的具体场景条件，使你熟悉写作背景信息。

讨论分析：帮助你明确不同文种的适用范围、写作要求与注意事项等。

任务与要求：指明写作实训任务和具体要求。

实训总结：结合讨论分析和写作实际情况说明各文种的写作要点。

案例分享：丰富多样的个案，使你领悟各文种的写作规范和要求，及其功能和价值。

实训评价：提供写作评价的具体标准，便于你找到存在的问题和差距。

拓展阅读：提供相关参考文献，使学有余力的你可以深入思考和探究。

章后栏目

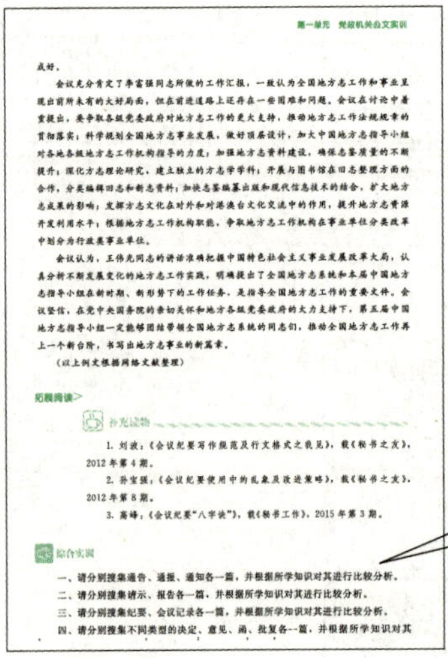

综合实训：为你提供更为多样化的训练题目。

目　录

党政机关公文实训

实训目标

理解并掌握决定、通告、意见、通知、通报、报告、请示、批复、函、纪要的写作方法、要求、格式和规范。

结构图

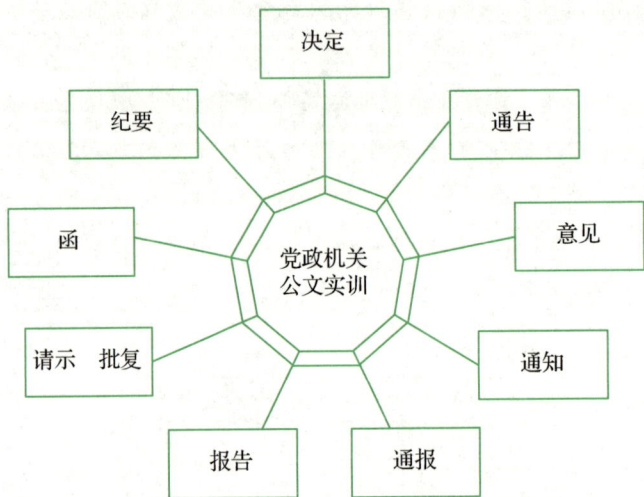

实训一
决定

🎯 情境植入

　　2013年，××市金融系统紧紧围绕市委、市政府的战略发展目标，认真贯彻落实中央和省委、省政府关于金融工作一系列重大决策部署，着力加快金融改革发展步伐，不断提升金融服务水平，优化金融生态环境，金融工作取得明显成效。金融业对地方财政收入贡献××亿元，增长×％，占地方财政收入的7.8％，为全市经济和社会发展做出了重要贡献，涌现出了一批先进集体和先进个人。为表彰先进，树立典型，充分调动全市金融系统干事创业的内在动力和活力，市政府决定，授予市金融办等20家单位"金融工作先进集体"称号，授予彭××等65名同志"金融工作先进个人"称号。

🏆 实训材料

　　材料一：2015年，××县在全县开展了"焦裕禄式"好干部评选活动，经过单位上报、媒体公布和评委打分等环节，最终评定董××等10名同志为"焦裕禄式"好干部。

经县委、县政府研究，决定授予董××等 10 名同志××县"2015 年度'焦裕禄式'好干部"称号，并号召全县干部向他们学习。

材料二：小张是××大学××系 2013 级学生，入学以来，学习态度消极，经常旷课，并多次打架斗殴。2014 年 10 月 15 日，小张因盗窃同学笔记本电脑、手机等物品，被学校给予留校察看一年的行政处分。处分期间，小张不思悔改，在 2014—2015 学年第二学期期末××××专业课考试期间，携带复习资料作弊，并协助其他同学作弊，被发现后不但不听监考老师的劝阻，而且态度蛮横、恶语相向，严重扰乱了考场秩序。

讨论分析

1. "材料一"是一份什么类型的决定？主要内容应包括哪些？

2. "材料二"中小张应受到何种处分？该公文主要内容应包括哪些？

3. 除了上述情况，还有什么时候需要使用"决定"文种？

任务与要求

任务一：根据上述两则材料，分别制作公文。

要求：文种准确，要素齐全，结构合理，格式规范，表述得体。

任务二：以"决定的适用范围"为题，课堂讨论交流。

要求：1. 以小组形式讨论，每组 4～6 人；2. 讨论结束形成记录稿，每组选一人作为代表，进行课堂汇报。

实训总结

上述两篇需要完成的公文都属于奖惩性决定，一篇属于表彰性决定，另一篇属于处分性决定。

决定，适用于对重要事项做出决策和部署、奖惩有关单位和人员、变更或者撤销下级机关不适当的决定事项。此外，建立、修改某项法规，贯彻、落实某项法律，对事关全局的重大行动做出决策等情形，同样需要使用决定来行文。

决定的构成要素主要包括标题、主送机关、正文和落款。

标题。一般由发文机关、发文事由（事由前加"关于"两字）和文种三项要素组成，以示郑重。如果是会议通过的决定，还需在标题下小括号内标明决定通过的时间和会议名称。

主送机关。奖惩性决定因在一定范围内发送，所以可有主送机关；如果是周知、普发性文件，也可不写主送机关。

正文。表彰性决定的正文部分主要包括行文依据(叙述先进事迹)、决定事项(写明表彰决定和项目)和希望号召(提出希望或发出号召向先进学习)。处分性决定的正文部分主要包括行文依据(叙述错误或事故的基本事实)、决定事项(写明处分依据和结果)和希望号召(希望引以为戒)。处分性决定分党纪处分和行政处分两种，这两种处分必须分别行文，不能混为一体。如果同一违纪人员，既要给予党纪处分又要给予行政处分，要分别制作"党纪处分决定书"和"行政处分决定书"。

落款。标明发文单位和成文日期。发文单位应为规范化全称，与加盖公章上的名称完全一致；成文日期应使用阿拉伯数字，如"2016年1月12日"。

需要特别注意的是，发文机关级别较高的决定，通常会成为较大范围内、较长时期间需要认真贯彻和执行的纲领性文件，如中国共产党十八届三中全会、四中全会先后研究通过的《中共中央关于全面深化改革若干重大问题的决定》和《中共中央关于全面推进依法治国若干重大问题的决定》，就是指导我国今后较长一段时期内全面改革发展的纲领性文件，是制定相关文件的重要政策基础和文件依据。

实训评价

决定写作实训评价表

评价项目	比重	评价内容	评价标准				自我评分	小组评分	教师评分
			优	良	中	差			
内容要素	50	缘由：充分、准确、合理	10		5				
		事项：真实、具体、明确，	20		10				
		详略得当，点面结合	10		5				
		结语：必要、规范、精当	10		5				
形式要素	30	版头：齐全、规范	2		1				
		标题：准确、简练、规范	5		2				
		主送机关：必要、规范	2		0				
		正文：主题明确，结构完整，格式规范，表述确切	10		5				
		附件：必要、齐全、规范	3		1				
		落款：齐全、规范	5		3				
		版记：齐全、规范	2		1				
		页码：必备、规范	1		0				
文种	5	正确、得体	5		3				
语言	15	准确、简练、规范	15		8				
合计	100								

拓展思考

党的十八届三中全会后，中央即着手研究和考虑党的十八届四中全会的议题。党的十八大提出了全面建成小康社会的奋斗目标，党的十八届三中全会对全面深化改革做出了顶层设计，实现这个奋斗目标，落实这个顶层设计，需要从法治上提供可靠保障。

党的十八大提出，法治是治国理政的基本方式，要加快建设社会主义法治国家，全面推进依法治国；到2020年，依法治国基本方略全面落实，法治政府基本建成，司法公信力不断提高，人权得到切实尊重和保障。党的十八届三中全会进一步提出，建设法治中国，必须坚持依法治国、依法执政、依法行政共同推进，坚持法治国家、法治政府、法治社会一体建设。全面贯彻落实这些部署和要求，关系加快建设社会主义法治国家，关系落实全面深化改革顶层设计，关系中国特色社会主义事业长远发展。

法律是治国之重器，法治是国家治理体系和治理能力的重要依托。全面推进依法治国，是解决党和国家事业发展面临的一系列重大问题，解放和增强社会活力、促进社会公平正义、维护社会和谐稳定、确保党和国家长治久安的根本要求。要推动我国经济社会持续健康发展，不断开拓中国特色社会主义事业更加广阔的发展前景，就必须全面推进社会主义法治国家建设，从法治上为解决这些问题提供制度化方案。

改革开放以来，我们党一贯高度重视法治。1978年12月，邓小平同志就指出："应该集中力量制定刑法、民法、诉讼法和其他各种必要的法律，例如工厂法、人民公社法、森林法、草原法、环境保护法、劳动法、外国人投资法等等，经过一定的民主程序讨论通过，并且加强检察机关和司法机关，做到有法可依，有法必依，执法必严，违法必究。"党的十五大提出依法治国、建设社会主义法治国家，强调依法治国是党领导人民治理国家的基本方略，是发展社会主义市场经济的客观需要，是社会文明进步的重要标志，是国家长治久安的重要保障。党的十六大提出，发展社会主义民主政治，最根本的是要把坚持党的领导、人民当家做主和依法治国有机统一起来。党的十七大提出，依法治国是社会主义民主政治的基本要求，强调要全面落实依法治国基本方略，加快建设社会主义法治国家。党的十八大强调，要更加注重发挥法治在国家治理和社会管理中的重要作用。

党的十八大以来，党中央高度重视依法治国，强调落实依法治国基本方略，加快建设社会主义法治国家，必须全面推进科学立法、严格执法、公正司法、全民守法进程，强调坚持党的领导，更加注重改进党的领导方式和执政方式；依法治国，首先是依宪治国；依法执政，关键是依宪执政；新形势下，我们党要履行好执政兴国的重大职责，必须依据党章从严治党、依据宪法治国理政；党领导人民制定宪法和法律，党领导人民执行宪法和法律，党自身必须在宪法和法律范围内活动，真正做到党领导立法、保证执法、带头守法。

现在，全面建成小康社会进入决定性阶段，改革进入攻坚期和深水区。我们党面对的改革发展稳定任务之重前所未有、矛盾风险挑战之多前所未有，依法治国在党和国家工作全局中的地位更加突出、作用更加重大。全面推进依法治国是关系我们党执政兴国、关系人民幸福安康、关系党和国家长治久安的重大战略问题，是完善和发展中国特色社会主义制度、推进国家治理体系和治理能力现代化的重要方面。我们要实现党的十八大和十八届三中全会做出的一系列战略部署，全面建成小康社会、实现中华民族伟大复兴的中国梦，全面深化改革、完善和发展中国特色社会主义制度，就必须在全面推进依法治国上做出总体部署、采取切实措施、迈出坚实步伐。

基于这样的考虑，今年1月，中央政治局决定，党的十八届四中全会重点研究全面推进依法治国问题并做出决定。为此，成立由我任组长，张德江同志、王岐山同志任副组长，相关部门负责同志、两位省里的领导同志参加的文件起草组，在中央政治局常委会领导下进行文件起草工作。

1月27日，党中央发出《关于对党的十八届四中全会研究全面推进依法治国问题征求意见的通知》。2月12日，文件起草组召开第一次全体会议，文件起草工作正式启动。2月18日至25日，文件起草组组成8个调研组分赴14个省区市进行调研。

从各方面反馈的意见和实地调研情况看，大家一致认为，党的十八届四中全会研究全面推进依法治国问题并做出决定，意义重大而深远，符合党和国家事业发展需要和全党全国各族人民期盼。大家普遍希望通过这个决定明确全面推进依法治国的指导思想和总体要求，深刻阐明党的领导和依法治国的关系等法治建设的重大理论和实践问题，针对法治工作中群众反映强烈的突出问题提出强有力的措施，对社会主义法治国家建设做出顶层设计。

文件起草组在成立以来的8个多月时间里，深入调查研究，广泛征求意见，开展专题论证，反复讨论修改。其间，中央政治局常委会召开3次会议、中央政治局召开2次会议分别审议全会决定。8月初，决定征求意见稿下发党内一定范围征求意见，包括征求党内老同志意见，还专门听取了各民主党派中央、全国工商联负责人和无党派人士意见。

从反馈的情况看，各方面一致认为，全会决定直面我国法治建设领域的突出问题，立足我国社会主义法治建设实际，明确提出了全面推进依法治国的指导思想、总目标、基本原则，提出了关于依法治国的一系列新观点、新举措，回答了党的领导和依法治国的关系等一系列重大理论和实践问题，对科学立法、严格执法、公正司法、全民守法、法治队伍建设、加强和改进党对全面推进依法治国的领导做出了全面部署，有针对性地回应了人民群众呼声和社会关切。各方面一致认为，全会决定鲜明提出坚持走中国特色社会主义法治道路、建设中国特色社会主义法治体系的重大论断，明确建设社会主义法治国家的性质、方向、道路、抓手，必将有力推进社会主义法治国家建设。

在征求意见的过程中，各方面提出了许多好的意见和建议。中央责成文件起草组认真梳理和研究这些意见和建议。文件起草组对全会决定做出重要修改。

（节选自习近平：《关于〈中共中央关于全面推进依法治国若干重大问题的决定〉的说明》，载《人民日报》，2014 年 10 月 29 日第 2 版）

🔍 案例分享

《广西壮族自治区人民政府关于进一步加强统计工作的决定》（桂政发〔2014〕71 号）（以下简称《决定》）经 2014 年 11 月 12 日自治区十二届人民政府第 39 次常务会议审议通过，并于 2014 年 11 月 27 日正式发布实施。这是有史以来广西政府第一次以"决定"的文种行文对统计工作提出具体要求，在广西统计工作史上具有里程碑的重大意义。《决定》充分体现了政府高度重视统计工作的力度，顺应了当前统计改革的需要，明确了新时代各级各界对统计工作的新要求，也反映了广西统计工作者的呼声、诉求和期盼。《决定》充分体现了党的十八大以来的重要决策部署以及中央、自治区领导对新形势下统计工作提出的新的更高要求，同时，《决定》还建立了重大战略决策统计监测报告制度及其工作协调落实机制，落实了统计队伍建设和基层基础建设的保障机制，并明确提出了强化统计工作的保障机制和措施。

统计是经济社会管理和宏观调控的基础性工作。当前，随着经济社会的快速发展，统计单位数量显著增多，统计客体多元化、多层化、差异化特征日趋明显。广西政府出台的《决定》就如何做好新形势下的统计工作，贯彻落实党的十八大精神和习近平总书记提出的"一分部署，九分落实"等系列重要观点，回应社会公众的需要，推动广西统计科学发展有着十分重要的历史意义。

（根据网络文献整理）

拓展阅读＞

☕ 补充读物

1. 唐岳：《行政奖励（处分）决定的写作》，载《秘书》，2006 年第 9 期。

2. 邱相国：《决定的写作必须决而有据、定而可行、处而得法》，载《应用写作》，2010 年第 5 期。

3. 安忻：《谈处分性"决定"的规范写法》，载《办公室业务》，2011 年第 4 期。

实训二
通告

🎯 情境植入

为了保障公共安全，维护社会治安秩序，保护人民群众生命财产安全，××省人民政府根据有关法律法规的规定于20××年×月×日发布了《××省人民政府关于收缴非法爆炸物品的通告》（以下简称《通告》）。《通告》规定：凡未经国家有关部门批准，制造、买卖、运输、储存、使用的爆炸物品，都属于非法爆炸物品，必须彻底清理，全部收缴；严禁任何单位、组织和个人非法制造、买卖、运输、储存、使用炸药、雷管、导火索、黑火药、烟火药、硝酸铵、氯酸钾等各类爆炸物品；严禁任何生产、销售、储存、使用爆炸物品的单位违法违规生产、销售、买卖、运输、储存、使用爆炸物品；严禁转让、出借、转借、抵押、赠送、私藏民用爆炸物品；严禁任何单位、组织和个人将非法持有、私藏的各类爆炸物品存放在机关、厂矿、学校、企事业单位、居民区、村庄等人员聚集场所。《通告》要求：限期交出非法爆炸物品；逾期拒不交出非法爆炸物品或者继续从事涉爆违法犯罪活动的，一经发现，坚决收缴非法爆炸物品，并依法从重处罚。对于积极举报、包庇纵容、打击举报人等不同情形，《通告》还制订了相应的奖惩措施，并公布了举报电话。事实证明，这份通告在依法收缴流散社会的非法爆炸物品、依法严厉打击涉爆违法犯罪活动等方面发挥了非常积极的作用。

📋 实训材料

材料一：

2012年××省政府质量奖申报通告

根据《××省政府质量奖管理办法（2012年修订）》（×政办发〔2012〕77号）及《××省政府质量奖评审管理实施细则》（×质奖评委〔2012〕1号），现就申报2012年××省政府质量奖有关事项通告如下：

一、申报范围及原则

凡在××省行政区域内从事产品生产、工程建设、服务提供、环境保护的企业或其他组织（以下简称企业），符合基本条件的均可申报。鼓励先进制造业、战略性新兴产业、现代农业和服务业、节能环保产业等重点行业的龙头骨干企业以及成长性强的中小企业积极申报。

申报××省政府质量奖遵循公开、自愿与各市级政府推荐相结合的原则。申报及评审不收取任何费用。

二、申报基本条件

(一)在××省行政区域内注册登记并正常运营满5年(截至2011年12月31日，下同)以上；

(二)已获得市级政府质量奖(省属企业例外)；

(三)生产经营符合国家和本省有关法律法规、强制性标准和产业政策要求；

(四)实施卓越绩效管理满3年，2011年主要经济指标和社会贡献程度居省内同行业或同类型企业前列，技术、服务和质量指标达到国际先进水平；

(五)在鼓励员工创业创新，推进知识产权战略、标准化战略和品牌战略，提升自主创新能力，促进科技成果转化为现实生产力等方面，走在省内同行业或同类型企业前列；

(六)切实履行社会责任，依法诚信经营，具有良好的信用和社会声誉；

(七)近3年在各级质量安全监督检查中未出现不合格，无重大质量、安全、环境污染等事故，无因企业责任导致的顾客、员工、供方、合作伙伴和社会对其的重大有效投诉，无其他违反法律法规的行为。具体定性、定级按行业规定界定。

以集团名义申报的，其总部必须具备以上条件，其所有控股企业均要符合(三)至(七)项基本条件。

三、申报材料

(一)组织概述(简介)。内容要求见GB/Z 19579—2004附录B，字数限3000字以内。

(二)自我评价报告。对照GB/T 19580—2004的要求，从采用方法、工作展开和实施结果三个方面逐条用事实和数据说明实施卓越绩效的时间、过程、做法、成效和经验。

(三)《××省政府质量奖申报表》(以下简称《申报表》)，表式可登录××省质量技术监督政务网(http：//www.××.gov.cn/)下载。按《申报表》的格式和内容要求如实、完整填写。

(四)证实性材料。提供与《申报表》及自我评价报告内容相符的证实性材料；提供完整的组织机构图，层次至部门(处室)和车间一级，并标明地点及其职责。

上述(一)(二)(三)项需提供电子文档(光盘)和一式三份的书面材料(装订成册)；(四)项需提供一份书面材料(单独装订)。

四、申报方式及时限

1. 非省属企业申报材料报所在地市级政府质量奖评委会办公室(设在各市质监局质

量处）。

2. 省属企业申报材料报省国资委企业改革与发展处（电话：05××-8705××××）。

3. 申报截止期为 2012 年 8 月 20 日。

××省政府质量奖评审委员会办公室

2012 年 7 月 19 日

材料二：

××省教育厅、公安局关于维护校园及周围环境安全的通告

为了校园及周边环境的安定，依据《中华人民共和国治安管理处罚法》特通告如下：

1. 未经学校允许，无关人员不可随便进入学校。

2. 坚决打击、依法惩处对学校师生的生命和财产构成威胁的犯罪分子。

3. 任何单位和个人不准随便侵占学校土地及其附属设施。

4. 不准对学校的基础设施及校园进行破坏，如学校的道路、水源、教学设备等。

5. 禁止各种商贩在校园或校门口摆摊叫卖。

此通告在公布之日起正式施行，如有违反，将依法处置。

特此通告，望诸位悉予执行。

××省教育厅　公安局

××年×月×日

讨论分析

1. "材料一"是一份什么类型的通告？为什么？

2. "材料二"是一份什么类型的通告？为什么？

3. 除了上述情况，还有什么情况下需要使用"通告"文种？

任务与要求

任务一：请指出"材料二"在通告内容、行文方式及语言表达等方面存在的问题，并重新撰写一篇完整、规范的通告。

要求：文种准确，要素齐全，结构合理，格式规范，表述得体。

任务二：以"通告与公告"为题，课堂讨论交流。

要求：1. 以小组形式讨论，每组 4～6 人；2. 讨论结束形成记录稿，每组选一人作为代表，进行课堂汇报。

🔗 **实训总结**

　　通告，适用于在一定范围内公布应当遵守或周知的事项。它既适合国家机关、企事业单位，也适合社会团体在所辖范围内公布有关事项，一般可以通过张贴、见报等方式发布，也可以文件形式下达。通告为普发性公文，需要写主送机关。

　　通告主要分为以下三类：①知照性通告。知照性通告是公布需要有关单位和个人周知的某些事项的通告，如通告停电、停水、电话升位等。②办理性通告。办理性通告是公布要求有关单位和人员需要办理的事项的通告。要求办理的事项多为注册、登记、年检等公共行为。③禁管性通告。禁管性通告是公布一些令行禁止类事项的通告。令行禁止的事项一般为交通管制、查禁违禁物品等。

　　通告的使用不限于政府机关，一般单位或有一定指挥权的临时机构也可以使用，但必须依法发布，限定范围不能超过发文机关的权限。正因为它是各级机关、团体常用的具有周知性和一定约束力的文种，所以它具有以下四个特点：其一，周知性。通告的内容要求在一定范围内的人们或特定的人群普遍知晓，以使他们了解有关政策法令，遵守某些规定事项，共同维护社会公共管理秩序。其二，法规性。通告常用来颁布地方性的法规，这些法规一经颁布，特定范围内的部门、单位和民众都必须遵守、执行。其三，务实性。通告是一种直接指向某项事务的文种，务实性比较突出。其内容一般属于业务方面的问题，而且多为局部的、具体的问题，如交通、金融、能源等，使用频率比较高。其四，广泛性。通告不只是对本组织或成员发出的，而且是对本组织之外的社会成员发出的，对象范围较广。一般情况下通告是泛行文，党政机关、企事业单位、社会团体都可以使用；而行政系统中的通告是下行文，行文对象是上级机关所管辖的下级机关，或者整个辖区内的人民。

　　由于具体通告的行文对象不同，通告事项的性质、内容不同，在写作过程中通告内容的繁简程度和详略程度也都是有所不同的：当行文对象是下辖机关的时候，通告内容可以适当简化，因为机关内部的人对一些专业术语和名词，还有工作上的程序等都比较熟悉；当通告是面向社会而发时，内容就要明白具体，这样才能照顾到所有的行文对象，使他们都可以准确、明白地理解通告的内容。

　　通告的构成要素主要包括标题、发文字号、主送机关、正文和落款。

　　标题。通告的标题有四种写法：①完全式写法。这是公文标题的常规写法，由发文机关、事由、文种三者共同构成，如《××区交通管理局关于××区东中街施工期间禁止机动车由南向北行驶的通告》等。②省略事由的写法。此种标题由发文机关和文种构成，如《中华人民共和国公安部通告》等。③省略发文机关的写法。此种标题由事由和文种构成，如《关于清理整顿河道污染的通告》。④只标文种"通告"两字。

发文字号。通告的发文字号不像一般公文那样只用常规方式，在实践中有多种情况并存。如果是政府发布的通告，则要有正规的发文字号，如《××市人民政府关于整治市区人行道违章停放车辆的通告》，发文字号就是"市政告字〔201×〕×号"；如果是某一行业管理部门发布的通告，则可采用"第×号"的方式，标示位置在标题之下正中；而一些基层企事业单位发布的通告，可以没有字号。

主送机关。通告为普发性公文，一般不需要写主送机关。

正文。通告的正文共分三大部分：①通告缘由。作为开头部分，通告缘由主要用来表达发布通告的背景、根据、目的、意义，通过叙述相关的政策、法规依据或具体的实际情况来说明行文的原因。②通告事项。这是主体部分，写明社会有关方面周知或遵守的事项。文字多、内容较复杂的，多采用分条列项的写法，以做到条理分明、层次清晰。如果内容比较单一，也可采用篇段结合式写法。③通告结语。这是结尾部分，写法比较简单。禁管性通告多采用"本通告自发布之日（或'××××年×月×日'）起实施"，指明执行日期，而知照性通告和办理性通告则一般采用"特此通告""此告"等习惯用语结尾。

落款。正文右下方写明发文机关全称和成文日期。若标题上已有发文机关，则署名可省略；成文日期一般放在发文机关之下，也可放在标题之下。

通告写作需要注意的是：第一，通告的撰稿者要有政策观念，以政策衡量通告的事项，确保其不与现行政策抵牾，不搞不符合法律程序的"土政策"。第二，因为通告可以用来处理具有一定专业性的公务，所以写有关专业性的内容时，难免会使用一些术语，但要注意尽量选择大多数人都熟悉的行业用语。同时，也要求撰稿者有一定的专业知识。第三，通告的内容一定要明确、具体、突出，这样才能给人以深刻的印象。

实训评价

通告写作实训评价表

评价项目	比重	评价内容	评价标准				自我评分	小组评分	教师评分
			优	良	中	差			
内容要素	50	缘由：充分、准确、合理	10		5				
		事项：真实、具体、明确，	20		10				
		详略得当，点面结合	10		5				
		结语：必要、规范、精当	10		5				

续表

评价项目	比重	评价内容	评价标准				自我评分	小组评分	教师评分
			优	良	中	差			
形式要素	30	版头：齐全、规范	2		1				
		标题：准确、简练、规范	5		2				
		正文：主题明确，结构完整，格式规范，表述确切	12		6				
		附件：必要、齐全、规范	3		1				
		落款：齐全、规范	5		3				
		版记：齐全、规范	2		1				
		页码：必备、规范	1		0				
文种	5	正确、得体	5		3				
语言	15	准确、简练、规范	15		8				
合计	100								

拓展思考

在语体方面，通告一般要求简洁、明确、得体和平实。一方面，通告的目的在于使行文对象知道某个事项，以便其在以后的工作生活中注意或者遵守。比如，通知停电的通告，目的在于让行文对象了解何时何因停电，以便其合理安排生活。所以通告的语言要简洁明白，一目了然，使行文对象在最短的时间内了解这个情况。另一方面，通告是告知性的公文，只要求行文对象知道此事项，不做号召、鼓舞或者批评。因此，语言要求平实、得体，用最容易理解的书面语言把事项表达清楚即可，不需要把通告写得多么美妙。

通告的遣词造句技巧：①遣词方面。通告的目的在于简单明白地告知某事，因此其语言侧重明确，易理解。在行文中不能使用双关语或者容易产生歧义的语言，多使用词义单一的词语。在禁管性通告中，禁止、命令的语言要果决有力，让行文对象在字里行间体会出"绝不能这样做"的味道。②造句方面。通告在句式安排上，对如何使用长短句、整散句要斟酌清楚。短句和长句的修辞效果是有很大不同的：短句表意简约明快、灵活善变，在口语语体中经常使用；长句表意周密严谨、精确细致，在应用语体和政论语体中较多见。散句和整句也各有用处：散句形式多样，结构不同，所表达的内容比较灵活，适应性强，在公文中使用可以避免单调呆板，能使公文生动感人，口语语体中较常用；整句形式整齐，气势贯通，声音和谐，语意明确，可以表达丰富的情感，能给人以鲜明深刻的印象。因此，通告中使用散句时要克服其口语化特点，使用整句可以增加公文的美感。总之，在写作通告时，要充分运用短句，适当点缀长句；既有散句的参差不齐，又有整句的和谐完美，从而使通告语义连贯、错落有致、有条不紊。

通告与公告的区别：①发文机关级别不同。公告通常是由级别较高的领导机关，或者法定的有关职能部门等高级机关制发，普通单位不能用公告行文；而通告的发文机关很广泛，任何机关单位都可以制发。②发布内容不同。对国内外宣布具有重大影响的事件，才用公告，如国家首脑出访，在公海进行火箭试验等；而通告的内容就比较平常了，局部的有关业务工作方面的具体事项都可用通告。③告知对象不同。公告的范围对准国内外人士，而通告只对一定范围内的单位或人员。④发布方式不同。公告一般用发文件、登报、广播等方式；通告除了上述形式外，还可张贴。这里需要特别注意的是：法院公告是司法文书，不属于行政公文。

（根据网络文献整理）

🔍 案例分享

××卫视《爸爸去哪儿》的热播，带火了"爸爸光临地"的旅游，各地都想尽一切办法争取成为拍摄地。2015年，为保证《爸爸去哪儿》节目的正常拍摄，××省××县政府发布了一则通告：

关于确保××等地电视拍摄活动正常进行的通告

××卫视8月11日至13日在我县××等地拍摄大型电视宣传片，为确保拍摄活动正常进行，现将有关事项通告如下：

一、8月11日上午7点半至8月13日晚7时，省道S319××至××路段实行交通管制，禁止车辆通行，所有车辆绕道行驶。

二、××街上以及××至××、××公路沿线禁止车辆停靠。违者，一律抄牌并强行拖车。

三、电视拍摄期间，××大园村实行封村，无关人员严禁进入村庄；本村村民一律凭身份证、户口本出入。严禁本地村民留宿非本村人员（含在外工作的大园籍人员）。严禁村民及其他人员围观拍摄现场，严禁用手机、照相机、摄像机摄影摄像，严禁发微信。

四、电视专题片的拍摄是宣传推介××、发展××旅游的一项重要举措，希望全县广大人民群众理解支持配合。凡不听劝阻，违反通告要求的，现场执勤干警有权当场处置，情节严重的坚决依法予以治安处罚；涉嫌犯罪的，坚决依法追究刑事责任。

××县人民政府

2015年8月10日

××县人民政府发这份通告的出发点是好的，为了保证节目的正常拍摄，推动当地的旅游，发展当地的经济，该县政府下足了功夫。但此通告一经发布，即引起了当地群众的不满，与此同时也引发了网友的广泛热议，差点将好事变成坏事，××县人民政府的形象大受影响，也因此付出了较沉重的代价。这篇公文问题究竟出在哪里？

作为行政工具，公文由三个要素构成，即主旨、依据和分旨。公文的主旨是概述一篇公文"做什么"的问题，公文的依据是回答一篇公文"为什么做"的问题，而公文的分旨表明具体"怎样做"的问题。从本文来分析，这篇通告的主旨非常明确，从标题即可得知，发此通告的主要意义和目的是为了确保××等地电视拍摄活动正常进行，正文中也有明确的一句话表明其目的主旨，即"为确保拍摄活动正常进行"。关于"为什么做"的依据要素，在正文的开头就表明，即"××卫视8月11日至13日在我县××等地拍摄大型电视宣传片"，虽然仅短短的一句话，却指明了发这个通告的理由和原因。所以就本文而言，主旨和依据都没问题，问题出在公文写作的第三个建构要素——公文的分旨上。

这篇通告的分旨由首段的过渡句"现将有关事项通告如下"顺利从主旨转入分旨，通过分条列项的方式呈现，共四段文字，正文368字，依据、主旨仅占50字，分旨高达318字，占据了正文篇幅的八成以上，不仅文字量大，而且内容至为关键，它明确了如何确保××等地电视拍摄活动正常进行的具体做法和措施。如果没有这些解决实际问题的、具体的分旨，确保其拍摄活动正常进行的主旨也就会成为一句空话。因而，这篇公文的分旨是主体，地位至关重要。

按照公文写作科学化、规范化的要求，公文的分旨应当具体、可行、正确。

具体是表达标准。分旨是实现主旨而制定的具体办法、要求或补充详述的具体事项，不能像主旨那样概括，而应该更为具体。此通告分旨内容还算具体周密，县政府从车辆管理、道路管理、村民管理等方面公布在全县范围内应当遵守的事项。

可行是实用标准。公文的任务旨在"行政"，因而分旨写作贵在可行，以"解决问题"为最终目的。此通告为确保拍摄活动的正常进行采取了一系列措施，在县政府的强制要求下，在公安、交警、路政、乡政府等部门的共同努力配合下，也具有一定的可行性。

这篇通告的最大问题出在"正确"这一质量标准上。正确是质量标准，是分旨的本质性评价标准。分旨正确，是指一篇公文的分旨要符合党的路线、方针、政策和国家法律法规及上级机关的指示，完整、准确地体现发文机关的意图，同时，还应当符合有关专业知识。反之，则为不正确。简言之，分旨正确，就是要合法、合规、科学。

从这篇通告的分旨内容来看，要求对拍摄期间的相关路段实行交通管制，禁止车辆通行，所有车辆绕道行驶。除了限行，拍摄所在地××大园村还实行封村，"本村村民一律凭身份证、户口本出入"，且"严禁围观拍摄现场，严禁用手机、照相机、摄像机摄影摄像，严禁发微信"。全文最后更强调，违反规定者"现场执勤干警有权当场处置，情节严重的坚决依法予以治安处罚；涉嫌犯罪的，坚决依法追究刑事责任"。为了一档娱乐节目，以当地政府的名义发通告，限行、封村、严禁围观拍照，如此之举，虽具体、可行，但实在扰民，既不合情，也不合理，甚至还要对违规者进行治安处罚及追究刑事责任，更不合法。如此不合情、不合理、不合法的公文，也难怪一经发布就引起广泛关注和热议，将××县政府推到了风口浪尖，因而，公文写作，正确、合理应是行文的根本前提，在此基础上，再做到具体、可行。

（华婷：《评析一篇分旨有误的通告》，载《应用写作》，2016 年第 7 期。有加工整理）

拓展阅读＞

补充读物

1. 罗玉石：《通告类公文的篇章结构与信息推进模式》，载《现代语文（语言研究版）》，2012 年第 9 期。

2. 李小冰：《恰当·严谨·可行——对一则通告的赏析》，载《应用写作》，2012 年第 7 期。

3. 柯聪：《公告与通告的用法辨析》，载《长江工程职业技术学院学报》，2013 年第 4 期。

实训三
意见

情境植入

国家知识产权战略实施以来，我国知识产权创造运用水平大幅提高，保护状况明显改善，全社会知识产权意识普遍增强，知识产权工作取得长足进步，对经济社会发展发挥了重要作用。同时，仍面临知识产权大而不强、多而不优、保护不够严格、侵权易发多发、影响创新创业热情等问题，亟待研究解决。当前，全球新一轮科技革命和产业变革蓄势待发，我国经济发展方式加快转变，创新引领发展的趋势更加明显，知识产权制度激励创新的基本保障作用更加突出。为深入实施创新驱动发展战略，深化知识产权领域改革，加快知识产权强国建设，国务院于 2015 年 12 月 22 日发布了《国务院关于新形势下加快知识产权强国建设的若干意见》（国发〔2015〕71 号）。

实训材料

材料一：学前教育是终身学习的开端，是国民教育体系的重要组成部分，是重要的社会公益事业。改革开放特别是 21 世纪以来，我国学前教育取得长足发展，普及程度逐步提高。但总体上看，学前教育仍是各级各类教育中的薄弱环节，主要表现为教育资源短缺、投入不足，师资队伍不健全，体制机制不完善，城乡区域发展不平衡，一些地方"入园难"问题突出。办好学前教育，关系亿万儿童的健康成长，关系千家万户的切身利益，关系国家和民族的未来。那么，采取什么举措，怎样才能促进学前教育实现健康良性的发展呢？

材料二：从目前存在的问题来看，制约学前教育发展的因素之一是学前教育师资严重匮乏。加快建设一支师德高尚、热爱儿童、业务精良、结构合理的幼儿教师队伍，是发展学前教育需要重点解决的迫切问题。需要从完善学前教育师资培养培训体系、依法落实幼儿教师地位和待遇等方面完善举措，抓紧落实。

讨论分析

1."材料一"是一份什么类型的意见？主要内容应包括哪些？

2."材料二"可以撰拟成上行的意见吗？主要内容应包括哪些？

任务与要求

任务一：根据上述两则材料，分别制作公文。

要求：文种准确，要素齐全，结构合理，格式规范，表述得体。

任务二：以"意见的适用范围"为题，课堂讨论交流。

要求：1. 以小组形式讨论，每组4～6人；2. 讨论结束形成记录稿，每组选一人作为代表，进行课堂汇报。

实训总结

意见，适用于对重要问题提出见解和处理办法。意见的实质是提出切合实际的可行性建议，发挥参谋和指导作用。其表达见解的态度是诚恳的，即使是下行文中的"意见"也没有决定或者通知等文种那样强烈的强制性。作为上行文或平行文的"意见"，必须以"知无不言，言无不尽"的态度，对上级或平行机关提交本机关的建设性建议，充分发挥好参谋作用。

意见可用于上行文、下行文和平行文。作为上行文，意见类似于请示，应按请示性公文的程序和要求办理，上级机关应当对下级机关报送的意见做出处理或给予答复；作为下行文，意见具有指示、指导和规范作用，可对下级机关布置工作，下级机关应当遵照执行；作为平行文，收文机关可把文中提出的意见作为决策、行动或工作的参考。

意见的本意是人们对事物所产生的看法或想法。在市场经济条件下，新事物层出不穷，各部门在工作中经常会遇到一些新的情况和问题。如果原有政策规定不够明确，或不相适应，就需要上级机关进行正确、及时的指导，以提出见解、措施，规范人们的行为，为下一步完善和制定有关法律法规做好必要的准备。而指导工作又不能使用刚性很强的"决定"等公文文种，那么，"意见"作为法定公文文种，既成为下级向上级或向平级机关提出解决有关重要问题的见解和处理办法等方面建议的渠道，又成为上级在发现下级遇到有关重要问题时，提出见解和办法措施，对下级予以指导的途径。在多年的实践中，"意见"较好地解决了呈转性公文中长期存在的难题和上级在指导工作中的弹性问题。

意见的构成要素主要包括标题、主送机关、正文和落款。

标题。一般由事由加文种组成，如中纪委《关于国有企业领导干部廉洁自律"四条规定"的实施和处理意见》。

主送机关。主送机关的标注分为两种情况：一是直接下发的意见需要标注主送机关，因下属单位较多，主送机关可能为多个；二是经上级批转下发的意见，因主送机关已标注在批转通知中，故无须再标注主送机关。

正文。包括开头和主体。开头一般要写明提出见解和处理办法的缘由、目的或根据，一般都采用"为了……特提出如下意见""根据……特提出如下意见"的写法。主体是核心内容，突出"见解和处理办法"，层次序号分明，撰写时要注意逻辑关系和连贯性，即"提出问题—分析问题—解决问题"三个环节缺一不可。需要注意的是：与意见不同，"请示"和"通知"一般是"提出—解决"问题；报告一般是"提出—分析"问题。

落款。署上发文机关和日期。由上级机关用通知批转的意见，因通知中已有落款，故意见本身不再需要落款。

意见的用语要求：上行的意见，要使用汇报的语气，如"我们考虑""我们认为""我们建议""我们要求""我们的意见是"以及"请、敬、望"等敬语；下行的意见，多使用祈使性语气表示肯定，或用禁止性语气表示否定；平行的意见，则要使用平等协商的谦恭语气，以争取对方的理解和支持。

实训评价

意见写作实训评价表

评价项目	比重	评价内容	评价标准				自我评分	小组评分	教师评分
			优	良	中	差			
内容要素	50	缘由：充分、准确、合理	10		5				
		事项：真实、具体、明确， 详略得当，点面结合	20		10				
			10		5				
		结语：必要、规范、精当	10		5				

续表

评价项目	比重	评价内容	评价标准				自我评分	小组评分	教师评分
			优	良	中	差			
形式要素	30	版头：齐全、规范	2		1				
		标题：准确、简练、规范	5		2				
		主送机关：必要、规范	2		0				
		正文：主题明确，结构完整，格式规范，表述确切	10		5				
		附件：必要、齐全、规范	3		1				
		落款：齐全、规范	5		3				
		版记：齐全、规范	2		1				
		页码：必备、规范	1		0				
文种	5	正确、得体	5		3				
语言	15	准确、简练、规范	15		8				
合计	100								

拓展思考

意见的主要特征如下：

其一，权威性。作为正式公文的一个文种，意见的权威性主要来自两个方面：一方面是发文机关与单位的权威性与合法地位；另一方面是意见内容本身的权威性，发文机关单位代表国家领导发文，实行管理和指导工作的职能。领导机关发文就有领导权威，权力机关发文就有法律权威，政府机关发文就有政府的指挥权威，因为它们都有合法职权和威信，代表制发机关的意志，体现了领导机关的领导作用。意见内容的权威性来源于领导机关的主导思想和领导意图。因此在推动工作开展，规范群众行为方面，领导机关制定的一系列正确的路线方针政策，都是经得起实践检验的，在内容上能够体现对问题总体的分析、判断和主张，显示出深刻的说理性，所以能取得群众的支持与信任。

其二，执行性。主要是指意见内容的构成有很重要的一部分是针对工作实际提出的措施和办法，能体现出党的方针政策和领导意图不是条条框框、纸上谈兵，而是实实在在与实际工作相结合，是真正地贯彻执行，并落到实处、发挥效力。因此，意见的办法措施都是十分具体明确、可操作的。一些工作进行的程序，要求的标准也必须十分细化，因为对于执行单位来说，意见就是开展工作的依据，有这样的依据，工作起来才有目标遵循。

其三，指导性。意见内容涉及的范围广，不论是面向全国大范围的农业农村工作意见，还是面向特定范围的关于进一步加强人民政协工作的意见，抑或是面向专项工作的普通高校加强课程建设工作的实施意见，总之，不论是国家大事，还是具体基层单位的工作意见，尽管范围不同，事项重要程度不同，发文机关级别高低不同，但意见的写作目的都是一个，即对有关单位的工作做出指导，对工作人员的工作产生约束力，其准绳与规范作用都是一致的，这是意见内容指导性的具体体现，是由意见文体的独特地位决定的。同时，不论是原则性指导，还是具体要求的提出，它都能促使执行者提高遵守意见的自觉性，这说明，意见的指导性已经完全体现并渗透在实际工作的各个层面，各个环节之中了。

（节选自郭丕典：《意见写作的文体辨析》，载《辽宁师范大学学报（社会科学版）》，2003 年第 1 期。有加工整理）

🔍 案例分享

人才制度改革意见出台　解析影响你我的"干货"
申亚欣　吴凯

党的十八大以来，习近平总书记深刻把握国际国内发展基本走势，对人才事业发展和人才队伍建设做出一系列重要指示，反复强调要建立集聚人才体制机制，聚天下英才而用之。人才发展体制机制改革是我国全面深化改革的重要组成部分，是党的建设制度改革的重要内容。

近日，中央印发《关于深化人才发展体制机制改革的意见》（下文简称《意见》）给出了明确的制度安排。记者梳理发现，《意见》全文 6000 多字，分为 9 个部分 30 条具体意见，条条都有"干货"。

● "研究制定"一词出现 14 次　涉及多项重大改革

作为我国首个关于人才发展体制机制改革的综合性文件，该《意见》在顶层设计上对人才评价、流动、激励机制等进行了全面部署。记者检索全文，"研究制定"一词出现 14 次，涉及多项重大改革。

其中，"研究制定高校、科研院所等事业单位科研人员离岗创业的政策措施"这一条，在许多人的"朋友圈"里热传。"离岗创业"有了制度保障，让许多体制内的科研人才跃跃欲试。

不仅"体制内"的人可以出来，"体制外"的人也可以进去。在健全人才顺畅流动机制方面，第十八条明确指出，研究制定吸引非公有制经济组织和社会组织优秀人才进入党政机关、国有企事业单位的政策措施，注重人选思想品德、职业素养、从业经验和专业技能综合考核。

对于人才管理，要求纠正人才管理中存在的行政化、"官本位"倾向，防止简单套用党政领导干部管理办法管理科研教学机构学术领导人员和专业人才。此外，还将建立政府人才管理服务权力清单和责任清单。事业单位的"编制"管理方式也将迎来改变，对符合条件的公益二类事业单位逐步实行备案制管理。

● 创新人才评价机制　职称外语不再是"硬杠杠"

"一年之计，莫如树谷；十年之计，莫如树木；终身之计，莫如树人。"人才是经济社会发展的第一资源。人才的评价标准，往往指引着人才的培养方向。

值得注意的是，在中央印发的《意见》中，人才评价机制做出众多调整。"不将论文等作为评价应用型人才的限制性条件""对职称外语和计算机应用能力考试不做统一要求"因与科研人员切身利益相关，引发较多关注。

《意见》指出，注重凭能力、实绩和贡献评价人才，克服唯学历、唯职称、唯论文等倾向。基础研究人才以同行学术评价为主，应用研究和技术开发人才突出市场评价，哲学社会科学人才强调社会评价。注重引入国际同行评价。

此外，还将建立符合中小学教师、全科医生等岗位特点的人才评价机制。探索高层次人才、急需紧缺人才职称直聘办法。

● 年薪、股权、期权　鼓励创新有哪些新举措？

"创新创业"是《意见》中的又一高频词。为激励人才创新创业，制度改革方面的探索也是"蛮拼的"。

例如，赋予高校、科研院所科技成果使用、处置和收益管理自主权，除事关国防、国家安全、国家利益、重大社会公共利益外，行政主管部门不再审批或备案。

又如，研究制定国有企事业单位人才股权期权激励政策，对不适宜实行股权期权激励的采取其他激励措施。探索高校、科研院所担任领导职务科技人才获得现金与股权激励管理办法。

再如，高校、科研院所科研人员经所在单位同意，可在科技型企业兼职并按规定获得报酬。允许高校、科研院所设立一定比例的流动岗位，吸引具有创新实践经验的企业家、科技人才兼职。

这些激励制度，大大放开了高校、科研人员创新创业的准入门槛，解除了原有的体制机制"羁绊"，通过市场的作用充分激发人才的积极性。对于技术技能人才的激励办法，则探索建立企业首席技师制度，试行年薪制和股权制、期权制。

● 海外人才签证居留条件放宽　汇聚全球人才

从人才自由流动的角度，中国"绿卡"能否降低门槛，户籍身份壁垒能否破除，一直是媒体关注的焦点之一。此次《意见》的出台，给出了明确的路径。

《意见》指出，完善海外人才引进方式。实行更积极、更开放、更有效的人才引进政策，更大力度实施海外高层次人才引进计划（国家"千人计划"），敞开大门，不拘一格，柔性汇聚全球人才资源。

"对外国人才来华签证、居留，放宽条件、简化程序、落实相关待遇。整合人才引进管理服务资源，优化机构与职能配置。"《意见》中明确写道。

对于如何破除人才流动障碍，也有了相应指导意见：打破户籍、地域、身份、学历、人事关系等制约，促进人才资源合理流动、有效配置。建立高层次人才、急需紧缺人才优先落户制度。加快人事档案管理服务信息化建设，完善社会保险关系转移接续办法，为人才跨地区、跨行业、跨体制流动提供便利条件。

专家认为，破除在人才流动中设置的诸多硬性条件，有利于为人才流动提供一个良好的外部环境。

（来源：人民网，2016年3月22日。有加工整理）

拓展阅读＞

☕ 补充读物 ▪▪

1. 韩雪松：《浅析上行意见对呈转性请示与呈转性报告的替代作用》，载《应用写作》，2008年第5期。

2. 张留文：《浅谈上行意见的处理与答复》，载《秘书之友》，2006年第9期。

3. 韩大伟：《浅析呈转性公文的演化——兼述相关文种认识与使用中的积弊》，载《应用写作》，2014年第11期。

实训四
通知

🎯 **情境植入**

为进一步加强中等职业学校学生资助管理，规范资助行为，2016年3月17日，教育部发布通知[《教育部办公厅关于开展中等职业学校学生学籍管理和资助工作专项治理的紧急通知》（教职成厅函〔2016〕15号）]：决定从2016年春季学期起，立即开展中等职业学校学生学籍管理和资助工作专项治理，严查问题学籍、双重学籍等现象；同时加强资金监管，坚决禁止骗取财政补助资金或挤占、挪用、截留财政补助资金等违法行为。

教育部要求各地各校，要全面利用全国中等职业学校学生信息管理系统，加强学籍审核管理，要把网上审核与实地核实相结合，挤压数据水分，查处管理漏洞，提高数据质量，特别是要做好对问题学籍、双重学籍、大龄人群、"在籍不在校"、以虚假信息注册中职学生学籍的核查工作。对国家免学费和助学金资助管理工作，通知要求，要做好家庭经济困难学生认定工作，对符合资助条件的学生"应助尽助"，坚决禁止骗取财政补助资金或挤占、挪用、截留财政补助资金等违法行为。教育部表示，对中职学校学生资助工作中存在的权力寻租问题将严肃查处，及时责令整改。对问题学籍、"双重学籍"、以虚假信息注册学籍等情况以及虚报受助学生人数，套取中等职业学校国家助学金、免学费补助资金的行为，做到发现一起查处一起。对违规学校，要采取通报批评、"黄牌"或"红牌"警告、限制招生等措施；对玩忽职守、监管审核不力的学校主管部门、学生资助管理部门，要予以通报批评。

实训材料

材料一：为落实中共中央办公厅《关于在全体党员中开展"学党章党规、学系列讲话，做合格党员"学习教育方案》，根据教育部党组统一部署，决定依托国家教育行政学院大学生网络党校，面向全国大学生党员开展"两学一做"专题网络培训示范班。

材料二：2015年12月27日，第十二届全国人大常委会第十八次会议审议通过了《全国人大常委会关于修改〈中华人民共和国教育法〉的决定》和《全国人大常委会关于修改〈中华人民共和国高等教育法〉的决定》。两法修正案将于2016年6月1日起施行。教育部决定做好新修订教育法和高等教育法的学习贯彻工作。

讨论分析

1. "材料一"是一份什么类型的通知？主要内容应包括哪些？
2. "材料二"是一份什么类型的通知？主要内容应包括哪些？
3. 除了上述情况，还有什么时候需要使用"通知"文种？

任务与要求

任务一：根据上述两则材料，分别制作公文。
要求：文种准确，要素齐全，结构合理，格式规范，表述得体。
任务二：以"通知的适用范围"为题，课堂讨论交流。
要求：1. 以小组形式讨论，每组4～6人；2. 讨论结束形成记录稿，每组选一人作为代表，进行课堂汇报。

🔗 实训总结

通知，适用于发布、传达要求下级机关执行和有关单位周知或者执行的事项，批转、转发公文。这两篇需要完成的公文，前者属于周知类通知，后者属于执行类通知。

根据适用范围的不同，通知可以分为五大类：①发文通知。指发布文件的通知，包括印发文件的通知、转发文件的通知、批转文件的通知三种。②指示性通知。用于上级布置工作，要求下级机关办理或执行某些事项的通知。③告知性通知。用于需要有关机关和单位周知某些事项的通知。④任免通知。用于上级机关任免下级机关领导人或机关内部任免工作人员的通知。⑤会议通知。用于上级机关或发起单位发给与会单位和人员的通知。

通知的构成要素主要包括标题、主送机关、正文和落款。

标题。一般采用公文标题的常规写法，由"发文机关＋主要内容＋文种"组成，如《中共中央办公厅、国务院办公厅关于严禁用公费变相出国（境）旅游的通知》；也可以省略发文机关，由"主要内容＋文种"组成，如《关于印发〈规范国有土地租赁若干意见〉的通知》。在发布规章的通知中，所发布的规章名称要出现在标题的主要内容部分，并使用书名号。批转和转发文件的公文，所转发的文件内容要出现在标题中，但不一定使用书名号，如《国务院办公厅转发教育部等部门关于进一步加快高等学校后勤社会化改革意见的通知》。但有些内容比较简单或一般性的通知也可以只写"通知"两字作为标题。

主送机关。通知有明确的受文对象，因此必须明确、规范地标明主送机关。

正文。一般由两部分组成：①开头。用以交代通知缘由。发布指示、安排工作的通知，要表述有关背景、根据、目的、意义等，这部分的写法跟决定、指示很接近；晓谕性通知，也可参照上述写法，如《国务院关于更改新华通讯社香港分社、澳门分社名称问题的通知》一文采用了根据与目的相结合的开头方式，《国务院办公厅关于成立国家信息工作领导小组的通知》一文采用的则是以"为了"领起的"目的式"的开头方式；批转、转发文件的通知，可根据情况在开头表述通知缘由，但多数以直接表达转发对象和转发决定为开头，无须说明缘由；发布规章的通知，多数情况下篇段合一，无明显的开头部分，一般也不交代缘由。②主体。用以详述通知事项。所发布的指示，安排的工作，提出的方法、措施和步骤等，都要在这一部分中有条理地组织表达。内容复杂的需要分条列款。

落款。拟写通知的落款要特别注意多个部门联合发文的情况。

实训评价

通知写作实训评价表

评价项目	比重	评价内容	评价标准				自我评分	小组评分	教师评分
			优	良	中	差			
内容要素	50	缘由：充分、准确、合理	10		5				
		事项：真实、具体、明确，	20		10				
		详略得当，点面结合	10		5				
		结语：必要、规范、精当	10		5				
形式要素	30	版头：齐全、规范	2		1				
		标题：准确、简练、规范	5		2				
		主送机关：必要、规范	2		0				
		正文：主题明确，结构完整，	10		5				
		格式规范，表述确切							
		附件：必要、齐全、规范	3		1				
		落款：齐全、规范	5		3				
		版记：齐全、规范	2		1				
		页码：必备、规范	1		0				
文种	5	正确、得体	5		3				
语言	15	准确、简练、规范	15		8				
合计	100								

拓展思考

所谓颁转类通知，是用来颁发和转发公文的通知。由于这一通知的正文是对所颁（转）发公文做批示性意见，因此又叫批示性通知。又由于这类通知的作用是转发公文，所以又被叫作转发性通知。按照被转发的公文来源或性质的不同，这类通知又被分为批转通知、转发通知、印发（颁发、发布）通知，它们分别承担着不同的任务。

批转通知，承担上级机关对下级机关的来文加以批示后再转给下属机关参照执行的任务。转发通知，承担将上级机关、平级机关和不相隶属机关的来文再转发给自己的下属机关的任务。印发（颁发、发布）通知，主要承担党或行政职能部门发布党内或行政法规的任务，因此又称为"发布性通知"，但它们又有着自己具体的分工：印发通知，承担将本机关制定的非规章类公文以及计划、总结、领导讲话等发给下属机关的任务；颁发通知，承担将上级党政机关制定的重要法规或规章发给下属机关执行的任务；发布通知，承担将上级机关制定的法规、规章公布给下级机关执行的任务。

颁转类通知的标题与其他通知的标题写法基本相同，都是由三要素或两要素组成。

三要素的标题由发文机关、事由、文种组成；两要素的标题由事由和文种组成。"事由"由介词"关于"领出，紧跟其后的是颁转词和所发文件的名称，最后标明"的通知"三个字，让读者一看标题便对内容一目了然。但不同文种的颁转词是不同的，它们在标题中分别被冠以"批转""转发""印发""颁布""发布"等词。例如：

批转通知：《国务院批转关于行政审批制度改革工作实施意见的通知》，被冠以"批转"词。

转发通知：《国务院办公厅转发教育部等部门关于进一步加快高等学校后勤社会化改革意见的通知》，被冠以"转发"词。

印发通知：《关于印发〈沈阳市推进国有中小型企业转制指导意见〉的通知》，被冠以"印发"一词。

颁布通知：《颁布〈山东省铺设海底电缆管理办法〉的通知》，被冠以"颁布"一词。

发布通知：《国务院关于发布〈国家行政机关公文处理办法〉的通知》，被冠以"发布"一词。

转发上级机关公文的通知，在标题中往往出现两个或两个以上"关于"和"的通知"，使结构叠床架屋，十分累赘，读起来很别扭，理解起来也要转几个弯儿。为使标题简练、流畅、好理解，通常采用下列两种方式：一是转发的公文不是"通知"时，省略第一个"关于"。例如，《国务院办公厅关于转发教育部等部门关于进一步加快高等学校后勤社会化改革意见的通知》省去第一个"关于"，成为《国务院办公厅转发教育部等部门关于进一步加快高等学校后勤社会化改革意见的通知》。二是转发的公文是"通知"时，省略第一个"关于"和最后一个"的通知"。例如，《××省关于转发〈国务院关于开展全国物价大检查的通知〉的通知》，这一标题有两处重复，把第一个"关于"和最后一个"的通知"省去，成为《××省转发国务院关于开展全国物价大检查的通知》，文字既精练，又不影响标题意思的表达。如果是多层转发公文的通知，通常采取以下这两种处理方法：一是省略掉中间过渡的机关直接转发最上级领导机关的原文，并在正文中说明转发情况；二是对最上级部门的公文，如果没有具体要求补充，则直接翻印原文下发，这种方式已被广泛采用。

在批转和转发公文的标题中，将上级机关、平级机关或不相隶属机关的来文再转发给自己的下属机关的通知，只能用"转发通知"；上级机关对下级机关的来文再发给下级机关参照执行的通知，只能用"批转通知"。"批转"和"转发"的使用有着严格的区别，二者不能简单地等同。

（节选自杨金忠：《谈颁转类通知写作的异同》，载《应用写作》，2004年第8期。有加工整理）

🔍 案例分享

国务院批转发展改革委等部门关于深化收入分配制度改革若干意见的通知

(国发〔2013〕6 号)

各省、自治区、直辖市人民政府,国务院各部委、各直属机构:

国务院同意发展改革委、财政部、人力资源社会保障部《关于深化收入分配制度改革的若干意见》,现转发给你们,请认真贯彻执行。

收入分配制度是经济社会发展中一项带有根本性、基础性的制度安排,是社会主义市场经济体制的重要基石。改革开放以来,我国收入分配制度改革不断推进,与基本国情、发展阶段相适应的收入分配制度基本建立。同时,收入分配领域仍存在一些亟待解决的突出问题,城乡区域发展差距和居民收入分配差距依然较大,收入分配秩序不规范,隐性收入、非法收入问题比较突出,部分群众生活比较困难。当前,我国已经进入全面建成小康社会的决定性阶段,按照党的十八大提出的千方百计增加居民收入的战略部署,要继续深化收入分配制度改革,优化收入分配结构,调动各方面积极性,促进经济发展方式转变,维护社会公平正义与和谐稳定,实现发展成果由人民共享,为全面建成小康社会奠定扎实基础。

我国仍处于并将长期处于社会主义初级阶段,当前收入分配领域出现的问题是发展中的矛盾、前进中的问题,必须通过促进发展、深化改革来逐步加以解决。解决这些问题,也是城乡居民在收入普遍增加、生活不断改善过程中的新要求、新期待。同时也应该看到,深化收入分配制度改革,是一项十分艰巨复杂的系统工程,不可能一蹴而就,必须从我国基本国情和发展阶段出发,立足当前、着眼长远,克难攻坚、有序推进。

深化收入分配制度改革,要坚持共同发展、共享成果。倡导勤劳致富、支持创业创新、保护合法经营,在不断创造社会财富、增强综合国力的同时,普遍提高人民富裕程度。坚持注重效率、维护公平。初次分配和再分配都要兼顾效率和公平,初次分配要注重效率,创造机会公平的竞争环境,维护劳动收入的主体地位;再分配要更加注重公平,提高公共资源配置效率,缩小收入差距。坚持市场调节、政府调控。充分发挥市场机制在要素配置和价格形成中的基础性作用,更好地发挥政府对收入分配的调控作用,规范收入分配秩序,增加低收入者收入,调节过高收入。坚持积极而为、量力而行。妥善处理好改革发展稳定的关系,着力解决人民群众反映突出的矛盾和问题,突出增量改革,带动存量调整。

各地区、各部门要深入学习和全面贯彻落实党的十八大精神,充分认识深化收入分配制度改革的重大意义,将其列入重要议事日程,建立统筹协调机制,把落实收入分配政策、增加城乡居民收入、缩小收入分配差距、规范收入分配秩序作为重要任务。各有关部门要围绕重点任务,明确工作责任,抓紧研究出台配套方案和实施细则,及时跟踪评估政策实施效果。各地区要结合本地实际，制定具体措施，确保改革各项任务落到实处。要坚持正确的舆论导向，引导社会预期，回应群众关切，凝聚各方共识，形成改革合力，为深化收入分配制度改革营造良好的社会环境。

国　务　院

2013 年 2 月 3 日

（此件公开发布）

教育部办公厅转发

《河南省教育厅关于范县 3 名教师擅自离岗查处情况的通报》的通知

（教师厅〔2015〕5 号）

各省、自治区、直辖市教育厅（教委），新疆生产建设兵团教育局：

近期，河南省濮阳市范县高码头镇个别中小学教师擅自离岗并请人顶岗，严重损害学生利益，在社会上造成恶劣影响。该事件经媒体曝光后，我部和河南省教育厅高度重视，第一时间进行核查并严肃处理了相关教师和责任人。这一事件，反映出个别教师职业道德缺失、无视法规制度，一些基层学校在教师管理方面不严不实，县级教育行政部门监管不力等问题，必须引起高度重视。

为深刻认识这一事件的警示作用，杜绝此类事件再次发生，现将《河南省教育厅关于范县 3 名教师擅自离岗查处情况的通报》转发给你们，请重点做好以下工作：一是高度重视教师队伍建设工作，依法治教，加强监管，进一步完善规章制度，强化教育部门和校长的主体责任，严格规范教师从教行为；二是大力开展师德师风教育，提倡爱岗敬业、教书育人、为人师表的优良师德，引导广大教师争做党和人民满意的"四有"好老师；三是组织开展中小学教师管理情况专项摸底排查，重点排查聘用管理情况、出勤上岗情况、遵守规章制度情况，重点整治教师"吃空饷"，特别是教师私自聘人代岗等问题。

有关工作情况请及时告我部教师工作司。

附件：河南省教育厅关于范县 3 名教师擅自离岗查处情况的通报

教育部办公厅

2015 年 12 月 24 日

教育部关于印发《高等学校思想政治理论课建设标准》的通知

（教社科〔2015〕3 号）

各省、自治区、直辖市教育厅（教委），新疆生产建设兵团教育局，有关部门（单位）教育司（局），部属各高等学校：

为进一步加强高校思想政治理论课的宏观指导，规范组织管理、教学管理、队伍管理和学科建设，我部对 2011 年印发的《高等学校思想政治理论课建设标准（暂行）》进行了修订。现将修订后的《高等学校思想政治理论课建设标准》印发给你们，请遵照执行。

附件：高等学校思想政治理论课建设标准

教　育　部

2015 年 9 月 10 日

（以上例文根据网络文献整理）

拓展阅读＞

☕ 补充读物

1. 王协舟：《批转性通知与转发性通知之界说——兼与王书生同志商榷》，载《秘书之友》，1999 年第 11 期。

2. 吴鹏程，崔文刚：《谈谈印发、转发、批转的区别》，载《秘书工作》，2013 年第 11 期。

3. 苏武荣：《刍议公文的批转、转发与印发》，载《应用写作》，2014 年第 5 期。

实训五
通报

◎ 情境植入

2013 年以来，××省各级教育行政部门先后开展了财政供养人员"吃空饷"问题专项治理、机构编制专项核查和占用中小学教职工编制专项治理工作，严肃了教师工作纪律，取得了较好成效。但仍有个别县（市、区）教育行政部门监管不严，一些学校疏于管理，有的教师顶风违纪，无故脱岗，甚至请人顶岗代课，严重影响了我省教育系统的形象。

近期，省教育厅会同××市教育局对反映××县农村教师请人顶岗代课问题进行了重点核查。经查，××县××镇××小学教师刘××自今年秋季开学以来，不履行正常请假手续，擅自离岗，至调查时仍未返岗；教师高××自今年秋季开学以来，不履行正常请假手续，擅自离岗，并擅自请人顶岗；××镇××小学教师于××不履行正常请假手续，到部队探亲，至调查时仍未返岗。对此，××省教育厅决定对相关市县教育部门处理情况及省厅的要求向全省各级教育主管部门给予通报。

📋 实训材料

材料一：2011年，××省各地、各部门按照省委、省政府大力推进实施品牌战略的部署要求，取得了显著成效，××龙蟒集团有限责任公司"×××"等33件商标被国家工商总局认定为中国驰名商标。为鼓励先进，加快发展××省品牌经济，省政府决定对2011年度首次获得中国驰名商标认定的28户企业分别给予每户100万元的奖励。

材料二：

关于转发××市和××地区商业仓库发生重大火灾

事故调查处理报告的通报

××××：

为了深入贯彻落实中共中央《关于加强安全生产的通知》（中发〔20××〕×号），发动和依靠广大职工群众参加安全管理，建立义务消防组织，定期进行群众性的安全大检查，总结推广了一批十几年、二十几年无火灾事故的先进典型，在安全工作上取得了一定成绩。但也有一些地区和单位存在不少问题，去年在××和××就发生两起损失××万元以上的大火，使国家受到重大损失。现将××省商业局和××地区商业局关于火灾事故的调查处理报告（业经××市委、××地委批准），摘要发给你们，请组织所属单位领导和职工进行讨论，结合检查本单位和安全工作，从中吸取教训。

当前，梅雨季节到来，希望你们抓好政治思想工作，加强安全工作领导，注意与水文、气象部门联系，发动和依靠群众，及早采取有力措施，切实做好以防霉、防洪、防雷击为主要内容的雨季安全防范工作，确保国家财产安全。

附件：一、××市商业局《关于××公司××仓库火灾事故调查处理的报告》（摘要）

二、××省××地区商业局、公安局《关于××仓库发生重大火灾事故的调查处理报告》（摘要）

商　业　部

20××年×月×日

🍃 讨论分析

1．"材料一"是一份什么类型的通报？主要内容应包括哪些？

2．"材料二"在标题、内容、语言、格式等方面存在哪些问题？

3．除了上述情况，还有什么时候需要使用"通报"文种？

任务与要求

任务一：根据"材料一"制作一份公文。

要求：文种准确，要素齐全，结构合理，格式规范，表述得体。

任务二：以"材料二"存在的问题为对象，课堂讨论交流。

要求：1. 以小组形式讨论，每组 4～6 人；2. 讨论结束形成记录稿，每组选一人作为代表，进行课堂汇报；3. 撰拟出修改稿。

实训总结

根据"材料一"制作的公文属于表彰性通报，"材料二"属于批评性通报。

通报，适用于表彰先进、批评错误、传达重要精神和告知重要情况。通报是典型的下行文，一般都是上级组织撰拟定稿后下行的文件。从实践来看，通报也是各级组织使用频率较高的一个文种。通报的特征突出表现为：它不像通知、通告、决定等文种那样基本是以说理为主来直陈要求，而是重在叙述事实，让事实说话，寓理于事，以事明理。通报主要通过对社会实践中发生的正反两个方面事实的陈述，对人们起到示范、指导、教育和警诫的作用。从这个意义上讲，通报文种肩负着特殊的使命，具有其他文种不可替代的功用。

通报的特性还表现在发布的形式上：一是由发文机关直接通报的，属于"直述式通报"；二是由发文机关将下级机关的报告、通报、典型材料、简报、经验介绍等以通报的名义加以批转的，称为"转述式通报"，与批转性通知有异曲同工之处。

从内容及性质看，通报可分为三类：①表彰性通报，即表彰先进集体或先进人物，教育和引导干部群众学习和赶超先进典型的通报，如《国务院办公厅关于表彰奖励中国女子足球队的通报》。②批评性通报，即披露和批评错误，教育和引导他人引以为戒的通报，如《国务院办公厅关于江西省上栗县"3·11"特大爆炸事故情况的通报》。③情况性通报，即传递信息，沟通情况，让人们了解事态发展，为工作提供指导或参考的通报，如《广西壮族自治区人民政府办公厅关于金秀融水伞降隆林 4 个自治县县庆项目建设情况的通报》。

通报的构成要素主要包括标题、主送机关、正文和落款。

标题。由制发机关、被表彰或被批评的对象和文种组成。通常有两种组成形式：一种是由发文机关名称、事由和文种组成，如《国务院办公厅关于对少数地方和单位违反国家规定集资问题的通报》；另一种是由事由和文种组成，如《关于给不顾个人安危勇于救人的王××同志记功表彰的通报》。此外，有少数通报的标题是在文种前冠以机关单位名称，如《中共××市纪律检查委员会通报》；也有的通报标题只有文种名称。

主送机关。通常需要标明主送机关；如通过媒体发布，可省略主送机关。

正文。表彰(批评)性通报正文有三部分：第一部分，说明表彰或批评的原因，即写清先进事迹或错误事实的经过，要求用叙述的手法真实客观地反映事实；第二部分，对所叙述的事实进行准确的分析、中肯的评价，做到不夸大、不缩小，使人们能从好的人和事物中得到鼓舞，从错误中吸取教训；第三部分，一般是对表彰的先进或批评的错误做出嘉奖或惩处，并根据通报的情况，针对现实的需要，发出号召或提出要求。情况性通报的正文一般包括两个部分：一是被通报的情况，二是希望和要求。

落款。正文后右下角标明发文机关全称和发文日期，并加盖印章。

实训评价

通报写作实训评价表

评价项目	比重	评价内容	优	良	中	差	自我评分	小组评分	教师评分
内容要素	50	缘由：充分、准确、合理	10		5				
		事项：真实、具体、明确，	20		10				
		详略得当，点面结合	10		5				
		结语：必要、规范、精当	10		5				
形式要素	30	版头：齐全、规范	2		1				
		标题：准确、简练、规范	5		2				
		主送机关：必要、规范	2		0				
		正文：主题明确，结构完整，格式规范，表述确切	10		5				
		附件：必要、齐全、规范	3		1				
		落款：齐全、规范	5		3				
		版记：齐全、规范	2		1				
		页码：必备、规范	1		0				
文种	5	正确、得体	5		3				
语言	15	准确、简练、规范	15		8				
合计	100								

拓展思考

通知、通告、通报的相同点：①文种性质相同。三者都属于告知性公文，文种名称中都有一个"通"字，"通"有"传达、使知道"的意思，而"知"即"使知道"，"告"即"告知""把事情向人陈述、解说"，"报"即"告诉"，因此，这三种公文都有沟通情况、传达信息、告知事项的功能。②行文方向相同。三者都是下行公文。通知用于向下级机关发布、传达某些事项，或批转下级机关的公文，或转发上级机关和不相隶属机关的公文，或要求下级机关办理、执行事项；通告用于在一定范围内普遍告知一些事项，多是禁止或要求遵守的事项；通报用于在所属范围内表彰先进，批评错误，普遍报知一些重要情况。通知和通报的发文单位和收文单位之间有直接的上下级关系；通告的发文单位和收文单位之间没有隶属关系。③发文时效相同。三者的发文均强调时效性，即要求迅速及时。通知的事项一般要求立即执行、办理或知晓，有些通知（如会议通知）只在指定的时间里有效，待会议开始或闭幕后就失效了。通告的事项，大至政策、规定，小至社会生活中的某些具体事务，须及时告知有关单位或个人，以便遵守或办理。通报的内容往往是近期发生或正在发生的情况，凡是过时的或已成为"历史"的材料，无论如何重大或典型，一般都不作为通报的内容。

通知、通告、通报的相异点：①告知的范围不同。通知和通报主要用作内部行文，告知的是有关单位，有些通知还是保密的，而通告则是周知性公文，面向社会公众，应公开发布，使之众所周知。②用途不同。通报可用来表彰先进，批评错误，而通知、通告都没有这种用途。通知的一些用途，如任免干部，批转、转发公文，发布规章制度等又是通告和通报所没有的。③告知的内容不同。这三者都对受文者有告知的功能，但告知的内容却有所不同。通告和通知告知的是"事项"，如机构的建立或撤销、公章的改换或启用等，而且都是事前或事初告知，二者的不同之处是告知的范围有大有小。而通报所告知的是"情况"，如工作情况、会议情况、事故情况等，所以均是事后才可告知。总之，在这三者中，通知是使用单位最多、用途最广泛的一种公文。各级组织都可以发通知，不受发文机关级别的限制。通知内容涉及面很广，可以是国家大事、重要的政策措施，也可以是具体的工作事项。它的作用也很广泛，既可以指示工作、发布规章，又可以用来批转下级公文或转发上级和不相隶属机关的公文。所以，它的使用频率是最高的。通知主要用作下行文，一部分用作平行文，一般不能用作上行文。④发文形式不同。通知和通报的发文，需按组织系统或专业系统逐层下达，必须通过公文交流渠道，以文件的形式印制、传达至有关部门、单位或人员，告知范围有限，一般局限于单位内部，有一定的保密性；通告不涉及任何秘密，制成之后往往张贴出来直接公之于众，或在报刊、电台、电视台、网络等媒体上公开发表，大力宣传。⑤表述方式不同。通知、通告一般较少叙述情况，由于重点在于发布应当遵守的事项，所以多用祈使句；通报主要是叙述事实情况，使人了解，或针对典型事例提出相应要求，所以多用陈述句。

（节选自郑立新：《通知、通告、通报辨析》，载《秘书》，2012 年第 7 期。有加工整理）

🔍 案例分享

2014 年 8 月，一份落款为"中共××区××镇纪律检查委员会"的红头文件引发网友关注。网友上传的照片显示，这份红头文件是中共××市××区××镇纪律检查委员会文件，编号为"×纪字〔2014〕20 号"。落款是中共××区××镇纪律检查委员会，日期为 2014 年 8 月 25 日，并盖有公章。文件通报称："当前我镇征地拆迁等各项工作任务繁重，做好机关食堂伙食保障工作，确保干部吃饱、吃好显得尤为重要，但是近期，不少干部反映机关食堂饭菜放肉较少，没有营养，尤其是 8 月 8 日中午的杏鲍菇炒肉几乎没有吃到肉。为规范机关食堂管理，不断提高供餐质量和服务水平，加强机关伙食保障工作，经镇党政联席会议研究，决定对食堂管理人员李××同志进行通报批评并处以罚金 100 元，对食堂厨师处以罚金 50 元，对食堂帮工各处以罚金 30 元。希望食堂全体员工要以此为戒，进一步提高食堂服务水平，注重营养搭配，确保机关干部吃饱吃好，办好机关满意的食堂。"据该镇党政办工作人员介绍，红头文件和"菜里没肉"确有其事。他还表示，因××区工业园发展需要用地，邻近的××镇近期征地拆迁工作任务繁重，因为要跟农户打交道，工作人员只能选择中午或晚上农户在家时去做工作，有时甚至通宵进行，周六日连休息的时间也没有。

8 月 29 日，××区××镇纪委通过官方微博公开道歉："亲爱的网民朋友：我镇纪委以红头文件的形式，通报批评了镇食堂内部管理工作，引起网民关注。这是我镇公文行文和发文不规范导致的。对此，我们表示诚恳的歉意，并将立即抓好整改。"

（根据网络文献整理）

拓展阅读＞

☕ 补充读物

1. 魏勇：《怎样写表彰性和批评性通报》，载《写作》，2010 年第 17 期。

2. 王春美：《批评性通报写作案例解析》，载《应用写作》，2011 年第 4 期。

3. 许根来：《例谈工作情况通报的写作》，载《应用写作》，2016 年第 11 期。

实训六
报告

🎯 情境植入

　　《2014年政府工作报告》是李克强任职总理后的第一份政府工作报告。这份报告是如何出炉的？李克强是怎么参与的？对此，政府工作报告起草组成员、国务院研究室司长向东告诉记者：总理自始至终参加起草，要求"做不到的不要写"；报告每一句话都是千锤百炼的，背后都有比较深的含义，可有可无的话基本上都拿掉了。关于报告的起草过程，向东还进行了较为详细的说明：李克强总理高度重视，不论是总结工作还是部署工作，涉及的每一项措施，都是经过反复推敲，跟有关部门反复认证，最后经总理同意才写进去的。可以说，整个政府工作报告从头至尾总理都亲自修改，在提交大会审议前，总理还一直在修改。报告的起草从2014年12月中央经济工作会议结束以后就开始了，整个起草历时两个多月。报告在起草过程中听取的意见和建议非常多：国务院起草组本身有调研、学习和开会，之后国务院开常务会讨论，根据常务会的意见再修改，再报中央政治局常委会审议，之后国务院再开全体会议审议，还要面向全国征求意见，发到全国党、政、军100个部门和各个地方，把上千条的意见收集整理以后还要提交中央政治局全体会议审议。同时，在这个过程中，总理召开了三次座谈会，分别听取了专家、学者、企业界民主党派、群众代表的意见。总理强调：所有提出的意见，起草组都必须分门别类地进行吸纳；实在不能吸纳的，都要做出说明。

📋 实训材料

　　材料一：20××年7月29日，××高速公路××路段发生塌方事故，造成一定的伤亡后果。事故发生前，桥面上分散有二三十名工人，已浇筑了近200立方的混凝土，而且违章施工，按照施工程序应分两次浇筑的混凝土却一次浇筑。估计事故原因是桥面负荷过重。事故发生后，近200名消防人员、工地工人、公安干警赶到现场紧急抢救，抢救时间持续近24小时。××市市政总公司一分公司是该工程的建筑商。

　　材料二：目前，××县群众来访呈现"一增两减"的特点，即个访数量增多，集访、来信减少。情况表明，大量的不稳定因素被化解于萌芽，制止于初动状态。这一趋势是××县努力畅通信访渠道，加强基层基础工作的必然结果。

近 4 个多月以来，群众信访反映的主要问题有：①三农问题。主要集中在土地征用、村级财务管理、村组干部经济问题、农村低保、困难救助、回村民工要土地耕种等方面。②涉法涉诉问题。主要反映法院判决不公、执行不力等问题。③干部作风问题。主要反映基层干部以权谋私、违规建房、财务不公开等问题。④城建拆迁问题。主要反映拆迁补偿标准不合理等问题。⑤其他问题。如原民办教师、退伍军人安置，医患纠纷，交通事故赔偿，市场管理等问题。

讨论分析

1.“材料一”是一份什么类型的报告？

2.“材料二”主要反映了什么内容？是一份什么类型的报告？

3. 除了上述情况，还有什么时候需要使用“报告”文种？

任务与要求

任务一：根据上述两则材料，分别制作公文。

要求：文种准确，要素齐全，结构合理，格式规范，表述得体。

任务二：以“报告的适用范围”为题，课堂讨论交流。

要求：1. 以小组形式讨论，每组 4～6 人；2. 讨论结束形成记录稿，每组选一人作为代表，进行课堂汇报。

实训总结

这两篇需要完成的公文按报告的用途分，“任务一”属于情况报告，“任务二”属于工作报告。

报告，适用于向上级机关汇报工作、反映情况，回复上级机关的询问。报告具有以下五个方面的特点：①内容的汇报性。报告用于下级向上级机关或业务主管部门汇报工作，让上级机关掌握基本情况并及时对自己的工作进行指导，所以，汇报性是报告的一大特点。②语言的陈述性。因为报告具有汇报性，是向上级讲述做了什么工作，或工作是怎样做的，有什么情况、经验、体会，存在什么问题，今后有什么打算，对领导有什么意见、建议，所以行文上一般都使用叙述方法，即陈述其事，而不是像请示那样采用祈使、请求等方法。③行文的单向性。报告是下级机关向上级机关行文，是为上级机关进行宏观领导提供依据，一般不需要受文机关的批复，属于单向行文。④成文的事后性。多数报告都是在事情做完或发生后，向上级机关做出汇报，是事后或事中行文。⑤双向的沟通性。报告虽不需批复，却是下级机关以此取得上级机关的支持、指导的桥梁；同时上级机关也能通过报告获得信息，了解下情。报告成为上级机关决策、指导和协调工作的依据。

报告的构成要素主要包括标题、主送机关、正文和落款。

标题。由发文机关、发文事由和文种三项要素组成。工作报告，可写成《××××关于××××工作的报告》，主要用于汇报工作。情况报告，可写成《××××关于××××情况的报告》，主要用于反映情况，对本单位或本地区发生的重大问题或重要情况向上级汇报。答复报告，用于回答上级询问，具有明确的针对性，必须针对上级来文(电)行文。报送报告，在报送文件(计划、总结)、物件时使用。

主送机关。报告属于报请性上行文，主送机关一般只能有一个，即负责受理报告的上级机关。特殊情况下可以有多个，如在事情紧急，需多级领导机关尽快知道灾情、疫情时。另外，除了上级机关负责人直接交办的事项外，不得以机关名义向上级机关负责人报送报告。一般不得越级报告。

正文。报告的正文主要写报告事项。工作报告，一般包括工作的基本情况、取得的主要成绩、效果如何，以及经验体会、存在的问题、今后打算等，篇幅较长时可分段陈述。情况报告，一般要写明"八个什么"：什么时间，什么地点，什么人，什么事，什么原因，什么结果，什么问题，什么意见。答复报告，要有针对性地回答问题，问什么回答什么，不能答非所问。报送报告的事项一般包括报送说明、报送的材料、文件的名称等。

落款。标明发文单位和成文日期。

报告的写作需注意：实事求是，有针对性；报告情况，有概述性；点面结合，有重点性；不得夹带请示事项。

实训评价

报告写作实训评价表

评价项目	比重	评价内容	评价标准				自我评分	小组评分	教师评分
			优	良	中	差			
内容要素	50	缘由：充分、准确、合理	10		5				
		事项：真实、具体、明确，	20		10				
		详略得当，点面结合	10		5				
		结语：必要、规范、精当	10		5				

续表

评价项目	比重	评价内容	评价标准				自我评分	小组评分	教师评分
			优	良	中	差			
形式要素	30	版头：齐全、规范	2		1				
		标题：准确、简练、规范	5		2				
		主送机关：必要、规范	2		0				
		正文：主题明确，结构完整，格式规范，表述确切	10		5				
		附件：必要、齐全、规范	3		1				
		落款：齐全、规范	5		3				
		版记：齐全、规范	2		1				
		页码：必备、规范	1		0				
文种	5	正确、得体	5		3				
语言	15	准确、简练、规范	15		8				
合计	100								

⌕ 拓展思考

在报告的众多类型中，总结性工作报告是使用最频繁、结构最复杂、写作难度最大的一种。每个单位要定期向上级汇报阶段性工作、年度工作和重要工作的完成情况，所以，总结性工作报告的写作在机关公文写作中占有举足轻重的地位。在实际工作中，总结性工作报告写作质量不高的原因主要是文章结构不合理，材料归纳总结不到位，层次观点表达有偏差，语言表述不合时宜等。写好总结性工作报告关键是把握好其内容结构模式：①成绩收获。机关人员在向上级汇报工作时，多数情况下首先汇报成绩收获，也有时先汇报主要做法。②主要做法。介绍成绩收获后自然过渡到开展工作的主要做法。③经验教训。如果工作成绩比较明显，可以多总结经验；如果工作上发生了较大问题，就应多查找教训，总结性工作报告必须有这个部分。④存在的问题。任何工作都不可能绝对完美，或多或少地都存在问题和不足，报告撰写者应认真分析归纳。⑤下步打算。为了使上级明确本单位的工作思路，便于上级及时指导，机关人员应该汇报下一步的工作打算。同时，写好总结性工作报告还应注意以下三点。①材料内容应归纳，防止写成大杂烩。面对纷繁复杂的工作情况，如何简明扼要地向上级汇报，这就需要拟写人员注意全面分析工作情况，逐条逐项地进行归纳总结，抓住重点，厘清脉络，加以概括，切忌写成流水账、大杂烩，避免出现"经验不够，做法来凑；做法不够，例子来凑"的现象。②层次观点应准确，防止出现偏差。层次观点表达应避免出现如下混淆：其一，防止把"成绩收获"与"所做的工作"相混淆。前者是指完成任务后所取得的成绩或收获，后者是完成任务所进行的具体工作。其二，防止把"所做的工作"与"工作方法"相混淆。后者是指开展工作的具体方法。其三,防止把"成绩收获"与"经验体会"相混淆。后者是从工作方法中总结提炼出的感悟,是把感性认识上升到理性认识。③语言运用应妥当,防止表述不适宜。总结性工作报告是一种叙述性公文,这就决定了总结性工作报告的语言表达方式应该以叙述为主,但部分内容可以用说明或议论。一般而言,在汇报成绩收获、工作方法或所做的工作、存在的问题时,宜用叙述的方式;在总结经验教训时,宜用议论的方式;在汇报下步打算时,宜用说明的方式。

（节选自王仕英,龙毅,姚鹏:《浅谈总结性工作报告的写作》,载《应用写作》,2009年第5期。有加工整理）

🔍 案例分享

千锤百炼凝聚的行动指南——党的十八大报告诞生记

2012年11月8日上午,中国共产党第十八次全国代表大会隆重举行。胡锦涛同志代表第十七届中央委员会向大会做题为《坚定不移沿着中国特色社会主义道路前进,为全面建成小康社会而奋斗》的报告。报告鲜明地回答了我们党举什么旗、走什么路、以什么样的精神状态、朝着什么样的目标继续前进的重大问题,是全面建成小康社会的行动指南。

报告是如何出台的,又经历了哪些修改?在起草的过程中,曾吸取哪些方面的意见?昨日,新华社发文,披露了报告出台的过程。

● 报告起草始终在中央政治局常委会直接领导下进行

2011年10月,党的十七届六中全会决定2012年下半年召开党的十八大。

起草一份科学总结五年成就和十年历程,系统阐述坚持和发展中国特色社会主义的一系列重大理论和实践问题,全面部署未来党和国家各项事业的报告,是开好这次大会的关键。

2012年1月,根据中央政治局常委会和中央政治局的决定,党的十八大报告起草工作正式启动,中央成立由习近平同志任组长,李克强、刘云山同志任副组长,包括党中央、国务院有关部门和部分省区负责同志在内的文件起草组。明确要在中央政治局和中央政治局常委会领导下,集中全党全国人民智慧,全面分析把握世情、国情、党情,以高度的历史使命感和政治责任感做好起草工作。

1月5日,胡锦涛同志在文件起草组第一次全体会议上发表重要讲话,对报告起草工作做出全面部署,确定了"四个必须"的指导原则——

必须坚持以科学发展观为指导,必须认真总结党领导人民推进改革开放和社会主义现代化建设的生动实践和新鲜经验,必须从战略全局上对我国改革发展做出部署,必须坚持解放思想、实事求是、与时俱进,努力把党的十八大报告写成坚持以马克思主义为指导、适应党和国家事业发展要求、符合全党全国人民意愿、富有改革创新精神的文件。

4月13日至20日，中南海怀仁堂，胡锦涛同志用5个半天，听取32家单位的38个课题组11个重点课题的调研成果汇报，并发表了重要的指导性意见。

5月11日至14日，习近平同志又用两个半天，听取了4个重点课题的调研成果汇报，对我国经济社会发展到2020年目标任务等提出了指导性意见。

5月24日至6月25日，短短一个月时间内，胡锦涛同志先后主持两次中央政治局常委会会议和一次中央政治局会议，对党的十八大报告稿进行审议。

主题是报告的灵魂。对于党的十八大的主题，以胡锦涛同志为总书记的党中央一直在深入思考。

7月23日，胡锦涛同志在省部级主要领导干部专题研讨班开班式上，就党的十八大报告起草涉及的若干重大问题做了重要讲话，为十八大的胜利召开做了重要的思想准备。

胡锦涛同志对报告主题进行了深入、精辟的阐述：高举中国特色社会主义伟大旗帜，以邓小平理论、"三个代表"重要思想、科学发展观为指导，解放思想，改革开放，凝聚力量，攻坚克难，坚定不移沿着中国特色社会主义道路前进，为全面建成小康社会而奋斗。

这个主题向世界昭示：中国共产党人要举的旗帜，就是中国特色社会主义的旗帜；要走的道路，就是中国特色社会主义的道路；要弘扬的精神，就是解放思想，改革开放，凝聚力量，攻坚克难；要实现的目标，就是为全面建成小康社会而奋斗。

10个多月来，胡锦涛同志先后主持召开4次中央政治局常委会会议、两次中央政治局会议，听取报告起草工作的情况报告，审议修改报告稿。习近平同志8次主持召开起草组全体会议，研究部署报告起草工作。

十七届中央政治局常委吴邦国、温家宝、李长春、李克强、贺国强等对报告起草工作提出许多重要的意见。政治局其他委员也做了认真的修改。

一场场深入讨论、一次次认真推敲、一遍遍仔细修改……10个多月时间里，起草组同志反复就报告起草涉及的重大理论和实际问题展开讨论，报告稿就在这样的过程中逐步丰富、完善、成熟。

●多处修改一"词"之差体现意味深长

调查、起草，再调查、再起草，把调查研究工作贯穿起草工作始终，是党的十八大报告起草工作的一个重要特点。

1月6日，在报告起草工作启动的第二天，中央向各省、自治区、直辖市党委，中央各部委，国家机关各部委党组（党委），解放军各总部、各大单位党委，各人民团体党组发出《关于对党的十八大报告议题征求意见的通知》，决定对党的十八大报告议题在党内一定范围组织讨论，广泛征求意见，同时通过一定方式征求部分党外人士意见和建议。

8月27日至9月4日，中南海怀仁堂，胡锦涛同志主持召开7次座谈会，包括31个省区市党政主要负责同志座谈会4次，18家军队单位军政主要负责同志座谈会2次，8个民主党派中央、全国工商联领导人和无党派人士座谈会1次，当面征求他们对党的十八大报告征求意见稿的意见和建议。

截至9月5日，各地区各部门各方面统计征求意见人数共4511人，反馈对党的十八大报告征求意见稿的意见和建议总计121份。经汇总，各方面共提出修改意见和建议2400条，扣除重复意见后，原则性修改意见208条，具体修改意见1674条。同时，中央还委托中央统战部两次听取部分党外人士意见，起草组还当面听取了部分退休老同志的意见。

一稿、两稿、三稿……经过反复征求意见，报告稿做出了许多重要修改：

——在农民工子女接受教育问题上，由原来的"平等接受义务教育"改为"平等接受教育"，"义务"两个字的删改意味深长；

——明确提出"改革和完善食品药品安全监管体制机制"，为日后进行相关部门整合、理顺监管体系提出政策导向；

——"有序推进农业转移人口市民化"的新提法，有望使户籍制度改革进一步加快；

——在统筹推进城乡社会保障体系建设上，普遍用"社会保障"代替"社会保险"的表述，进一步强化社会保障这项基本制度……

11月1日至4日，党的十七届七中全会在北京召开。出席会议的200名中央委员、165名候补中央委员，以及列席会议的中央纪律检查委员会委员和有关负责同志分组讨论了十八大报告稿。文件起草组根据全会分组讨论所反馈的196条意见，其中原则性修改意见15条，具体修改意见181条，对报告稿做了41处修改，提交中央政治局常委会会议审议，修改后再次提交全会分组讨论。各组经过认真讨论，又提出5条意见，起草组建议修改1处。4日下午，党的十七届七中全会表决通过了修改后的十八大报告稿，决定正式提交党的十八大审议。

十八大召开期间，起草组根据分组讨论两轮反馈的158条意见，对报告稿又做了19处修改。

党内外、海内外对十八大报告的热烈反响表明，报告是充分发扬民主、集中全党智慧的结晶，是反映全党意志、体现人民意愿的报告。

（来源：新浪网，2012年11月21日）

拓展阅读 >

☕ 补充读物 ···

1. 杨梅，杨柏林：《浅谈报告的适用范围和写作要求》，载《应用写作》，2005 年第 11 期。

2. 余戎，罗清萍：《公文写作要看语境——关于一篇报告的争论》，载《秘书》，2009 年第 3 期。

3. 韩高峰：《请示、报告与意见之源流辨析》，载《辽宁行政学院学报》，2014 年第 11 期。

实训七
请示　批复

◎ 情境植入

依据建设部和国家文物局 2003 年 10 月 8 日发布的中国历史文化名村或中国历史文化名镇评选办法，2015 年×月，××省××市呈报了《关于报审××××历史文化名村保护规划的请示》。2016 年 1 月，××省人民政府进行了批复：

××省人民政府关于××市××镇××
历史文化名村（保护）规划的批复

××市人民政府：

你市《关于报审××××历史文化名村保护规划的请示》（×府发〔2015〕129 号）收悉。现批复如下：

一、原则同意《××市××镇××历史文化名村（保护）规划》。

二、同意××历史文化名村核心保护范围为：北至××路，西至××庙—×氏祠堂，南至××塘，东至×氏祠堂—朝阳门——××旧居，面积 2.7 公顷。

三、要按照规划要求，制定完善并全面落实相关保护措施。保护村庄周边"田—河—山—村"的自然景观格局与地形地貌特色，保护"踞岗而居"的村落格局和"庙—院—街—桥"的空间肌理，保持古村传统空间尺度与建筑风貌特色。依法加强对文物保护单位、历史建筑、传统风貌建筑、古树、古井、古桥等遗存的保护，严格控制新建建筑体量、高度和风格，延续和彰显传统风貌。

四、优化村庄用地布局，加强公共服务和公用设施配套建设，整治传统街巷、村口、祠堂、古桥等重要节点和历史场所，塑造景观特色，不断提升人居环境质量与村庄活力。

五、加强规划实施管理。经省人民政府批准的《××市××镇××历史文化名村（保护）规划》，是××村规划、建设、管理的依据。要在规划指导下，正确处理历史文化保护与经济社会发展的关系，引导全村有序建设和科学发展。

××省人民政府

2016 年 1 月 30 日

实训材料

材料一：××省××县××乡于 201×年 6 月 8 日成立了省级生态乡建设领导小组，制订了生态乡创建工作计划，并通过加大基础设施建设投入力度，加快实施清洁水源、清洁田园、清洁家园活动，不断加强生态环境建设，人居环境得到较大改善，乡民环保意识不断提高。目前，该乡各项条件和指标达到了《省级生态乡镇申报及管理规定（试行）》的基本要求，拟申报创建省级生态乡，须提请县政府审议并批准。

材料二：201×年 1 月，××市物价局收到该市公共自行车运营管理有限公司呈交的《关于申请××公共自行车服务收费定价的请示》（××自行车〔201×〕1 号），经研究，就公共自行车服务收费试行标准有关问题批复如下：1. 公共自行车租赁押金，标准为 300 元/辆，不得再另外收取××通押金；2. 公共自行车租赁费，具体标准为 1 小时内（含 1 小时）免费，1 至 2 小时（含 2 小时）1 元，2 至 3 小时（含 3 小时）2 元，3 小时以上 3 元/小时，24 小时最高限价 30 元。每次租赁超过 12 小时不足 24 小时的，按 24 小时最高限价计算；连续租赁时间超过 24 小时的，按上述标准累加收费。3. 以上收费标准为最高限价，可以下调。4. 该公司需按规定制作公共自行车服务收费标价牌，并在公共自行车服务处显眼位置标示，同时做好明码标价及宣传解释工作。5. 上述规定试行 1 年，试行中有何问题，及时向物价局反映。

讨论分析

1. "材料一"属于什么类型的请示？其内容应包括哪几部分？

2. "材料二"属于什么类型的批复？其写作要点有哪些？

3. 从上述两则材料中可以看出"请示"与"批复"具有怎样的对应关系？

任务与要求

任务一：根据上述两则材料，分别制作请示和批复。

要求：文种准确，要素齐全，结构合理，格式规范，表述得体。

任务二：以"请示的种类"和"批复的种类"为题，课堂讨论交流。

要求：1. 以小组形式自由讨论，每组 4～6 人；2. 讨论结束形成记录稿，每组选一人作为代表，进行课堂汇报。

实训总结

在 15 种公文文种中，请示与批复就像一对"孪生姊妹"，有先有后，成对出现。有请示就必有批复。"材料一"属于请求批准性请示，"材料二"属于审批性批复。

请示，适用于向上级机关请求指示、批准。凡本机关无权解决和无力解决的事项，事前都应该向上级机关请示，以获得上级机关的指示、批准和帮助，减少工作中的失误和困难。请示是各级各类机关经常使用的一种上行文，其使用频率仅次于通知。

请示必须具备以下三个条件：①必须是下级机关向上级机关的行文。②请示的问题必须是自己无权做出决定和处理的。③必须是为了向上级请求批准。

根据内容和写作意图的不同，请示可分为三类：

一是请求指示的请示。此类请示一般是政策性请示，是下级机关需要上级机关对原有政策规定做出明确解释，对变通处理的问题做出审查认定，对如何处理突发事件或新情况、新问题做出明确指示等的请示。

二是请求批准的请示。此类请示是下级机关针对某些具体事宜向上级机关请求批准的请示，主要目的是为了解决某些实际困难和具体问题。

三是请求批转的请示。下级机关就某一涉及面广的事项提出处理意见和办法，需各有关方面协同办理，但按规定又不能指令平级机关或不相隶属部门办理，需上级机关审定后批转执行，这样的请示就属此类。

请示具有以下特点：①请示的事项一般时间性较强。请示的事项一般都急需明确和解决，否则会影响正常工作，因此时间性强。②一事一请示。即一份请示中只能请求解决一件事项。③一般主送一个机关，不多头主送，如需同时送其他机关，应当用抄送形式，但不得在请示的同时又抄送下级机关。④要按隶属关系逐级请示，一般情况不得越级请示，如确需越级请示，应同时抄报直接主管部门。

请示一般由标题、主送机关、正文和落款四部分组成。

标题。请示的标题通常用完全式标题，如《××大学关于增拨教育经费的请示》。需要注意的是：标题的事由（主题）部分不能出现祈请类的词语，如"申请""要求""请求"等，如《××关于请求(申请、要求)解决××水库除险加固工程经费的请示》。

主送机关。《党政机关公文处理工作条例办法》规定：①一般只写一个主送机关，不得多头主送，需要同时送其他机关，应当用抄送形式，不得抄送其下级机关；②除上级机关负责人直接交办的事项外，不得以机关名义向上级机关负责人报送请示。

正文。①请示理由常见的开头方式有原因目的式："由于……""为了……"。请示理由之后，一般用"为此，现就××问题请示如下""特做如下请示""为此，特请示……"或"恳求……"等语句过渡，引出请示事项。②请示事项是请求上级机关指示或批准的具体内容，应写得明白、具体、恰当、切实、可行，应坚持"一事一请"(或一文一请)的原则。③请示结束语常见的有"以上请示(意见)妥否，请批示(指示)""以上请示(意见)当否，请指示""特此请示，望批准""以上请示(意见)如无不妥，请批准""以上请示(意见)如无不妥，请批转有关单位贯彻执行"等。

落款。党机关的请示可在落款处署发文机关名称，并下置成文日期；行政机关的请示，如非联合行文，则不署发文机关名称，只标成文日期。

批复，适用于答复下级机关的请示事项，是用于答复下级机关请示事项的回复性公文，其制作和应用一般以下级机关的"请示"为条件。当下级机关的工作涉及方针、政策等方面的重大问题，报请上级机关审核批准时；当下级机关在工作中遇到新情况、新问题，无章可循，报请上级机关给予明确指示时；当下级机关遇到无法解决的具体困难，报请上级机关给予指导帮助时；当下级机关对现行方针政策、法规等有疑问，报请上级机关予以解答说明时；以及当下级机关因重大问题有意见分歧，报请上级机关裁决时，上级机关都应该用"批复"予以答复。

批复是上级机关答复下级机关请示事项的答复性公文，具有权威性、针对性和指示性的特点。①权威性。批复发自上级机关，代表着上级机关的权力和意志，对请示事项的单位有约束力，特别是那些关于重要事项或问题的批复，常常具有明显的法规作用。②针对性。凡是批复，必须是针对下级机关请示事项而发，内容单纯，针对性强。③指示性。批复的目的是指导下级机关的工作，因此批复在表明态度以后，还应当概括地说明方针、政策以及执行中的注意事项。

根据内容、性质的不同，批复可分为两类：一类是审批性批复，另一类是指示性批复。审批性批复主要是针对下级机关请示的公务事宜，经审核后所做的指示性答复，如关于机构设置、人事安排、项目设立、资金划拨等事项的审批。指示性批复主要是针对方针、政策性问题进行答复。这一类批复，不只是对请示机关提出请示事项的答复，而且批复的指示性内容，在其管辖范围内具有普遍的指导和规范作用。

批复由首部、正文和尾部三部分组成。

首部包括标题和主送机关两个项目内容。

标题。批复的标题有多种构成形式：第一种是由发文机关名称、批复事项、行文对象和文种构成；第二种是由发文机关名称、事由和文种构成；第三种是由事由和文种构成；第四种是由发文机关名称加原件标题和文种构成。

主送机关。批复的主送机关是指与批复相对应的请示发文机关。授权性的批复，主送机关应当是被授权发布施行行政法规和规章的下级机关。

正文是批复的主体，其内容比较具体单一，层次构成相对固定。其中除授权性批复与一般批复的写法有所不同外，其他批复的结构一般由开头、主体和结语三部分组成。

开头。批复的开头通过引叙来文以说明批复缘由，首先点明批复的下级机关并写明来文日期、标题和文号，以交代批复的根据。

主体。批复的主体主要说明批复事项，应当根据国家的方针、政策、法令、法规和实际情况，针对"请示"的内容给予明确肯定（或否定）的答复或具体的指示，一般不进行议论。也有的批复在批复事项后面概括提出希望和要求，进一步强调批复的主旨。

结语。批复的结语一般用"此复""特此批复"等习惯用语。

尾部一般包括署名和成文日期两个项目内容。署名写上批复机关单位名称，并加盖公章；成文日期写明年、月、日。

撰写批复应注意的问题：①注意行文的针对性。下级机关请示什么事项，上级机关就批复什么事项。②观点要明确。无论是审批性批复还是指示性批复，上级机关的态度要明朗，不能太原则，更不能模棱两可，以免使下级机关无所遵循。③批复要及时。批复是因下级机关的请示而行文，凡下级机关能够向上级机关行文请示的，说明事关重要，时间紧迫，急需得到上级机关的指示和帮助，所以上级机关应当及时批复，否则就会贻误工作，甚至会造成重大损失。④行文要言简意赅。批复的行文要做到言止意尽，庄重周严，以充分体现批复的权威性。

实训评价

请示、批复写作实训评价表

评价项目	比重	评价内容	评价标准				自我评分	小组评分	教师评分
			优	良	中	差			
内容要素	50	缘由：充分、准确、合理 事项：真实、具体、明确， 　　　详略得当，点面结合 结语：必要、规范、精当	10 20 10 10		5 10 5 5				

续表

评价项目	比重	评价内容	评价标准				自我评分	小组评分	教师评分
			优	良	中	差			
形式要素	30	版头：齐全、规范 标题：准确、简练、规范 主送机关：必要、规范 正文：主题明确，结构完整， 　　　格式规范，表述确切 附件：必要、齐全、规范 落款：齐全、规范 版记：齐全、规范 页码：必备、规范	2 5 2 10 3 5 2 1		1 2 0 5 1 3 1 0				
文种	5	正确、得体	5		3				
语言	15	准确、简练、规范	15		8				
合计	100								

拓展思考

请示与报告的区别：①请示用于向上级机关请求指导、批准，上级机关接文后一定要给予批复。报告则用于向上级机关汇报工作，反映情况，提出建议，供上级了解情况，为上级提供信息和经验。上级机关接文后，不一定给予批复。②请示内容具体单一，要求一文一事，必须提出明确的请求事项。报告内容较广泛，可一文一事，也可反映多方面情况，但不能在报告中写入请求事项，也不能请求上级批复。③请示起因、事项和结语缺一不可。报告行文较长，结构安排不拘一格，因文而异。④请示涉及事项是没有进行的，等上级批复后才能处理，必须事前行文，不能先斩后奏。报告涉及事项大都已过去或正在进行中，可以事后行文，也可以事中行文。⑤请示时间性要求较强，报告时间性要求一般较差。⑥如果是批准性请示，在上级未做出答复前，成文单位无权安排和办理。如果是批转性报告，在上级未作出答复前，成文单位即可进行安排和部署。

请示与报告的联系：请示与报告虽然文种不同，但两者之间仍有某些相同之处。①主送单位相同。请示、报告的主送单位都是上级机关。因此，两者都是上行文，都是下级机关向上级机关呈送的报请性公文。②行文手法相同。请示、报告都是用具体的事实和确凿的数据行文，禁言过其实，弄虚作假，混淆上级机关视听。③表达方式相同。请示、报告都要求把有关事实叙述得清楚明白，这种叙述并非记流水账式地罗列材料，而是对有关事实进行系统的归纳和概括。④用语要求相同。请示、报告都是处理问题、指导工作的依据，使用语言时都要求通俗易懂，一目了然。

（根据网络文献整理）

案例分享

201×年 6 月 23 日，××县国土资源局为了盘活国有存量土地，向××县人民政府呈送了建议依法收回位于×年路以北，××大道以南，××商街以东，×华路以西内的 215767 平方米国有建设用地使用权，同时收回原国有土地使用证并注销土地登记。随后××县人民政府做出了《××县人民政府关于同意收回国有建设用地使用权并注销土地使用证的批复》，同意国土资源局的请示，而本案当事人持有的国有土地使用证，载明的土地位于该批复范围内。当事人见此批复非常生气：自己手中所持的土地使用证竟然早已被政府注销，自己作为合法的权利人却还被蒙在鼓里，这事必须讨个说法。在律师的帮助下，当事人就此提出了行政复议申请，但是却被××市人民政府予以维持。鉴于复议机关对下级机关的违法行为视而不见，当事人一纸诉讼将××县人民政府送上了××市中级人民法院的被告席。答辩中，被告摆出了自己的两点理由：其一，土地及地上建筑物、附属物已全部征收补偿完毕，无权属争议；其二，批复是根据××县国土资源局的申请而批，程序合法。这两点理由显然是不能说服办案律师的，经过充分认真的准备，在庭审中，律师针对被告的证据进行了充分的质证：首先，被告是 2013 年 3 月 21 日做出的证据证明土地及地上建筑物、附属物已全部征收补偿完毕，无权属争议，然而，此地块的征收决定是 2014 年 3 月 21 日才做出的征收决定，除非时间可以倒流，否则怎么可能还没有征收决定就已经全部征收完毕，谎言不攻自破。其次，国土资源局送批的请示中要收回的土地并非为了公共利益而是商业开发，其收回的土地用途不符合土地管理法等相关法律法规的规定。办案律师详细地阐述了自己的观点，字字斟酌、句句给力，掷地有声地驳斥了被告，要求法院对违法批复予以撤销。在办案律师的据理力争下，××县人民法院最终采纳了专业拆迁律师的观点，撤销了《××县人民政府关于同意收回国有建设用地使用权并注销土地使用证的批复》中收回当事人的国有建设用地使用权并注销其土地使用证的行政行为。

（根据网络文献整理）

拓展阅读＞

补充读物

1. 安忻：《关于行政公文中"函复请示"和"通知复请示"现象的探讨》，载《档案学通讯》，2012 年第 1 期。

2. 施发笔：《批准性"批复"主文制作的四种模式》，载《应用写作》，2012 年第 9 期。

3. 郑立新：《批复、答复函与回复性报告辨析》，载《秘书》，2013 年第 1 期。

4. 沈蕾：《我国政府机关回复下级机关"请示"的多种方式解析》，载《档案学通讯》，2013 年第 4 期。

5. 施发笔：《批复标题中事由的拟制》，载《秘书》，2015 年第 9 期。

实训八
函

🎯 情境植入

何××(女，28 岁，汉族，××县人，大学本科，××学学士，20××年 6 月参加工作，现任××市××财政局预算股科员)按照××市的统一安排，参加了审计局在全市的公开遴选公务员考试，并通过笔试、面试、考察、体检等环节，符合遴选条件，进入审计局顶岗试用 3 个月。201×年×月，试用期满后考核合格，按相关文件的规定，审计局党组研究后拟商调何××同志到审计局工作。因此，审计局向该市人力资源和社会保障局发出商调函，并附上调动所需××市机关事业单位编制使用通知单(编号：行 2014-027 号)、××市市级行政机关调入公务员(参公人员)申报表、××市市级行政机关调入公务(参公人员)调动申请表(一式两份)等材料。

📋 实训材料

材料一：2014 年，某大学团委因开展"送温暖·献爱心"活动，需要向本市教育局请求协助，解决活动场地等问题，请你以该大学团委工作人员的身份，向该市教育局拟一份函，说明相应情况。

材料二：2015 年，某公司新近上岗的秘书人员缺乏专门的涉外秘书知识，业务知识有待提高。公司办公室高主任看见网上有本市某高校秘书学系发布的一条关于开办涉外秘书培训班的启事，就让办公室秘书人员拟定一份公文，发给该高校秘书学系，咨询培训班事项。

🍃 讨论分析

1."材料一"是一份什么类型的函？主要内容应包括哪些？

2."材料二"中秘书人员应如何撰写这份函？该公文的主要内容应包括哪些？

3. 不同的函的语体色彩是如何呈现的？

任务与要求

任务一：根据上述两则材料，分别制作公文。

要求：文种准确，要素齐全，结构合理，格式规范，表述得体。

任务二：以"函的适用范围"为题，课堂讨论交流。

要求：1. 以小组形式讨论，每组 4～6 人；2. 讨论结束形成记录稿，每组选一人作为代表，进行课堂汇报。

实训总结

函，适用于不相隶属机关之间商洽工作、询问和答复问题、请求批准和答复审批事项。

函属于平行文，关键是"不相隶属"，如一个系统内部的平级机关单位是不相隶属的机关单位，在组织上没有领导和被领导关系、在业务上没有指导和被指导关系的机关单位也是不相隶属的机关单位。这些单位之间商洽工作或者请求批准等事项时，都要用函。

函的分类方法很多。从所起的作用来看，函可分为以下几种：

第一，告知函。主要用于把某一事项、活动函告对方，或请对方参加（如会议、集体活动）。这种函的作用和内容类似通知，只是由于双方不是上下级和业务指导关系，使用"通知"行文不妥，故应该用"函"。

第二，商洽函。主要用于请求协助、支持、商洽解决办理某一问题，如干部商调函、联系参观学习函、要求赔偿函等。

第三，询问函。主要用于询问某一事项、征求意见、催交货物等。

第四，答复函。主要是在答复不相隶属机关询问相关方针、政策等问题而不能使用批复时使用。

第五，请求批准函。主要是在向有关机关、部门请求批准时使用。如果是下级机关向上级机关请求批准，只能用请示，而不能用函。

函由标题、主送机关、正文、落款组成。

标题。有三种写法：一是完整式标题，由发函机关、事由和文种组成，如《××部关于选择出国人员的函》；二是由发函机关、事由、受理机关和文种组成，如《国务院办公厅关于悬挂国旗等问题给湖北省人民政府办公厅的复函》；三是由事由和文种组成，如《关于订购〈基础写作学〉的函》。

主送机关。即收函单位名称，要写全称。

正文。根据去函、复函的不同，其写法也有区别：

去函主要用于与有关单位商洽工作，询问有关问题或向有关部门请求批准等，其行文是主动的。这种函一般包括缘由、事项和结尾三个部分。缘由部分一般须把所商洽的工作、询问的问题或请求批准的事项写清楚。如果事项内容较多，要采用分条的写法，使之条理分明。结尾只需写出"请研究函复""请函复""盼复"或"以上意见当否，请复函"等语即可。

复函主要用于答复商洽、询问的问题或批准有关单位的请求事项。这种函的行文一般是被动的，具有很强的针对性。复函的正文包括缘由、答复、结尾三部分。缘由部分要针对来函写收函情况，然后用"经研究，函复如下"过渡到下文。答复部分是复函的主题，要根据来函做出具体的答复。答复时一定要注意分寸，不得违背政策界限。结尾可写上"此复"或"特此函复"，也可不写。

落款。标明发文机关与成文日期。

函的写作要求主要有三点。其一，针对性。函具有鲜明的针对性，这主要表现在：一是紧紧围绕函中所提出的问题和公务事项来写。二是往来机关应当与函中所提出的问题和公务事项相称，也就是，函中所提出的问题和公务事项应该是函往来机关有可能解决的。三是除特殊情况外，应坚持一函一事。其二，分寸感。函的用语，力求平和礼貌，特别忌讳命令语气，但是也不能为了谋求问题解决，极尽恭维逢迎之能事。其三，开门见山。无论是来函还是复函，在写作中都应该开门见山，尽快接触主题，力戒漫无边际，故意绕弯子，忌讳那些不必要的客套，尽量少讲空泛抽象的大道理。

函的写作应特别注意"请批函"这种形式。"请批函"即"请求批准函"。《党政机关公文处理工作条例》规定："函。适用于不相隶属机关之间商洽工作、询问和答复问题、请求批准和答复审批事项。""请求批准"是"函"的一项重要适用内容。这种函就目的而言，与"请求批准的请示"的作用是一样的，只不过后者的发文对象是"上级机关"。这是"请批函"与"请示"的根本性区别。

实训评价

函写作实训评价表

评价项目	比重	评价内容	评价标准				自我评分	小组评分	教师评分
			优	良	中	差			
内容要素	50	缘由：充分、准确、合理	10		5				
		事项：真实、具体、明确，	20		10				
		详略得当，点面结合	10		5				
		结语：必要、规范、精当	10		5				

续表

评价项目	比重	评价内容	评价标准				自我评分	小组评分	教师评分
			优	良	中	差			
形式要素	30	版头：齐全、规范	2		1				
		标题：准确、简练、规范	5		2				
		主送机关：必要、规范	2		0				
		正文：主题明确，结构完整，格式规范，表述确切	10		5				
		附件：必要、齐全、规范	3		1				
		落款：齐全、规范	5		3				
		版记：齐全、规范	2		1				
		页码：必备、规范	1		0				
文种	5	正确、得体	5		3				
语言	15	准确、简练、规范	15		8				
合计	100								

拓展思考

公文格式有公文的一般格式和公文的特定格式之分。公文的一般格式，即在发文机关标识里面带有"文件"字样，又称为"文件格式"。公文的特定格式有三种，即信函式格式、命令格式、会议纪要格式，其共同点是发文机关标识里面都不带"文件"字样。"函的形式"与"函"的文种并不是一对一的关系，"函"的文种必须要用"函的形式"，有时"通知""意见""批复"等文种也可以使用"函的形式"，但向上级机关行文（请示、报告、意见）绝对不能使用"函的形式"。

发文字号是公文格式必备的要素之一，由发文机关代字、年份和序号组成。发文字号作为发文单位编列的发文顺序代码，不仅在查找和引用公文时可作为公文的代号使用，而且更重要的是在管理公文时便于统计和掌握发文的数量，利于公文实物的核对，防止公文丢失。在实际应用中，发文字号与公文的文种不存在对应关系，发文字号与格式也并不是一对一的关系，但编函号（即函的发文字号）的公文对应的往往是"信函格式"，如文种为"函"编函号的《国务院办公厅关于同意成立广州 2010 年亚洲残疾人运动会组委会的复函》(国办函〔2009〕80 号)、《国务院关于唐山市城市总体规划的批复》(国函〔2011〕29 号)、《国务院办公厅关于进一步加强政府网站管理工作的通知》(国办函〔2011〕40 号)、《国务院中央军委关于给郑静晨同志记一等功的命令》(国函〔2006〕35号)、《国务院办公厅关于实施〈国家行政机关公文处理办法〉涉及的几个具体问题的处理意见》(国办函〔2001〕1 号)等。总之，函号与公文的文种、格式并不是一对一的关系，但函号与"信函格式"有对应关系。无论是"函"，还是"通知""批复""命令""意见"等文种，只要编函号就应使用"信函格式"印发。

（节选自苏武荣：《函、函的形式与函号的关系》，载《办公室业务》，2011 年第 5 期。有加工整理）

在实际工作中，"函代请示""函代批复""函代通知"是有条件的，必须符合行文关系，即行文和受方双方应限于非隶属关系。另外，"函复请示"的情况并非鲜见。比如，国务院办公厅常常代表国务院用"复函"答复某一省政府的请示，多在文中注明"经国务院领导同意"等字样。应该说这未尝不可，因为省政府和国务院是隶属关系，而和国务院办公厅是非隶属关系，用函行文符合行文关系而不违反行文规则。但倘若以国务院名义用"复函"回文，就不妥了。有人把这种由办公部门受权"函复请示"的做法理解为"上级机关对下级机关的请示可以用函答复""函可以平行，也可以上行、下行"等，这是一种误解。"上级机关答复下级机关的请示可以用函行文"的说法是不正确的，应是"上级机关答复下级机关的请示可以授权办公部门函复"。严格说来，这种不相对应的"函复请示"行文并不一定规范。要想真正规范，只有行文"请示"的单位和答复"请示"的单位以"请示"和"批复"规范行文。

（节选自栾照钧：《函能否代行请示、批复和通知——关于函的正确行文》，载《秘书》，2004 年第 1 期。有加工整理）

🔍 案例分享

关于商请提供智慧城市网络基础设施发展情况的函

各有关单位：

为深入推进我省智慧城市的研究和应用工作，根据《××省人民政府关于务实推进智慧城市建设示范试点工作的指导意见》（×政发〔2012〕41 号）和《××省科技厅关于印发〈××省智慧城市研究课题实施方案〉的通知》（×科发社〔2012〕77 号）文件精神，我办正开展《智慧城市建设试点布局与城市应用市场合作开发的战略研究》课题起草工作。为全面掌握我省智慧城市网络基础设施建设的实际情况，需调研智慧城市基础设施建设领域的相关数据，特商请贵单位予以支持（调查表见附件），并于 6 月 28 日前反馈我办。

联系人：马××、张××；

联系电话：8580××××-207、137×××××××××，

　　　　　8580××××-205、137×××××××××；

传真：05××-8580××××-216；

邮箱：m××××713@163.com、z××2202@126.com。

附件：××省智慧城市网络基础设施情况调查表(201_年度)

××省信息化工作领导小组办公室

2013 年 6 月 18 日

国务院办公厅关于宁波港口博物馆冠名问题的函

国办函〔2016〕41 号

浙江省人民政府：

你省《关于冠名宁波中国港口博物馆的请示》(浙政〔2014〕59 号)收悉。经国务院领导同志同意，现函复如下：

宁波港口博物馆馆名可定为"宁波中国港口博物馆"。

国务院办公厅

2016 年 4 月 8 日

(此件公开发布)

(以上例文根据网络文献整理)

拓展阅读＞

补充读物

1. 侯玉珍：《同为公函 差异明显——香港公文与内地公文比较》，载《广播电视大学学报(哲学社会科学版)》，2003 年第 1 期。

2. 纪楠：《行政公文"函"写作中的几点问题》，载《写作》，2011 年第 9 期。

3. 党路源：《关于函的写作要领的探讨》，载《长安学刊(哲学社会科学版)》，2015 年第 5 期。

实训九
纪要

情境植入

20××年 6 月 7 日，××省政府召开专题会议，对××市策划的 37 个重大项目进行研究，并提出了具体的支持意见，会后形成了《省政府支持××市重大项目建设专题会议纪要》。为贯彻落实专题会议精神，××市委、市政府经过充分调研，形成了《落实〈省政府支持××市重大项目建设专题会议纪要〉责任分工方案》，并以××市委办公室、××市政府办公室的名义联合印发了通知，要求：各地、各部门要迅速采取得力措施，抓紧做好37个重大项目的前期准备工作，加强向上汇报对接，全力争取国家、省批准或安排资金支持；市直相关部门还要围绕建设现代化区域中心城市和××新区建设，抓紧策划区域科技创新中心、教育中心、文化中心、奥林匹克中心、医疗卫生中心、现代服务业中心、金融服务业中心、会展中心等重大项目，千方百计争取国家和省里支持；各县(市)区也要结合本地实际情况，加强重大支撑项目和重大产业项目策划工作，采取强力措施加快推进。

实训材料

材料一：

2016 年第 1 次政府常务会议纪要

2016 年 1 月 26 日上午，宋××市长在××区会议室主持召开了 2016 年第 1 次政府常务会议。现纪要如下：

一、研究政府工作报告

会议听取了市政府研究室关于《政府工作报告》起草情况汇报。会议认为，《政府工作报告》的起草很辛苦，由于时间跨度长，拟草难度大，十分不容易。《政府工作报告》要从统一思想、凝聚人心、振奋精神的角度着手，总结归纳会议提出的意见和建议，进一步修改完善。

二、审议××市"十三五"规划纲要(草案)、2016 年国民经济和社会发展计划主要指标、重点项目建设有关事项

会议分别听取了市发改局、市统计局、市重点办关于"十三五"规划纲要(草案)编制情况、2016 年国民经济和社会发展计划主要指标建议、重点项目建设有关事项的汇报。会议认为，我市"十三五"规划纲要要落实市委的指导意见，紧跟上级政策，结合我市实际，做到切实可行。2016 年国民经济和社会发展计划主要指标是上级下达的任务，要统一思想，达成共识，全力完成目标任务，市统计局根据小康指标综合测算后确定我市具体指标建议，报市委常委会议研究决定。2016 年重点项目建设计划表(送审稿)是根据××下达的任务拟定的，要狠抓项目申报。

三、研究财政预算工作

会议分别听取了市财政局、市人社局关于 2016 年全市财政总预算编制有关情况、调整工资标准情况的汇报。会议认为，由于经济增长减缓，中央进一步结构性清费降

税及我市关闭淘汰煤矿等政策性减收因素，预计我市财政收入增长困难，新增可用财力捉襟见肘，必须严格执行省人民政府有关文件要求，严格预算收支管理。机构改革后，对所有专项经费进行调整，专项资金整体缩减50%，同时，进一步整合涉农资金，集中财力办大事。会议原则同意2016年全市财政总预算，报市委常委会议研究后，提交市人大常委会议决定。

四、听取市城投集团关于国家开发银行项目有关情况汇报

会议听取了市城投集团关于国家开发银行贷款项目情况的汇报。会议认为，我市与国家开发银行××省分行就相关贷款项目深入对接，取得了丰硕的成果，为每位市级分管领导如何谋划项目，推进项目，筹融资起到了示范性作用，各相关职能部门要全力支持与国家开发银行对接的贷款项目，市城投集团根据会议意见明确项目实施顺序，确保贷款项目依次落地。

五、研究政府性投资项目融资成本控制有关事项

会议听取了市财金办关于政府性投资项目融资成本有关情况的汇报。会议认为，融资工作事关我市长远发展，为我市产业转型和项目建设提供充足资金保障，要补齐我市四大短板，必须高度重视融资工作，加大融资力度。

（一）政府性投资项目融资必须是事关全局、长远发展与基础设施改善的项目，要根据"融得进、用得起、还得了"的原则开展融资工作。

（二）必须加大融资平台的整合力度，对现有融资平台进行整合，建立资产达40亿元以上的大型融资平台，千方百计发行债券。

（三）原则上禁止乡镇人民政府举债建设、融资建设，对有偿还能力的乡镇人民政府除外。

（四）由×××副市长牵头，组织市财金办根据×政函〔2015〕133号文件精神与常务会议意见，制定我市关于控制政府性投资项目融资成本的指导意见。

六、研究市政府常务会议议题确定暂行规定

会议听取了市政府办关于《关于确定市政府常务会议议题暂行规定》起草有关情况汇报，并原则通过该规定。会议认为，出台暂行规定很有必要，市政府办根据会议意见对暂行规定进行修改完善。以后政府常务会议议题要严格执行相关规定，每月召开一次政府常务会议。

七、研究我市大中型水库特困移民避险解困实施细则

会议听取了市移民局关于特困移民避险项目情况汇报。会议认为，大中型水库特困移民避险解困搬迁属于民生项目，要高度重视，必须严格按照×政发〔2012〕35号文件精神全力实施好。

（一）大中型水库特困移民避险解困搬迁坚持分散安置为主，集中安置为辅的原则。分散安置的移民实行奖励引导其到中心城区购买商品房，除避险解困的2万元补助外，

再额外奖励每户 2 万元；对于集中安置移民，不给乡镇下达硬性指标任务，由 3～5 户移民自行选择集中安置村，投入一定的基础设施建设资金，土地按农村宅基地报批。

（二）坚持乡镇人民政府为主体，市移民局进行指导。由市移民局出台指导性意见，乡镇党委政府根据避险解困的难度逐一确定避险解困移民，严格进行审查，充分尊重移民本人意愿，对不愿意搬迁的移民由其出具书面承诺书，确定搬迁的移民要实行张榜公示。

八、研究中心城区及城区饮用水源保护区畜禽规模养殖退出工作

会议听取了市畜牧水产局关于制定《××市中心城区及城区饮用水水源保护区内畜禽养殖规模养殖退出工作实施方案》（以下简称《方案》）的情况汇报。会议认为，中心城区及城区饮用水源保护区畜禽规模养殖退出工作事关城市建设、事关城镇居民饮用水质量与安全，工作十分重要，务必高度重视。会议原则通过《方案》，市畜牧水产局根据会议意见进一步修改完善。由市畜牧水产局牵头，一办两镇、××经济开发区、××镇为责任主体。中心城区及城区饮用水源保护区畜禽规模养殖退出工作，相关工作经费从生猪奖励资金中解决 400 万元，从农村环境卫生整治推进经费中解决 200 万。

九、研究农业生产全程社会化服务补助工作

会议听取了市农机局关于 2016 年财政支持农业生产全程社会化服务项目实施方案的汇报。会议认为，项目来之不易，对培育农业产业化转型具有重要意义，必须高度重视。同时要创新思路，通过招投标形式向社会购买一条龙服务，扶植 3～5 家企业，支持培植企业产业化，全力创建全省农业生产全程社会化服务示范典型，实施方案由×××副市长牵头重新修改后报批。

出席：（略）

邀请：（略）

列席：（略）

记录人：（略）

材料二：

学校两学一做专题党课会议纪要

3 月 31 日上午，学校在逸夫国际会议中心一楼报告厅召开"学党章党规、学系列讲话，做合格党员"学习教育动员部署大会。校领导××、×××、××和各分党委（党总支）书记、机关职能部门主要负责同志出席会议。校党委副书记×××主持会议。

校党委书记××做了题为《从严从实开展"两学一做"学习教育，深入推进学校高水平大学建设》的讲话。××从准确把握"两学一做"学习教育的重要意义、找准开展"两学一做"学习教育的有效路径和切实加强"两学一做"学习教育的工作领导三个方面做了动员部署。

××指出，开展"两学一做"学习教育，是落实党章关于加强党员教育管理要求、面向全体党员深化党内教育的重要实践，是推动党内教育从"关键少数"向广大党员拓

展、从集中性教育向经常性教育延伸的重要举措，是加强党的思想政治建设的重要部署。"两学一做"是推动全面从严治党向基层延伸的必经之路，是党员锤炼党性坚定理想信念的根本措施，是营造全党上下风清气正政治生态的重要抓手。

××强调，开展"两学一做"学习教育，基础在学，关键在做。要紧密结合学校实际，坚决贯彻落实中央决策部署，推进"两学一做"学习教育取得实实在在的成效。一是准确把握目标要求；二是聚焦学习教育内容；三是有效把握方法措施；四是推动解决突出问题。

××要求，深入开展"两学一做"学习教育，是今年学校党的建设工作的龙头任务，也是加强党对高校领导的有力抓手。全校各级党组织和广大党员要把这次学习教育作为一项政治任务，融入党员教育管理新常态，打造一支具有铁一般信仰、铁一般信念、铁一般纪律、铁一般担当的党员队伍，为学校高水平大学建设奠定坚实的组织基础。一要层层落实责任；二要领导干部带头；三要强化组织保障；四要抓好舆论引导。

校党委常委、组织部部长××就开展学习教育的具体工作做了报告，学校将从围绕专题开展学习讨论、创新方式讲党课、开展党支部专题组织生活会和民主评议、开展党员组织关系集中排查、开展"特色党日"活动、开展基层党组织书记抓党建工作述职评议考核、建立"×大先锋"党建工作微信平台、开展党风廉政建设宣传教育月活动八个方面从严从实抓好学习教育工作。

校党委副书记×××在主持会议中要求，各单位负责同志会后要认真学习、深刻领会、逐级传达、扎实落实会议精神，把本单位"两学一做"学习教育抓实抓好。要针对具体情况解决具体问题，将党的活动与业务工作相结合，将师生关心的事情纳入具体工作之中，释放基层党组织和党员的活力和创造力，在工作推进的过程中注重挖掘、总结、推广先进经验，确保学习教育取得实效。

讨论分析

1. "材料一"是一份较符合要求的会议纪要，但还是存在一些问题。请问有什么问题？
2. "材料二"存在什么问题？应当如何改正？
3. "材料一"和"材料二"两篇纪要有什么不同之处？

任务与要求

任务一：参照"材料一"，对"材料二"进行改写。

要求：把握会议纪要的特点，结构合理，格式规范，表述得体。

任务二：以"纪要的特点"为题，课堂讨论交流。

要求：1. 以小组形式讨论，每组 4～6 人；2. 讨论结束形成记录稿，每组选一人作为代表，进行课堂汇报。

🔗 实训总结

纪要，适用于记载会议主要情况和议定事项。

纪要的特点：①内容的纪实性。纪要必须如实反映会议的内容和议定事项，不能把会议没有进行或者没有讨论的内容写进纪要。纪实性是纪要的基本特点，也是撰写纪要的基本原则。②表达的概要性。纪要是对会议情况进行综合整理后形成的。撰写纪要要围绕着会议主旨以及会议的主要成果来整理、提炼和概括。重点是概括会议精神以及会议成果，而不是会议过程。③作用的指导性。纪要的纪实性特点，决定了它具有凭证、备查作用以及指导工作的作用。纪要的作用主要是沟通情况，交流经验，统一认识，指导工作。④时间的及时性。纪要对写作时限要求比较严格。一般情况下，会议结束后就要形成纪要。⑤称谓的特殊性。纪要一般采取第三人称写法。由于纪要反映的是全体参会人员的集体意识和意向，因此常用"会议"作为表述主体，如"会议认为""会议指出""会议决定""会议通过""会议号召"等。

整理会议记录，注意"去粗留精"，把握侧重点。会议纪要应该抓住会议的中心议题，侧重表达大家已经取得一致或基本一致的意见。

纪要的类型：按照会议议定的内容，可分为综合性会议纪要、专题性会议纪要。按照会议的任务与要求，可分为决议性会议纪要、通报性会议纪要、协议性会议纪要、研讨性会议纪要。

纪要由标题、正文、落款组成。

标题。由"会议名称＋会议纪要"构成。

正文。主要由以下几点构成：①导言。介绍会议召开的基本情况，如时间、地点、参加人、讨论的问题。注意参加人（列席人员）亦可在正文末尾缀写，如材料一。②会议的成果及议定的事项。应逐项列出。③希望与要求。或对会议做出一些基本评价，发出号召，提出希望；或不单独写结尾，主体最后一个问题写完就结束全文。

落款。包括署名、时间、印章。一般会议纪要可不署名。如果与会单位有多个，会议纪要是与会者共同意志的体现，落款应是全体与会单位，故不写落款，不加盖公章，与会者带回去执行就行了。

纪要写作需要注意的是：①要突出中心。即抓住主要问题，形成纪要的中心，切不可面面俱到。②注意吸收正确意见。集中反映符合会议中心要求的多数人的一致意见，同时也要注意吸收少数人的正确意见。对有分歧性的意见，如属于研讨性质的会议也可写进会议纪要中去。③要条理化、理论化。所谓条理化，是指对会议讨论的意见分类归纳，层次清晰；所谓理论化，是指对会议的意见尽力给予理论上的概括，提纲挈领，画龙点睛。④要忠于会议的实际内容，认真做好会议记录，详尽地占有材料，并且要根据会议精神认真研究会议记录，以便对材料正确取舍，合理删减。

要写好会议纪要，掌握这个文种常用的一些词语和句式是非常必要的。下面是对会议纪要写作时常用的词句进行的大致归类：

第一，表达会议内容的词句："会议按照……程序召开""会议听取了……（报告/意见）""会议讨论（审议）……事项（报告）""会议指出/指示……""××同志指出……""会议分析了……（形势）""会议通报了……情况""会议传达了……精神""会议总结了……""会议强调……""会议就其他问题进行了讨论（研究）"，等等。

第二，表达议决事项的词句："会议（一致）认为……""会议提议……""会议明确了……""会议原则同意/原则批准……""会议（充分）肯定了……""会议审议通过……""会议决定……""会议要求……""会议双方就……达成一致""根据……特做如下决定……"，等等。

第三，表达事项活动的词句："会议号召（倡议）……""会议要求……""会议安排（组织）……""会议对……进行了部署""会议决定……""会议要求贯彻落实……"，等等。

实训评价

纪要写作实训评价表

评价项目	比重	评价内容	评价标准				自我评分	小组评分	教师评分
			优	良	中	差			
内容要素	50	缘由：充分、准确、合理	10		5				
		事项：真实、具体、明确， 详略得当，点面结合	20 10		10 5				
		结语：必要、规范、精当	10		5				
形式要素	30	版头：齐全、规范	2		1				
		标题：准确、简练、规范	5		2				
		主送机关：必要、规范	2		0				
		正文：主题明确，结构完整， 格式规范，表述确切	10		5				
		附件：必要、齐全、规范	3		1				
		落款：齐全、规范	5		3				
		版记：齐全、规范	2		1				
		页码：必备、规范	1		0				
文种	5	正确、得体	5		3				
语言	15	准确、简练、规范	15		8				
合计	100								

⚲ 拓展思考

在会议过程中，由记录人员把会议的组织情况和具体内容记录下来，就形成了会议记录。会议记录是讨论发言的实录，属事务文书，做资料存档。会议记录的载体是会议记录簿。会议记录通常按照会议名称来分类，往往以会议召开的时间顺序编号入档，对会议记录的分类主要是档案管理的需要。

会议记录写作的基本要求：①准确写明会议名称（要写全称），开会时间、地点，会议主题或性质。②详细记下会议主持人、出席会议应到和实到人数，缺席、迟到或早退人数及其姓名、职务，记录者姓名。如果是群众性大会，只要记参加的对象和总人数，以及出席会议的较重要的领导成员即可。如果某些重要的会议，出席对象来自不同部门或社团，应该详细记录其姓名、部门或社团、职务等。③忠实记录会议上的发言和有关动态。会议发言的内容是记录的重点。其他会议动态，如发言中的插话、笑声、掌声，临时中断以及别的重要的会场情况等，也应予以记录。记录发言可分摘要与全文两种。多数会议只要记录发言要点，即把发言者讲了哪几个问题，每一个问题的基本观点与主要事实、结论，对别人发言的态度等，做摘要式的记录，不必有闻必录。某些特别重要的会议或特别重要人物的发言，需要记下全部内容。会议记录要求忠于事实，不能夹杂记录者的任何个人情感，更不允许有意增删发言内容。④记录人员在开会前要提前到达会场，并落实好用来做会议记录的位置。安排记录席位时要注意尽可能使之靠近主持人、发言人或扩音设备，以便于记录人员准确清晰地聆听他们的讲话内容。同时记录人员要及时了解会议的主要流程和会议内容，认识主持和出席会议的主要人物。从某种程度上讲，记录人员比一般与会人员更为重要，安排记录席位要充分考虑其工作的便利性。如果会议有材料发放，要予以记录并尽量获取这些材料。

会议纪要与会议记录都是会议文书，都具有很强的纪实性。二者的主要区别是：①对象不同。会议记录一般是有会必录，凡属正式会议都要做记录，作为内部资料，用于存档备查以及进一步研究问题和检查总结工作的依据。会议纪要主要记述重要会议情况，只有当需要向上级汇报或向下级传达会议精神时，才有必要将会议记录整理成会议纪要。②写法不同。会议记录作为客观纪实材料，无选择性、提要性，要原原本本地记录原文原意，且必须随着会议进程进行，越详细越好。会议纪要则有选择性、提要性，不一定要包容会议的所有内容，必须在会议结束后，在会议记录的基础上加工整理而成，它集中反映了会议的精神实质，具有高度的概括性和鲜明的政策性。③作用不同。会议记录不具备指导工作的作用，一般不向上级报送，也不向下级分发，只作为资料和凭证保存。会议纪要经过上级机关审批，就可以作为正式文件印发，有的还直接在报刊上发表，让有关单位贯彻执行，因此它对工作有指导作用。④性质不

61

同。会议记录是对会议情况的记录，只是原始材料，不是正式公文，一般不公开，无须传达或传阅，只做资料存档；会议纪要则是正式的公文文种，通常要在一定范围内传达或传阅，要求贯彻执行。

（根据网络文献整理）

笔者在对相关学者的观点总结后，从可诉性研究的角度，认同行政机关会议纪要的如下属性：

第一，内部性。与《党政机关公文处理工作条例》中规定的决定、决议、公报等其他公文相比，行政机关会议纪要的作用对象主要针对行政系统内部，而其他公文以针对行政系统外部的行政相对人为主。行政机关会议纪要并不能作为具体行政行为的依据或是直接对行政相对人进行适用。如果行政机关会议纪要所记载的事项需要对外发生效力，那么相关部门应以会议纪要所记载的内容为依据，制定相应的公文对外公布。依据相关规定，如《湖南省行政程序规定》第四十五条"本规定所称规范性文件是指除政府规章以外，行政机关和法律、法规授权的组织制定的，涉及公民、法人和其他组织权利义务，在一定时期内反复适用，具有普遍约束力的行政公文"可以明确，行政机关会议纪要不属于行政法意义上的规范性文件。

第二，抽象性。与会议记录不同，会议纪要本身的"记载"功能不是对会议内容的简单复制，而是一个在会议记录基础上归纳、凝练和整合的过程。行政机关会议纪要在形成过程中，往往是对某些具体的行政事项进行讨论，并产生处理该类具体问题的原则和办法，它不是解决某一具体问题的详细流程和最终结论。在内容上，行政机关会议纪要的抽象性使其与行政机关做出的具体行政决定书相区别。国家行政学院法学部教授杨伟东说："会议纪要通常应当是政府或行政机关的内部决议，用于记载和传达行政机关会议议定事项。因此，它一般只具有内部效力，原则上不能也不会涉及对公民、法人或者其他组织权利义务的处置。如果涉及，通常应是导向性、原则性或思路性的，再由具体的行政机关依法或依规定转化为具体行政行为或相应的管理措施。"

第三，不公开性。笔者认为，行政机关会议纪要应属于《国务院办公厅关于做好政府信息依申请公开工作的意见》中规定的过程性信息，即行政机关在日常工作中制作或者获取的内部管理信息以及处于讨论、研究或者审查中的信息。过程性信息一般不属于《中华人民共和国政府信息公开条例》所指应公开的政府信息。由于行政机关会议纪要具有内部性，很多事项是否对外生效还处于未知状态。此时如果公开，可能影响社会稳定，有损行政机关的权威性，增加行政管理工作的负担。

（节选自黄志勇，唐亮亮：《行政机关会议纪要的可诉性研究》，载《岭南学刊》，2013年第5期。有加工整理）

🔍 **案例分享**

×××市人民政府第六次常务会议纪要

时间：××××年×月×日 8：00—12：00

地点：市政府常务会议室

主持：市长×××

出席：副市长×××、×××、×××，办公室主任×××

请假：×××（出差）

列席：×××、×××、×××

记录：×××

现将会议讨论及决定的主要事项纪要如下：

一、会议听取了副市长×××关于召开经济工作会议准备的情况汇报，讨论了扩大市属企业自主权的十条规定。会议同意市经济工作准备情况汇报，并决定于×月×日召开全市经济工作会议。今年各项经济工作指标，要以市经委下达的为标准，不再调整市原各公司的主要经济指标。

二、会议原则同意市民政局关于民政事业费管理使用办法的修订意见。

三、会议同意将市政府办公室提出的转变机关工作作风的规定意见（讨论方案）印发各部门，广泛征求意见，做进一步修改后，以市政府文件印发。

××市人民政府办公室

××××年×月×日

中国地方志指导小组五届一次会议纪要

中国地方志指导小组五届一次会议于 2013 年 12 月 20 日在北京召开，中国社会科学院院长、中国地方志指导小组组长王伟光出席会议并讲话（讲话全文另发）。中国社会科学院副院长、中国地方志指导小组常务副组长李培林主持会议。军事科学院副院长、中国地方志指导小组副组长任海泉，国家档案局局长、中国地方志指导小组副组长杨冬权，中国地方志指导小组成员杨志今、邬书林、段柄仁、李红、王路、卜宪群、王建朗、王巍、邢广程、陈光金、张星星、刘一皋、田嘉、李富强，以及成员代表共 29 人参加会议，3 位成员因公请假。

会上，李培林同志传达了中共中央政治局委员、国务院副总理刘延东的重要指示，并受国务院副秘书长、中国地方志指导小组副组长江小涓委托，宣读了第五届中国地方志指导小组组成人员名单，介绍了第五届中国地方志指导小组组建经过；中国地方志指导小组秘书长兼办公室主任李富强汇报了第四届中国地方志指导小组组成五年来的全国地方志工作情况；与会人员就第五届中国地方志指导小组工作和全国地方志工作进行了讨论，提出了许多富有建设性的意见和建议。

会议指出，第五届中国地方志指导小组的换届工作是在党中央国务院的关心领导下完成的。在换届过程中，中共中央政治局常委、国务院总理李克强，中共中央政治局委员、国务院副总理刘延东，中共中央政治局委员、中央书记处书记、中央宣传部部长刘奇葆，国务委员兼国务院秘书长杨晶做出批示，同意第五届中国地方志指导小组的换届程序、组成原则、组长和副组长人选以及成员单位名单。11 月 18 日，刘延东同志又专门做出重要指示，对第四届中国地方志指导小组工作给予肯定，对新组成的第五届中国地方志指导小组提出希望和要求。这些都充分表明了党中央国务院对中国地方志指导小组的殷切期望，体现了对地方志工作的高度重视。

刘延东同志在指示中指出，五年来，在第四届中国地方志指导小组的领导下，全国广大地方志工作者辛勤耕耘、奋发有为，全国地方志工作和事业蓬勃发展，取得了丰硕的成果。谨向同志们致以诚挚问候和衷心感谢！希望第五届中国地方志指导小组团结带领全国地方志系统的同志们，深入学习贯彻党的十八大和十八届三中全会精神，以高度的历史责任感和时代使命感，坚持辩证唯物主义和历史唯物主义的世界观和方法论，不断总结经验，开拓创新，全面客观真实地著录当代、传承历史，进一步弘扬以爱国主义为核心的民族精神和以改革创新为核心的时代精神，为实现"两个百年"奋斗目标和中华民族伟大复兴的中国梦做出新的更大贡献！

王伟光同志在讲话中高度评价了第四届中国地方志指导小组五年来的工作，科学总结了五年来全国地方志工作积累的珍贵经验。他指出，要做好第五届中国地方志指导小组工作，继续大力推进全国地方志工作和事业向前迈进，必须认清中国特色社会主义事业的发展改革大局，厘清在全局中地方志工作的任务和目标。当前和今后一个时期，各级地方志工作机构和广大地方志工作者要深入学习贯彻党的十八大和十八届三中全会精神，学习贯彻习近平总书记一系列重要讲话精神，翔实记录党领导人民建设和发展中国特色社会主义的奋斗历程、光辉成就，为全面建成小康社会和全面深化改革提供历史借鉴、智力支持，在中国特色社会主义文化建设中充分发挥地方志工作的传承功能、基础作用。

王伟光同志强调，第五届中国地方志指导小组要切实履行好统筹规划、组织协调、督促指导全国地方志工作的职责，做好地方志工作法制化建设、规划编制、第二轮修志、第三轮修志启动等关系地方志事业全局和前途的重要工作，在本届任期内，不辜负全国地方志工作者的重托，完成好党中央国务院交给的重任。2014 年是中国地方志指导小组换届后的开局之年，中国地方志指导小组办公室要在指导小组的领导下，把各项工作计划好、落实好。对涉及面广、影响大的《汶川特大地震抗震救灾志》出版工作，全国地方志系统先进集体、先进工作者评选表彰和地方志书、年鉴质量评比活动的准备工作，第五次全国地方志工作会议的筹备和召开，要全力以赴，集中力量完成好。

　　会议充分肯定了李富强同志所做的工作汇报，一致认为全国地方志工作和事业呈现出前所未有的大好局面，但在前进道路上还存在一些困难和问题。会议在讨论中着重提出，要争取各级党委政府对地方志工作的更大支持，推动地方志工作法规规章的贯彻落实；科学规划全国地方志事业发展，做好顶层设计，加大中国地方志指导小组对各地各级地方志工作机构指导的力度；加强地方志资料建设，确保志鉴质量的不断提升；深化方志理论研究，建立独立的方志学学科；开展与图书馆在旧志整理方面的合作，分类编辑旧志和新志资料；加快志鉴编纂出版和现代信息技术的结合，扩大地方志成果的影响；发挥方志文化在对外和对港澳台文化交流中的作用，提升地方志资源开发利用水平；根据地方志工作机构职能，争取地方志工作机构在事业单位分类改革中划分为行政类事业单位。

　　会议认为，王伟光同志的讲话准确把握中国特色社会主义事业发展改革大局，认真分析不断发展变化的地方志工作实践，明确提出了全国地方志系统和本届中国地方志指导小组在新时期、新形势下的工作任务，是指导全国地方志工作的重要文件。会议坚信，在党中央国务院的亲切关怀和地方各级党委政府的大力支持下，第五届中国地方志指导小组一定能够团结带领全国地方志系统的同志们，推动全国地方志工作再上一个新台阶，书写出地方志事业的新篇章。

　　（以上例文根据网络文献整理）

拓展阅读＞

补充读物

　　1. 刘波：《会议纪要写作规范及行文格式之我见》，载《秘书之友》，2012年第4期。

　　2. 孙宝强：《会议纪要使用中的乱象及改进策略》，载《秘书之友》，2012年第8期。

　　3. 高峰：《会议纪要"八字诀"》，载《秘书工作》，2015年第3期。

综合实训

一、请分别搜集通告、通报、通知各一篇，并根据所学知识对其进行比较分析。

二、请分别搜集请示、报告各一篇，并根据所学知识对其进行比较分析。

三、请分别搜集纪要、会议记录各一篇，并根据所学知识对其进行比较分析。

四、请分别搜集不同类型的决定、意见、函、批复各一篇，并根据所学知识对其进行主题、结构、语言、格式等方面的评析，掌握不同类型的决定、意见、函、批复的写作特点。

五、请分别搜集不同类型的命令、公告、公报、决议、议案各一篇，并根据相关文种知识对其进行主题、结构、语言、格式等方面的评析，掌握不同类型的命令、公告、公报、决议、议案的写作特点。

六、在实际工作中，违法违规拟文、拟文有误、格式不当、文种选用不当、语言风格不当等失范公文现象屡见不鲜，这在某种程度上损害了党政机关公文的权威性、严肃性与实效性。请搜集一篇失范公文，根据所学公文写作知识对其进行评析，并在课堂上进行交流。

七、指出下列公文中的不当之处，并予以修正。

1. ××市××区政府表彰劳动模范的一份决定：

××市××区政府关于劳动模范的表彰决定

各街道办事处、镇人民政府、区政府各部门：

20××年以来，在区委、区政府的坚强领导下，全区人民在各自的岗位上勤奋工作，开拓进取，为促进××经济社会又好又快发展做出了积极的贡献，涌现出了一大批爱岗敬业、勇于奉献、成绩卓著的先进模范人物。经研究，区政府决定授予于磊等30名同志"20××年××区劳动模范"荣誉称号。希望受到表彰的劳动模范珍惜荣誉，戒骄戒躁，再接再厉，在各自的工作岗位上再创佳绩。

附件：20××年××区劳动模范名单。

××市××区政府

20××-04-28

2. ××县人民政府关于实施不动产统一登记的一份通告：

××县人民政府关于实施不动产统一登记的通告

×政函[1×]098号

各乡镇人民政府，县政府各局、各直属机构：

根据《中华人民共和国物权法》《不动产登记暂行条例》(国务院令第656号)以及国家、省、市有关加快推进不动产统一登记工作要求，自201×年8月29日起，在全县行政区域内实施不动产统一登记。现将有关事项通告如下：

1. 全县行政区域内不动产登记工作由县国土资源局负责实施，其下属"××县不动产登记中心"具体负责办理不动产登记、信息查询等有关业务。不动产统一登记的权利类型：集体土地所有权；房屋建筑物、构筑物所有权；森林、林木所有权，林地使用权；农村土地承包经营权；建设用地使用权；宅基地使用权；地役权；抵押权等法律规定需要登记的其他不动产权利。农村土地承包经营权的登记予以五年过渡期，过渡期内由原发证机关办理，过渡期后纳入县不动产登记中心办理。森林、林木所有权，林地使用权予以两年过渡期，过渡期内由原发证机关办理，过渡期后纳入县不动产登记中心办理。

2. 不动产登记的业务类型：首次登记、变更登记、转移登记、注销登记、更正登记、异议登记、预告登记、查封登记等。

3. 201×年8月11日至28日，全县行政区域内停办各类不动产登记业务。停办期间进行不动产统一登记业务系统对接调试、测试等工作，停办前已受理但未办结的业务，由受理单位退件。

4. 自201×年8月29日起，全县行政区域内各类不动产登记业务统一由县不动产登记中心办理，颁发《不动产权证书》和《不动产登记证明》，原相关不动产权属证书、证明停止发放，之前依法颁发的各类不动产权属证书、证明继续有效，在今后办理变更登记、转移登记时，更换新的不动产权属证书、证明。各类型不动产登记收费标准按物价部门核定的标准收取。

5. 县不动产登记中心办公地址：县政务服务中心三楼。联系电话：07××-522××。

本通告自公布之日起施行。特此通告。

××县人民政府

201×年8月

3. ××县人民政府办公室关于开会的一份通知：

关于召开全县行政服务工作会议的通知

×府办字〔201×〕第62号

各乡镇人民政府，××垦殖场，县直有关单位：

为安排部署201×年各项工作，回顾总结201×年全县行政服务工作，经县政府研究，决定召开全县行政服务工作会议，现将有关事项通知如下：

一、会议时间：201×年××月××日(星期五)上午。会议分两个阶段进行，第一阶段为全县行政服务工作会，第二阶段为"三单一网"建设业务培训会。

二、会议地点：县行政中心。

三、参会人员

(一)各乡镇场分管行政服务和"三单一网"建设工作的领导及1名具体负责"三单一网"建设工作的业务人员；(二)县直有关单位(含条管单位)分管行政服务和"三单一网"建设工作的领导及1名具体负责"三单一网"建设工作的业务人员(参会单位名单附后)；(三)县直下属单位1名具体负责"三单一网"建设工作的业务人员(参会单位名单附后)；(四)县公安交警大队、县供电公司、县国税局、县地税局、××派出所、县社保局、县医保局、县就业局、县自来水公司等9个单位的专业办事大厅负责人;(五)行政服务中心各窗口首席代表B岗及受表彰人员。

四、其他事项

会务工作由县行政服务中心管委会负责;行政服务中心受表彰人员由县行政服务中心管委会负责通知;县直有关部门下属单位参会人员由主管部门负责通知;请参加培训的业务人员加入县审改办QQ工作群4245×××××,并登录××行政服务中心网站(www.××××.com),在公告栏下载打印《××政务服务网便民服务事项参考目录》《××政务服务网便民服务事项梳理填报指南》和《××县人民政府办公室关于印发201×年××县深化行政审批制度改革暨"三单一网"建设工作实施方案的通知》,并带至会场参训。

××县人民政府办公室

201×年×月×日

4.××县卫生局的一份表彰通报:

<h3 style="text-align:center">关于表彰先进集体、先进工作者的通报</h3>

各医疗卫生单位:

在201×年度的卫生工作中,涌现出了一批表现突出的先进典型,为弘扬医务工作者救死扶伤、乐于奉献,忘我的工作精神,激励广大医务工作者爱岗敬业,积极向上的工作热情,县卫生局决定对县人民医院、××乡卫生院等10个先进集体,欧××等3名优秀院长及胡××、孙××、杨××等28名卫生先进工作者进行表彰,希望受表彰的先进集体和个人,充分发挥模范作用,再接再厉,为全县卫生工作做出更大的贡献,也倡议全县上下以他们为榜样,在各自岗位上做出更大的成绩。

××县卫生局

201×年×月×日

5.××政务服务中心关于招考工作人员的一份文件:

<h3 style="text-align:center">关于公开招考工作人员的请示报告</h3>

县编委:

根据县委、县政府《关于印发××县行政服务中心组建方案》的通知(×办发〔201×〕32号),根据县政府2010年10月22日筹建县行政服务中心专题工作会议精神,201×年×月×日首批进驻的县直13个单位及中心工作人员已进驻办公,目前县政务公开和政府信息公开工作领导小组办公室也设在中心。目前中心已正式运行,并受理办结审批事项1500多件。

经近半年的运行,中心的各项管理工作因中心的工作人员不足,已受到一定的影响。目前中心工作人员只明确了1名主要负责人,前期抽调的两名工作人员,已回原单位。今年元月县委组织部安排了两名副科级领导到中心挂职半年，挂职时间也即将到期。为了确保中心工作的正常运转和政务公开工作的推进，特请求对外公开招考两名年轻工作人员到中心，主要承担中心有关文档、财务、政务公开、网络维护等工作。

恳予批准，并务必尽快答复。

附：县政务服务中心拟招聘两名工作人员条件

×× 县政务服务中心

201× 年 × 月 × 日

八、认真阅读下面各则材料，按要求完成相应公文的写作。

1. 为进一步加快文化产业发展，全面推进文化强区建设，根据《××市人民政府关于进一步加快文化产业发展的实施意见》(×政发〔2015〕×号)精神，××市××区根据自身实际，制定了本区关于进一步加快文化产业发展的实施意见。

要求：请以××市××区人民政府名义撰写这份意见，可参阅相关文献，内容充实，层次清晰，格式规范。

2. 请搜集所在学校或其他社会组织中出现的好人好事和违纪现象，各写一份表彰性通报和批评性通报。

要求：内容明确，层次清晰，结构完备，格式规范，表述流畅，注意两类通报语气的差异，字数不少于 300 字。

3. 近几年来，××县××镇城镇建设在县委县政府的高度重视和支持下，不断得到发展，但由于缺乏文化广场和体育活动场所，城镇功能不能满足人民群众日益增长的文化健身活动需要，城镇居民健身活动主要集中在城区交通要道，环境恶劣，既不利于群众健康，也给交通安全带来较大隐患，威胁人民群众生命安全。为妥善解决这一迫切需要解决的问题，完善城镇功能，提升城镇品位，完善公共服务设施，满足人民群众特别是城镇居民日益增长的文化健身活动需要，推进城乡一体化建设，××镇人民政府根据城镇建设规划，拟在城镇东面拆除原文化站和花炮厂厂房，新建镇文体广场。该项目占地 13 亩，包括封闭式篮球场、百姓大舞台、文化长廊和绿化带等设施，预计总投资 400 万元，目前已经开始征地等建设前期工作。为使该惠民工程顺利实施并尽快竣工，××镇人民政府向县人民政府呈交请示，请求：1. 批准该项目建设；2. 安排县规划局完善规划审批手续；3. 安排县土地局完善土地审批手续。

要求：请分别拟写请示和批复，内容准确，理由充分，结构完整，格式规范，表述得体，不少于 400 字。

4. 根据《关于印发紧缺学科教师招聘工作方案的通知》(×教政〔201×〕95 号)和《关于进一步规范公办学校教师公开招聘工作的意见》(×教人〔201×〕22 号)文件精神，结合××大学201×届师范类毕业生招聘周活动和该县201×年师资实际需求，××县教育局经研究，决定继往年赴××大学、×师大高校招聘优秀毕业生后再赴××大学招聘教师。为此，××县教育局需将《201×年赴××大学招聘教师工作方案》提请县人力资源和社会保障局给予确认。

要求：请分别拟写去函和复函，内容明确，层次清晰，结构完整，格式规范，语言有条理，不少于200字。

5. 请根据自己所参加的一次会议，分别完成一篇会议记录和一篇纪要。

要求：内容充实，结构完整，层次清晰，格式规范，语言有条理，并注意会议记录和纪要的区别。

九、认真阅读下面这篇公文，并结合实际工作中存在的公文失范现象，谈谈你对这类问题的理解和认识。

关于进一步规范政府公文办理工作的通知

各乡、镇人民政府，县政府各部门：

为进一步规范全县政府系统公文办理工作，提高政府公文办理的质量和效率，维护政府公文的严肃性、权威性，根据《中共中央办公厅、国务院办公厅关于印发〈党政机关公文处理工作条例〉的通知》（中办发〔2012〕14号）要求，结合我县实际，现将各部门、各单位办理拟发政府公文及其他有关事项通知如下：

一、严格控制发文数量

（一）凡国家法律法规已做出明确规定的，现行文件规定仍然适用的，不再重复发文。

（二）通过会议或其他形式已做出安排部署、有关部门已明确任务的，不再发文；一年内一般不就同一事项发两次以上文件。

（三）凡是可以用口头、电话、协商、便函等方式解决问题的，一律不发公文；凡是可以用县政府办公室文件解决的问题，不发县政府文件；凡是可以用明传电报发文解决的问题，不发正式红头文件。

（四）可以在部门职权范围内解决的事项，应由部门自行发文；可以几个部门联合解决的事项，应由部门联合发文；县各项工作领导组或指挥部等组织需要行文的，一般由领导组或指挥部自行发文；非特殊情况，不得要求县政府或县政府办公室直接行文。

（五）转发上级政府文件，必须提出明确具体的贯彻意见，没有明确贯彻意见的，或者上级文件明确要求各级各部门遵照执行的，一律原件翻印下发。县政府办公室原则上不转发部门文件。

二、严格规范起草拟发政府公文

（一）符合党的路线方针政策和国家法律法规，完整准确体现发文机关意图，并同现行有关公文相衔接。

（二）深入调查研究，一切从实际出发，分析问题实事求是，充分进行论证，所提政策措施和办法切实可行，既要加强对全局工作的指导性，又要注重在具体工作中的可操作性，切实提高针对性和时效性。

（三）内容简洁，主题突出，观点鲜明，结构严谨，表述准确，文字精练，反对空话、套话，提倡开门见山、意尽言止，切实改进文风。

（四）文种正确，格式规范。

三、严格拟发政府公文审核把关制度

（一）为确保政府公文的审核、签批、印刷有充足的时间，主办单位拟发的政府公文的代拟稿要提前7个工作日送至县政府办公室秘书室，进入审核、运转程序，严禁任何形式突击发文。

（二）涉及财政、土地、规划及出台重要政策类的代拟稿，主办单位应提供相应的起草依据、调研论证材料、相关法规政策等文件，再进入公文审核、运转程序。

（三）涉及人事、表彰先进和授予荣誉称号的代拟稿，主办单位必须按照有关规定征求纪检监察、计划生育、社会治安综合治理等有关部门的意见，并附人员基本情况等相关材料，经主办单位领导签字，加盖文件骑缝章后，再进入公文审核、运转程序。

（四）主办单位形成的拟发政府公文的代拟稿要填写拟发政府公文处理意见表，本单位主要负责人签字、加盖单位公章后，由单位公文审核相关负责人与相关拟稿人一起将拟发政府公文稿及电子文本送至县政府办公室秘书室进行审核、运转，并负责对拟发政府公文疑问处进行解释和修改，严禁非公文起草人员或无业务关系人员进行办理。拟行文内容涉及其他部门和单位的，主办单位要主动与有关部门和单位协商一致，并进行会签。

（五）除特殊情况外，各类拟发政府公文应报县政府办公室按规定程序审核、运转，不得直接送交领导本人，严禁"公文倒流"现象发生。

四、严格请示报告事项行文规范

（一）各单位向县政府提交的请示、报告、领导批示反馈意见，必须以各单位正式红头文件报送，纸张须采用国际标准A4型纸，白头、无文号、无印章等不符合公文要求的文件一律不予受理。

（二）公文格式统一为：大标题2号小标宋，一级标题3号黑体，二级标题3号楷体加黑，三级标题3号仿宋加黑；正文3号仿宋字体，每页22行左右，每行28字左右，行间距固定值32磅左右；成文日期与正文距离保持在3行左右，成文日期一般右空4字编排，印发机关与印发日期一般用4号仿宋。

（三）各单位向县政府报送的请示、报告，应遵守公文处理的有关规定，不得多头主送，不得混用"报告"和"请示"文种，不得在"报告"中夹带"请示"事项，请示应一文一事。

五、严格公文退文及通报制度

（一）拟发政府公文及部门请示、报告行文在审核、运转过程中有下列情况之一的，应退回主办单位：1. 违反本通知要求，有滥发公文倾向的；2. 照搬照抄上级文件，重申已有政策条文，无切实可行的、新的具体措施和办法的；3. 未同时报送起草依据、调研论证材料及征求相关部门意见情况和本单位法制机构审核意见的；4. 拟发政府公文及部门请示、报告行文呈送审签过程不遵循规定程序、直送县领导批示，导致公文处理程序脱节或"公文倒流"的；5. 运用文种不当、文法不通、条理不清、篇幅冗长、文稿质量差的；6. 未按要求填写拟发政府公文处理意见表，政府公文处理意见表未经单位主要负责人审核签字及加盖单位印章的。

（二）出现上述退文情况和以下情形之一的，县政府办公室将予以通报：1. 请示、报告文种不当，格式错误，内容粗劣的；2. 拟发政府公文内容严重失实，文字、格式错误、违反法规政策或上级要求的；3. 县领导已签发的拟发政府公文主办单位未及时印发、送存归档的。

2015 年 4 月 3 日

事务文书实训

实训目标

　　理解并掌握计划、总结、述职报告、调查报告、简报、规章制度、条据的写作方法、要求、格式和规范。

结构图

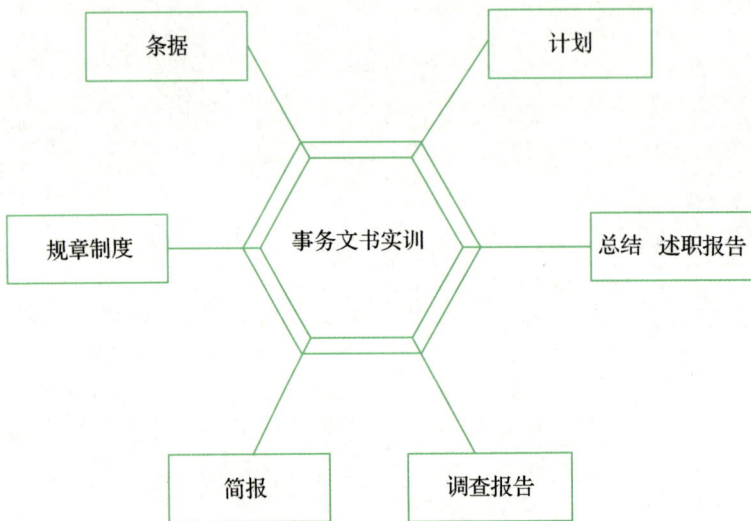

实训一
计划

🎯 情境植入

六月毕业季，栀子花开时，又到伤感离别日。这个季节，总是会让人轻易地想起四个字："青春散场"。毕业，等待学子的是远方下一站的寄寓。

每年的大学毕业季，有的同学收获满满，或考研成功，或找到理想工作，或收获了自己的爱情；而有的同学看似忙碌，然收获平平，或考研不理想，或工作无着落，或工作不太满意。据调查了解，没有大学人生规划是导致后者的一个重要原因。但是，有了计划，只是目标过于"高大上"，或有了计划，却只是哄自己玩，或计划虽已付诸行动，却又不善于及时总结经验，或有了计划，却又不能一以贯之地去执行，如此种种，使得同一个专业、同一个班级的学生，有的毕业时斩获颇丰，而有的只能回忆逝水年华。因此，有人用鲁迅的四部作品来形容大学四年生活：大一《彷徨》，大二《呐喊》，大三《伤逝》，大四《朝花夕拾》。

实训材料

材料一：××财经大学学生会是在校党委、省学联的领导和校团委指导下，以"自我服务，自我管理，自我教育"为宗旨的校级学生组织。学生会在主席团的领导下，设立办公室、学习实践部、宣传部、女生部、文艺部、体育部、生活部、网络信息部、设计推广部、大学生艺术中心 10 个部门。按惯例，学生会每年都要于 12 月下旬制订出下一年度学生会工作计划。李晓晴作为该校学生会主席，须主持下一年度工作计划的起草、意见征求与定稿工作，主要内容包括本年度工作业绩、不足与下一年度的工作谋划。请你以学生会主席李晓晴的身份主持编制 2017 年度学生会工作计划。

材料二：2015 年 6 月 13 日是我国第 10 个"非遗日"。为系统总结十年来非遗工作经验，宣传展示非遗保护十年来的成果，××县非遗保护中心拟于"非遗日"期间举办一次宣传展示活动。1. 活动时间：2015 年 5 月—6 月；2. 活动主题："保护非遗全民共享"；3. 活动地点：县博物馆与图书馆门前广场；4. 活动方式：摆放桌椅、发放宣传彩页及非遗法规；5. 活动程序及内容：(1)悬挂宣传横幅；(2)摆放桌椅、发放宣传彩页及非遗法规；(3)制作并固定展示板。据此活动方案基本框架，请你以××县非物质文化遗产保护中心的名义，结合本县"非遗"资源，拟订一份内容充实的活动方案。

讨论分析

1."材料一"中的工作计划主要包括哪些内容？

2."材料二"中的活动方案主要包括哪些内容？

3. 除了上述情况，依据不同的划分标准，计划还有哪些别的名称？

任务与要求

任务一：根据上述两则材料，分别制作两篇计划文书。

要求：文种准确，要素齐全，结构合理，格式规范，表述得体。

任务二：以"计划的文本类型与写作注意事项"为题，课堂讨论交流。

要求：1. 以小组形式讨论，每组 3～5 人；2. 讨论结束形成记录稿，每组选一人作为代表，进行课堂汇报。

实训总结

上述两篇需要完成的计划文书，一篇为年度工作计划，另一篇为近期工作方案，两者因完成时间的长短而在内容、篇幅等方面存在差异。

计划的构成要素主要包括标题、正文和落款。

标题。由制定者、时段、事由和文种组成，分为完整式标题和简单式标题。

正文。一般由序言、目的和依据、目标和任务、措施和步骤组成。序言为制订计划的依据与指导思想部分，篇幅虽短，但起统领全篇的纲领性作用。目的和依据围绕"为什么做""依据什么做"和"能不能做"展开。目标和任务围绕"做什么""做到什么程度"展开。措施和步骤围绕"怎样做""什么时候完成"展开。另外，计划若有结语，一般为提出要求、希望、号召等内容。

落款。由制订计划单位名称和日期组成，置于正文的文尾右下方。若标题中已有制订计划单位名称，落款从略。若计划呈报上级机关或下发隶属单位，须加盖公章。

除去按照时间进行划分，计划的分类方法还有很多。按内容分，可分为生产计划、工作计划、学习计划、国民经济社会发展计划、科研计划、会议计划、活动计划；按范围分，可分为国家计划、地区计划、部门计划、单位计划、科室计划；按容量分，可分为综合性计划和专项计划；按效力分，可分为指令性计划和指导性计划。

计划的结构方式主要有文件式和表格式两种。文件式计划按照内容逻辑关系分成若干部分，以"一、""（一）""1.""（1）"加以排序，层次分明，条理清楚；表格式计划是将预定完成的任务用表格形式加以罗列，必要时加以文字说明，省去了很多语义重复的部分，形式简洁直观，责任分工明了。相对而言，规划、纲要、设想、打算，其目标较远，时间较长，内容侧重于战略性、总体性的宏观层面；要点、方案、安排，其目标较近，时间较短，内容侧重于具体性、实施性的微观层面。实际写作中，规划、纲要、设想、打算可用文件式写作；要点、方案、安排可用表格式写作。

需要特别注意的是：计划和总结互为依据，计划在前，总结在后。制订计划前，应先简述前一计划的完成情况，主要包括成绩、经验以及工作中存在的不足与问题，如此，下一计划的内容、目标、措施、步骤、保障的制订方才有据可依。

实训评价

计划写作实训评价表

评价项目	比重	评价内容	评价标准				自我评分	小组评分	教师评分
			优	良	中	差			
内容要素	50	缘由：充分、准确、合理	10		5				
		事项：真实、具体、明确，详略得当，点面结合	20		10				
			10		5				
		结语：必要、规范、精当	10		5				

续表

评价项目	比重	评价内容	评价标准				自我评分	小组评分	教师评分
			优	良	中	差			
形式要素	30	标题：准确、简练、规范	10		5				
		正文：主题明确，结构完整，层次清晰，表述流畅	10		5				
		落款：齐全、规范	8		4				
		页码：必备、规范	2		0				
语言	20	准确、简练、规范	20		10				
合计	100								

拓展思考

"你所不知道的五年规划"："十三五"规划编制需要历经多少步骤

【编者按】2016 年 3 月 16 日，十二届全国人大四次会议圆满落幕，会议审议通过了《中华人民共和国国民经济和社会发展第十三个五年规划纲要》(以下简称《纲要》)。由此，中国正式踏上"十三五"发展的历史新征程。

记得曾有学者感慨，世界上没有哪个国家五年一个计划，一步一个脚印，已经连续走了十三个五年。可以说，五年规划是中国经济社会发展的"指南针"，五年规划作为基石铺就了中国经济奇迹之路。一直以来，坊间对于五年规划制定形成的过程以及形成的相关依据都不甚了解。法制网评论部获得授权，将独家刊发系列述评"你所不知道的五年规划"。该系列节选自《大智兴邦：中国如何制定五年规划》一书。书中剖析了改革开放以来，中国重大决策为何总能成功，什么是中国秘诀，中央政府又是如何制定重大公共政策等背后不为人知的一些细节。

其实，"十三五"规划编制在"十二五"规划实施中期就开始了，历时 3 年，共分为四个阶段、十个步骤。第一阶段为中期评估(2013 年 3 月至 2013 年 12 月)，第二阶段为基本思路研究(2014 年)，第三阶段为党中央《建议》编制(2015 年年初到五中全会)，第四阶段为《纲要》正式编制(2015 年 10 月到 2016 年 3 月)。经历十个步骤：中期评估、前期调研、形成《基本思路》、党中央《建议》起草、通过中央《建议》、起草《纲要(草案)》、公众建言献策、衔接论证、广泛征求内外部意见、审批与发布《纲要》。

第一步为中期评估(2013 年 3 月至 2013 年 12 月)。"十二五"规划评估由国家发展改革委组织，组织政府各部门和各地方开展内部评估，邀请清华大学国情研究院、中国经济改革研究基金会国民经济研究所开展第三方独立评估，通过调查研究、发放问卷的方式广泛征求意见，并会同国家统计局及有关部门对单项指标监测评价报告及初步评价结果进行审核。在充分集思广益的基础上，由国家发改委集中各方意见，负责起草《"十二五"规划〈纲要〉实施情况中期评估报告》，提请国家"十二五"规划专家委员会论证后，连同论证意见，上报国务院审核，经国务院审核通过后，提交全国人大常委会审议。全国人大财经委通过实地调研，听取汇报，初步审查报告的形式，开展"十二五"中期评估预审查。2013 年 12 月 25 日，十二届全国人大常委会第六次会议审议了"十二五"规划纲要实施中期评估报告，由国家发改委主任徐绍史代表国务院报告。

第二步为前期调研(2013 年年底至 2014 年年底)。在中期评估的基础上，2013 年年底，国家发改委直接委托有关机构开展"十三五"规划前期重大问题及基本思路研究。在 2013 年年底召开的中央经济工作会议上，习近平总书记强调，要着手启动"十三五"规划前期准备工作。2014 年 4 月 17 日，经国务院批准，全国"十三五"规划编制工作电视电话会议在京召开。2014 年 4 月 23 日国家发改委发布了 25 个前期研究的重大课题，通过公开招标方式组织社会力量开展研究，其中有 27 个单位的选题入选。与此同时，国家发改委开展基础调查、信息搜集、重点课题调研以及纳入规划重大项目的论证等前期工作。

第三步为形成"十三五"规划的《基本思路》(2014 年年底到 2015 年 3 月)。根据前期研究成果，各部门及地方同步开展各自的基本思路研究并上报国家发改委，由发改委起草基本思路意见稿，形成初稿后征求各方面意见。2014 年 9 月 2 日，李克强总理主持召开国务院组成部门和相关单位负责人会议，研究部署"十三五"规划编制工作。2014 年 9 月 20 日，发改委在杭州召开"十三五"规划基本思路研究座谈会征求九省区的意见。2014 年年底，"十三五"规划的基本思路初步形成，提交党中央和国务院。

第四步为党中央《建议》起草(2015 年年初至 2015 年 10 月)。党的《建议》由中央财经领导小组牵头成立起草小组编制，并直接在政治局常委领导下开展工作，根据"十三五"规划起草小组成员来源来看，全国人大、政协、国务院相关部门负责人以及一些地方官员和学者都参与起草。起草工作进行中开展了大量的调研，起草组、全国人大、全国政协等机构都开展了密集的调研。特别是领导人亲自开展调研，2015 年以来政治局常委共开展了 26 次调研，足迹遍布 19 个省份。

《建议》征求意见稿的形成需要广泛征求各方意见。"十三五"规划征求意见总共进行了两轮，第一轮是 8 月份初稿形成之后，向 120 多个单位、部分党内老同志、党的代表征求意见；第二轮是十八届五中全会审议期间，向党的代表、党外人士、政协委员征求意见。

第五步为通过中央《建议》。2015 年 7 月 20 日，中共中央政治局召开会议，决定当年 10 月在北京召开中国共产党第十八届中央委员会第五次全体会议研究关于制定国民经济和社会发展第十三个五年规划的建议。十八届五中全会将审议和通过《中共中央关于制定国民经济和社会发展第十三个五年规划的建议》，并正式对外公布。

根据此前"十二五"规划《建议》的编制情况来看，这是一个集体决策的过程，总共召开了 4 次中央政治局常委会会议，2 次中央政治局会议，1 次中央全会讨论和审议《建议》的编制。"十三五"规划《建议》共有两轮集体决策，第一轮是 2015 年 6 月—7 月，《建议》形成送审稿以后，进行审议指导，为随后的一定范围征求意见做准备；第二轮是 2015 年 9 月—10 月，围绕着十八届五中全会召开而进行的集体审议。

第六步为起草"十三五"规划《纲要（草案）》。在党中央编制《建议》的同时，国家发改委同步编制"十三五"规划纲要框架。2015 年 5 月 5 日，国家发改委主任徐绍史主持召开全委"十三五"规划纲要编制工作领导小组和起草小组第一次全体会议，启动和部署"十三五"规划纲要编制工作；同时开展专题调研，如国家发改委副主任胡祖才率队赴新疆、中国工程院开展专题调研。

在党中央《建议》正式公布之后，形成"十三五"规划《纲要（草案）》编制的初稿。《纲要（草案）》编制要一直持续到 2016 年"两会"之前，它也是一个集思广益的过程。

第七步为公众建言献策。"十二五"规划编制期间依托国家信息中心设置了规划建言献策办公室，公众可以通过网站留言、电子邮件、手机短信、来电、来函、来访等多种形式、多种渠道提出对"十二五"规划编制的建议。同时，国家发改委还请全国总工会、共青团、妇联、科协、贸促会、残联、工商联、企业家协会，共同协助开展"十二五"规划建言献策活动，并召开专场讨论会听取各党群机构代表的建议，100 名左右的不同行业、不同系统的代表参加了座谈会，发改委领导和"十二五"规划起草组成员听取了他们的建议。

第八步为衔接论证。《纲要》编制期间还需要和各部门、各地方进行规划指标、规划布局涉及的项目、规划实施手段进行衔接，以便不同类型和不同层级的规划相互配合，形成合力，避免相互抵消。在《纲要（草案）》的基础上，组织规划专家委员会对《纲要》进行咨询、论证并提出咨询报告，该报告将随着《纲要》一同提交全国人大进行审议。专家委员会的构成强调不同专业背景，学术型专家和实务型专家结合，"十三五"规划专家委员会延续了这一特征，55 位专家涵盖了经济、科技、公共管理、法学、环保等不同领域的学科背景。同时，"十三五"首次将 4 名企业家纳入专家委员会。

第九步为征求意见。2015 年年底《纲要》形成征求意见稿，开始广泛征求各方面的意见。根据"十二五"规划编制的经验，征求意见开展了两轮：第一轮是在 2015 年 12 月上旬小范围征求意见，主要征求地方、部门以及专家的意见，以更好地编制《纲要》草案；第二轮是 2016 年 1 月中旬开始大范围地征求地方、部门、专家、人大、政协、党外人士以及企业和基层群众代表的意见，为 2016 年 3 月"两会"审议工作做准备。

第十步为审批与发布《纲要》（2016 年 3 月）。《纲要》集体议决的过程为：先由国务院常务会议、政治局常委会听取汇报，全国人大财经委员会进行预审查，接着由国务院全体会议审议并提请全国人大审议，并经政治局常委会会议批准，最后在 2016 年 3 月由全国人大十二届四次会议审议通过。

2016年"两会"之后，新华社授权正式发布《纲要》，随后全国各部门、各地区广泛开展学习《纲要》的活动。

（来源：法制网，2016年3月18日）

🔍 案例分享

美国哈佛大学曾对一群智力、学历、环境等客观条件都差不多的年轻人做过一个长达25年的跟踪调查，调查内容为规划对人生的影响，结果发现：

毕业时，27%的人没有人生目标，60%的人目标模糊，10%的人有清晰但比较短期的目标，3%的人有清晰而长远的目标。25年后的跟踪调查显示：

——60%的人目标模糊，他们能安稳地生活与工作，但几乎没有什么特别的成绩。

——10%的人有清晰的短期目标，这些人大都生活在社会中上层。他们的共同特点是：不断完成短期目标，生活状态步步上升，他们成了各行业不可或缺的专业人士，如医生、律师、工程师、高级主管等。

——3%的人有清晰且长期的目标，25年来他们总是朝着同一个方向不懈努力，25年后，他们成了社会各界的顶尖人士，他们当中不乏创业者、行业领袖、社会精英。

——剩下27%从来都没有目标的人群，他们几乎都生活在社会的最底层，生活都过得不如意，常常失业，靠社会救济，并且常常都在抱怨他人抱怨社会，抱怨这个"不肯给他机会"的世界。

美国其他几所著名大学，也曾做过类似的调查研究。耶鲁大学的调查结果为：3%有清晰长期目标的毕业生，20年后，他们挣的钱比剩下97%的毕业生挣的钱的总和还多。我们人人都知道，目标像分水岭一样，轻而易举地将资质相似的人分为少数卓越精英和多数平庸之辈，前者主宰了命运，后者随波逐流。

（节选自王春明：《大学生职业发展指导与就业》，北京，中国农业大学出版社，2011年。有加工整理）

拓展阅读〉

☕ 补充读物 ....

1. 熊焰：《试论经济工作计划写作的特征》，载《写作》，1997年第12期。

2. 岳鲁：《计划写作中常见毛病例析》，载《应用写作》，2004年第6期。

3. 张利：《谈谈计划写作中的几个问题》，载《应用写作》，2006年第1期。

4. 王科：《条文式计划的写作摭谈》，载《应用写作》，2009 年第 1 期。

5. 张燕：《论计划写作的误区及解决策略》，载《岳阳职业技术学院学报》，2014 年第 5 期。

实训二
总结 述职报告

◎ 情境植入

情境一：

部分基层政府网站成"僵尸网站" 日访问量个位数

"一些基层政府网站的日访问量极低，极个别的访问量只有个位数，简直成了'僵尸网站'。"

据中国之声《新闻纵横》报道，这句话出自国务院办公厅的一份调查报告。近日，国办通报了今年一季度全国 607 个县级以下政府网站的抽查结果。不合格率达到 18.5%。我国去年首次进行了针对政府网站的普查，421 个不合格网站中有 83% 集中在县级以下。本次的抽查结果中，基层政府网站的运营情况，仍然难以让人满意。更新不及时、信息不准确、互动不回应、服务不实用是基层政府网站的顽疾。有一些网站访问量极低，几乎成了可有可无的"空壳"。

造成基层政府网站变成"僵尸网站"的原因其实不难猜测，大概就是基层政府觉得网站没人看，做了工作也不放到网上。实际上，政府网站是政府为民服务的窗口。越是基层的政府网站，就越受到老百姓的关注，承载的政府与老百姓交流的意愿就应该越强烈。然而，当前的情况却截然相反，这恰恰反映出部分基层政府的一种观念：在他们看来，工作做完一定要向上级汇报成绩单，而向老百姓的通报却是可有可无。

（来源：中国网，2016 年 5 月 24 日）

关于全国政府网站普查检查整改阶段工作总结
（太湖县市场监督管理局）

县政府办：

根据国务院办公厅发布《关于开展第一次全国政府网站普查的通知》文件精神和县政府办召开的政府网站普查培训会要求，我局高度重视，严格对照《全国政府网站普查评分表》，组织相关股室对我局门户网站和所属政府信息公开相关内容进行了认真检查，针对存在的问题分别采取相应措施，认真进行整改，现将整改情况总结如下：

一、检查梳理情况

（一）对照《全国政府网站普查评分表》，由法规股和办公室对局门户网站进行全面检查和梳理，准确掌握网站目前存在的问题和不足。主要检查了以下几个方面的内容：一是网站运行是否稳定，首页各栏目和子栏目能否正常访问；二是页面能否正常打开，网站链接是否失效或错链；三是发布的信息是否及时、准确、完整，尤其是办事服务栏目和通知公告栏目的内容；四是是否按照要求及时公开政务信息，互动访谈类栏目是否及时、准确回应；五是网站管理和日常运行维护是否有专人负责。

（二）发现的问题和不足

一是网站有部分外部链接失效，未及时发现；二是部分新闻报道中出现了错别字，未及时发现并更正；还有一个不足之处反映在信息的内容不够丰富，主要以各类政策、文件为主，缺少调查征集类板块。

二、网站整改情况

针对排查发现的问题，我局组织专人逐项对照整改，强化信息内容保障：

（一）及时更正部分新闻报道中的错别字，加强信息发布的审核工作。由办公室专人负责对信息内容进行逐篇检查，不放过任何一个小差错，共更正错别字 10 余处。同时，明确要求：谁提供信息，谁负责信息的初步审查。

（二）认真核对内外部链接的可用性。由办公室组织专人对网站所有内外部链接逐一检查，逐一修复，共修复失效链接 3 个，保证链接正确有效。同时建立问题即时报告制，全局各股室、各基层所如发现有错链或断链的情况，及时报告，及时修复。

目前我局门户网站无空栏目、无不更新栏目、无严重错误等单项否决情况，在首页可用性、信息更新情况、链接可用性、服务实用情况等方面可满足培训会要求。

三、下一步工作

政府网站是政府部门与群众接触的一个窗口，在今后的工作中，我局将会把好的方面努力做得更好，不足的方面进一步完善，努力做好政府网站的管理工作，充分发挥政府网站宣传和服务作用。

（一）由办公室组织专人进行政府网站的日常维护工作。做到一天一检查，确保网站运行稳定，首页及主要栏目能正常访问；定期检查链接的有效性，发现链接失效，及时加以更正。

（二）重点加强信息主动公开工作。及时准确地在门户网站发布涉及群众切身利益、需要社会公众广泛知晓或者参与的政府信息，尤其要做好注册登记、食品药品、政策法规等方面政府信息的发布工作；对涉及群众办事的问题，要主动在政府网站发布国家有关政策文件，详细公开申报条件、申报材料和办事程序。

（三）对网民网上反映的问题，要主动在政府网站予以回应，及时准确发布调查信息，讲清事实真相和采取的相关措施以及处理结果。

（四）加强信息发布审核工作。对政府信息发布工作任务进行分解，拉出任务清单及责任清单，落实到各股室的业务信息及时发布，发布内容即时审查。

（五）继续做好网站的安全保密工作。确保上网信息准确、真实，不发生失泄密问题，重要的上网信息严格按程序审批。

太湖县市场监督管理局

2015 年 8 月 5 日

（来源：太湖县人民政府信息公开网，2015 年 8 月 5 日）

情境二：

习近平：精准扶贫要扶到点上、根上

国际在线报道（记者 杨磊）：2016 年两会上，中共中央总书记、国家主席、中央军委主席习近平多次强调，要把脱贫攻坚作为"十三五"时期的头等大事来抓。3 月 8 日，习近平在湖南代表团表示："坚决守住民生底线，坚决打赢脱贫攻坚战。"3 月 10 日，习近平在青海代表团强调："齐心协力打赢脱贫攻坚战，确保到 2020 年现行标准下农村牧区贫困人口全部脱贫。"

扶贫开发直接关系到中国数千万人民的福祉，关系到 2020 年全面建成小康社会的目标能否实现。正如习近平总书记在关于制定"十三五"规划建议的说明中所说的那样，"我们不能一边宣布全面建成了小康社会，另一边还有几千万人口的生活水平处在扶贫标准线以下，这既影响人民群众对全面建成小康社会的满意度，也影响国际社会对我国全面建成小康社会的认可度"。2015 年 11 月 27 日至 28 日，党的十八届五中全会之后的首个中央会议——中央扶贫开发工作会议在北京召开。在这个堪称"史上最高规格"的扶贫会上，习近平等中共中央政治局常委与地方党政主要负责人全部出席，吹响了消除绝对贫困、决胜小康社会的最强劲号角。2015 年 12 月 31 日，习近平在发表 2016 年新年贺词时同样说道："让几千万农村贫困人口生活好起来，是我心中的牵挂。我们吹响了打赢扶贫攻坚战的号角，全党全国要勠力同心，着力补齐这块短板，确保农村所有贫困人口如期摆脱贫困。"

在两会期间，习近平三天之内两次强调，要"打赢脱贫攻坚战"，足见扶贫在他心目中的分量。具体怎么干？习近平的要求是：找对"穷根"、精准扶贫。

精准扶贫如何"精准"？这在习近平多次的讲话中已经给出了答案。2015 年 1 月，总书记在考察云南省昭通市时提到，深入实施精准扶贫、精准脱贫，项目安排和资金使用都要提高精准度，扶到点上、根上，让贫困群众真正得到实惠。2015 年 11 月，他在中央扶贫开发工作会议上讲，要解决好"扶持谁"的问题，确保把真正的贫困人口弄清楚，把贫困人口、贫困程度、致贫原因等搞清楚，以便做到因户施策、因人施策。

精准扶贫，不能制造"盆景"。习近平在今年两会期间明确要求："抓工作不能狗熊掰棒子，去过的每个地方都要抓反馈。"在湖南团，习近平透露了一个细节：他去考察过的这些地方，有关部门都派人进行"回访"，有的打招呼，有的不打招呼。看到当地是在认真抓落实，习近平说："这很好。"他强调："要坚持以民为本，民有所想所求，我们就要帮助他们，为他们服务。"

（来源：国际在线网，2016年3月17日）

××乡扶贫攻坚工作述职报告
青川县××乡 乡长 张××

各位代表：

我乡精准扶贫工作在县委、县政府的正确领导下……通过一年多的不懈努力，圆满完成了我乡扶贫攻坚工作各项目标任务。现将我乡扶贫攻坚工作开展情况汇报如下：

一、基本情况

××乡距离青川县城5公里，辖区面积80.6平方千米，辖6村1社区，有农户2029户7000余人……

二、工作措施

（一）加强领导，组建工作机构（具体内容从略，下同）

（二）因地制宜，制订实施方案

（三）层层落实，部署周密

（四）广泛宣传，培训到位

（五）规范程序，识别公开民主

（六）建立干部帮扶机制，确保贫困户早日脱贫

（七）落实扶贫机制，确保取得实效

三、工作成效

（一）建档立卡工作（具体内容从略，下同）

（二）结对帮扶工作

（三）产业扶持工作

（四）教育培训工作

（五）基础设施工作

（六）生态移民工作

（七）农村庭院建设工作

（八）党建保障

四、存在的困难和问题

我乡扶贫攻坚工作在县委、县政府的坚强领导下和县级相关部门的关心支持下，通过全乡干部职工的共同努力，取得了一定的成绩，但还存在一些实际的困难和问题：

（一）贫困户信息掌握不够准确。（具体内容从略，下同）

（二）道路交通仍是制约我乡经济和社会各项事业发展的主要问题。

（三）贫困户自身发展能力不足，规划项目难以实施。

（四）缺少项目资金支持，脱贫任务艰巨。

五、今后努力的方向

一是进一步强化精准扶贫工作的紧迫感和责任感。（具体内容从略，下同）

二是进一步争取项目支持，多为老百姓做实事。

三是进一步强化工作措施，灵活方式，确保扶贫工作取得实效。

四是强化创新扶贫机制。

各位代表，扶贫开发工作是我乡今年和今后很长一段时间的中心工作，是检验我乡各项工作落实的重要标尺，在今后的工作中，我们要进一步解放思想、抢抓机遇，团结和带领全乡干部群众，以敢于亮剑的精神，以真抓实干的工作作风，严格贯彻落实扶贫政策，打赢新一轮的扶贫攻坚战，让××贫困农户早日脱贫奔康，将××建设成为县城真正的后花园。

（来源：青川县人民政府网站，2015 年 8 月 20 日）

🎬 实训材料

材料一："既要金山银山，也要绿水青山"。为了经济社会可持续发展，2015 年 1 月 1 日，习近平主席签署了第七号主席令，正式颁布实施了新修订的《环境保护法》。新修订的《环境保护法》被誉为史上最严厉的新《环境保护法》，具体严到什么程度，同学们可以登录环保部门官方网站自行下载阅读。为了解新法实施情况，请组织一个学生调研团队，走访某一乡（镇），并查阅该乡（镇）环保资料、数据等，然后撰写一篇"××乡（镇）2016 年环保工作总结"，内容包括环保规章制度建设、新法宣传、任务落实、环境监察、责任追查等方面取得的成绩、经验以及工作中存在的不足，并针对不足提出来年改进办法与措施。

材料二：2015 年 3 月以来，张亚楠同志担任了××大学校团委副书记职务，具体分管学生社团、校园文化、大学生赛事、大学生创业等工作。一年来，张亚楠副书记按照组织分工，指导学生开展了校园文化活动、社会实践活动、志愿者服务及创新创业、素质拓展等活动。在积极谋划、精心指导下，她组织校级学生团队参加了数项赛事，在"青创＋""互联网＋""创业杯"大赛中，获得多项大奖及荣誉。管理无小事，服务无止境，一年来虽取得了不少业绩，但在年度考评汇报中，张亚楠自认尚需进一步提高管理、服务能力，特别需要正视工作中存在的不足之处，以便今后更好地开展工作。

🍃 讨论分析

1. 按照不同的划分标准，"材料一"分别是什么类型的总结？主要内容包括哪些？

2. 按照不同的划分标准，"材料二"分别是什么类型的述职报告？主要内容包括哪些？

3. 总结与述职报告的异同有哪些？

任务与要求

任务一：根据上述两则材料，分别制作相应的事务文书。

要求：文种准确，要素齐全，结构合理，格式规范，表述得体。

任务二：以"总结与述职报告"为题，课堂讨论交流。

要求：1. 以小组形式讨论，每组 3～5 人；2. 讨论结束形成记录稿，每组选一人作为代表，进行课堂汇报。

实训总结

"材料一"要完成的事务文书为环保工作专题年度工作总结。

总结的构成要素为标题、正文和落款。

标题。总结的标题写法主要有三种：①四要素式标题。由"单位名称＋时间＋总结对象＋文种类别"构成，写法与计划的标题写法相近。②文章式标题。以概括总结的核心内容为标题。③双标题。主标题为文章式标题，副标题为文件式标题。

正文。一般包括三个部分：①前言。简述工作性质、工作背景、主要任务、指导思想、总体成绩及目的意义等内容。②主体。一般围绕情况回顾、经验体会和今后打算三个方面展开。③结语。基于经验体会，立足当前，展望未来，改进工作方法，明确下一步的努力方向。

落款。与计划的落款写法基本相同。

"材料二"要完成的事务文书为领导个人年度述职报告。

述职报告一般由标题、正文和落款三部分组成。

标题。可用公文式、文章式或正副式标题拟定。

正文。称谓写明主送单位名称（"××党委""××组织部"等）或听众（"各位代表""各位领导、同志们"等）；主体主要围绕任职情况、尽职情况、今后工作设想与决心等方面展开，具体行文架构一般按照上级部门要求或具体情境而定。结尾或意尽言止，无须赘以结尾；或呼应开头，做一简要总结。

落款。包括述职人的姓名、述职日期或者成文日期。署名和日期也可放在标题之下。

总结与述职报告的异同：

相同点：①表述主体。二者都是第一人称自述性质的事务文书。②内容结构。二者均由前言、主体和结尾三部分构成。总结按照"工作情况—经验体会—存在的问题及今后的努力方向"的结构安排行文内容，述职报告按照"岗位职责(目标)—工作情况—效果"的结构安排写作内容。③写作要求。一是行文简要，语言平实；二是具有汇报性、自评性。

不同点：①写作目的。总结是通过对单位或个人前一阶段工作的检查和回顾，对已经历的事情进行分析、研究和评价而形成的一种书面材料；述职报告是各级领导集体或干部个人陈述和评估一个时期以来履职情况的一种书面文字材料，是上级领导、组织人事部门考察、培养、使用干部和人民群众监督评议干部的重要文字依据。②实际作用。总结作为常规性的工作回顾，主要目的是总结成绩，发现问题，提炼带有规律性的认识，以利于推动今后工作的开展。述职报告按照德、能、勤、绩、廉展开自述自评，是上级主管领导和有关评审组织对述职人任职实绩和能力的考核依据之一，也是群众评议的基础，具有鉴定意义和考评作用。考核结果分为"称职""基本称职"或"不称职"。③内容重点。总结是对一项工作或一段时间里的工作给予的全面归纳，回答的是做了哪些工作，取得了哪些成绩，获得了哪些经验，存在哪些不足，要吸取什么教训，今后有何打算等问题。述职报告一般根据某一职位和职称的履职标准，着眼于汇报领导集体或干部承担什么职责，履行职责如何，怎样履行职责，是否胜任某职，履行职责的能力如何等。④表达方式。总结有叙有议，常见的是夹叙夹议的写法。述职报告主要运用叙述、说明的表达方式。⑤正文写法。两者均由引言、主体、结尾构成，但写法有别。引言部分，总结要写工作涉及的时间、地点、背景、成绩、经验等；述职报告要介绍述职者的姓名、职务、任职时间、分管工作、目标任务等。主体部分，总结在写业绩、经验的同时，还要找出规律性的东西；述职报告以述职者的职责为中心，在任职时限内选取材料，写履行职责和完成任务的情况。结尾部分，总结可归纳呼应主题，指出努力方向，提出改进意见，或者以表示信心、决心作结，简洁明了；述职报告先做简要的自我评价，再表明自己的态度，最后以"以上报告，请审阅""以上报告，请审查""以上报告，请领导、同志们批评指正"等惯用结束语或"谢谢大家"作结。

🔷 实训评价

总结、述职报告写作实训评价表

评价项目	比重	评价内容	评价标准				自我评分	小组评分	教师评分
			优	良	中	差			
内容要素	50	缘由：充分、准确、合理	10		5				
		事项：真实、具体、明确，	20		10				
		详略得当，点面结合	10		5				
		结语：必要、规范、精当	10		5				

续表

评价项目	比重	评价内容	评价标准				自我评分	小组评分	教师评分
			优	良	中	差			
形式要素	30	标题：准确、简练、规范	10		5				
		正文：主题明确，结构完整，层次清晰，表述流畅	10		5				
		落款：齐全、规范	8		4				
		页码：必备、规范	2		0				
语言	20	准确、简练、规范	20		10				
合计	100								

拓展思考

毋庸讳言，这些年一些单位的"年终总结"早就异化为形式主义的官样文字了。恰如一名学者对眼下的文风所概括的那样，这些"年终总结"里充斥着"正确的废话"（挑不出毛病也抓不住把柄而又毫无意义的话），"漂亮的空话"（毫无实际意义的话，原则来原则去不着实调的话，说多说少一个样、说与不说一个样的话），"严谨的套话"（长期以来形成固定套路的语言模式），"违心的假话"（明知是假却要默认为真，腹诽、装傻或许可以，但绝对不能点破），等等。

更何况，那些大家都心知肚明、心照不宣的"官样文字"，交上去之后又会有几个人去读？不仅现管领导或更上级的领导无暇也无兴趣翻阅，即便"总结者"自己，码字、交差后也不会再去瞄一眼。个别人，甚至将其储存在 U 盘里，明年再调出来"复制""粘贴"一下，稍作修改，再次充当"总结"交卷。

与其这样自欺欺人，莫如改换一下方式。

一名旅居法国多年的老同学，供职于一家大公司。我和他曾聊起过年终总结与考核的事。他说，在法国的公司里也有总结也有考核，但无须动笔，只要动脑动口。临近年尾，每个员工都会被顶头上司召见一次，具体说来，就是关起门来促膝谈心。上司把一年来对你的工作评价当面道来，而你则可以赞同，也可以补充、反驳，在此基础上尽情地交流、沟通、协商，甚至吵架，在双方的观点取得最大"公约数"后，当场确定你的考核等级。彼此间坦诚互动，透明度极高，而出了门可将矛盾抛掷，心情舒畅，皆大欢喜。

当然，完全将美式或法式的另类"年终总结"拿来照用，显然会水土不服，但为讲求实效，回归"总结"的本旨，其思路和方法却有借鉴意义。

（节选自怡然：《另类"年终总结"可资借鉴》，载《新民晚报》，2011 年 12 月 13 日第 A04 版）

　　述职报告是各类公职人员向所在单位的组织、人事部门、上级机关和职工群众，如实陈述本人在一定时期内履行岗位职责情况的一种事务文书。最初，述职报告曾以"总结"或"汇报"的形式出现，后来随着我国干部体制改革的不断深入和完善，受聘的干部或由选举出任的干部，须在一定时期内，向有关部门汇报任期内的工作成绩，最终也就形成了独具特色的一种新的应用文体。根据《关于党员领导干部述职述廉的暂行规定》（2005年12月）、《关于实行党风廉政建设责任制的规定》（2010年11月）、《党政领导干部选拔任用工作条例》（2014年1月）、《中国共产党廉洁自律准则》（2015年10月）等文件规定，近年来，在我国公职人员的年度、任期、专项考核过程中，逐渐形成了述职、述德、述廉、述法制度。

　　那么述职人员具体包括哪些呢？根据中央纪委、中央组织部《关于党员领导干部述职述廉的暂行规定》第二条："本规定适用于中央各部门的领导班子成员，全国人大常委会、国务院、全国政协工作部门的党组（党委）成员，最高人民法院、最高人民检察院党组成员；地方各级党委、纪委及党委工作部门的领导班子成员，人大常委会、政府、政协、人民法院、人民检察院及政府工作部门的党组（党委）成员；县级以上党委、政府派出机关、直属机构、办事机构、直属事业单位和工会、共青团、妇联等人民团体的领导班子中的党员干部。相当于上述级别的党组（党委）的领导班子成员。上述单位中的非中共党员领导干部，适用本规定。"

　　（根据网络文献整理）

🔍 案例分享

　　述职报告不是一说了事，也不是应付了事，各级各部门、各单位领导的述职报告不能只是在会上说说，更应该拿出来"晒晒"，接受人民群众的监督，特别是在干部提拔任免过程中更应如此。实际上，领导干部的实际工作开展得如何，应该说本单位、本系统内部的员工最有知情权、发言权、监督权。据此，接受本单位职工的监督应成为新常态，让群众有说话的地方，解决以往"干部干事一言堂，干好干坏一个样，应付公事吃皇粮"的问题。达到要想年终述职的时候不红脸、不出汗，平日只有好好干的效果。述职不能流于形式主义走过场。述职者既要接受上级主管部门领导的考核，也应接受本单位、本系统工作人员以及人民群众的监督、评议。上级主管部门领导应对述职情况进行评价打分，并将评议结果作为干部选拔使用的重要依据。对于能上不能下的领导干部，推行淘汰制度。对于在年度评议中不称职的领导干部，给予"黄牌"警告，并责令其离岗培训；对于两年评议不称职的领导干部，要责令其辞职。当然，对于未接受人民群众现场评议、打分的领导干部，也应适时、适地、适当地向社会公开，使群众对"一把手"的德、能、勤、绩有一个客观的了解，也使"一把手"的成长能融于教育培养、选拔任用、监督管理等各个环节中。

（根据网络文献整理）

拓展阅读＞

☕ 补充读物 ┈┈┈┈┈┈┈┈┈┈┈┈┈┈┈┈┈┈┈┈┈┈┈┈

1. 郑立新：《述职报告与总结辨析》，载《应用写作》，2013 年第 12 期。

2. 人民出版社：《十八大以来廉政新规定（2015 年最新版）》，北京，人民出版社，2015 年。

3. 严志军，周伟：《人大代表述职的困境与对策》，载《人大建设》，2015 年第 3 期。

实训三
调查报告

◎ 情境植入

云南一学生食堂饭菜吃出安全套 官方称正在核实

【导语】在食堂吃饭，吃出苍蝇、虫子早已是见怪不怪的事情了，然而，下面的消息绝对让你大呼"想不到"。近日云南省西双版纳景洪市职高 212 班的学生中午在食堂的饭菜里竟然吃出一个安全套。

人民网昆明 10 月 10 日电（薛丹、虎遵会）9 日下午，微博网友发文称："惊恐、尴尬、恶心，云南省西双版纳景洪市职高 212 班的学生，昨天（8 日）中午在食堂的饭菜里吃到了一个安全套。"

从网友曝出的图片中看到，一餐盘剩菜旁赫然出现一只安全套，顿时让人作呕。该微博曝光后，引来了众网友的谴责，网友＠蛋挞没有爱说："昨晚的烧烤都吐出来了。"＠sse1115 说："太恶心了，吐了。"

10 日上午，记者向西双版纳州委宣传部求证了此事，对方表示正在核实该事件的真实性。景洪市教育局和市食药监局已经展开调查，待调查结果出来后，会向社会公布。

（来源：腾讯新闻，2015 年 10 月 10 日）

实训材料

材料一：2014年12月29日8时20分许，在北京市海淀区清华大学附属中学体育馆及宿舍楼工程工地，作业人员在基坑内绑扎钢筋的过程中，筏板基础钢筋体系发生坍塌，造成10人死亡、4人受伤。

事故发生后，市政府成立了"12·29"重大生产安全事故调查组，全面开展事故的调查处理工作。国务院安全生产委员会、中央纪委监察部、最高人民检察院、住房和城乡建设部对该起事故的调查处理实施了挂牌督办。

时隔一年，2015年12月12日，市安监局发布清华大学附属中学体育馆及宿舍楼工程"12·29"筏板基础钢筋体系坍塌重大生产安全事故调查报告。经事故调查组认定，该起事故是一起重大生产安全责任事故。调查称，施工现场管理缺失、备案项目经理长期不在岗、专职安全员配备不足、经营管理混乱、项目监理不到位是导致事故发生的间接原因。在责任追究方面，调查组建议对建工一建公司总经理等16人追究刑事责任，其中部分责任人已经被检察院批准逮捕。建议对北京建工集团董事长、总经理、党委书记等14人给予党纪、政纪处分。另外，针对清华附中工程项目投标、合同订立期间，建工一建公司涉嫌允许杨泽中以本企业名义承揽工程及其他涉嫌以内部承包经营的形式出借资质、转包等违法行为，由市住房城乡建设主管部门另行立案调查处理。

（来源：新华网，2015年12月14日。有加工整理）

材料二：安吉县属湖州市，地处浙江西北山区，可谓"七山一水二分田"，是典型的山区。和很多山区一样，安吉曾经是个贫困县。后来，奋起直追的安吉一度走入用环境换取GDP的误区，直到1998年，国务院发出黄牌警告，安吉被列为太湖水污染治理重点区域。这时，安吉才痛下决心，关闭造纸、化工、冶炼等资源消耗型企业，一下断掉三分之一的税源。同时，开始反思该走什么样的发展道路，并在实践中不断探索。最终，坚持走环保生态型的道路被确定下来。10多年前，安吉有时"挺孤单的"，放弃一些工业产业，势必会放慢发展节奏。而生态立县也是有代价的——安吉在湖州各县市的经济总量排名中连年倒数第一，也因此多次被点名批评。2005年8月15日，时任浙江省委书记的习近平同志到安吉余村考察时，首次提出"绿水青山就是金山银山"的重要论断，距离今天刚刚是第十一个年头。

十一年来，安吉牢记"两山"重要思想，不断护美绿水青山、做大金山银山，推动"两山"重要思想在安吉落地生根、结出硕果，实现了从环境污染负面典型到生态文明样板示范的转变，实现了美丽乡村建设从地方经验到国家标准的提升，并先后获得了全国首个生态县、全国首批生态文明建设试点地区、全国首个中国人居环境奖、国家可持续发展实验示范区、全省首个国家水土保持生态文明县等荣誉称号。从2008年开始率先打造美丽乡村建设，如今，安吉县"中国美丽乡村"建设模式成为"国家标准"，其经验在全国推广。

（来源：搜狐网，2016 年 5 月 20 日）

讨论分析

1. "材料一""材料二"分别是什么类型的调查报告？其主要内容应包括哪些？

2. 除了上述情况，还有什么类型的调查报告？

任务与要求

任务一：根据上述两则材料，分别制作相应的调查报告。

要求：文种准确，要素齐全，结构合理，格式规范，表述得体。

任务二：以"调查报告的适用范围"为题，课堂讨论交流。

要求：1. 以小组形式讨论，每组 3～5 人；2. 讨论结束形成记录稿，每组选一人作为代表，进行课堂汇报。

实训总结

上述两篇需要完成的调查报告，"材料一"为情况调查报告，"材料二"为经验调查报告。此外，还有问题调查报告和研究调查报告。

调查报告由标题、署名及成文日期、正文三部分组成。

标题。常见的有文章式标题、公文式标题和正副式标题。标题拟制以反映调查对象、方向、领域与问题为旨归。其中，正副标题中，正题用以揭示主题，副题用以写明调查对象、方向或范围。

署名及成文日期。置于标题正下方，也可置于文尾。

正文。由前言、主体和结语三部分构成。

前言部分，须简要交代调查目的、时间、地点、对象、范围，主要是介绍基本情况和提出问题，具体写法灵活多样。

主体部分，写明做了哪些调查以及主要调查内容是什么，主要介绍调查的主要情况，包括当前现状、现实问题与具体经验，按照大标题套小标题的模式，具体以"一、""（一）""1."顺序行文。

结语部分，简明概括调查报告的主要目的和结果，为政府或有关单位科学决策提供可行性、可操作性建议。

调查报告写作应当注意的问题：其一，主题力求集中、新颖、深刻；其二，提出问题和分析问题、解决问题相结合；其三，叙议结合，融材料和观点为一体；其四，语言简练、朴实、鲜明、生动，强化吸引力和感染力；其五，建议和意见切实可行，具有可操作性，乃至预见性。

实训评价

调查报告写作实训评价表

评价项目	比重	评价内容	评价标准				自我评分	小组评分	教师评分
			优	良	中	差			
内容要素	50	缘由：充分、准确、合理	10		5				
		事项：真实、具体、明确， 　　　详略得当，点面结合	20 10		10 5				
		结语：必要、规范、精当	10		5				
形式要素	30	标题：准确、简练、规范	10		5				
		正文：主题明确，结构完整， 　　　层次清晰，表述流畅	10		5				
		落款：齐全、规范	8		4				
		页码：必备、规范	2		0				
语言	20	准确、简练、规范	20		10				
合计	100								

拓展思考

在中国革命、建设、改革中，党和国家领导人非常注重调查研究工作。毛泽东同志说"没有调查，就没有发言权"；江泽民同志说"没有调查，就没有决策权"；胡锦涛同志说"调查研究是我们的谋事之基，成事之道"；习近平同志说"调查研究就像'十月怀胎'"。应该看到，当前在一些领导干部中，不重视调查研究、不善于调查研究的问题还是存在的。有的走不出"文山会海"，强调工作忙，很少下去调查研究。有的满足于看材料、听汇报、上网络，不深入实际生活，坐在办公室关起门来做决策。有的凭经验办事，拍脑袋决策。有的调研走过场，只看"盆景式"典型，满足于听听、转转、看看，蜻蜓点水、浅尝辄止。凡此种种，严重影响决策的科学性，妨碍党的路线方针政策的贯彻执行，也损害领导机关、领导干部的形象。搞好调查研究，一定要从群众中来，到群众中去，广泛听取群众意见。人民群众的社会实践，是获得正确认识的源泉，也是检验和深化我们认识的根本所在。

调查研究必须坚持实事求是的原则，要坚持有一是一、有二是二，既报喜又报忧，不唯书、不唯上、只唯实。调查研究包括"调查—研究—报告—决策"这几个主要环节。

在调查研究中，一定要带着问题深入实际，以甘当"小学生"的姿态虚心向人民群众学习，做全面、真实、科学、务实的调查。如此，调研所得出的解决问题的意见、方案、措施才能付诸实践，也才能有效解决实际工作中存在的重点、难点、焦点问题。

（根据网络文献整理）

你对于某个问题没有调查，就停止你对于某个问题的发言权。这不太野蛮了吗？一点也不野蛮。你对那个问题的现实情况和历史情况既然没有调查，不知底里，对于那个问题的发言便一定是瞎说一顿。瞎说一顿之不能解决问题是大家明了的，那末，停止你的发言权有什么不公道呢？许多的同志都成天地闭着眼睛在那里瞎说，这是共产党员的耻辱，岂有共产党员而可以闭着眼睛瞎说一顿的么？

要不得！

要不得！

注重调查！

反对瞎说！

（节选自毛泽东：《毛泽东农村调查文集》，北京，人民出版社，1982 年）

你对于那个问题不能解决么？那末，你就去调查那个问题的现状和它的历史吧！你完完全全调查明白了，你对那个问题就有解决的办法了。一切结论产生于调查情况的末尾，而不是在它的先头。只有蠢人，才是他一个人，或者邀集一堆人，不作调查，而只是冥思苦索地"想办法"，"打主意"。须知这是一定不能想出什么好办法，打出什么好主意的。换一句话说，他一定要产生错办法和错主意。

调查就象"十月怀胎"，解决问题就象"一朝分娩"。调查就是解决问题。

（同上）

没有调查，就没有发言权。但就有同志要问："十样事务，我调查了九样，只有一样没有调查，有没有发言权？"我以为如果你调查的九样都是一些次要的东西，把主要的东西都丢掉了，那末，仍旧是没有发言权。……

我在兴国调查中，请了几个农民来谈话。开始时，他们很疑惧，不知我究竟要把他们怎么样。所以，第一天只是谈点家常事，他们脸上没有一点笑容，也不多讲。后来，请他们吃了饭，晚上又给他们宽大温暖的被子睡觉，这样使他们开始了解我的真意，慢慢有点笑容，说得也较多。到后来，我们简直毫无拘束，大家热烈地讨论，无话不谈，亲切得象自家人一样。

（同上）

历史经验说明，各种问题的解决都取决于正确的决策，而正确的决策来源于对客观实际的周密调查研究。如果不了解实际情况，凭老经验、想当然、拍脑袋，把自己的主观愿望当作客观事实，就不可能做出正确的决策。因此，越是领导职务高的同志，越要亲自下功夫对重大问题进行调查研究。这是别人无法代替的。没有调查就没有发言权，没有调查就更没有决策权。……谋事在人，成事也在人。可以这样说，坚持做好调查研究这篇文章，是我们的谋事之基、成事之道。

（节选自江泽民：《江泽民文选》第 1 卷，北京，人民出版社，2006 年）

陈云同志曾经说过："领导机关制定政策，要用百分之九十以上的时间作调查研究工作，最后讨论作决定用不到百分之十的时间就够了。"又说："片面性总是来自忙于决定政策而不研究实际情况。"为什么我们现在有些决策的针对性和可操作性不强，说到底，根子还是在于调查研究少了一点，"情况不明决心大，心中无数点子多"。

正确的决策，绝对不是一个人或者一堆人，不作调查研究，坐在房子里苦思冥想就能产生的，它要在人民群众改革发展的实践中才能产生。……调查研究就像"十月怀胎"，决策就像"一朝分娩"。调查研究的过程就是科学决策的过程，千万省略不得、马虎不得。

（节选自习近平：《之江新语》，杭州，浙江人民出版社，2007 年）

问卷调查是以书面提问的形式获取信息资料的一种手段。其中调查问卷的设计是整个问卷调查过程中最为关键和重要的核心环节，关乎调查结果的准确性和整个研究的有用性。调查问卷的四个设计技巧如下：

第一，以与研究主题相关的丰富素材为基础。调查问卷的设计不是简单地凭空想象，而是要建立在以研究主题为核心的丰富素材基础上。研究人员要充分理解调研目的和主题，准确把握亟待获取的信息，以此为基础搜集大量与研究内容相关的文献资料。这不仅能够为问题设计提供丰富的素材，而且帮助研究人员加深对所调查研究问题的认识，进而形成对目标总体的清楚概念。同时，研究人员在搜集资料时可对相关领域人才、个别调查对象等进行咨询和访问，协助丰富调查问卷的问题知识，本着"一般＋个别"的原则，使问卷最大限度地适合各个调查群体。

第二，以集思广益取其精华为手段。调查问卷的设计缺乏理论指导，没有任何规则能保证得到一份最佳和理想的问卷，它是一种需要经验和智慧的技术，需要研究人员的集体思维和创造性，因此应尽可能地集思广益。在进行问卷设计时，可将一个团队分成不同的组别分别设计问卷，在此基础上进行大讨论，将问题具体化、条理化，取其精华去其糟粕，共同制作一份全面与切中要害的调查问卷。同时，为检验调查问卷的优劣及是否可行，可预先邀请 1～3 个调查对象进行预调查，再根据调查结果进一步进行修改和完善，最后形成一份最终版本的调查问卷，最大限度地达成调查目的。

第三，以言辞明确贯穿全篇。调查问卷的措辞影响着问卷的可行与否以及填答效果，其语言切忌语义模糊、含混笼统，要力求规范具体、意义明确，使得每一位被调查者对问题都有一致的理解，避免产生歧义。在实践经验中，笔者将调查问卷的措辞总结归纳为"三个尽量"：尽量使用肯定的简单语句，直接表达本意，切忌拐弯抹角；尽量使用通俗易懂的普通语句语法和词语，对专门术语务必加以注释；尽量避免使用诱导性、暗示性及带有感情色彩的词语，如某专家认为、有人觉得等，以免影响被调查者的主观印象。

第四，问卷篇幅宜少不宜多。调查问卷的篇幅页码往往影响着问卷的填写效果，篇幅过长，会使被调查者产生倦意，影响填写积极性；篇幅过短，又获取不到充分资料，降低调查效果。而作为情报研究人员，特别是在进行以问卷调查为主要手段的研究时，往往会涉及大量的专业问题，这就需要其权衡左右，既能够控制篇幅，又能够在保证思想的前提下使问卷明确化和全面化。这时，可以采取合并同类项、减少多余语言、适当缩小字体等做法，也可以根据前一批的调查结果，适当删除不必要的调查内容。一般情况下，问卷最好控制在 5 页之内，最多不要超过 10 页，以便减轻被调查对象的压力，获取最为有效的数据资源。

总之，调查问卷的设计是一个较为系统的过程，是聚集体智慧之结晶，需要研究人员集思广益，取其精华，在熟悉掌握研究主旨、充分搜集相关资料的基础上，确定调查问卷的形式和主体内容，保证问卷发送形式的切实可行和问题形式的全面清晰，确保主体内容的完整规范，措辞明确，从而为高质量地提升问卷答复率和有效性做好准备，为高水平地完成研究项目奠定基础。

（节选自张田力，周婧博，李玲：《浅谈调查问卷的设计问题》，载《科技创新导报》，2013 年第 3 期。有加工整理）

🔍 案例分享

近年来，常见于网络媒体的有大量关于中国"鬼城"的报道，新闻标题如"中国的'鬼城'是怎么产生的？""中国鬼城分布：东部沿海地区聚焦较多""2015 年中国 50 大'鬼城'排行榜出炉，县级城市成主流""全国'鬼城'可住 34 亿人！细数中国十大'鬼城'""盘点中国 2013 新鬼城：空空荡荡，毫无人烟""中国面临巨大泡沫，再现更多鬼城"等。据此，如何化解当前乃至今后的楼市困境呢？国内一些专家发文探讨了解决问题的路径，如"'鬼城''睡城'敲警钟：新型城镇化需产业化支撑"（《中国建筑报》，2014-4-29）、"'产城融合'是复活'鬼城'的关键"（《中国建设报》，2013-9-18）、"产城融合才无'鬼城'"（《中国经济时报》，2014-4-24）。但是，"鬼城"又是如何产生的呢？对此，有专家发文予以了探讨，如"空城、鬼城：地方政府'圈地运动'下的蛋"（《中国经营报》，2013-2-25）、"新城变'鬼城'更深层次原因是什么？"（《人民政协报》，2014-1-13）、"由'鬼城'引发的关于房地产泡沫问题的思考"（《中国房地产业》，2015-8-15）等。

出于政绩和年度 GDP 排位等考虑，当地政府对土地财政存在着严重的依赖，又因当地市场需求有限以及当地百姓"生于斯，死于斯"安土重迁观念的影响，一些城市新区房屋空置率居高不下，继而被冠以空城、鬼城、卧城、睡城之名。放眼楼市怪相，引发了国人的疑问，即建设新区前，当地政府是否做了前期的市场调研？是否科学、合理、有效地进行了项目论证？是不是拍脑袋地一哄而上呢？显然，只有结合当地市情、县（区）情，经过科学严密的前期调研，城市新区才能建一片，成一片，活一片。

（根据网络文献整理）

拓展阅读＞

补充读物

1. 李昌远：《调查报告的撰写》，载《常州工学院学报》，2002 年第 1 期。

2. 静恩英：《调查问卷设计的程序及注意问题》，载《湖北民族学院学报（哲学社会科学版）》，2009 年第 6 期。

3. 粟斌：《调查问卷设计的注意事项》，载《写作》，2012 年第 21 期。

4. 陈娅，杨红星：《调查报告写作"四招"》，载《秘书之友》，2014 年第 9 期。

5. 杨会芳：《问题性调查报告写作中应注意的几个问题》，载《应用写作》，2015 年第 2 期。

实训四
简报

情境植入

大学毕业生不会写"简报"引热议

一家进出口贸易公司的负责人近日吩咐刚进单位的一名大学毕业生写一份外国同人参观公司进行贸易洽谈的"简报"，结果等了几天，迟迟不见动静。当他去催问时，这位"新员工"反问："这个'简报'是记叙文，还是议论文？"

如果说大学生或高中生不会写"简报"纯属偶然，那么目前学校作文教学中存在的"教学文体"与"实际文体"的不对接，的确值得一议。

● 作文样式被"考试化"

纵观现在的高考、中考，作文占有较大的分值。不过，从历年高考、中考语文试卷所出的作文题来看，不是记叙文，就是议论文，或是看图作文，诗歌样式还被列为"不宜"之列。

"这种规定，让语文的作文教学受到很大局限，课上说的是这种严格区分的文体，练的也是严格割裂的文体，因此，学生从小学开始一直到高中，甚至大学，只知道作文有记叙文和论说文，还有说明文的样式，关心的是被列入语文学科的特定作文的'教学文体'，而不知道甚至不会写社会上所要运用的'实际文体'，这方面的脱节十分严重。"多年从事中学语文教学的肖老师深有感触。

由于应试的需要，不少学生只是把作文当作取得语文高分的"敲门砖"，因此到了社会，笔杆子拿不出，或硬不起来。如此学非所用，难怪一些企业人事总监在招聘时提出，要考一考会不会写"产品说明书"。

语文课上，作文"教学文体"训练有点过，"实际文体"却遭冷落，这样的偏颇，把作文教学推向了濒临"破产"的地步。

● 两种文体需要对接

有专家指出，除了"教学文体"与"实际文体"不对接，即使语文中的作文文体也出现了"分化"现象。有位语文教师说，由于高考、中考指挥棒的作用，试题及命题趋向实际已经成了作文教学的"圣经"。这种极强的功利性甚至波及初中的作文教学。现在初中、高中的话题作文渐渐淡化了文体，作文的专项训练也随之淡化，这种作文的功利性直接导致学生作文"四不像"，既不像记叙文、议论文、说明文，也不像散文，严重损害了作文教学的科学性、系统性，影响了作文教学的序列性。不少语文教师认为，作文教学应走出死胡同，既要淡化文体，又要注重实际运用，使学生打破模式、贴近实际，在校时有东西好写，毕业后走上岗位能写出好东西。

（来源：网易新闻，2011 年 9 月 26 日）

实训材料

材料一：

××大学校长办公会会议记录

时间：2015 年 12 月 16 日

地点：1 号行政楼 2 号会议室

主持人：张××校长

参加人：副校长陈××、赵××、范××、徐××

列席人员：纪委书记闫××、校办主任解××、监察处长刘××列席会议，有关单位负责人郭××、相××、李××、葛××、方×、胡××先后列席。

会议议题：

1. 审议 2015 届优秀毕业生名单；

2. 对违反课堂教学纪律人员的处理；

3. 硕士研究生导师毕业论文指导工作量认定；

4. 审议 2015 年人才招聘计划；

5. 研究 2016 年招生宣传方案；

6. 相关工作人员工作补贴问题。

会议审议通过事项：

1. 会议审议通过了 2015 届优秀毕业生评选结果（另文）。

2. 会议研究了 3 位教师上课接听手机违规行为处理问题，决定认定其为三级教学事故，由教师所在学院给予通报批评。

3. 会议研究决定将硕士研究生导师毕业论文指导工作量调整为 60 课时/生，要求硕士生导师强化责任意识，切实做好学生学术指导工作。

4. 会议审议通过了 2016 年进人计划。

5. 会议研究通过了 2016 年招生宣传方案，决定由校领导分片负责，各学院分地市开展 2016 年招生宣传工作，会议同时通过了《招生宣传工作评优办法》。

6. 会议研究同意增加保卫处值班人员夜餐及双休日加班补助，夜餐补助提高到每天 30 元，双休日加班补助提高到每天 50 元。

校办公室

2015 年 12 月 19 日

材料二：

关于秸秆"变废为宝"的 N 种可能

【导语】堵不如疏。在禁烧的同时，合肥秸秆一直在"吆喝"综合利用。省农委日前印发秸秆利用 6 大路线图，包括秸秆发电、秸秆还田、食用菌栽培、秸秆制气等综合利用途径。业内人士表示，未来合肥将重点推广秸秆还田，让秸秆从哪来到哪去，或许才是最经济实惠的解决烟雾迷城的方式。

●秸秆发电：秸秆送发电厂，农户不亏本

潘英友是庐江县种粮大户，2013 年在工商部门注册，成为合肥第一个"农场主"。从 2002 年的 45 亩地发展到如今的 1200 多亩，实现规模化以后，秸秆的处理成为生产环节不可忽视的问题。自合肥实施"秸秆禁烧"后，他就开始将秸秆卖给县里的发电厂，进行燃烧发电。今年他又和电厂签订了 5000 吨的秸秆合作协议。"每吨秸秆的收割成本在 200

多元，政府补贴50元，卖给发电厂每吨270元。"按这样算，潘英友每吨还能挣到120元。与潘英友签订协议的电厂，主要利用锯末、板边、树皮、稻壳、薪材等生物质废料进行发电，去年的废料中秸秆有30万吨。王振是电厂燃料采购部经理，他告诉记者，所有秸秆进厂后，都要进行粉碎并与其他燃料进行混合，"这样是为了提高热值和稳定程度。"

● 秸秆种蘑菇：种出来的蘑菇，非常受欢迎

前不久，李庆利和合肥两家超市签订了协议，到了秋天，他的蘑菇可以直接供给超市。"中间商"环节的减少，让李庆利每斤菇子能多赚1块钱。李庆利是合肥市长丰县水湖镇人，十多年前，他就开始使用秸秆种蘑菇，"那时每到农忙，秸秆都来不及烧，堆在路边到处都是。"李庆利就想着怎么去利用，翻阅各种资料后，他开始用秸秆种蘑菇。

从开始的几分田到如今的七八亩地，规模虽然并不大，但这在合肥周边来说已经算不小了。按照李庆利的经验，一斤秸秆差不多对应一斤菇子，"一亩地差不多能生产一万多斤蘑菇。"李庆利种的蘑菇在市场上"很吃香"，货足的时候，他会到长丰县菜市场对外批发。而大部分时间，他都在等商家上门来采购。当然，李庆利认为，对于秸秆综合利用来说，种植蘑菇只能解决一小部分秸秆问题，要上规模也还有一定难度。

● 秸秆还田：省时省力，还让田地更肥沃

肥东县的王守森有1000多亩小麦，今年新购买的两台进口收割粉碎机，将给他节约不少时间，"麦子在收割过程中，秸秆就被打碎还田，不用花心思再去处理了。"他觉得"秸秆还田"不仅可以省时省心，更重要的是还田的秸秆可以增加土壤的有机质和透气度，"把肥力还给田地。""像我们这些种植户，专门靠土地吃饭。"他觉得理所当然地要关注土地养分问题，但这也带来了额外成本。"加上粉碎秸秆的设备以及加速秸秆腐烂的腐熟剂等，每亩成本多出40元钱。"王守森说，"不过，政府对秸秆还田每亩还有30元的补贴，自己实际上只要出10多块钱。"而与其他的秸秆利用方式相比，王守森认为"还田"的方式还要划算点。他在肥东有2200多亩地，从2005年秸秆禁烧以来，他一直采用"秸秆还田"的方式。

（来源：中安在线，2014年5月26日）

讨论分析

1. 依据"材料一""材料二"写成的简报分别属于什么类型？其主要内容应包括哪些？
2. 除了上述情况，按内容划分，还有什么类型的简报？

任务与要求

任务一：根据上述两则材料，分别制作两份简报。

要求：文种准确，要素齐全，结构合理，格式规范，表述得体。

任务二：以"简报的适用范围"为题，课堂讨论交流。

要求：1. 以小组形式讨论，每组 3～5 人；2. 讨论结束形成记录稿，每组选一人作为代表，进行课堂汇报。

🔗 实训总结

根据"材料一""材料二"所写成的简报分别属于会议简报、经验简报。

简报是党政机关、企事业单位以及其他社会组织内部用于汇报工作、反映问题、沟通情况、指导工作、交流经验、传递信息的一种摘要性、新闻性文书材料。就简报的形式而言，它不是一个独立的文种，而是一种专业性较强而又具有特定版式的内部小报。

按内容分，简报一般可分为工作简报、会议简报、动态简报等。工作简报主要反映本系统、本部门日常工作或问题的常规性简报，为配合、推动当前某项中心工作不定期或定期编发；会议简报是会议期间报道会议情况的简报，包括会议的进行情况、讨论发言，传达和贯彻会议精神和决议；动态简报包括情况动态简报和思想动态简报，主要用于报道单位的内部消息或向上级反映社会情况、群众思想情况，这类简报的时效性、机密性较强，阅读范围有较严格的限定。按时间分，有定期简报、不定期简报。按编写方法分，有综合性简报、专题性简报。

简报由报头、报核和报尾三部分构成。

报头。一般由以下四个必备要素构成：简报名称、期数、编印机关、编印日期。据实际需要，报头上有时须注明密级、使用范围等要素，常见的如"内部参阅""机密""秘密"等，位置标注于报头的左上方。

报核。一般由按语、标题、正文构成。

按语就是简报的编者针对简报的某些内容所写的说明性或评论性文字。一般写在标题之前，并在开头之处写上"编者按""按语"或"按"等字样。转发式的简报一般都要加上编者按语，其他重要的简报也要加编者按语。简报的按语常常是根据领导的意见起草的，但按语不是指示、命令，没有指令性公文的作用。按语是把简报的内容和现实工作联系起来，表明领导的意见，帮助人们加深认识，正确把握工作的方向，对下级的工作起到督促、指导的作用。简报的按语一般有两类：一种是说明性按语，另一种是批示性按语。

标题应能准确、简要、生动、醒目地概括全文的内容。一般说来，简报标题的写法类似于新闻标题的写法，可以采用正副标题的写法，正标题揭示文章的思想意义，副标题写出事件与范围，对正标题起补充说明作用。

正文是简报的中心部分，通常由开头、主体和结尾三部分组成。简报的开头常见的有三种形式：叙述式、结论式、提问式。主体是简报最主要的部分，一定要写得充实、有力，常用的写法主要有：一是按时间顺序写，二是按空间变换的顺序写，三是归纳分类表述，四是夹叙夹议法，五是对比法。简报的结尾有两种：一种是把主体部分情况、事实叙述完后自然收束全文，另一种是用一句话或一段话收束全文。

报尾。在简报最后一页下部，用一横线与报核隔开，横线下左边用"报、送、发"写明发送范围，在平行的右侧写明印刷份数；若临时增加报送单位，应注明"本期增发×××（单位）"。

需要注意的是，简报的别名较多，常见的如《××简报》《××简讯》《××信息》《××动态》《××通报》《××通讯》及《内部参考》《情况反映》等。简报具有简、新、快、实的特点，具体到选材和写作上，切记选材要准、内容要真、行文要简、编发要快。根据2012年中央下发的八项规定要"切实改进文风"的要求，各部门、各单位的简报数量不宜过多过滥，做到该减的减，该留的留；在简报的刊发上，能不发则不发，若要发文，则一定要做到言简意赅，摒弃不必要的"穿靴戴帽"，切实将简报"简"下来，工作"实"上去。

另外，简报的发送范围非常广泛，它可以上行、平行、下行，既可以下情上达，也可以上情下达，还可以与其他单位互通情况。总之，简报可以上下左右沟通信息。

实训评价

简报写作实训评价表

评价项目	比重	评价内容	评价标准				自我评分	小组评分	教师评分
			优	良	中	差			
内容要素	50	报头：充分、准确、合理	10		5				
		报核：真实、具体、明确，	20		10				
		详略得当，点面结合	10		5				
		报尾：必要、规范、精当	10		5				
形式要素	30	报头：齐全、规范	2		1				
		标题：准确、简练、规范	7		4				
		正文：主题明确，结构完整，格式规范，表述确切	10		5				
		附件：必要、齐全、规范	3		1				
		落款：齐全、规范	5		3				
		版记：齐全、规范	2		1				
		页码：必备、规范	1		0				

续表

评价项目	比重	评价内容	评价标准				自我评分	小组评分	教师评分
			优	良	中	差			
文种	5	正确、得体	5		3				
语言	15	准确、简练、规范	15		8				
合计	100								

拓展思考

中共中央政治局 12 月 4 日召开会议，审议中央政治局关于改进工作作风、密切联系群众的八项规定，分析研究 2013 年经济工作。中共中央总书记习近平主持会议。中共中央八项规定的第三条规定是："要精简文件简报，切实改进文风，没有实质内容、可发可不发的文件、简报一律不发。"针对全国各地各级党政机关、企事业单位简报种类繁多、编发随意、乱报乱送等问题，中央出台"精简文件简报，切实改进文风"的规定，可谓正当其时。只有这样，才能严卡关口，实现简报的种类、数量"双下降"。

为切实改进文风，转变作风，提高效率，根据《中共中央办公厅、国务院办公厅关于进一步精简文件和简报的实施意见》(中办发〔2012〕16 号)文件精神，全国各地、各部门相继出台了改进文风、落实作风的文件规定。在简报数量、审批规定、报送程序、审发制度上都做出了严格规定。简报内容上，要减少一般性工作情况汇报，重点是要围绕当前重点、难点、热点问题提出关键性的做法和措施；对于思路型和调研型简报，要抓住问题的关键，深入分析，提出具有前瞻性、针对性、科学性、可操作性的工作思路或具体意见建议。在篇幅和数量上，务必做到短小精悍、量少质优。

毛泽东同志曾指出："学风和文风也都是党的作风，都是党风。"党风决定着文风，文风体现出党风。2012 年 12 月，中央"精简文件简报，切实改进文风"规定的提出，意在大兴求真务实之风，从文山会海中摆脱出来。如此，"文件简报"才有实情、真话，才能言之有物、言之有理、言之鲜明、言之有趣、言之有情、言之管用。

(根据网络文献整理)

案例分享

起初，人们对大学生村官还很陌生，如今，随着国家"精准扶贫""文化扶贫""技术扶贫"等国家战略的实施，大学生村官已家喻户晓。那么何谓大学生村官呢？原来，大学生村官指的是到农村(含社区)担任村党支部书记、村委会主任助理或其他村"两委"职务的具有大专以上学历的应届或往届大学毕业生。大学生村官为"村级组织特设岗位"人员，系非公务员身份，一个聘期为 3 年，工作多为社区(村)事务，国家为此相继出台了大学生村官相关政策待遇文件规定。大学生村官政策萌芽于 20 世纪 90 年代，现如今，为顺利实现"一村一名大学生工程"，各省、市、自治区每年都有大学生村官选聘计划。在选拔任用上，采用的是择优选聘和公开选聘相结合的方式。择优选聘通过驻村见习、考核、体检等程序确定人选；公开选聘采用笔试、面试、体检等程序确定人选。

大学生村官或来自城市，或本就来自农村。他们带着知识和技术，肩负着责任和使命，奔碌于乡间村落、田间地头，业已成为新农村建设的一道亮丽的风景线。但是，源于各自工作岗位、职责所限，村官们平日无暇相互沟通、联系。不过，据调查发现，目前我国不少的市、县、区相继办起了"大学生村官简报"，主办单位是市(县、区)大学生村干部管理工作办公室。简报或定期，或不定期编选印发；载体形式或纸质版，或电子版；内容大多分为"人物通讯、工作动态、村官论坛、文学天地、村官工作"等几个板块。一份简报，几页纸，文风朴实，情真意切，散发着乡土声音和泥土味。一份简报，一个平台，加强了村官们的相互联系，分享了彼此的经验、心得与体会，同时为领导、同事以及群众提供自身动态情况，起到了宣传自我、展示自我的作用。

(根据网络文献整理)

拓展阅读>

☕ 补充读物 ▌▌

1. 周灵科：《简报写作技巧》，天津，天津社会科学院出版社，1994 年。

2. 王桂清：《简报写作的两个问题》，载《写作》，2003 年第 17 期。

3.《中共中央办公厅、国务院办公厅关于进一步精简文件和简报的实施意见》(中办发〔2012〕16 号)。

实训五
规章制度

◎ 情境植入

郭某于 2007 年 3 月入职××公司，双方签订了一份为期 3 年的劳动合同，合同期限为 2007 年 3 月 1 日至 2010 年 2 月 28 日。2008 年 3 月 25 日，郭某无故旷工一次，后又在 2008 年 4 月 22 日无故旷工一次。2008 年 5 月 8 日，××公司以"郭某经常旷工，严重违反规章制度"为由解除了与郭某的劳动合同。郭某提出异议：第一，从来没有看到过用人单位有此规定；第二，两次旷工不能算作经常旷工；第三，根据 1982 年 4 月 10 日国务院颁布的《企业职工奖惩条例》，连续旷工 15 天以上，才能解除劳动合同。郭某认为××公司不能以此为由与他解除劳动合同。交涉无果，郭某于 2008 年 6 月 30 日向劳动争议仲裁委员会提起申诉，要求裁令公司撤销解除合同行为，恢复双方的劳动关系，并支付他从解除合同之日至仲裁裁决生效之日的工资。

××公司辩称：公司《员工手册》及《考勤管理规定》上都明确规定"员工经常无故旷工，用人单位可以解除劳动合同"。郭某之前也是知晓此规定的，而郭某却无视公司规定，两次无故旷工，故公司根据规章制度解除劳动合同的决定是合法有效的，但××公司却无法举证规章制度公示的事实。

本案的争议焦点是：××公司的规章制度是否合法有效，能否作为解除郭某劳动合同的依据？对此，仲裁庭认为：用人单位应当将直接涉及劳动者切身利益的规章制度和重大事项决定公示，或者告知劳动者；规章制度未公示的，不能作为劳动仲裁审理劳动争议案件的依据，本案中某公司不能举证证明规章制度已公示的事实，其依据规章制度的有关规定解除劳动合同的行为不能得到支持。劳动争议仲裁委员会最终支持了郭某的仲裁请求。

🄈 实训材料

×××秘书事务所成立后，为实现管理的规范化和制度化，办公室主任让文员小李草拟一份企业章程，明确企业的性质、组织原则、机构设置和经营管理等。下面是小李起草的事务所章程草案。

×××秘书事务所章程（草案）

第一章　总　则

第一条　×××市秘书事务所为民办非营利性的咨询服务机构。

第二条　本所宗旨：面向社会，为机关、团体、企事业单位及个人提供秘书事务帮助，为广大群众的学习、工作、生产、生活等实际需要服务，促进经济繁荣和社会事业的发展。

第二章　机构与人员

第三条　本所人员自愿平等加入，退出自由。

第四条　本所人员应努力学习党的方针、政策和国家的法律、法令，增强业务能力，不断提高写作水平，为社会提供优质服务。

第五条　本所人员应严守职业道德，为服务对象保密，尊重他们的意愿，维护他们的合法权益。

第六条　本所人员由三方面组成：一是现职文秘人员中的兼职工作者；二是本地政府机关和法律、财政、科技、新闻等部门中有较高写作水平的工作人员（含离退休的）；三是具有大专学历的文秘专业毕业生。

第七条　本所由民主推选一人为所长，负责主持工作，其余均为工作人员。所长任期一年，可连选连任，不胜任者可随时改选。

第三章　服务内容

第八条　本所的服务内容和项目暂定如下：

1. 代写公文及通用文书，如通知、通报、请示、报告、会议纪要及计划、总结、调查报告、讲话稿、规则、章程、制度、守则等。

2. 代写经济文书及科技文书，如意向书、协议书、说明书、广告、经济合同、招投标书、新产品申报书、专利申请文件等。

3. 代写司法文书，如诉状、辩护词、遗嘱、契约、委托代理合同、授权委托书等。

4. 代写礼仪文书，如贺词、答谢词、悼词、挽联、讣告、慰问信等。

5. 为集体和个人翻译外文（英、日、俄）资料及查询有关经济、技术方面的资料。

6. 为单位及个人介绍和推荐秘书人才。

7. 接受委托，办理有关秘书、文书方面的其他事务。

第九条　随着事业的发展和社会的需要，本所今后将增加信息服务项目，为集体和个人提供经济、技术人才信息。

第十条　本所设固定地点提供服务。根据需要也可派人员上门服务。

第四章　收入分配

第十一条　本所实行有偿服务。

第十二条　各个服务项目的收费标准，根据其劳动工时确定，并报请物价部门审定后执行。

第十三条　本所收入，除开销及必须缴纳的税收、保险费外，提取15％留作增添必要的设备用具，其余按照各人参加劳动的工时和完成任务的质量合理分配。

第十四条　本所人员的工资分配，可以评工记分、按分论值，可以按件计资，也可以按工时，总的分配原则是多收多分、多劳多得。

第十五条　实行财务民主，每个季度由会计人员向全体人员公布账目，年终进行最后结算，做到公开监督。

附　则

第十六条　本章程的修改权，归全所工作人员大会或代表大会。

讨论分析

1. 章程的适用范围是什么？其主要内容应包括哪些？
2. 规章制度的结构模式和写作要求是什么？

任务与要求

任务一：请你结合规章制度的结构模式和写作要求分析此章程。

任务二：这则章程有什么问题？如何修改？就此问题进行课堂讨论交流。

要求：1. 以小组形式讨论，每组 3～5 人；2. 讨论结束形成记录稿，每组选一人作为代表，进行课堂汇报。

实训总结

这是一则有待员工会议通过的企业章程草案，结构合乎章程规范，语言也明晰。

规章制度是国家行政机关、社会团体、企事业单位为维护正常的工作、劳动、学习和生活的秩序，依照国家法律、法令和政策，在自己权限范围内制定的具有法规性、指导性与约束力的事务文书。

规章制度也称规章文书，它是章程、条例、规定、办法、细则、规则、规程、制度、守则、公约、须知等的总称。规章制度在内容上对某方面的工作、某项工作，或某一事项做出规定和要求，要求有关人员必须按章办事、共同遵守，对有关方面、有关人员的行为具有规范和制约作用。

各种规章制度的使用范围和特点尽管不同，但是它们的写作格式大致相同，一般由标题、正文和落款三个部分组成。

标题。规章制度的标题一般有三种写法：一是由单位名称、事由和文种三部分组成，如《国家税务总局关于对外商投资企业和外国企业发票管理的规定》《中华人民共和国公司登记管理条例》等；二是由制发单位名称和文种组成，如《中国作家协会章程》；三是由事由和文种组成，如《关于企业国有资产办理无偿划转手续的规定》。

如果该规章制度是试行、暂行，则应在标题内文种前写明；如果该规章制度是草案，则应在标题后用括号加以注明。有些规章制度在标题下面用括号注明该规章制度何时、何部门、何会议发布、通过、批准、修订等项目。

正文。正文是要明确制定的事项。从全文来看，规章制度的基本结构主要有两大类：章条式和条款式。

章条式（即分章列条款式）。这种写法一般适用于内容较多、比较复杂、篇幅较长的规章制度，如条例、章程、办法等。其内容可分若干章，每章又分若干条，根据需要有时又分若干项。第一章是总则，中间各章叫分则，最后一章叫附则。

总则相当于文章的开头，一般写原则性、普遍性的内容，用序言或条文形式说明制定规章制度的依据、目的(宗旨)和任务、基本原则、适用范围、有关定义、主管部门(该项有时也可视具体情况置于分则或附则中)等情况，对全文起统领作用。例如，《中华人民共和国人民警察使用警械和武器条例》第一章第一条就写明条例制定的依据："根据《中华人民共和国人民警察法》和其他有关法律的规定，制定本条例。"

从总则以下到附则以上，中间的若干章均为分则。分则是规章制度的主体部分，具体说明要求执行的事项和必须共同遵守的行为准则，应具体扼要地写明所规定的若干内容。通常按事物间的逻辑顺序，或按各部分内容的联系，或按工作活动程序以及惯例分条列项，集中编排。例如，1993 年 4 月 22 日国务院发布的《股票发行与交易管理暂行条例》，其分则部分就对"股票的发行""股票的交易""上市公司的收购""保管、清算和过户""上市公司的信息披露""调查和处罚"以及"争议的仲裁"，分别列专章做了规定。

附则是对中心内容的补充说明，一般说明该规章制度的适用范围、实行程序与方式、生效日期、与有关文件的关系及其他未尽事宜的处置办法、作解释权的单位名称等内容。附则只设一章，根据需要，下分若干条，也有附在最后不单独成章的。例如，《社会保险费征缴暂行条例》最后一章(第五章)为附则，共 3 条："第二十九条　省、自治区、直辖市人民政府根据本地实际情况，可以决定本条例适用于本行政区域内工伤保险费和生育保险费的征收、缴纳。第三十条　税务机关、社会保险经办机构征收社会保险费，不得从社会保险基金中提取任何费用，所需经费列入预算，由财政拨付。第三十一条　本条例自发布之日起施行。"

条款式。这种写法不分章，而是分条列项来阐述，一般适用于内容较简单、篇幅较短的规章制度，如规则、守则、公约、须知等。条款式有两种形式：一种是主体条款式，另一种是条款到底式。

主体条款式分前言和主体两部分。前言不设条，只是用简明扼要的语言概述制定规章制度的目的、依据、性质、意义，常用"为了……特制定本规定"或"为了……，根据……，特制定本守则"。主体部分通常分若干条款写明规定的事项，一般按先主后次、先原则后具体的顺序，逐条写来。

条款到底式是将前言、主体和结尾都用条款来表述，一贯到底，不另分段做说明。

落款。在正文之后右下方标明制定本规章制度的单位名称，名称下方写上制定日期。如果标题已反映出这一部分内容，落款也可省略。

实训评价

规章制度写作实训评价表

评价项目	比重	评价内容	评价标准				自我评分	小组评分	教师评分
			优	良	中	差			
内容要素	50	前言简明扼要	5		3				
		内容细致周全	15		8				
		措施得力	10		5				
		要求具体	10		5				
		可操作性强	10		5				
形式要素	30	标题：正确、规范	5		3				
		正文：结构方式选择合适	20		10				
		落款：规范	5		3				
文种	5	正确、完整	5		3				
语言	15	准确、简练、平实	15		8				
合计	100								

拓展思考

　　规章制度多种多样，其类别可分为五类：法规类、指导类、章程类、制度类和公约类。具体文种有章程、条例、规定、办法、细则、规则、制度、守则、规程和公约等。不同的规章制度适用不同的范围，具有不同的制发者和作用。要明确认识规章制度各文体的概念、特点、适用范围和行文格式，以便正确地选择和使用规章制度的文体。下面介绍十种常用的规章制度。

　　一、章程

　　章程是一个党派组织、社会团体、公司企业、学术组织等为保证其组织活动的正常运行，系统阐明自己的性质、宗旨、任务，以及规定成员的条件、权利、义务、纪律及组织结构、活动规则，要求全体成员共同遵守的一种规则性文书。根据国家有关规定，章程是成立一个团体组织的必要条件，是组织或全体成员必须遵守的工作、行为准绳，违反者将受到处理。

　　有章可循，利于行事；无章可依，难以行事。章程是一个组织进行自身管理的基本规则，它有以下两个方面的基本作用：一方面，具有规范约束作用。章程是用来制定组织纲领、行动准则和成员行为规范的，能保证组织的思想统一，其规范和约束作用不言而喻。另一方面，具有宣传教育作用。该组织、团体的宗旨、基本原则、性质、目的、任务等内容，通过章程的制定和公布，让人们了解知晓，无论是对其组织成员，还是对其他人员，都能起到极大的宣传和教育作用。

二、条例

条例是为指导政治、经济、文化诸领域的某些事项或规定某一机关的组织、职权而制定的较有原则且全面的规范，一般由主管该方面工作、活动的党和国家的相关部门根据国家的有关法律、政策制定，由党的领导机关、国家权力机关或国家最高行政机关批准（通过）颁发。2002 年 1 月 1 日起施行的《行政法规制定程序条例》，将条例定性为"国务院根据全国人民代表大会及其常务委员会的授权决定制定的行政法规"，同时还规定"国务院各部门和地方人民政府制定的规章不得称'条例'"，表明只有最高国家行政机关拥有制定条例的权力，其他行政机关和部门无权制发条例，企事业单位和社会团体也不能制发条例。

条例是具有强制性和约束力的文件。条例一般是用于规定国家政治、经济、军事或文化等某一方面的工作、活动的准则，如《中华人民共和国居民身份证条例》《中华人民共和国军衔条例》等，或用于对某一机关的组织、职权以及某些专门人员的任务、职责、权限等做出原则、系统的规定，如《会计人员职权条例》等。

条例的使用范围非常广泛，从条例内容来分，有用于规定某类机关的组织和职权的，称为组织条例，如《中华人民共和国中外合资经营企业法实施条例》；也有用于制定预计长期实行的调整国家生活某个方面规则的，称为单行条例，如《中华人民共和国医疗事故处理条例》。从制发单位来分，有党的领导机关、权力机关制定的条例和国家权力机关、行政机关制定的条例，如《中国共产党纪律检查机关案件检查工作条例》《中华人民共和国学位条例》《计划生育技术服务管理条例》。行政机关制定的条例属于行政法规的范畴。

条例主要有两个方面的作用：条例作为重要的辅助性法规文件，在实施过程中有着较强的执行依据作用；一旦条例经过法律程序制定颁布，便对所规定的事项具有了规范、制约作用。

三、规定

规定是党政机关、社会团体、企事业单位对某特定范围内的工作和事务做出政策性或规则性要求，具有强制性和约束力的法规性文书。规定是规范性公文中使用范围最广、使用频率最高的文种。规定是局限于落实某一法律法规，加强某项管理工作而制定的，它具有较强的约束力，而且内容细致，措施和要求也比较具体，可操作性较强。同章程、条例相比，规定的针对性更强，长期稳定性则相对弱一点。

四、办法

办法是国家行政主管部门对贯彻执行某一法令、条例或进行某项工作的方法、步骤、措施等，提出具体规定的法规性公文。办法是一种具有强制性和约束力的规定性文件，与条例、规定相比，它所规定的内容更具体。有些办法就是根据相关条例、规定中的某些条款制定的。例如，国务院发布的《产品质量监督施行办法》，就是根据国务院发布的《标准化管理条例》中的有关条文制定的，它比条例更具体，更具有操作性。此外，办法与条例、规定的使用范围也不同。条例、规定多用于某些重大问题、重要事项，而办法一般用于具体事务或某一事项，甚至是比较细小的事情上。例如，财经领域的资金管理、票汇结算、税务管理、信贷手续等工作，一般就是用各种办法来管理、规范、协调的。根据内容、性质的不同，办法可分为实施文件办法和工作管理办法两种。

五、细则

细则是有关机关根据下发公文的规定或实施需要，为了贯彻执行某一法律法规或其中的部分条文、个别条文，结合实际情况，制定出具体的实施办法，或做出补充、辅助说明的法规性文件。细则是对某一法律法规全部或部分内容的具体化，比条例、规定、办法更具体，更明确。在实际工作中，细则往往是实施条例、规定、办法之类规章的补充性、辅助性文件。因为细则对原法律法规的某一重要原则、重要事项或某些关键词语负有诠释的任务，或把上级发布的有关条例、规定、办法中较原则性的内容规范化、具体化、细密化，使其更加具体，更加明确，以利于贯彻实施。

六、规则

规则是在某一局部范围内对有关人员或某项活动做出的具体规定，要求大家共同遵守执行。第一种可称为"文件规则"。它由主管部门依照其职权范围制定，以文件形式下达。这种规则法规性强，约束力大，效力范围较广。它多数是由国家机关公布，常用于交通规则、消防安全、工作程序、专业职权等方面，如《仓库防火安全管理规则》。第二种可称为"内部规则"。它由单位、团体内部制定，在特定的范围、场所使用，规范内容比较单一，约束力也较小，如《演讲比赛规则》。

在实际应用中要注意规则、规程与规定、办法等文种的异同。与规定相比，规则、规程的使用范围有所不同：规定是法规性文件，多用于重要的工作、问题，所涉及的领域较广泛；规则、规程只是规定性的文件，多用于具体的事务性的工作或某种活动、某种操作，所涉及的范围较窄。规则、规程与办法既有共同之处，又有不同之点。共同之处是，它们所规范的事情多是具体性的事务。不同之点是，它们在规范人们的行为上侧重不同：办法侧重于对问题的处理和解决，重点是提出解决问题的措施和办法，而规则、规程侧重于统一的要求和规格，重点是提出管理事务或活动的章法程序。

七、制度

制度是国家机关、团体、企事业单位为了加强对某项工作的管理和严格组织纪律而制定的要求有关人员共同遵守的管理操作规程和行为准则，如国家制定的《关于进出国境的海关检查制度》，各部门单位内的《保密制度》等。制度的制定依据相关的法律法规，一经颁布，有关人员必须遵守，若有违反，就要受到相应的处罚，所以制度具有很强的强制性和约束力。制度的使用范围十分广泛，凡是要求有关人员共同遵守，并按一定程序办理的事情，都可以使用制度规范人们的行为，以确保各项工作正常、有序地进行。除了通过一定的途径发布相关的制度之外，还可以在某些有效的场所张贴有关的制度，这样做，既能时时提醒相关人员，又便于其他人进行监督，如在某些工作场合，张贴相关的"岗位责任制度"。这是制度的一个特点，实际工作中应注意加以合理运用。

制度主要有岗位性制度和法规性制度两种类型。岗位性制度是对做好某一个岗位的工作而制定的管理操作规程和行为要求，如《××公司保安工作制度》《××厂门卫制度》等；法规性制度是根据有关政策法规而制定的某一项工作的工作程序和管理规范，如《××银行资金营运管理制度》《××公司用电管理制度》等。

八、守则

守则是国家机关、社会团体、企事业单位制定的内部成员共同遵守的道德和行为规范的文书，如《学生守则》。因为是面向一定范围内的全体人员，所以守则要求有较强的适用性、包容性和概括性。

九、公约

公约是一定范围内的社会成员为保证有良好的生活、工作、学习和娱乐环境，在自愿协商的基础上制定的行为准则和道德规范，要求大家自觉遵守，如《首都人民文明公约》。公约往往强调社会公德，其法规性、约束力没有规章制度强。

公约和守则是具有一定的规定性和约束力的文书，但是，它们的使用范围有所不同。公约多用于公共事业方面的道德、行为规范，如《交通大学爱国卫生公约》，而守则除了用于各行各业人们的道德、行为规范之外，还常常用于生产工艺等的具体操作规范，如《水下焊接工艺守则》等。

十、须知

须知是告诉人们在公共场合进行某项工作或活动时必须遵守或注意的事项的一种应用文书，如《游园须知》等。

（节选自吴廷玉：《文秘写作与文书处理》，北京，外语教学与研究出版社，2014年。有加工整理）

🔍 案例分享

在某大学自习室兼阅览室的墙壁上张贴着这样一则"规章制度"：

阅览室规章制度

1. 本室图书只准室内借阅，不准带出室外，违者将给予通报批评。

2. 借阅图书，凭本人的学生证或 ID 卡，一次一册。

3. 本室采用开架阅览方式。

4. 所借图书要在当天归还，逾期一天不还者，除扣留一周证件外，还要给予通报批评。

5. 所借图书要当面检查是否有损坏，发现有损坏时，向阅览室工作人员声明，否则，还回时将向你追查损失责任。

6. 爱护图书，避免折叠、勾画、污损和剪裁，违者，按有关规定进行赔偿。

7. 维护室内秩序和清洁卫生，不准大声喧哗、聊天、吃零食、吸烟。

8. 禁止穿跨栏背心、短裤、拖鞋进入阅览室。

9. 禁止利用各种物品占座位；不准在桌面和墙壁上乱写乱画。

10. 离开座位时，要轻轻将椅子放在桌下。

规章制度是党政机关、企事业单位、社会团体制定的旨在保证各项活动的正常运行，要求全体成员或特定对象共同遵守的，具有法规性和约束力的文书。规定、章程、制度、办法、规则、守则、条例、规程、公约、须知等都属于规章制度的范畴。规章制度具有缜密性、规范性、严肃性和权威性，实施过程中不能让人钻空子。其内容应完备周到，不能遗漏条款，不能出现前后矛盾、解释不一的情况；其用语应准确庄重，注意适当运用模糊语言，使条款具有一定的灵活性，给执行者留有余地；其结构应清晰明畅，先总后分，条款分明。规章制度是实现管理职能的重要工具和手段，我们应该充分认识规章制度的特点，了解其写作要求，合理运用语言的共识性，做到语句规范、逻辑规范、语体规范。

纵观全文，笔者认为存在以下几方面问题：

第一，标题应改为阅览须知。如前所述，规章制度是一个总称，是集体名词，某一篇具体的、单独的文章是不能称为规章制度的。规章制度可分为法规类、制度类和公约类三大类。法规类：党政机关为实现各种管理职能而制定，如章程、条例、实施细则、规定、办法等。制度类：党政机关、企事业单位根据本部门、本单位的实际对某些事项做出的规定，如制度、准则、规程。公约类：用于自觉遵守的道德规范，如守则、须知、公约等。很显然，作为兼自习、阅览功能的阅览室，应使用阅览须知更为恰当。

第二，排序有误。规章制度虽然是条款式文书，但条款的排序也是有讲究的。复杂的规章常以总则、分则、附则为序，内容从一般到具体，范围从大到小；简单的规章虽前无引言，后无结语，以条目开篇，以条目结尾，但也应遵循先总后分的顺序。上文中，第 3 条内容概括性最强，应放在第 1 条中。

第三，数字用法不规范。按照《国家行政机关公文处理办法》的规定，层次顺序的表示方法为"一、""（一）""1.""（1）"，上文中的序号 1～10 用汉字书写更规范。

第四，用语不够准确，存在若干语病。

其一，第1条、第4条"给予通报批评"。通报批评是学生管理过程中的一种处罚措施，类似记过、记大过、留校察看、开除学籍等。阅览者只因将书带出室外，便受到行政处分，是否太重？只有学生管理部门才有给予学生通报批评的权力，一个阅览室管理员甚或图书馆馆长有此权力吗？

其二，第5条叙述不简练。"向你"用语不规范，应改为借阅者。全句改为"借阅图书时，请认真检查，如有破损，预先声明，否则，借阅者应承担损坏赔偿责任"。

其三，第6条"避免"应改为"不要"，"污损"改为"弄脏"更易理解，词序调整为"不要弄脏、剪裁、勾画和折叠"更为通顺。

其四，第7条存在语法错误。"维护室内秩序和清洁卫生"是一个双宾语的句子，"维护室内秩序"还讲得通，而"维护清洁卫生"便不通顺，谓语宾语搭配不当，应改为"保持清洁卫生"。

其五，第8条"禁止穿跨栏背心、短裤、拖鞋进入阅览室"用语不周密。此条款目的是要求阅览者衣冠端正，可改为"禁止穿拖鞋、运动短裤和跨栏背心进入阅览室"。

其六，第10条"离开座位时，要轻轻将椅子放在桌下"不够确切。试想，假如读者阅读中，偶尔去卫生间一次，是否也应当将椅子放在桌下？显然大可不必。此句可改为"阅览完毕离开时，请将椅子轻轻放在桌下"。

（马金虎：《对一则"规章制度"的评改》，载《应用写作》，2005年第10期。有加工整理）

拓展阅读

补充读物

1. 周文建：《怎样写规章制度》，载《新闻与写作》，2001年第5期。

2. 李明伦：《规章制度的写作》，载《应用写作》，2003年第6期。

3. 张建平：《浅谈规章制度合理性审查》，载《法制与社会》，2011年第8期。

实训六
条据

情境植入

　　王刚和李燕同是××大学文秘系学生，毕业后一起应聘到曾经实习过的××公司工作。一天早上8点，王刚准时上班，他先到公司办公室领取了3包打印纸、5个储物盒和10个文件夹，刚回到办公室又接收了业务员送交的会议材料30份。这时，他接到了妈妈的电话：爸爸意外骨折了，急需他带钱去市医院办理住院手续。于是，他给同事张×留了张纸条，委托他准备第二天的会议，又向财务部借了5000元，说好下个月还上，并给刘经理写了一张请假条，要求请假一天，然后他直奔医院，到了医院才知道要交8000元住院费。正好该院李副院长是同学李燕的父亲，于是在李副院长的担保下，王刚给医院写了一张欠条，承诺三天后会如数付清，顺利办好了住院手续。

实训材料

　　材料一：今天早晨，李××突然间发高烧，经××人民医院胡医生检查系患重感冒，无法前去上班，需向李××的领导张主任请假休息四天。请你代李××写一份规范的请假条。

　　材料二：××省文化厅文史处从党史办借了一部省组织史。党史办要求文史处在半月内归还。假如你是该文史处工作人员，请你根据此情况写一张借条。

讨论分析

　　1."材料一"是一份什么类型的条据？其结构主要包括哪几部分？

　　2."材料二"是一份什么类型的条据？其结构主要包括哪几部分？

　　3. 条据的写作有哪些注意事项？

任务与要求

任务一：根据上述两则材料，分别写作条据。

要求：文种准确，要素齐全，结构合理，格式规范，表述得体。

任务二：以"条据的写作禁忌"为题，课堂讨论交流。

要求：1. 以小组形式讨论，每组 3～5 人；2. 讨论结束形成记录稿，每组选一人作为代表，进行课堂汇报。

实训总结

"材料一"属于告知类条据。告知类条据有留言条、请假条、托事条、约会条等，主要是用来履行告知义务的，也称便条。便条的内容很简单，通常是一条一事，而且涉及的事情也较为简单，把要告知的事项说清楚即可。

告知类条据的结构一般由称呼、正文、具名和日期组成。

称呼。第一行顶格写上对方的称呼。称呼可以根据双方的熟悉程度来写，如小张、王主任、何师傅、爸、妈等，总之要得体、文明。

正文。称呼下一行空两格写内容，将所要说明的事项写清楚。这部分内容既要写得简单，又要交代清楚，如果交代不清，容易产生歧义，造成误会，严重的还会误事。正文结束，出于尊敬或礼貌，还要写上祝颂语，如"此致敬礼"，格式与书信相同，也可以省略不写。

具名和日期。具名和日期写在正文的右下方。具名也可以写得随意简单，如只写姓，或只写名，或写爱称、小名等，只要对方理解便可。具名下面写上日期，由于是便条，日期也可简写，只写月日，或星期几。如果对方是一时走开，马上就能回来，日期也可以简写为"即日"，有时因需要可写明几点几分。

"材料二"属于凭证类条据。凭证类条据又称契据，它是单位之间、个人之间或单位与个人之间发生财物往来时，需要一方写给另一方作为凭证的字据，写法虽然简单，但往往干系重大，必须认真对待。凭证类条据的种类很多，通常有借条、收条、领条和欠条。

借条，又称借据，是一方借另一方的钱财或物品时写给对方的字据，以此作为日后偿还的凭证依据。待钱物归还时，才可以收回或销毁借条。

收条，又称收据，是一方收到另一方的钱财或物品时，交给对方的字据，以此作为钱物、物品去向的凭证。

领条是一方到另一方处去领取所需钱财或物品时，交给对方的字据，以此作为钱物、物品去向的凭证。

欠条是指一方在购物或归还财务时，因未付清或未全付清而交给对方的字据，以此作为日后偿还的凭证依据。

凭证类条据的结构一般由条据名称、正文、具名和日期组成。

条据名称。由于条据种类不同，故在每张条据上应标明契据种类的名称，如"收据""借条"等，或写"今收到""今领到""今欠到"等名称。条据的名称写在首行居中。

正文。条据不用写称呼，直接写正文。正文要写明立字据的事由或事实，具体钱物的名称、数量。如果是借款或欠条，还应写上还款日期、还款方式、利息支付等其他事项。正文结束，还应写上"此据"两字收结，以防别人在文后添加其他内容。"此据"可紧接在正文后面写，也可另起一行空两格写。

具名和日期。正文的右下方签上立字据人的姓名。在签名时，应在姓名前写上"借款人""欠款人""收款人""领取人"或"经手人"等名称，有的还要写上单位名称。一般单位的字据都应加盖公章，重要的字据，私人也应加盖印章。具名之下写上具体的年月日。

条据的写作要认真慎重，注意以下禁忌：

一忌大写、小写分不清楚。在各类条据中，总金额或物品数量部分，如果只有小写，没有大写，或者小数点位置不准确，数字前面有空格，或者大写、小写不相符，都容易被持据人添加数字或修改，甚至由此而引发民事纠纷。如果是钱币，还应写上币种名称，如"美元"或"人民币"等。如果金额末尾数不是"分"的话，则应在金额末尾数后写上"整"，以防添加数字。

二忌用褪色墨水笔书写。条据一般要保留一段时间，又涉及财务，所以稍不小心，很容易引起纠纷矛盾。条据在书写时不要用铅笔、红笔，也不宜用易褪色的墨水笔，最好用毛笔或钢笔，字迹要端正、清楚。

三忌空白留得过大。条据的内容部分与签章署名之间的空白留得太大，容易被持据人增添补写其他的内容。

四忌不写条据日期。不写明日期的条据，一旦发生了纠纷，事实真相常常难以查清，对诉讼时效的确定也容易造成困难。

五忌条据内容表述不清。有的条据将"买"写成"卖"，"收"写成"付"，"借给"写成"借"，等等，都极易颠倒是非。

六忌使用同音同义字。姓名不要用同音同义字、多义字代替，否则也容易发生责任不清的纠纷。条据上有名无姓或者有姓无名都会给对方留下行骗的口实和赖账的把柄，以身份证上面的名字为准才具有法律效力。

七忌印鉴不规范。由他人代笔书写或者代笔签名，而本人只在上面按一个手印，发生纠纷也很难认定责任。请别人或由对方写的字据，应字字斟酌，认真审核，不能稀里糊涂。

八忌随意涂改。条据里涉及的财务名称、数额和时间一定要写清楚。条据写好后，不宜改动，如需改动，应在涂改处加盖责任人的印章，以示负责，如能另写一张则更好。

实训评价

条据写作实训评价表

评价项目	比重	评价内容	评价标准				自我评分	小组评分	教师评分
			优	良	中	差			
内容要素	30	信息准确真实	10		6				
		文理简约明白	10		6				
		表述无歧义	10		6				
形式要素	45	标题：准确	10		6				
		正文：表述完整、确切	15		8				
		落款：署名和日期齐全、规范	10		6				
		书写：工整规范	10		6				
文种	10	正确、得体	10		6				
语言	15	简练、明确	15		8				
合计	100								

拓展思考

条据文书在我国有着漫长的历史，早在春秋时期就有"圣人执左契，而不责于人。有德司契，无德司彻"的记载。这里的"契"就是一种凭证类条据文书。因条据文书篇幅短小，形式灵活，作用明显，故一直是人们运用得较多的一个应用文种。

随着历史的沿革，条据文书逐渐演变为两大类：说明类和凭证类。

说明类条据文书是告知对方某个信息，向对方说明某件事情时使用的一种简短的应用文，如留言条、请假条、便条等。这类条据只起说明、告知作用，不具备法律效力。长期以来，这类文书对于传递信息、沟通感情、帮助工作起到了不可或缺的作用。但随着现代通信工具的使用，这类文书正在淡出人们的视野，更多地被电话、短信和电子邮件所取代。

凭证类条据文书是人们在日常工作、生活中用作凭证的篇幅短小、格式固定的应用文书。与说明类条据文书相反，凭证类条据文书随着社会的发展和人际关系的多元化变得越来越重要，使用的频率也越来越高了。因此，了解凭证类条据文书的特点，研究其写作中应注意的问题，对于人们的生活和工作不无裨益。

凭证类条据文书写作应注意如下几个问题：

第一，内容要清楚，表达要严密。

凭证类条据文书既然是"立字为据"，那么条据是写给谁的，说的是什么事一定要写清楚。尤其是借条，内容一定要完备、明了。借条（此处指借款条）一般应包含以下要素——借款人、出借人、币种、借款数额、利息、支付方式、还款期限及借款时间等。特别是大额的款项，双方应对上述各项目详细说明，尤其是在还款期限、支付方式、利息方面应做出明确约定，以免将来产生矛盾。

除了内容要清楚外，表达也要准确、严密，不能出现含糊不清的说法，不能用会产生歧义的词语，不能用同音字代替。如果借据内容有歧义，就会因此引来很多烦恼。有这样一个案例：三年前，张某向高某借了 14000 元。去年 7 月，张某归还高某 10000元后向高某打了张欠条："张某借高某人民币 14000 元，今还欠款 4000 元。"可是张某一直没有再还款，高某便将张某告上法庭，请求张某返还其欠款 1 万元。而张某称自己只欠原告 4000 元。法庭发现，这张借条存在重大歧义，"今还欠款 4000 元"既可以解释为"已归还欠款 4000 元"，又可以解释为"尚欠款 4000 元"。法院认定欠条是一种格式合同，根据《合同法》的规定，如果一方提供的用词可合理得出两种理解时，应选择不利于用语提供人的解释。被告张某在此案中是用语提供人，因此对"还"字的理解应选择不利于他的解释，也就是"还"应读"huan"音，解释为归还。于是，法庭做出判决，张某向高某返还欠款 1 万元。本案中，张某因用词有歧义付出了 6000 元的代价。这样的结果对大家也是一个有益的提醒。所以，条据文书的写作虽然简单，但一定要仔细。写完之后，要认真检查，确定无误后，方可签字盖章。

第二，数字书写要规范，要使用法定的计量单位。

凭证类条据，常常涉及一些具体的数字。人们习惯上用阿拉伯数字书写，但这样很不规范，因为阿拉伯数字很容易被更改。为避免纠纷，数字一定要写规范，要用中文大写，计量单位使用国家法定计量单位。如果内容涉及金钱，数字前最好写明币种，数字后还要写上"整"字。否则，因为数字书写不规范，则可能为某些人造成可乘之机。例如，江苏农民罗某曾欠刘某人民币 8984.18 元。还钱时，刘称欠条已失。不料，一年后，刘某却把罗某告上法庭，称罗某欠其 89840.18 元未还，并出示了欠条，上面确实写的是 89840.18 元。后经笔迹鉴定，发现 4 后面的 0 是刘某私自加上的。如果当初数字用中文大写，就不会出现这种情况，也就避免了不必要的麻烦。

第三，手续要完备，用途要合法。

凭证类条据文书是在双方自愿的基础上签订的，以备将来发生纠纷时充当凭证，保护自己的权益。但是如果用途不合法，法律就不会保护你。有这样一个真实的案例：肖某在生意场上连连亏损，他听人说走私香烟很赚钱，就决定铤而走险。筹措本金时，肖某想到了朋友邱某，并将自己的打算和盘托出。邱某经再三考虑借出了 23 万元，并让肖某写了一张借条。肖某利用这笔钱，贩进了一批走私香烟，却不料在销售时被烟草管理部门查获，不仅香烟被全部没收，还被移送司法机关处理。邱某得知后，为要回这笔欠钱，手持借条把肖某推上了被告席。但是，根据我国法律规定，借款人在借款时明知对方借款用于赌博、吸毒、走私等非法活动仍借款给对方，借款人的权利法律不予保护。最终，邱某不但没要回钱，还赔上了一笔诉讼费用。

要做到万无一失，凭证类条据文书除了内容清楚，书写完整，用途合法外，还要注意手续完备，如签字、按手印或盖章、日期等，必要时可以进行公证等。一般人认为，只要签上名字就可以了，按手印这种方法太陈旧了，是针对那些不会写字的人而言的。其实不然，因为签名可以伪造，印章可以私刻，而手印却是最客观有力的证据。每个人的指纹都不一样，谁也无法伪造。如果手续不完备，有时即使出具了条据，法庭也很难判断真伪。

第四，行文要一文一事，修改要慎重仔细。

公文要一文一事，条据类文书也要一文一事，即一个条据只涉及一个问题。借条就是借条，如果还钱时一次未还清，应再打个欠条，说明原借多少，已还多少，余额什么时间还清，同时，把原借条销毁。也有在原借条下加以注明的，但这样也可能给某些心术不正的人造成可乘之机。例如，2002 年 12 月，扬州某县的韩某起诉田某欠款9760 元不还。田某大吃一惊：自己已还 9000 元，只剩 760 元，这是怎么回事呢？而且，自己还钱时已经在欠条下注明了。可是，韩某出示的欠条上确实是 9760 元，但田某一看认为这欠条有问题。当初写欠条时用的是 16 开纸，还钱时的注明是写在原条下面的。现在，韩某把下面的部分撕掉了。后经调查，乡司法所的干事证明了田某的说法，田某才避免了 9000 元的损失。这个例子也给我们提了个醒儿：一文一事同样适用于凭证类条据文书，千万不要图省事把两次内容写在一张纸上，也要注意用纸规范，正文后和条据后不要留太大的空白。

凭证类条据文书一般是不能修改的，因为一旦修改，其真实性就可能打折扣。如果确需修改，则要慎重考虑，经双方同意后再修改，最好将修改后的内容重写一份，而将原条据销毁。如果在原条据上修改，则要在修改处盖上章或按上手印，以示负责。如果一方私自修改，则被视为无效。

由此看来，凭证类条据文书虽然简单易写，但如果表述不当，则会给日后处理纠纷带来很多隐患。因此，我们在写作时要字斟句酌，勿以其"小"而小觑之。

（节选自常悦：《空口无凭 立字为据——浅谈凭证类条据文书的写作》，载《应用写作》，2007 年第 11 期。有加工整理）

🔍 **案例分享**

　　条据是应用文的重要组成部分，因其篇幅短小，成为人们最易学习、最方便使用、使用频率最高的一类应用文种。也因其篇幅短小，不受重视，很多教材中的条据范文极不规范。××出版社出版的《应用文写作训练教程》，大量存在这样的问题，不良影响更大，现予以评点，以供参考。

一、字据类

字据类示例 1

借条

今借到党史办省组织史一部，限半月内归还。

××省文化厅文史处
经手人：张××
×年×月×日

　　这个示例存在以下问题：

　　1. 随意省略，所指不明。"党史办"指哪个党史办？是省里的还是县市的？"省组织史"是哪个省的？党史办还有其他省的组织史。没有书名号，到底是哪部书？

　　2. 数字没大写，易被改动。"一部"应改为"壹部"。

　　3. 用词不当，主客不明。"限半月内归还"中，"限"是书主的权利，借书人的义务是"定"。

　　4. 乱用代号，指代混乱。"××省"与"张××"中的"××"能是一样吗？年月日前的"×"怎么写？学生怎么知道这里的"××"应该用阿拉伯数字？

　　5. 表述不清，责任不明。要是私人借的，就不要"经手人"三个字，要是单位借的，就要盖公章。

字据类示例 2

收条

市人事局交来 12 月份本局机关 20 名党员党费壹佰元整。

××市组织部组织处
×年×月×日

　　这个示例存在以下问题：

　　1. 格式错误，文种变性。正文开头没用"今收到"，这篇文字成了另一个文种"证明"。

　　2. 语体错误，不合要求。"交来"二字，一是用了描写手法，二是多余的过程交代。

　　3. 语言啰唆。收的是局的党费，"局机关 20 名党员"多余交代，"本"字亦属多余。

　　4. 省略不当，造成常识性错误。只有市委有组织部，"××市组织部"不存在。

字据类示例 3

欠条

今欠省食品公司第二门市部牛肉干款伍佰元整，准于×月×日如数付清。

××市××局财务科

经手人：李××

×年×月×日

这个示例存在以下问题：

1. 语言不简洁，啰唆重复。"准于""如数"都是废话。

2. 表述不清，责任不明。要是私人借的，就不要"经手人"，要是单位借的，就要盖公章。

字据类示例 4

领条

今领到市教育委员会发给职工业余课本伍拾套。

××市××公司

经手人：李××

×年×月×日

这个示例存在以下问题：

1. 语言不简洁，啰唆重复。"教育委员会"可简为"教委"，"发给职工"是废话。

2. 表述不清，责任不明。不需要"经手人"字样，要盖单位公章。

二、便条类

便条类示例 1

留言条

余×先生：

今天下午我来找你，有重要事情商量，巧不相遇，不能久等。明天上午 9 时再来，请等我。

蔡××留言

×月×日×时

留言条的写作条件有其特殊性：一是书写条件不足，没碰到人是意料之外，没有顺手的纸和笔，笔不知能写多少字，纸块可能很小，还不一定着墨，都是将就用一下，决定了这个留言条文字长不了。二是办事不顺，心烦意乱，加以时间紧迫，不能组织长篇文字，决定了留言条只需简明扼要几个字把主要信息交代出来即可。

这个留言条存在以下问题：

1. 称呼不简洁。"余×"中的名字"×"就可省掉。如果是很熟的人，甚至只要名字"×"，姓和"先生"都不要了。

2. 正文无用信息多。"今天下午我来找你，有重要事情商量，巧不相遇，不能久等"，大部分是废话。"今天下午"在落款时间处已交代了；"我来找你"，跟没说一样；"巧不相遇，不能久等"，都是过时的事实，不说也知道。"9时"就是"上午"，何必还要"上午"。

3. 落款啰唆。字条在此，就是留言，没必要再写"留言"。

4. 日期啰唆。既然明天还要见面，日期就不会误解，不必详写"××月"。

5. 标题错误。因为不做凭据用，便条留言条是不要标题的。此标题与正文均为楷体，说明编者认为需要标题，所以犯了常识性错误。

便条类示例2

托事条

市委办公厅行政处：

你们需要的现代办公用品已运到，特托人带来信条告知，请在明天上午8时来我公司一门市部购买。

此致

敬礼

市现代办公用品公司
×月×日

这个托事条存在以下问题：

1. 代词不当。"行政处"是机构不是人，只能称"你处"而不能用"你们"。

2. 动词不当。"运到"强调了运输过程和托运人，而本便条文意不是该处托运，只是说明本店有货，应改为"到货"。

3. 语言啰唆。既然便条送到，行为已就说明，"特托人带来信条告知"就是废话。

4. 生造词语。"信条"要么是生造的词语，表示写信的纸条，要么就是便条"便"的错别字。

5. 时间重复。"8时"就是上午，不必再写"上午"。

6. 标点错误。"此致"表示特此告知，应加句号；"敬礼"表敬意，应加感叹号"！"。

7. 乱用敬语。"敬礼！"用于书信，人与人之间表达敬意。"行政处"是机构，没有情感，用"敬礼！"浪费感情。

8. 标题错误。因为不做凭据用，便条托事条是不要标题的。此标题处"托事条"三字与正文为同一字体，说明编者认为需要标题，所以犯了常识性错误。

9. 文种错误。这是根本问题，从内容上看，此便条只是告知有货可买的通知条，并非托人办事，不能叫"托事条"。

便条类示例 3

请假条

林主任：

今天早晨我突然间病发高烧，经人民医院何医生检查系重感冒，无法前来上班，暂请假 3 天(9 月 10 日—12 日)，请批准。

附：医院证明(略)

王×

×月×日

这个请假条存在以下问题：

1. 主语不突出。前面有了时间状语，导致"我"不突出，后面的几个谓语没有主语。

2. 语言不简洁。发病的时间、状况、医院名、医生姓名、病名，都不必写，医院证明为证。

3. 语体不正确。"突然间""无法前来"都属于形象描绘的文学语言，缺乏平实性。

便条类示例 4

留言条

小白：

今日有事找你，你不在。现在有一事相告：明天上午 9：00 点在江湖大酒店召开全体干部会议，望届时参加，并转告赵经理，不再另行通知。谢谢！

陈××

2008 年 5 月 27 日

这个留言条存在以下问题：

1. 重点不突出。"今日有事找你，你不在。现在有一事相告"全属废话，不是必写内容。

2. 语言不简洁。9 点就是上午，不必再写"上午"。"望届时参加""不再另行通知"，都是废话。

3. 时间写法错误。"9：00 点"应写作"9：00"或"9 点"。

4. 致谢不必要。你是帮忙通知他，不必"谢谢！"。

5. 署名或可简写。根据双方关系，可考虑省去姓字"陈"。

6. 日期不妥当。只隔一天就见面，不至于误会，建议省去"2008 年 5 月"，后面加几点，让人准确了解具体写作时间，便于确定联系方法。

(李茂林：《条据不该那样写》，载《应用写作》，2014 年第 6 期)

拓展阅读＞

🍵 补充读物 ｜｜｜｜｜｜｜｜｜｜｜｜｜｜｜｜｜｜｜｜｜｜｜｜｜｜｜｜｜｜｜｜｜｜｜｜

1. 贺登昆：《如何正确写作条据》，载《应用写作》，2010 年第 4 期。

2. 王亦江：《浅谈"条据"的写作》，载《应用写作》，2013 年第 8 期。

3. 周玉文：《借条、欠条和收条辨析及写法》，载《应用写作》，2016 年第 1 期。

📢 综合实训

一、旅游局秘书小王跟随局领导考察了省内外若干旅游项目，又参加了一个专家研讨会，局领导让他根据考察情况和专家意见，起草一个本市旅游业发展的初步设想。他应该选择什么文种来撰写这个设想？

二、浙江大地机械制造股份有限公司企业发展规划部认真学习了公司扩大的理事会的决议精神，并进行了深入的研判，认为公司要发展，仅仅挖掘内部的潜力是远远不够的，规模要扩大一倍，非得征用土地建设新的生产用房不可。可是老厂区周边已经无地可征，加之浙江普遍地价偏高，从产品销售的情况看，浙江及周边省份的市场已基本饱和，很难有新的突破。要完成每年 20％的销售增长率，必须开拓新的市场空间。他们结合本部门 2016 年 9 月对西南市场的考察结果，认为西南各省（市）地理条件复杂，矿产资源丰富，加上国家正实行西部大开发战略，基础设施建设、大工业建设、水利水电等建设正如火如荼地展开，这些工程的建设，正是"大地牌"系列挖掘机的用武之地。于是他们提出了一个大胆的设想：在西南某地建立一个新的生产基地。一可以依托基地向周边辐射，开拓新的市场空间，以解决目前生产能力不足的问题；二可以充分享受当地政府为了招商引资所提出的优惠政策；三可以利用当地相对廉价的土地、劳动力资源和丰富的原材料资源，以降低生产成本，提高生产效益。他们把此设想向公司领导做了汇报。公司高层十分重视，专门就此开展了研讨，2016 年 12 月 20 日又召开了公司理事会，同意立项。委任公司发展规划部、营销部负责此项目的全面实施，并成立了由公司总经理任筹备委员会主任，发展规划部经理、营销部经理为副主任的筹备委员会。发展规划部、营销部在接到任务后，调整了 2017 年度的工作计划，把西南部基地的建设作为年度工作计划的重中之重。12 月 28 日发展规划部和营销部重新制订了 2017 年度的工作计划。营销部的工作要点归纳如下：①巩固已有的销售市场；②挑选精干的、有丰富业务能力的、能吃苦耐劳的销售人员深入西南地区厂矿企业，进行实地调查，宣传产品质量，打响品牌，并着手组建西部产品销售网络，开拓新的销售市场，以确保年增 20％销售率的完成；③派出有一定业务能力的销售人员进驻西安，建立办事处，争取在西南基地建成投产后，在西北地区也占有一定的市场份额；④积极参与全国有影响的工业产品展销，特别是每年举办的春、秋两次"广交会"。

假设你是该公司营销部的秘书，请你根据公司理事会的最新决定草拟一份 2017 年度工作计划。

三、××厂在 2016 年中较好地完成了年初计划的生产经营任务，全年生产包装盒 1000 万件，完成销售收入 800 万元，完成利润 400 万元。这些成绩得益于多种措施的实施。该厂首先强化生产经营管理基础工作，建立完善各项考核管理制度，提高产品质量；其次强化安全生产意识，落实安全生产工作，同时加强设备维护管理，降低生产成本，规范和加强劳务用工管理，稳定劳务工队伍。在未来的工作中，该厂准备进一步强化内部管理，深化改革，抓好安全、优质、高产、低耗等工作，调整生产流程和布局，确保产品质量，积极开拓社会市场，拓展市场空间。制定适合企业生产特点的劳动用工制度和劳资分配方案，建立健全各项管理制度。稳定员工队伍，做好员工思想工作，加强对劳务工的管理。增强对员工竞争意识、危机意识的引导和教育，确保改制的顺利实施和进行。加强对员工业务技能素质的培训，建立长期的培训考核制度。

请你以办公室秘书的身份，根据以上材料拟写该厂的生产经营工作总结，所需的相关材料可自行补充。要求：内容全面，重点突出，结构合理，符合总结的写作规范。

四、指出下面总结的不规范之处，说明应如何修改。

××公司上半年工作总结

半年来本公司在精神文明和物质文明方面做了许多工作，取得了很大成绩。半年来，主要做了以下工作：动员组织公司干部和广大群众学习中央文件；安排、落实全年生产计划；推行、落实工作责任制；修建子弟小学校舍；建方便面生产车间厂房；推销果脯、食品、编织产品；解决原材料不足问题；美化环境，栽花种草；办了一期计算机技术培训班；调整了工作人员，开始试行干部招聘制。

半年来，在工作繁杂，头绪多而干部少的情况下，能做这么多工作，主要是因为：

一、上下团结。公司领导和一般干部都能同甘共苦，劲儿往一处使。工作中有不同看法，当面讲，共同协商。互相间有意见能开展批评与自我批评，不犯自由主义。例如，有干部就对经理未作商议，擅自更改果脯销售奖励办法，影响产量一事有意见，经当面提出，经理做了自我批评，并共同研究了新的奖励办法。

二、不怕困难。本企业刚刚起步，困难很多，技术力量薄弱，原材料不足，产品销路没有打开。为此，领导干部共同想办法，他们不怕跑路，放弃自己的休息时间，忍饥挨饿受冻，四处联系，终于解决了今年所需要的原料，推销了一些产品。

三、领导带头。公司的几位主要领导带头苦干、实干。他们白天到下边去调查了解情况、解决问题，晚上才开会研究问题，寻找解决的办法。领导干部夜以继日地工作，使公司工作上了台阶。

××××公司

××××年×月×日

五、为了给秘书学专业的教学工作提供反馈信息，同时帮助秘书学专业学生认识秘书工作和社会，初步尝试社会调查的方式，学习在工作中与人交往，学院决定开展对秘书学专业 2012—2016 年五届毕业生做问卷式追踪调查。请你和小组同学合作，根据调研目的设计调查问卷，题目统一为《大学秘书学专业对毕业生情况的追踪调查问卷》，并进行小范围调查，根据调查结果集体撰写调查报告。

六、为丰富学生的第二课堂活动，校团委组织学生进行了为期两个月的"大学生艺术节活动"，在艺术节活动中开展了"大合唱""书法绘画大赛""校园主持人大赛""师生交谊舞赛""各类征文赛"等形式多样的活动，请根据要求完成简报的写作。

要求：1. 遵循"简报"的写作格式，即要求设计报头（简报名称、期号、编发单位、编发日期）、报核（标题、导语、主体、结尾）、报尾（发送范围、印制份数）；2. 结构合理，详略得当，条理清晰；3. 针对活动开展情况，写作 2 篇简报，每篇 400 字左右。

七、××市公路局在局长××的带领下，认真落实市委、市政府及上级主管部门的各项工作任务，认真履行本辖区国、省、县级公路维护和养路费征稽工作，通过采取有力措施和办法，克服困难，完成任务。几年中履行了以下职责：第一，加强公路养护，以优良路况为社会提供优质服务；第二，尽心尽职，抓好公路建设工程；第三，强化征稽、路政工作，杜绝公路"三乱"现象；第四，关心职工生活，致力解决职工住房问题。在廉洁自律方面，做到了以下几个方面：按守则自律；按制度自律；以"局长"自律。假设你是该公路局局长，请你根据以上材料拟写一份述职报告。

八、×××集团有限公司为进一步规范财务管理，明确各级经济责任，堵塞开支漏洞，提高经济效益，拟进一步健全财务开支审批报销规定。假设你是该公司财务部工作人员，请你根据国家财政有关会计制度和会计基础工作规范的要求，结合公司财会工作的具体情况，起草一份财务开支审批报销规定。

九、假设你所在班级正在排演某个舞蹈节目，需向某文艺团体借某种演出服装 15 套，演完后归还。请你根据以上内容，拟写一个借条。

十、小张向李云借了 1000 元，已还 600 元，还欠 400 元，打算 3 个月内还清。请你代小张写张欠条。

十一、校教务科王老师收到西北书城发来的语文书 102 本，每本 18 元。请你代王老师写一张收条。

实训目标

理解并掌握意向书、合同、协议、备忘录、商务策划书、商务信函、广告文案、招标书、投标书的写作方法、要求、格式和规范。

结构图

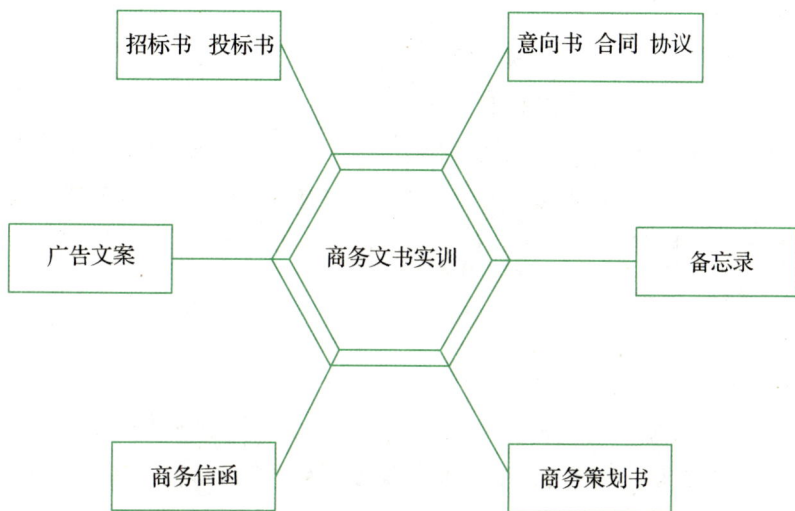

实训一
意向书　合同　协议

🎯 **情境植入**

　　2007 年 1 月 19 日凌晨 4 时许，××大学××学院女教授欧××跳楼身亡。欧××生前曾与××大学××学院副院长、翻译研究中心主任汪××签订一份翻译合作协议，由汪××所在的翻译研究中心为欧××翻译 3 本著作，3 本书合计 126 万字。该协议内容十分简单，未就翻译质量做出具体约定，仅约定欧××需要支付给汪××3 笔费用，合计 30 万元。汪××组织了一批学生翻译，导致翻译出的文稿质量不合格，被皮尔逊公司退回。欧××父母认为，合同纠纷是女儿自杀的导火索，这件事困扰了女儿很久，最终促使女儿病发，离开了人间。而汪××称：他严格执行了翻译合同，欧××的死与他无关。

实训材料

材料一：

甲方：　　　　　　　　　（以下简称甲方）

乙方：　　　　　　　　　（以下简称乙方）

甲乙双方为满足国内外市场需要，发展外向型经济，根据《中华人民共和国中外合资经营企业法》等相关法规，本着平等互惠互利的原则，经双方友好协商，就合资经营"环保纸制品研发与生产"项目，达成如下意向，并共同遵守执行：

一、合作事项

1. 合作公司名称：

2. 合作地点：

3. 项目投资数额为，甲方投入占70%，乙方占30%，成立合资公司。公司成立后设立股东大会，股东大会是合资企业的最高权力机构，决定合资企业的一切重大问题，股东大会及组织机构以《中华人民共和国中外合资经营企业法》及《中华人民共和国中外合资经营企业法实施细则》为法律依据。

二、前期甲乙双方各自责任

甲方责任：

1. 负责提供建立中外合资企业所需的相关文件材料；

2. 负责资金的安全注入，并承担资金移动的相关费用；

3. 负责聘请或委托独立的权威机构及专家对乙方提供的项目（包括相关文件材料）进行论证和审查，向乙方提出相关意见。

乙方责任：

1. 按甲方要求提供实物（厂房、用地、设备等）明细表、三年财务报表及全部客户资料等经营数据，做好市场分析；

2. 提交的相关文件材料必须真实、完整、合法、有效；

3. 负责甲方项目考察人员、专家在北京的交通及食宿；

4. 负责落实该项目的前期有形资产准备工作并办好相关手续，负责办理中外合资企业的相关手续；

5. 本意向正式签订后未经甲方许可，不得在本意向书有效期内寻求第三方进行合作。

三、在甲乙双方完成前期工作的基础上，双方商定200　　年　　月之前签订正式合同。

⋯⋯⋯⋯⋯

甲方(盖章)：　　　　　　　　　乙方(盖章)：

代表(签字)：　　　　　　　　　代表(签字)：

　　地址：　　　　　　　　　　　　地址：

　　电话：　　　　　　　　　　　　电话：

　　传真：　　　　　　　　　　　　传真：

签订地点：

签订时间：20××年×月×日

材料二：

出租方(以下简称甲方)：

承租方(以下简称乙方)：

根据《中华人民共和国合同法》及有关法规规定，为明确出租方和承租方的权利和义务关系，经甲、乙双方协商一致，签定本合同。

第1条　租赁房屋的位置和状况条款

甲方将坐落于聊城市　　　房屋出租给乙方使用。建筑面积共计约　　　平方米，使用面积　　　平方米。

第2条　租赁期限条款

租赁期限为　　　年(　个月)，即自　　年　月　日至　　年　月　日止。合同到期后，乙方具有优先承租权。

第3条　租赁房屋的用途条款

乙方租用的房屋做居住用途，乙方不得利用租赁房屋从事违法活动。在租赁期间，乙方若对房屋进行转租或改变用途应事先取得甲方书面同意。

第4条　租金和租金的交纳期限条款

租金每月人民币　　　整，年总租金　　　整，租赁费每半年预交一次，以后依次类推。乙方应于每年的　月　日和　月　日分两次向甲方交付租金。

第5条　房屋的交付条款

甲方应于　　年　月　日前将出租房屋交付乙方使用。甲方迟于上述时间交付出租房屋，乙方可将本合同有效期延长，双方应书面签字确认。

第6条　费用承担

租赁期内，按国家规定因房屋租赁应由甲方承担的费用由甲方承担，应由乙方承担的费用由乙方承担。

乙方使用的水费、电费由乙方承担，按物价部门及有关部门规定价格计费，交费方式为每月一交。

第 7 条　房屋修缮条款

修缮房屋是甲方的义务。甲方对房屋及其设施应进行必要的检查、修缮。

乙方在出租房屋使用过程中，如出租房屋及内部的设施出现或发生妨碍安全、正常使用的损坏或故障时，应及时通知甲方并采取有效措施；甲方应于接到乙方通知后 5 日内进行维修。

乙方通知甲方，甲方拒不维修的，乙方可经合同登记机关见证后代为维修或由乙方自行维修。本条维修费用（包括乙方代为维修）由甲方承担。

因乙方使用不当或不合理使用，出租房屋及其内部设施出现损坏或发生故障，乙方应负责及时维修和承担相应损失。

…………

第 16 条　其他条款

甲、乙双方就本合同未尽事宜，可另行协商做出补充协议，补充协议与本合同具有同等效力。

本合同 1 式 2 份，甲、乙双方各执 1 份。

甲方：（签字）　　　　　　　　　　　乙方：（签字）

2012 年×月×日　　　　　　　　　　2012 年×月×日

材料三：

××建筑工程公司（甲方）

××装修设计公司（乙方）

为发挥双方的优势，共谋发展，并为今后逐步向组成集团公司过渡，双方经过充分友好的协商，特订立本协议。

一、建立密切的技术合作关系，今后凡甲方承接的工程，装修设计任务均交给乙方承担。

二、乙方保证，在接到任务后，将立即组织以高级工程师为领导的精干设计队伍，在 10 日内提出设计方案，并在方案认可后一个月内完成全部设计图纸。

三、为保证设计的质量，甲方将毫无保留地向乙方提供所需的一切建筑技术资料。

四、装修施工队伍由甲方组织，装修工程的施工由甲方组织实施。施工期间，乙方派出高级工程师监督施工，以保证工程的质量。

五、甲方按装修工程总费用的千分之×向乙方支付设计费。

六、本协议自签订之日起生效。

七、本协议书一式两份，双方各执一份。

附件：《××建筑装修工程集团公司组建意向书》一份。

甲方：××建筑工程公司（盖章）　　乙方：××装修设计公司（盖章）

法人代表：××（签字）　　　　　　法人代表：××（签字）

甲方地址：××××××　　　　　　乙方地址：××××××

邮政编码：××××××　　　　　　邮政编码：××××××

电话兼传真：××××××　　　　　电话兼传真：××××××

银行账号：××××　　　　　　　　银行账号：××××

联系人：×××　　　　　　　　　　联系人：×××

2015 年×月×日

讨论分析

1."材料一"属于哪一文种？基本结构和写作要点应包括哪些？

2."材料二"属于哪一文种？主要内容应包括哪些？

3."材料二"与"材料三"的文种有何联系与区别？

任务与要求

任务一：制作一份《购房意向书》。

要求：1. 以团队为单位，每个团队为 5～6 人；2. 文种准确，要素齐全，结构合理，格式规范，表述得体；3. 每个团队交换修改，并在课堂上展示修改后的意向书。

任务二：参照实训材料，为"情境植入"中的欧××重新写一份合同。

要求：文种准确，要素齐全，结构合理，格式规范，表述得体。

实训总结

"材料一"是意向书。意向书又叫草签，指在经济活动中，协作双方或多方就某一合作事项在进入实质性谈判之前进行初步接触后所形成的带有原则性、方向性意见的文书。它本身并不具备法律约束力，主要是表达双方当事人初次洽谈后彼此认可的若干原则性意见，或是提出以后洽谈的安排和设想。

意向书的构成要素一般包括标题、正文、落款、日期。

意向书的标题通常有以下四种类型：

第一，事由＋文种，如《关于兴建××的意向书》。

第二，项目名称＋文种，如《承办中成药出口意向书》。

第三，合作单位＋项目名称＋文种，如《市化工局联合发展化工产业公司与××市××局联合发展化工产品合作意向书》。

第四，单纯使用文种，即"意向书"。

正文的结构一般是：前言（合作双方的全称，双方接触的简要情况，以及过渡语）＋主体（合作企业或项目的名称和拟订地址；合作企业或项目的规模和经营范围；各方投资金额及分成比例；利润分配和亏损分担；原料、技术、设备、企业用地等由何方提供；合作事项实施步骤；合作企业领导体制；合作期限）＋结尾（意向书份数、生效日期等）。

落款写明签订意向书双方的名称、代表人姓名，并加盖公章、私章。

日期写在落款下方。

意向书的写作要点：①不要表现出我方对关键问题的要求。合作意向书仅仅是表明双方对某个项目的意愿和趋向，而不是对该项目的完全确认，加之各自对对方情况的了解也有待继续深化，因此，在编写项目合作意向书时，我方对项目中的关键问题的要求不宜写入，以便在进一步洽谈时，能进退自如，取得主动。②凡我方需上级或其他部门才能解决的问题，不能写入合作意向书。兴办一个项目，必然涉及很多有关部门，绝不是项目承办单位能单独解决的。因此，在拟订项目合作意向书时必须谨慎从事，不可将不适当的承诺写入合作意向书。③不要写入超越我方工作范围的意向条款，也不要写入与我国现行政策和法规相抵触的内容。④思考要周密，用词要准确，特别是不要随便使用肯定性的词句，尤其是关系到双方权益的问题，务必慎用肯定性词句，以便留有余地。因此，要多采用商量的语气，多使用富有弹性的词语，语言平和、灵活，如用"尽可能""适当""可"等，绝不要随便使用"必须""应当""否则"之类的用语。

"材料二"是合同。合同，又称契约、协议，是平等的当事人之间设立、变更、终止民事权利义务关系的协议。合同作为一种民事法律行为，是当事人协商一致的产物，是两个以上的意思表示相一致的协议。只有当事人所做出的意思表示合法，合同才具有法律约束力。依法成立的合同从成立之日起生效，具有法律约束力。

"材料三"是协议。协议是指两个或两个以上实体为了开展某项活动，经过协商后双方达成的一致意见。协议在法律上是合同的同义词。

合同与协议的结构为：标题＋约首（订立合同或者协议各方当事人单位全称或个人真实姓名）＋正文［引言（订立合同的依据和目的）、主体（订立合同的目的、责任、合同的时间和期限、条款和酬金、履行条款期限、违反条款的责任处理）、结尾（合同份数、效力、保管）］＋约尾（署名、日期）。

这里尤其要注意的是意向书与协议书、合同的区别。

意向书与协议书、合同不一样，它只是一种临时性的、协商性的文书，一旦正式签订协议书或合同，它就完成了使命；意向书也不像协议书、合同那样具有法律效力，它对任何一方都没有约束力；意向书也不像协议书、合同那样，一经签约，在一般情况下是不能随意更改的；意向书比较灵活，在协商过程中，对各方的意见择善而从，从而最终达成协议。

而对于合同与协议书来说，只要协议对买卖合同双方的权利和义务做出明确、具体和肯定的约定，即使书面文件上被冠以"协议"或"协议书"的名称，一经双方签署确定，即与合同一样对买卖双方具有约束力。但是，协议书与合同又有一定的区别：合同内容一般限于经济活动方面，协议书的内容适用范围较为广泛；合同一经签订就产生法律效力，双方必须严格遵守，认真履行，任何一方违约都将承担相应的经济责任和法律责任，协议书往往要经过行政主管部门签章认证或者公证机关公证才能产生法律效力。

实训评价

意向书、合同、协议写作实训评价表

评价项目	比重	评价内容	评价标准				自我评分	小组评分	教师评分
			优	良	中	差			
内容要素	50	主旨明确，内容无误	20		10				
		思路清晰，结构合理	20		10				
		逻辑严谨，表述确切	10		6				
形式要素	30	标题：准确、规范	5		3				
		正文：要素齐备，结构完整，格式规范，措辞得当	15		8				
		落款：齐全、完整	5		3				
		页码：必备、规范	5		3				
文种	5	正确、规范	5		3				
语言	15	准确、简练、规范、得体	15		8				
合计	100								

拓展思考

中华人民共和国合同法

1999 年 3 月 15 日第九届全国人民代表大会第二次会议通过

1999 年 3 月 15 日中华人民共和国主席令第十五号公布

自 1999 年 10 月 1 日起施行

第二章　合同的订立

第九条　当事人订立合同，应当具有相应的民事权利能力和民事行为能力。

当事人依法可以委托代理人订立合同。

第十条 当事人订立合同，有书面形式、口头形式和其他形式。

法律、行政法规规定采用书面形式的，应当采用书面形式。当事人约定采用书面形式的，应当采用书面形式。

第十一条 书面形式是指合同书、信件和数据电文(包括电报、电传、传真、电子数据交换和电子邮件)等可以有形地表现所载内容的形式。

第十二条 合同的内容由当事人约定，一般包括以下条款：

(一)当事人的名称或者姓名和住所；

(二)标的；

(三)数量；

(四)质量；

(五)价款或者报酬；

(六)履行期限、地点和方式；

(七)违约责任；

(八)解决争议的方法。

当事人可以参照各类合同的示范文本订立合同。

第十三条 当事人订立合同，采取要约、承诺方式。

第十四条 要约是希望和他人订立合同的意思表示，该意思表示应当符合下列规定：

(一)内容具体确定；

(二)表明经受要约人承诺，要约人即受该意思表示约束。

第十五条 要约邀请是希望他人向自己发出要约的意思表示。寄送的价目表、拍卖公告、招标公告、招股说明书、商业广告等为要约邀请。

商业广告的内容符合要约规定的，视为要约。

第十六条 要约到达受要约人时生效。

采用数据电文形式订立合同，收件人指定特定系统接收数据电文的，该数据电文进入该特定系统的时间，视为到达时间；未指定特定系统的，该数据电文进入收件人的任何系统的首次时间，视为到达时间。

第十七条 要约可以撤回。撤回要约的通知应当在要约到达受要约人之前或者与要约同时到达受要约人。

第十八条 要约可以撤销。撤销要约的通知应当在受要约人发出承诺通知之前到达受要约人。

第十九条 有下列情形之一的，要约不得撤销：

(一)要约人确定了承诺期限或者以其他形式明示要约不可撤销；

（二）受要约人有理由认为要约是不可撤销的，并已经为履行合同做了准备工作。

第二十条　有下列情形之一的，要约失效：

（一）拒绝要约的通知到达要约人；

（二）要约人依法撤销要约；

（三）承诺期限届满，受要约人未做出承诺；

（四）受要约人对要约的内容做出实质性变更。

第二十一条　承诺是受要约人同意要约的意思表示。

第二十二条　承诺应当以通知的方式做出，但根据交易习惯或者要约表明可以通过行为做出承诺的除外。

第二十三条　承诺应当在要约确定的期限内到达要约人。

要约没有确定承诺期限的，承诺应当依照下列规定到达：

（一）要约以对话方式做出的，应当即时做出承诺，但当事人另有约定的除外；

（二）要约以非对话方式做出的，承诺应当在合理期限内到达。

第二十四条　要约以信件或者电报做出的，承诺期限自信件载明的日期或者电报交发之日开始计算。信件未载明日期的，自投寄该信件的邮戳日期开始计算。要约以电话、传真等快速通信方式做出的，承诺期限自要约到达受要约人时开始计算。

第二十五条　承诺生效时合同成立。

第二十六条　承诺通知到达要约人时生效。承诺不需要通知的，根据交易习惯或者要约的要求做出承诺的行为时生效。

采用数据电文形式订立合同的，承诺到达的时间适用本法第十六条第二款的规定。

第二十七条　承诺可以撤回。撤回承诺的通知应当在承诺通知到达要约人之前或者与承诺通知同时到达要约人。

第二十八条　受要约人超过承诺期限发出承诺的，除要约人及时通知受要约人该承诺有效的以外，为新要约。

第二十九条　受要约人在承诺期限内发出承诺，按照通常情形能够及时到达要约人，但因其他原因承诺到达要约人时超过承诺期限的，除要约人及时通知受要约人因承诺超过期限不接受该承诺的以外，该承诺有效。

第三十条　承诺的内容应当与要约的内容一致。受要约人对要约的内容做出实质性变更的，为新要约。有关合同标的、数量、质量、价款或者报酬、履行期限、履行地点和方式、违约责任和解决争议方法等的变更，是对要约内容的实质性变更。

第三十一条　承诺对要约的内容做出非实质性变更的，除要约人及时表示反对或者要约表明承诺不得对要约的内容做出任何变更的以外，该承诺有效，合同的内容以承诺的内容为准。

第三十二条　当事人采用合同书形式订立合同的，自双方当事人签字或者盖章时合同成立。

第三十三条　当事人采用信件、数据电文等形式订立合同的，可以在合同成立之前要求签订确认书。签订确认书时合同成立。

第三十四条　承诺生效的地点为合同成立的地点。

采用数据电文形式订立合同的，收件人的主营业地为合同成立的地点；没有主营业地的，其经常居住地为合同成立的地点。当事人另有约定的，按照其约定。

第三十五条　当事人采用合同书形式订立合同的，双方当事人签字或者盖章的地点为合同成立的地点。

第三十六条　法律、行政法规规定或者当事人约定采用书面形式订立合同，当事人未采用书面形式但一方已经履行主要义务，对方接受的，该合同成立。

第三十七条　采用合同书形式订立合同，在签字或者盖章之前，当事人一方已经履行主要义务，对方接受的，该合同成立。

第三十八条　国家根据需要下达指令性任务或者国家订货任务的，有关法人、其他组织之间应当依照有关法律、行政法规规定的权利和义务订立合同。

第三十九条　采用格式条款订立合同的，提供格式条款的一方应当遵循公平原则确定当事人之间的权利和义务，并采取合理的方式提请对方注意免除或者限制其责任的条款，按照对方的要求，对该条款予以说明。

格式条款是当事人为了重复使用而预先拟定，并在订立合同时未与对方协商的条款。

第四十条　格式条款具有本法第五十二条和第五十三条规定情形的，或者提供格式条款一方免除其责任、加重对方责任、排除对方主要权利的，该条款无效。

第四十一条　对格式条款的理解发生争议的，应当按照通常理解予以解释。对格式条款有两种以上解释的，应当做出不利于提供格式条款一方的解释。格式条款和非格式条款不一致的，应当采用非格式条款。

第四十二条　当事人在订立合同过程中有下列情形之一，给对方造成损失的，应当承担损害赔偿责任：

（一）假借订立合同，恶意进行磋商；

（二）故意隐瞒与订立合同有关的重要事实或者提供虚假情况；

（三）有其他违背诚实信用原则的行为。

第四十三条　当事人在订立合同过程中知悉的商业秘密，无论合同是否成立，不得泄露或者不正当地使用。泄露或者不正当地使用该商业秘密给对方造成损失的，应当承担损害赔偿责任。

（根据网络文献整理）

🔍 **案例分享**

加盟店合同

加盟店地址：

加盟商姓名：

甲方：　　　　　　　　　　　　　　（以下简称甲方）

乙方（加盟商）：　　　　　　　　　（以下简称乙方）

本合同根据《中华人民共和国合同法》以及国内贸易部关于《商业特许经营管理办法（试行）》制定，经甲、乙双方友好协商，本着互惠互利的原则，自愿加盟，就有关加盟商特许加盟问题达成以下协议，并拟定甲、乙双方共同遵守本合同所列条款：

第一条　定义

以下定义适用于本合同：

1. 品牌——

2. 加盟店——

3. 加盟权利金——乙方为甲方加盟商，因此获得甲方所授予经营管理行销与必要技术，由甲方与乙方签署授权契约书，并于签约时一次支付于甲方之金额。

4. 品牌保证金——为确保乙方日后诚信履约，需缴纳于甲方之品牌保证金，日后除甲方依约办理外，于合同届满、解除，乙方无违约情况发生，甲方应无息返还，如乙方有违约，或造成甲方之损害时，甲方将从保证金中扣除。

第二条　合约期限

加盟商经营期限自＿＿＿＿年＿＿月＿＿日至＿＿＿＿年＿＿月＿＿日止，为期一年。加盟期满，乙方在原加盟期内无任何违约事件，乙方务必于一年合同期满之前以书面申请签订加盟续约合同。本合同可依约延长一年，品牌保证金转至新合同中。

第三条　门店地址

加盟店地址：

电　话：＿＿＿＿＿＿＿＿　传　真：＿＿＿＿＿＿＿＿　邮　编：＿＿＿＿＿＿＿＿

第四条　特许加盟收费内容及细则

1. 加盟商在签署本合同时，为了推动品牌的推广及快速发展，乙方无须向甲方缴纳加盟费，乙方在签订本合同后，本合同才能正式生效。

另：乙方如欲再开新店，也无须再向甲方缴纳加盟费。

2. 加盟商在签署本合同时，需缴纳甲方品牌保证金＿＿＿万元/年。乙方如有违反本合同相关品牌保证金事宜，甲方有权要求乙方赔偿，甲方可直接从品牌保证金中扣除。

第五条　商圈规划、门市设备及装潢规范

1. 乙方加盟店必须悬挂 _____ 招牌，若擅自更改内容、颜色的，则视为乙方违约。（甲方提供给乙方招牌软盘。）

2. 甲方可免费为乙方评估开店位置，免费为乙方设计店内装潢。若乙方需要，甲方可提供标准作业规划及代请施工队，费用由乙方承担。若乙方不需要，可自行决定开店位置，但须得甲方认可后方可开业。

第六条　商品价格等规定

1. 加盟商必须纳入我司的联网管理系统。我司同意加盟商可以有10%的产品自由采购权。

2. 委托甲方统一采购商品，以联合采购进货方式降低成本。如有部分商品价格高于乙方采购之价格，乙方可介绍厂商给甲方，以接洽降低成本而让利于各加盟店。如有部分商品只有个别加盟店销售，则可自行采购，但需向甲方申报备案，以服务其他加盟店，以此充分发挥集体团队的力量。

3. 针对甲方公布的商品目录及促销商品进行订货及定价销售，零售价可在会员价和正常价之间浮动。如乙方任意削价出售，而扰乱整个加盟系统的正常销售，甲方有权要求乙方赔偿损失。

4. 实行款到发货结算。乙方收到商品后，应当即检验商品数量和质量，如有残、次之商品，可做退货处理。在辅导期三个月内，甲方接受无残、次的商品退货或换货。辅导期结束后，甲方有选择地接受乙方的退货，但必须保证退货商品不影响第二次销售（用品一个季度内退换，童装20天内退换，童装必须整手），对甲方同意试销的商品仍可在试销期结束后退给甲方。

第七条　商品营业

1. 应以独立法人之工商登记及本合同相关的营业项目，以取得合法的从事营业行为，并于开业前检附相关文件给甲方；乙方所营业相关税费由乙方负担。乙方在甲方授权区内取得合法营业证照后始得正式营业。

2. 应遵守甲方所提供之服务项目及营业形态对外经营，乙方不得任意变更。

3. 必须独立承担业务过程中涉及的所有税费及有关行政处罚费用。

第八条　保密

乙方就合同内容的业务数据、商品价目、操作规程、技术、知识等任何类似文件和数据均作为商业机密，负保密之责任，非甲方书面同意，不得擅自泄露或提供第三人利用。

第九条　促销、广告、执行及费用

1. 双方同意 _____ 的整体促销及广告计划均委托甲方统筹办理。

2. 如需自行进行促销广告活动时，须经甲方书面同意。

3. 广告所产生的费用由受益者或共同参与者共同承担。如一家店无力在媒体上（广播、电视、报刊等)做广告，加盟共同参与可降低成本，增加广告力度。

第十条 教育训练计划、执行、费用

1. 应于 ＿＿＿＿＿＿＿＿ 加盟店开业前，依甲方安排对加盟店店长或主要负责人进行培训。

2. 甲方派辅导人员赴加盟店实地培训，乙方应负担辅导人员的车资、餐费、住宿等费用。

第十一条 合同期满、续约

合同期满六十日之前，由乙方书面提出续约。乙方若无违反所有合同内容，则甲方须同意订定续约合同。甲方有保留更改新合同的权利，但以不增加费用为原则。如市场变化等原因需增加费用时，需经双方协商。如果合同期满时仍未订定新合同，甲方将终止授权业务。

第十二条 违约、违法、损害、赔偿

1. 甲乙双方任一方违反合同中任何条款，致使另一方遭受损失时，受害方将依法追究请求违约方赔偿。

2. 乙方应明确告知其从业人员不得从事违法行为，否则一切法律责任由乙方承担。如致使甲方受损害时，甲方将依法追究请求违约方赔偿。

3. 乙方应遵守甲方加盟店管理规范和服务公约(附)。

第十三条 加盟店迁移、转让、退出

1. 店租约到期或因其他合法原因必须迁移时，乙方必须提前一个月通知甲方，以便办理相关迁移事宜，迁移店位置须报甲方核定同意后方可开店，以免造成商圈重复。乙方如未依约通知甲方导致影响乙方权益时，概由乙方自行负担，与甲方无关。

2. 乙方因种种原因需要转让时，应提前一个月书面通知甲方，并经甲方书面认可，方可转让，同时办理转让手续，受让人必须经甲方审核同意。加盟店转让给受让人时，甲方将收取转让加盟金10％作为业务辅导费用。转让期只能为原加盟合同的剩余时间，续约应另签合同。

3. 因乙方原因需退出加盟时，应提前一个月书面通知甲方，经甲方同意后方可退出，同时与甲方结清货款和品牌保证金，加盟金不予退还。

第十四条 责任承担

对于乙方在开展业务过程中经营违法、逃税、假冒伪劣商品等造成的损失，甲方不承担责任，如造成甲方损失的，乙方依合同要求进行赔偿。

第十五条 终止合同

有下列情况发生时，甲方不另行催告，经书面通知乙方后终止合同。

1. 自然终止：合同到期双方不再协议续约的，乙方应在一个月内与甲方办理清算手续，归还相关文本、加盟手册及内部资料。乙方在合同期内无违约现象的，甲方将品牌保证金100％退还给乙方。

2. 擅自将加盟合同受权书转让第三人时，或未经甲方许可授权擅自招募加盟店，或擅自开店，或停止营业，或未依甲方规定使用企业识别系统（CIS）、制作物，或违反竞业禁止之约定或保密义务时。

3. 未经甲方事前书面之同意，擅自以甲方名义或代理甲方做任何法律行为时。

4. 违反法律行为或其他有损甲方重大形象商誉之行为时。

5. 乙方或其负责人逃避、失踪、限制行为能力或财产上发生困难，导致票据拒绝往来，破产和解，或受法院查封其财产，或因任何原因接受主管机关为停止营业、营业之处分时。

6. 其他违背本合同之不法事项，经限期（30日）催告补正而未补正时，乙方依前项约定终止合同时，若本合同未有其他规定时，则选择没收品牌保证金，取消加盟商资格，作为惩罚性违约金。如另有损害时须请求乙方赔偿。

第十六条　不可抗拒

如因不可抗拒事件发生，非双方所能控制或所能预见的，包括但不限于天灾、水灾、火灾、战争、政府行为、意外事件导致合同无法履行时，遇有上述不可抗拒力的一方，应立即将事故情况书面告知另一方，并应在十五天内，提供事故详情及协议不能履行或者需要延期履行。

第十七条　其他事项　合同附件

1. 同书有未尽事宜，依有关法令、习俗、诚信原则公平解决。

2. 同书正本连同附件一式两份，甲、乙双方各执一份为凭；附件手册、补充协议与本合同具有同等效力。

第十八条　适用法律

本合同的订立、效力、解释、履行和争议的解决，均受《中华人民共和国宪法》的管辖。

第十九条　争议解决

因本合同引起的或与本合同有关的争议，双方应通过友好协商解决。如果自争议发生之日起，六个月内通过协商不能解决的，或者任何一方拒绝协商的，则任何一方可诉请本合同签订所在地的人民法院裁决。

第二十条　合同管辖

双方同意如因本合同涉及诉讼时，于安溪县人民法院为第一审管辖法院。本合同解释权归甲方所有。

甲方：（公章）　　　　　　　　　乙方：（签字）

授权代表人：（签字）　　　　　　身份证号码：

签订日期：　　　　　　　　　　　签订日期：

（根据网络文献整理）

拓展阅读>

☕ 补充读物 ▓▓

1. 程玥：《新合同法与合同写作》，载《应用写作》，2002 年第 3 期。

2. 潘伟志：《意向书 协议书 合同》，载《秘书》，2013 年第 1 期。

3. 郑立新：《意向书、协议书和合同的异同》，载《应用写作》，2014 年第 1 期。

实训二
备忘录

◎ 情境植入

据俄独立报 6 月 4 日报道，乌克兰与欧亚经济委员会签署深化合作备忘录，引发欧盟方面担忧。备忘录中规定"乌克兰声明愿遵守关税同盟和统一经济空间条约法律基础文件规定的原则，克制违背关税同盟和统一经济空间利益的做法和申请"，这一条引起了欧盟方面的质疑，乌克兰的欧洲一体化，如与欧盟建立自贸区，都可能被认为是违背关税同盟利益的做法。乌克兰方面解释称，乌克兰与欧亚经济联盟合作的新模式不违背 WTO 规则和欧洲一体化战略方针。该备忘录不具有法律强制性，不属于限制性文件。乌克兰很多产业与关税同盟成员国合作密切，对乌克兰来说，更重要的是处于加入关税同盟的过程之中，以便及时观察关税同盟动向，并分析其对乌克兰经济造成的影响。

🔖 实训材料

材料一：

备忘录

致：行政经理

自：高叶

主题：制订新闻发布会工作方案的主要要素和内容

日期：××年×月×日

内容：

1. 确定本次新闻发布会的主题。本次新闻发布会的主题属说明性主题。

2. 选择本次新闻发布会举行的时机。

3. 确定新闻发布会举行的地点。要注意交通方便，设备完好、齐全，座位够用。

4. 确定邀请对象。以新闻记者为主，同时邀请一些客户、同行等。根据拟定的邀请名单，提前发出宴请。

5. 选择新闻发布会的主持人和发言人。可由公司办公室主任或公关部部长担任主持人，公司总经理任发言人。

6. 准备会议资料。包括发言人的发言稿、回答提纲、报道提纲、其他辅助材料。

7. 预算会议所需费用。应列举出几项，如场地费、设备费。

8. 其他准备工作。如会场布置、音响设备的调试、礼品的准备、工作人员胸卡的制作、服务人员的仪态举止训练等。

材料二：

备忘录

中国××公司××分公司（简称甲方）与××国××公司（简称乙方）的代表，于×年×月×日在中国××市就兴办合资项目进行初步协商，双方交换了意见，达成了谅解，双方的承诺如下：

（一）依据双方的交谈，乙方同意就合资经营××项目进行投资，投资金额大约××万美元。投资方式待进一步磋商。甲方所用的投资的厂房、场地、机器设备的作价原则和办法，亦待进一步协商。

（二）关于利润的分配原则，乙方认为自己的投入既有资金，又出技术，应该占60%～70%，甲方则认为应该按投资比例分成，没有取得一致意见。但乙方代表表示，利润分配比例愿意考虑甲方的意见，另定时间进行协商确定。

（三）合资项目生产的××产品，乙方承诺在国际市场上销售年产量的45%，甲方希望乙方提高销售额，达到70%，其余的在中国国内市场上销售。

（四）工厂的规模、合营年限以及其他有关事项，均没有详细地加以讨论，双方都认为待第二项事情向各自的上级汇报确定后，其他问题都好办。

（五）这次洽谈，虽未能解决主要问题，但双方都表达了合作的愿望。期望在今后的两个月再行接触，以便进一步商洽合作事宜，具体时间待双方磋商后再定。

中国××公司××分公司   ××国××公司

代表：××（签章）   代表：××（签章）

×年×月×日

讨论分析

1. "材料一"是一种什么类型的备忘录？主要内容应包括哪些？
2. "材料二"是一种什么类型的备忘录？主要内容应包括哪些？
3. 除了以上两种形式，还有哪些形式的商务备忘录？

任务与要求

任务一：某公司将要举办招商引资大会，秘书处希望李经理提供以下资料：1. 拟订商务活动的礼宾次序方案；2. 提供参加会议活动的着装建议；3. 提供会议应急方案主要内容。请把这三种资料以备忘录的形式交给李经理。

要求：文种准确，内容翔实，要素齐全，结构合理，格式规范，表述准确。

任务二：举办备忘录制作大赛。

要求：1. 以小组的形式参赛，每组 6～8 人；2. 每组提交一篇原创备忘录；3. 对优胜者颁发"商务文书之星"奖章。

实训总结

商务备忘录是一种在办公事务或商务活动中，以书面形式记录、交换内部各种事务的非正式的商务文件。可以用来解释政策、程序和指示；发布通知，提出信息和行动要求；答复要求；帮助人们提醒事务等。大体上分为对内使用和对外使用两种。组织内部在办公室之间、上下级之间用书面短信进行联系沟通、传递信息，以达到通知、留言、提醒对方作用的备忘录，称为办公室备忘录，或组织内部计划式备忘录。"材料一"属于此类。而组织对外使用的是专用备忘录，如合作备忘录、谅解备忘录、谈判备忘录，以及外交事务中使用的备忘录。"材料二"属于对外使用的商务谈判备忘录。

办公室备忘录在构成上主要包括以下部分：

标题。①直接写文种名称，即《备忘录》；②单位名称＋文种；③单位名称＋事由＋文种，如《××公司与××公司关于××的会谈备忘录》。

文头＋正文。①发给或致：填写接收信息的人员姓名。②发自或自：填写发送信息的人员姓名。③日期：填写备忘录的发出日期。④抄送（根据需要而定）：填写其他需要知道该信息的人员姓名。⑤编号（可有可无）。⑥主题：用简明扼要的词组说明备忘录的主要内容，方便编目。⑦内容：备忘录的正文，可以分条书写。

　　合作备忘录一般指的是外交实践中国家间或外交代表机关之间使用的外交文书，是一种口头通知或谈话记录，用于说明某一问题在事实上或法律方面的细节，或明确外交会谈中的谈话内容，陈述、补充自己的观点，或反驳对方的观点。交涉中为使对方便于记忆谈话内容或避免误解，既可将谈话内容预先准备妥当，谈后面交对方，也可在事后送交，可作为照会的附件，也可单独使用，其郑重性仅次于照会。合作备忘录用第三人称写成起首和结尾，不用致敬语，开头就叙述事实。面交的备忘录无抬头和落款，也无编号（送交的有），但有发文日期、地点。

　　谅解备忘录是国际协议一种通常的叫法，其相应的英文表达为"memorandum of understanding"，有时也可写成"memo of understanding"或"MOU"。谅解备忘录，用中国人的说法就是协议，意指"双方经过协商、谈判达成共识后，用文本的方式记录下来"，"谅解"旨在表明"协议双方要互相体谅，妥善处理彼此的分歧和争议"。

　　谅解备忘录的组成内容一般包括以下几项：①合作机会（The Potential Cooperation）；②保密（Confidentiality）；③协议语言（Language）；④协议期限（Duration）；⑤不可变更（Modification）；⑥终止（Termination）；⑦法律适用（Governing Law）；⑧其他细节（Other Conditions）。

　　商务谈判备忘录是在业务磋商过程中的一种提示或记事性文书，是在商务谈判时，经过初步讨论后，记载双方的谅解与承诺，为进一步洽谈时做参考。商务谈判备忘录，不同于谈判纪要。纪要一经双方签字，即具有合同的效力，而备忘录一般不具备合同效力。纪要所记录的是双方达成的一致性意见；而备忘录所记录的则是双方各自的意见、观点，它有待于在下一次洽谈时进一步磋商。纪要是以"双方一致同意"的语气来表达的；备忘录是以甲、乙方各自的语气来表达的。

　　商务谈判备忘录包括以下内容：

　　标题。标题写成《备忘录》或者《××谈判备忘录》即可。

　　导言。记录谈判双方的情况，包括单位、名称、谈判代表姓名、会谈时间、地点、会谈项目等。

　　主体。记录双方的谈判情况，包括备忘录形成经过、双方讨论的主要问题、达成共识的问题及存在分歧的问题、各方的责任和承诺等。

　　落款。双方谈判代表签字，标明时间。

　　需要特别注意的是：商务备忘录记录的是双方各自的意见和观点。这些意见和观点可能双方并未达成一致，需要在下一次洽谈中进一步协商。在正式条约签订之前，它只能作为参考性资料来使用，并不具有法律约束力。

实训评价

备忘录写作实训评价表

评价项目	比重	评价内容	评价标准				自我评分	小组评分	教师评分
			优	良	中	差			
内容要素	50	主旨明确，内容无误	20		10				
		思路清晰，详略得当	20		10				
		逻辑严密，表述确切	10		5				
形式要素	30	标题：准确、规范	5		3				
		正文：要素齐备，结构完整，格式规范，措辞得当	15		9				
		落款：齐全、规范	7		4				
		页码：必备、规范	3		1				
语言	20	准确、简练、规范、得体	20		10				
合计	100								

拓展思考

　　会议备忘录主要应用于社会组织内部的有关会议上，如董事会会议、办公会议和业务会议等。就记录和综述会议内容而言，会议备忘录的构成要素、撰写形式等与会议纪要类似，也需要分别写明会议的名称、时间、地点、参加人员（包括人数）、议题、讨论意见和结果。会议备忘录与会议纪要的区别主要表现在三个方面：其一，会议备忘录仅供各与会者备考，对与会者起到一定的提示、备忘作用，不对外发布，而会议纪要一般用来对外发布；其二，会议备忘录在许多情况下仅仅是对会议讨论的事项、会上发表的各种意见做一整理，可以有结论，也可以没有结论，而会议纪要必须有一个明确的主题和导向，并形成某种结论性意见；其三，会议备忘录是由会议参加者签署，凡参加会议的正式成员均需签名，以示负责，而会议纪要通常由会议主办方签署。另外，由于会议备忘录不供对外发布，所以它在格式规范上不如会议纪要那样要求严格，文字上也往往比会议纪要更简约一些，但这不等于说备忘录的撰写就可以比较随便，甚至不妨说，会议备忘录在文字表述的准确性方面可能比会议纪要的要求更为严格。这是因为，会议纪要虽可供对外发布，但它的结论性意见和有关决定均比较宽泛，对相关人员并没有太大的约束力，所以即便个别地方用词失当，也不至于引起太大的麻烦，但会议备忘录则不同，如董事会会议备忘录，所记载的或是就某一事宜达成的意见，或是在某一问题上的不同看法，当事人对其后果都是要承担相应责任的，不容存在任何差池。

　　（根据网络文献整理）

项目合作备忘录（模板）

甲方：

乙方：

本备忘录于20××年×月×日签订，甲乙双方达成以下一致意见。

甲乙双方就"××××××项目"展开合作。合作内容如下：

1. 甲方参与该项目投标，如甲方中标，乙方就"××××××项目"为甲方提供如下咨询服务。咨询服务费为人民币××××元整。

服务内容：

序号	工作任务	工作内容	备注
1	××××	××××××	××
2	××××	××××××	××
3	××××	××××××	××
4	××××	××××××	××
5	××××	××××××	××
…	……	……	……

2. 如该项目甲方未中标，甲乙双方合作终止。

3. 本合作备忘录所有内容，甲乙方对此承担保密义务。本合作备忘录自签订之日起，视甲乙双方已对相关商业秘密采取了合理的保密措施。

甲方：××××　　　　　　乙方：××××

授权代表签字：　　　　　　授权代表签字：

20××年×月×日

（根据网络文献整理）

🔍 **案例分享**

中央八部门共签惩戒失信备忘录

《备忘录》的签署与实施，必将极大地打压失信被执行人的生存空间，使其付出应有代价，从而促使其自觉履行债务，并教育和引导其他被执行人守诚信，推动"守信光荣、失信可耻"风尚的形成。

2014年1月16日下午，在最高人民法院举行的"构建诚信　惩戒失信"首次发布会上，由中央文明办、最高人民法院、公安部、国务院国资委、国家工商总局、中国银监会、中国民用航空局、中国铁路总公司共八个部门和企业会签了《"构建诚信、惩戒失信"合作备忘录》(以下简称《备忘录》),以此为标志,拉开了我国第一轮联合惩戒失信被执行人的序幕。国务院国资委宣传工作局局长卢卫东出席会议并讲话,国资委宣传工作局副局长韩天及宣传局相关领导参加了会议。

●《备忘录》主要内容

1.规定了信用惩戒的对象,包括两类人:一是最高人民法院失信被执行人名单库中所有的失信被执行人;二是被法院发出限制高消费令的其他被执行人。失信被执行人为自然人时,即为被执行人本人;失信被执行人为单位时,还包括其法定代表人、主要负责人、影响债务履行的直接责任人。

2.规定了信用惩戒的内容。最高人民法院统一在"全国法院失信被执行人名单信息公布与查询平台"上对失信被执行人发出限制高消费令,与相关部门一起限制失信被执行人高消费,并采取其他信用惩戒措施。

3.确定了惩戒的具体范围,主要包括三个方面:一是禁止乘坐飞机、列车软卧;二是限制在金融机构贷款或办理信用卡;三是失信被执行人为自然人的,不得担任企业的法定代表人、董事、监事、高级管理人员等。

4.明确了信用惩戒的实施方式。由最高人民法院向签约各方推送失信被执行人名单。相关部门收到名单后,在其管理系统中记载包含相应惩戒措施等内容的名单信息,或者要求受监管的企业或单位实时监控,进行信用惩戒。在媒体广为发布,对失信被执行人形成强大的舆论压力,营造构建诚信、惩戒失信的浓厚氛围。

5.规定了信用惩戒的动态管理。被执行人因履行义务等原因,其失信信息被依法从最高法院失信被执行人名单库中删除后,最高法院应在两个工作日内通知各单位解除限制。对新增加的失信被执行人名单,最高法院应及时向各单位推送。

6.规定了其他操作事宜。要求各部门积极落实《备忘录》规定,确保联合信用惩戒落到实处。联合惩戒的实施,在不影响现有法律框架内,各级法院对个案被执行人限制高消费或进行信用惩戒。

● 国资委积极配合共同推进

在发布会上,中央文明办、最高人民法院、公安部、国务院国资委、国家工商总局、中国银监会、中国民用航空局、中国铁路总公司等中央部门代表分别代表各自单位在会上做了表态发言。

国务院国资委宣传工作局卢卫东局长在讲话中说,中央文明办等八部门在这里举行"构建诚信　惩戒失信"发布会,这是将诚信建设纳入社会治理的具体体现,是推进诚信建设制度化的有力举措,相信通过合作备忘录的签署,对促进社会主体诚实守信、维护法律权威、营造"褒扬诚信、约束失信""守信光荣、失信可耻"的社会环境,必将产生积极而深远的影响。

卢卫东还强调,国资委作为签署合作备忘录的成员单位,将坚决按照《备忘录》所规定的有关职责,积极配合,全力支持,共同推进"构建诚信 惩戒失信"工作不断取得新成效。国资委所监管的中央企业与公众的工作、生活息息相关,社会关注度高,必须在诚信建设中身体力行、做出表率。中国航空集团公司、中国东方航空集团公司、中国南方航空集团公司、中国民航信息集团公司 4 家中央企业,在构建诚信、惩戒失信工作中发挥着重要作用,要坚决执行法院判决,坚决落实合作备忘录对企业提出的要求,落实禁止失信被执行人乘坐飞机的惩戒措施,让其一处失信,处处受约束。国资委将指导和推动上述企业精心组织,周密安排,主动作为,务求实效。

卢卫东期望签署"构建诚信 惩戒失信"合作备忘录是一个良好开端,愿大家携起手来,齐心协力,为汇聚崇德向善的正能量做出新的贡献。

● 最高法院官网已公布失信被执行人名单

最高人民法院副院长江必新在发布会上透露,《备忘录》的签署是各部门共同协作、推进诚信建设的又一次成功尝试。《备忘录》的实施,必将极大地打压失信被执行人的生存空间,使其付出应有代价,从而促使其自觉履行债务,并教育和引导其他被执行人守诚信,推动"守信光荣、失信可耻"风尚的形成。长期以来,债务人欠债不还、不守信用、逃避债务、规避、抗拒执行成为一种社会顽疾。尤其是法院裁判等法律文书生效后,70%以上的债务人不自觉履行法律文书确定的义务,严重损害了权利人的合法权益,影响了经济社会健康有序发展,破坏了"诚信守约"的社会风尚。

江必新副院长称,最高法院将向各部门及其下属单位推送失信被执行人名单。相关部门收到名单后,将在其管理系统中记载包含相应惩戒措施等内容的名单信息,或者要求受监管的企业或单位实时监控,进行上述信用惩戒。

截至 2014 年 1 月 15 日,最高法院官网已公布失信被执行人 55920 名,其中自然人 46519 名,法人 9401 名,其点击量达 222.7 万余次。最高法院与银行签订信用惩戒协议后,银行业已限制 1.1 万余人次办理各类金融业务。

(刁吉海:《中央八部门共签惩戒失信备忘录》,载《企业文明》,2014 年第 2 期)

拓展阅读>

补充读物

1. 刘红英:《英文备忘录写作刍议》,载《应用写作》,2002 年第 10 期。

2. 周文建:《备忘录——怎样写涉外磋商文书之三》,载《新闻与写作》,2003 年第 1 期。

3. 隋淑静:《备忘录的法律性质与效力刍议》,载《中国律师》,2012 年第 8 期。

实训三
商务策划书

情境植入

市经济委员会主任庄承继如期收到了创想公司送来的《关于盐湖风景区整体开发的项目策划报告书》。

"好！好！好！"欣喜之下，庄主任连说了三个"好"。作为市经委的官员，长期阅读那些枯燥沉闷的文件让他很是疲劳，今天能够读到如此清新的文字，实在有些大喜过望。他将那份装帧精美的策划书递给对面的刘处长，推介说："你看看，人家写的这个东西！真的是叫专业。这么复杂的事情，硬是用浅显易懂的文字讲得清清楚楚，哪怕只有中等文化的人也能够完全明白。态度诚恳，不卑不亢，平实中透着对自己专业能力的自信。语言朴实，叙述简练，分析透彻，用语准确，层次清楚，逻辑严密，长达十多页的报告，你能够一口气读完，一点没有拖泥带水的痕迹。中间的图示和图形既严谨，又漂亮，看着让人感到新鲜。"一向严肃的庄主任还难得地幽默了一下："文本考究，——竟让人觉得有收藏价值！"说完，他笑了。

刘处长提醒说："你没有被迷惑了吧？他们的方案是不是真的可行？我们只怕还得征询一下专家的意见才是。"听刘处长这么一说，庄主任也点头同意。他又恢复了固有的严肃说："为了慎重起见，找秘书小张，将他们的方案改写一下，再转给专家委员会的专家们，以免他们受到了同我们一样的影响。"

实训材料

材料一：

1998 年，全国牙膏产量达到 28.07 亿支，比 1949 年增长了 133.6 倍。2000 年产量达到了 36 亿支，年人均使用量提高到了 2.8 支。有关专家预计，2005 年中国牙膏产量将达到 45 亿支，2010 年将达到 54 亿支。

中国牙膏市场大致经历了四个阶段：

第一阶段（1949—1992 年）：国内品牌三足鼎立

1949 年到 1992 年，中华、两面针和黑妹三大国产品牌一直分享了中国庞大的牙膏市场。但三大品牌几乎没有正面竞争，各居一隅，分别占据着东部、南部和西部市场，相安无事。

第二阶段(1992—1996 年)：洋品牌小试牛刀

1992 年，世界最大的牙膏品牌高露洁进入中国市场。1995 年，宝洁公司的佳洁士进入中国。在这一阶段，由于外国品牌的价格过高(约为国产品牌的 3 倍左右)，它们仅仅进入了沿海大中城市的高端市场。

第三阶段(1996—2000 年)：洋品牌洗牌中国市场

外资品牌完全改变了中国牙膏市场格局：一方面，通过收购国产品牌来取得市场份额和渠道，如联合利华从上海牙膏厂取得了"中华"和"美加净"的品牌经营权；另一方面，通过出色的营销手段及价格调整，让大众接受自己。1996 年，国内牙膏 10 强品牌中外资品牌仅占两席，到 1998 年已经增至四席，而 2000 年更是增加到了 6 席。而"蓝天六必治""芳草""两面针"等昔日国产名牌整体陷入颓势。

第四阶段(2000 年—)中国牙膏品牌寻求突破

"冷酸灵""田七""蓝天六必治"等国内品牌在经历了一轮市场洗礼后，营销手段和品牌管理理念日渐成熟。它们避开与外国品牌的正面交锋，在"中老年口腔护理"和"中草药护理"等细分市场上大做文章，取得了不错的效果。

材料二：

1. 时间

2012 年 6 月 1 日—2013 年 1 月 1 日

2. 媒体组合

充分利用报纸、杂志、电视和网络以及街头广告等宣传媒体。以电视(CM)为主，网络、报纸、杂志为辅，街头广告次之。

3. 选用媒介

报纸：《体坛周刊》《人民日报》。

理由：上述报纸具有权威性，发行量大。

杂志：《当代体育》《体育画报》《NBA 时空》等，主要安排封二、封三(专业杂志尽量争取封面、封底)。

电视台：中央一套、中央三套、中央五套等收视率高且覆盖面广的电视台；CF 广告主要安排在《新闻联播》《体育新闻》《同一首歌》等焦点节目前后的黄金时间播出。

网站：雅虎中国、搜狐、新浪、网易等浏览率较高的大网站(电子广告尽量争取安排在网站的首页)。

讨论分析

1. "材料一"和"材料二"分别属于商务策划文案的哪一部分内容？完整的商务策划文案应包含哪些内容？

2. 商务策划文案的表现形式有哪些？

3. 商务策划文案在语言运用上应当注意哪些问题？

任务与要求

任务一：为学校旁边的某个面包店制作一份"促销策划书"并加以实施。

要求：文种准确，要素齐全，结构合理，格式规范，效果明显。

任务二：选择本地的某种产品，制作一份"××品牌策划书"。

要求：1. 以小组形式进行，每组6～8人；2. 策划书完成之后，将之交给出售这种商品的店主阅览，并请对方提出意见；3. 修改完成之后，每个小组进行课堂汇报。

实训总结

"材料一"是商务策划文案中的"市场分析"部分，"材料二"是商务策划文案中的"广告媒介策略"部分。

为了实现商务活动的目的和目标，进行有效的和可持续的价值交换，运用自身所拥有的资源条件，结合相关环境和外部因素，研究行动目标，组织资源手段，安排行动计划，这就是商务策划。策划人员围绕同一个策划目标编制撰写一系列文本就是商务策划文案，也称商务策划书、企划书、策划案等。商务策划文案是商务谋略或商务决策思维的系统化书面表现形式。

商务策划文案的表现形式可以有很多分类。按照载体形式，可分为文字表现、非文字表现（如电子格式）；按照行业和任务，可分为营销策划、广告策划、促销策划、公关策划、活动策划等；按照策划的层次，可分为战略策划、策略规划和部门工作企划等；按照策划对象及目的，可分为企业发展战略策划文案、企业融（投）资策划文案、企业组织管理策划文案、企业CIS系统策划文案、市场营销策划文案、产品广告策划文案、大型商务会议策划文案。完整的商务策划文案包含策划的目的和目标、策划的背景、问题的界定、自身资源能力分析、策略形成、策略展开、策略实施与控制等相关内容，简略的策划文案也应该包括问题的明确和界定、策划的背景和自身资源条件、策略设计、策略实施与控制等主要内容。

商务策划文案是商务策划过程的展现，也是为了与策划的委托方和执行者进行有效沟通而进行的对有关问题和问题解决方法的阐述和说明。为此，商务策划文案的任务是相对明确的，它包括：①准确传达策略要点，与策划委托方进行有效的沟通。②促进与策划方案有关的执行者对策略的理解和支持。③保证策略实施，提供实施的基本框架。④进行策略控制，适时进行策略评估。⑤进行档案管理。

大致而言，商务策划文案主要由三个部分构成：导入、问题分析和策略设计。

导入具体包括摘要、前言、策划概要、策划背景。

"摘要"是对商务策划解决问题的基本策略所进行的简要的描述。

"前言"是商务策划文案的开篇，是整个文案的浓缩，目的是引导读者对正文的关注。前言可以包含下列内容：策划的背景及目的、策划内容的基本概要、策划的基本特色和基本思路(并且给予承诺)、对有关人员的感谢——如果有必要的话。此外，也有一些策划文案用"策划背景"来替代前言的。

"策划概要"是对策划思路的总体表述(也可以没有)。

"策划背景"主要包括环境分析、现状分析和自身资源能力条件分析。

问题分析是指对问题的界定和对问题结构、问题的成因进行层层深入的探索，以求找到问题的关键，然后针对问题的关键提出合理有效的解决途径。它主要包含以下基本板块：问题提出、目标与任务、问题界定、问题关键点。

"问题提出"是对课题任务的明确和再确认。

"目标与任务"是承接"问题提出"的。这一部分的写作要注意提出的目标必须是有效的，是界定清楚的，表述一定要准确，对方的要求一定要体现，同时，要有明确的量化指标。

"问题界定"实际上是商务策划解决问题的关键，也是商务策划文案的关键。"问题界定"部分可以体现专业人士严谨科学的思考，体现商务策划的价值。

"问题关键点"是对"问题界定"的总结和归纳。

策略设计是商务策划文案的中心。商务策划文案实际上是对策略进行的阐释和说明。它包含以下内容：策划主题、策划方针、策略构想、策略方案、应急措施与备用方案。

"策划主题"是对主题的选择，按照一定的前提和目标选择了策划主题，也就为后续的策略设计规定了基本方向和评价标准。

"策划方针"是策划行动和策略设计的指导思想，具体指导和规定了策略设计行为。

"策略构想"是运用策略思考寻求问题解决途径的过程。

"策略方案"在商务策划文案中是最为重要的部分，受到读者最直接的关注，是策划文案最吸引人的部分。从某种意义上讲，文案所有的部分都是为呈现这个部分所做的准备。

"应急措施与备用方案"是指针对"策略方案"在具体实施过程中可能出现的重大偏差，从策略控制的角度，就策略设计中的关键环节，设计备用和替代的行动方案。

此外，商务策划文案往往带有"附录"。各种复杂的推演论证过程，调查研究的各种原始数据和材料、背景资料，以及相应的调研报告，策略设计中涉及的复杂的布置和演示等不便于纳入正文，或者显得不是特别重要，仅仅是作为必要的补充和证据的材料，都可以被收录在"附录"里。

尤其需要注意的是商务策划文案的语言表达。商务策划文案基本上采用叙述语言，用于陈述事实和对事实进行分析。在句式的运用上，商务策划文案主要采用陈述句式，用于陈述事实，阐明观点和过程。在商务策划文案写作中，常常采用排比、对偶、省略等手法，而不宜使用夸张、拟人、比喻等手法。

商务策划文案写作必须遵守的四项基本原则是明确—准确—精确原则、简洁与简练原则、逻辑与层次原则、连贯与照应原则。具体而言，商务策划文案必须表达明确，用语恰当，避免歧义和含混。在语言文字的使用上，力求简洁与简练，干净利落，要言不烦。商务策划文案要有明确而严密的逻辑和层次，同时要综观全局，连接贯通，照应前后，让阅读者可以毫无阻碍地阅读和思考。

实训评价

商务策划书写作实训评价表

评价项目	比重	评价内容	评价标准				自我评分	小组评分	教师评分
			优	良	中	差			
内容要素	50	主旨明确，内容无误 思路清晰，结构合理 逻辑严谨，表述确切	20 20 10		10 10 5				
形式要素	30	标题：准确、规范 正文：要素齐备，结构完整， 格式规范，措辞得当 页码：必备、规范	5 20 5		3 10 3				
语言	20	准确、简练、规范、得体	20		10				
合计	100								

拓展思考

××品牌策划书（模板）

一、市场调研计划

1. 调研目的

2. 调研时间

3. 调研区域

4. 调研方法

4.1 分层抽样法

4.2 定量分析＋定性分析

5. 调研形式

5.1 街头访问

5.2 售点访问

5.3 售点巡查

6. 调研对象

6.1 区域市场

6.2 消费者

6.3 竞争者

7. 调研内容

8. 调研预算

二、行业市场环境分析

1. 全国市场现状分析

2. 全国市场发展趋势分析

3. 目标市场总体分析

4. 影响市场波动的因素

4.1 季节因素

4.2 地域因素

4.3 政策因素

三、目标市场分析

1. 目标市场大小及潜力评估

2. 目标市场现状

3. 目标市场主要销售渠道

4. 目标市场构成及细分

5. 竞品铺货率情况

6. 竞品市场占有率

7. 消费者指名购买率最高品牌

8. 提及率最高品牌

9. 首推率最高品牌

四、竞品分析

1. 主要竞争对手

2. 潜在竞争对手

3. 竞品质量分析

4. 竞品价格分析

5. 竞品包装分析

6. 竞品渠道分析

7. 竞品广告分析

7.1 广告投入

7.2 媒体选择

7.3 诉求重点

7.4 表现形式

8. 竞品促销分析

8.1 促销手段

8.2 促销力度

五、消费者分析

1. 消费者特征描述

2. 消费者购买习惯分析

3. 消费者需求点分析

4. 消费者关注点分析

5. 消费者消费心理

6. 第一次购买动机分析

7. 消费者品牌忠诚度分析

8. 消费者对本品的印象和态度

9. 消费者对广告的态度

10. 消费者对促销的态度

11. 消费者对购买地点的态度

六、品牌分析

1. 企业经营现状分析

2. 品牌发展战略及运作策略分析

3. 本品牌知名度及美誉度

4. 本品牌市场情况及反映研究

5. 本品在行业中的地位

6. 本品牌与竞争对手的定位策略比较

7. 品牌建设问题点和不足之处

8. 产品分析

8.1 产品类别分析

8.2 产品名称分析

8.3 产品特性分析

8.4 产品卖点分析

8.5 产品价格分析

8.6 产品渠道分析

8.7 产品促销分析

8.8 产品传播分析

9. 品牌 SWOT 分析

9.1 品牌优势

9.2 品牌劣势

9.3 品牌机会

9.4 品牌威胁

9.5 参照体系

9.6 品牌宣传

七、战略设计

1. 品牌战略目标

2. 前期、中期、后期发展方向

3. 近期、中期、远期发展模式

八、品牌规划

1. 品牌核心价值定位

2. 品牌文化定位

3. 品牌形象定位

4. 品牌消费群体定位

5. 品牌主要竞争对手定位

6. 品牌发展策略

7. 市场目标

8. 产品策略

8.1 产品卖点提炼

8.2 产品细分策略

8.3 产品发展策略

9. 定价策略

10. 竞争策略

11. 市场策略

九、品牌建设

1. 形象建设

1.1 品牌文化形象包装方案

1.2 品牌视觉形象包装方案

2. 渠道建设

2.1 渠道设计方案

2.2 渠道拓展方案

2.3 渠道促销方案

2.4 渠道管理方案

3. 终端建设

3.1 终端促销方案

3.2 终端美化方案

3.3 终端管理方案

4. 品牌传播

4.1 目标受众接触媒体情况及媒体习惯

4.2 传播目的

4.3 传播策略

4.4 诉求重点及广告利益点

4.5 传播形式

4.6 传播风格及调性

4.7 传播载体

4.8 媒体执行时间

4.9 媒介排期

4.10 电视广告脚本

4.11 报纸广告文案及设计

4.12 广播广告文案

4.13 其他媒体广告创作

4.14 传播费用配比

5. 销售整合

5.1 销售人员激励方案

5.2 销售人员管理方案

5.3 公关活动方案

5.4 事件营销方案

十、品牌维护

品牌维护的主要措施

十一、效果监测

1. 监测项目

1.1 品牌知名度

1.2 品牌美誉度

1.3 品牌销量

1.4 消费者品牌印象

2. 监测办法

2.1 问卷调查

2.2 访谈调查

2.3 电话调查

2.4 网络调查

（根据网络文献整理）

🔍 案例分享

"平安·摩卡城市"一期项目包装及推广方案

············

第二部分 项目物业形象包装及推广

第一篇：物业形象包装

一、包装目的

结合本项目的物业定位，通过对"平安·摩卡城市"的整合包装，使其充分体现项目物业定位的特征，将本案的核心卖点充分地展示出来，以期在市场上建立良好、醒目突出的物业形象。同时，激发城市青年群体的心理认同感，使其成为促进销售的有力支持。

二、包装主题

对核心卖点归纳提炼后，总结得出：筑造都市理想生活。

说明：

包装主题应重点突出项目最大卖点——项目区位，位于城市中心，整个包装元素多运用都市生活的时尚元素；

突出物业的主要功能——为满足客户居住需求，要求项目包装营造一种独特的生活氛围，在满足购房的实际居住需求的同时，更应注重满足购房所需要的精神需求；

本项目目标客户——城市青年心目中的"城市理想生活"应该是如何一种状态，城市青年居者生活的主流导向应作为后期广告创意执行中去深挖掘的源点。

三、包装执行

（一）前提说明

包装执行就是要将包装主题形象生动地呈现给客户，赋予项目以独特的个性外表来反映独特的项目内涵，由以上分析可知，平安·摩卡城市将为青年群体在城市中实现居住梦想。故整个包装的平面及文案将营造一种独特的"城市生活方式",从而打动目标客户。

(二)项目基本调性

与项目案名有关:咖啡的从容、静思的内涵

与项目区位有关:富有都市现代时尚气息

与项目产品有关:恰如其分的睿智和理性

与目标群生活导向有关:体现城市青年居者生活导向的主流

(三)主题宣传语建议

从容演绎精彩

诠释:以从容的态度演绎精彩的城市生活。进一步明确诠释"城市理想生活",将受众的生活观念引导至与项目合拍的青年都市生活的主流方向,体现本项目作为都市主流生活承载者的都市大盘地位。

(四)主题延展

1. 开发理念:"摩卡城市"——从容的态度,精彩的成果

一方面,强调本项目充分的准备工作和从容、细致的开发态度。以此打造出的精品物业必将成为充分演绎精彩城市生活的风景线。

另一方面,强化以"寻找现代城市生活的理想方向"为主题的推广思路,即回归从容的自我,采取从容的方式,演绎精彩的生活。

2. 案名感觉:体现对案名在感觉上的深度挖掘

咖啡的感觉——从容、静思的感觉。

都市和现代的感觉——充满挑战、丰富多彩的人生舞台。

3. 卖点强调:总价低、地段好

以从容的心态轻松置业都市中心、引领精彩生活的精品物业。

第二篇:建筑形象包装

一、地盘包装建议

(一)地盘包装的思路

本项目地盘包装将在营造高尚品质生活氛围,突出项目综合品质及主题风格特色等方面入手,充实项目的形象支撑,从地盘形象上体现项目的品质感,引起客户的心理共鸣,吸引目标客户到销售现场,并通过现场销售部的相应包装,增强亲和力,加强现场销售氛围。

(二)建筑包装基调建议

本项目的主题推广语为"从容演绎精彩",应着重营造一种居住在摩卡城市的生活气氛。因此,建议项目基调表现应突出咖啡从容、静思的调性以及城市现代时尚的调性。

基础色调:主题色为淡咖啡色,辅助色为黑和黄色

表现手法：抽象和虚拟

画面构图：关于咖啡的元素

基础构建：主题宣传语＋LOGO（见图1）

图 1　项目 LOGO

（三）样板房

1. 选择户型：主力户型

A 区选择 5 套单位（其中夹层单位 2 套），B 区选择 5 套单位（其中两房 3 套，三房 2 套）作为样板房，具体户型选择原则是户型空间排布较差、朝向及景观不理想的可能滞销单位，在设计时做针对性的规避，促进销售。可选择一部分条件好的单位作为清水样板房，但需要做一定的现场包装处理及清洁维护。

2. 装修风格建议

A 区：样板房的装修风格与目标客户群喜好以及项目的形象主题应有一定的衔接表现，建议 5 套样板房的装修采用不同的风格。由于 A 区户型较小，应主要突出个性表现，表现目前城市青年的不同生活状态，使不同性格的客户都能在摩卡城市找到自己的"理想生活"，另外运用不同风格的小饰品来配合样板房的主题。

B 区：B 区户型偏大，装修风格在延续项目整体风格的前提下应突出家庭氛围而减少个人风格的表现，根据目标客户群的家庭结构进行装修，如两房单位可根据新婚夫妇的爱好和生活方式装修，三房单位应有儿童房和书房的考虑。主题可围绕家庭结构的特点进行考虑。

3. 布置及配套建议

目前市场上的样板房装修更多的是提供一种展示的作用，而缺乏真实的生活气息。客户购买的不仅仅是一套房子，实际上购买的是一种理想的生活方式，所以，为了能够更深刻地打动客户，建议在布置样板房时大至家电、家具，小到日常生活所用的生活用品，都应让客户感觉到亲切和共鸣。

4. 人员配置

保洁员 2 名；保安 2 名。

5. 样板房形式建议

鉴于样板房将是本项目前期积累客户的重要手段，所以如果实景样板房的工程进度不能在市场预热阶段同时配合开放的情况下，建议在建新东路沿线搭建临时样板房，同时赋予一个新颖的概念——"摩卡生活橱窗"，作为项目前期重要的宣传渠道。

(四)工地围墙及看房通道包装

1. 包装目的

(1)宣传楼盘形象。

(2)美化项目施工期间的工地形象。

(3)为销售现场提供一个较为美观的外部环境。

2. 包装思路

(1)突出项目主题调性，通过强烈的视觉冲击，树立项目知名度。

(2)在包装形式上采用高档材质，创新的表现方式，如可采用立体浮雕、玻璃橱柜等富有质感和美感的艺术手法，提升项目品质(见图2)。

图 2

• • • • • • • • • • •

第三篇：户外包装建议

一、户外广告

(一)户外广告计划表 (见表11)

表 11　户外广告计划表

位置	形式	主题	内容	数量
嘉陵江大桥 黄花园大桥	广告牌	前期品牌推广 后期楼盘形象	项目 LOGO、主题诉求语、开发商、楼盘地址、销售电话等	2

备注：户外广告发布时限为广告正式投放后的半年内；户外广告牌样式参见图3。

图 3

（二）工作执行时间表（见表 12）

表 12　工作执行时间表

工作内容	完成时间	负责人
确定户外广告牌	拆迁完成	平安公司
广告平面设计完成	包装方案确定后	广告公司
制作安装完成	项目正式亮相	制作公司

二、车身广告

（一）概述

公交车的移动性强，车身广告辐射范围广，目前已经成为楼盘宣传的重要形式之一，建议根据本项目预定的辐射范围，投放一定的车身广告。

（二）投放方向

解放碑至新牌坊、南岸区至人和镇、沙坪坝至解放碑。

（三）公交车路线建议及费用预算（见表 13）

表 13　公交车路线建议及费用预算

路　线	起始点	主要途经点	数量	单价	总价	备注
465	龙湖花园—解放碑	龙湖花园、加州市场、红旗河沟、渝北、观音桥、上清寺、两路口、文化宫、观音岩、七星岗、解放碑	2 部	76400 元/部/年	152800 元	辐射渝中区、江北区、北部新城
402	解放碑—沙坪坝	解放碑、七星岗、两路口、大坪、歇台子、石桥铺、板材、小龙坎、沙坪坝	2 部	76400 元/部/年	152800 元	辐射渝中区、江北区、北部新城、沙坪坝区
168	南坪—无专厂	南坪、南桥头、北桥头、观音桥、大石坝、无专厂	2 部	76400 元/部/年	152800 元	辐射北部新城

（四）工作执行时间表（见表 14）

表 14　工作执行时间表

工作内容	完成时间	负责人
公交线路确定	拆迁完成	策划部
广告发布公司确定	拆迁完成	策划部
广告发布方案设计	项目正式动工	广告公司
车身广告制作	项目宣传正式启动	发布公司
车身广告发布	项目宣传正式启动	发布公司

（节选自杨德慧、彭英：《商务策划与文案写作（修订第 2 版）》，北京，首都经济贸易出版社，2011 年。有加工整理）

拓展阅读＞

补充读物

1．马致山：《论企业智能策划》，载《烟台大学学报（哲学社会科学版）》，1999 年第 4 期。

2．王金利：《传统企业策划与现代企业策划之比较》，载《现代财经》，2001 年第 3 期。

3．谢国兴：《企业策划的基本原则》，载《绍兴文理学院学报》，2004 年第 4 期。

4．李源：《企业策划新论》，载《经济问题》，2004 年第 11 期。

5．夏睿：《商务策划文案的语境研究》，载《现代交际》，2011 年第 11 期。

实训四
商务信函

情境植入

尊敬的先生/女士：

您好！

多位同行向我们推荐了贵公司生产的 HVE-20 型研磨机，深知其为国内名牌产品。

我公司目前需要该研磨机若干台，有意订购贵公司的产品。贵公司能否将研磨机的产品性能、配套装置等有关细节资料、价格目录及结算方式等寄给我公司，供我方参考。

若贵公司能在 7 月 14 日前回复，我方将不胜感激。再次感谢，盼望回复。

联系地址：×××××× ××××××

联系电话：7894××××

顺颂

商祺！

广东××研磨有限公司

2012 年 7 月 8 日

📎 实训材料

材料一：

×× 公司销售部：

非常感谢贵方×年×月对我方有关户外照明设备询问价格的复函。我们得悉，贵方能以现货供应。今随函附上订购该产品的正式订单，请及时按附上的订单所填写的规格、型号、数量装运。

×× 公司

2012 年 2 月 23 日

材料二：

××××维修部负责人：

您好！

我公司去年 4 月购入贵公司一台 MX4500 型号的大图胶印机，由于对这种具有多用功能的机器不熟悉，现已造成故障，希望贵公司能安排相关技术人员上门维修。我公司的地址是广州市×× 路 32 号；电话号码是×××××××××；联系人黎×。

若能及早得到贵公司的帮助，我们将感激不尽。

××××印刷制品公司行政部

2012 年 4 月 3 日

材料三：

截至　　年　月　日，我公司账面尚有贵公司欠款　　元（大写人民币　　元整）。按照与贵公司的有关合同协议的约定，贵公司应当在　年　月　日之前支付上述款项，但我公司至今仍未收到该笔款项。因此，特请贵公司能够在近期内及时向我公司支付上述款项。如贵公司仍不能按期支付，我公司将按有关规定（或约定）向贵公司追索欠款利息，甚至采取相关法律措施，届时，贵公司可能要承担诉讼而带来的更大损失。

如有特殊情况，请立即与我公司联系。

手机：××××××××××××

地址：×××××××××××××××

特此函告。

公司（印章）

××年×月×日

材料四：

××公司：

20××年×月×日，由贵厂发出的集装箱运输车运送的铝材发生了下述意外情况：

经查，该批铝材含量在 90％ 以下者约占 42％，不符合原定规格 30m×0.2m 的线型铝材共有 122 条，占总货量比重的 29％，显然是货不对版。首批到货即出现这样的遗憾，使我们自然对今后的进货深感不安。因此，我们希望贵方能按合同约定对此次问题做出妥善的处理，并保证今后装货不再发生这样的意外。

我方已于××日电告贵方，兹将本地商检局检查凭证附上，再以书面告知。

××省铝业贸易有限公司

2012 年 7 月 5 日

讨论分析

1."材料三"属于哪种商务信函？其主体部分应包含哪些要素？

2."材料四"属于哪种商务信函？具体包括哪些内容？

3. 从四则材料来看，商务信函的结构形式是什么？

任务与要求

任务一：根据以下内容，制作一封询价函。

重庆立信市场研究有限公司通过同行的推荐，有意购买 20 台 HP Color LaserJet 2820 彩色激光一体机的打印机，但需要进一步了解机器的详情和价格，故向重庆惠普总经销商顺德有限公司销售部发出询价信。

要求：文种准确，用词确切，格式规范，表述得体，要素齐全。

任务二：根据以下内容，制作一封联络函。

假如前面重庆立信市场研究有限公司订购 HP Color LaserJet 2820 彩色激光一体机这笔业务已经发生。目前有 4 台机器不能正常运作，希望 HP 重庆经销商派代表来维修。立信的地址是：重庆市沙坪坝区宏泰大厦 17-2，联系人为你自己（行政主管）。

要求：文种准确，用词确切，格式规范，表述得体，要素齐全。

任务三：根据以下内容，制作一封催款函。

重庆酷歌商贸有限责任公司 2012 年 12 月 20 日在德顺公司进购 10000 件鞭炮，单价 300 元/件。当时协议规定：1. 这批货物用于春节销售，未销售完的于 2013 年 2 月 25 日返回公司，公司并扣除进价 5％ 的损失。2. 酷歌公司 12 月 20 日支付货款 70％，余款于 2013 年 2 月 25 日退回货物时结清。重庆酷歌公司今年销售情况如下：总销量为 8500 件，退回 1500 件，但是退回时酷歌公司并未结清余款，并且截至目前都未结清余款。假如你是德顺公司的业务员，并且此业务是你负责的，请你为德顺公司写一封催款函至酷歌公司。

要求：文种准确，用词确切，格式规范，表述得体，要素齐全。

任务四：根据以下内容，请你为客户 B 向保险公司提交索赔函。

通过前面的催款函，你得到酷歌公司的答复如下：余款酷歌公司愿意支付，但是今年酷歌公司在和德顺公司签署的买卖合同中规定，这批鞭炮"向太平洋保险公司购买了客户人身意外保险"，此保险的赔偿率为"80％"，保险号为"渝太 201201978"。

今年在销售鞭炮过程中，此鞭炮自燃，导致客户 B 双手截肢，经过相关权威部门评估，所有费用为 180 万。保险公司业务员 A 于 2013 年 2 月 20 日前往客户 B 那里核险。相关材料已经送往重庆太平洋保险公司理赔部，但是保险公司回复必须由德顺公司出面索赔。

要求：文种准确，用词确切，格式规范，表述得体，要素齐全。

🔗 实训总结

"材料三"属于催款函，其主体部分应清楚、准确、简明地写出双方发生往来的原因、日期、发票号码、欠款的金额、拖欠的情况及催收的要求，以便使受文单位明确情况，及时交款。同时，要清楚、准确地写上双方单位的全称和账号。必要时，要写明催款单位的地址、电话及经办人的姓名。若是银行代办催款的，还必须写明双方开户银行的名称及双方账号名称和账号。文后一般用惯用语"特此函告"作结。

"材料四"属于索赔函，主要包括五项内容：简述事由，陈述违约事实，说明索赔理由，陈述对方违约给自己带来的损失，提出具体的索赔要求。

商务信函简称商函，是指在商务活动中交流信息、联系业务、洽谈贸易、磋商和处理问题的信件，目前主要通过邮寄、电子邮件、传真、电传及电报等方式来进行信息传递。商务信函主要包括推销函、咨询函、报价函、订购函、催款函、索赔函等形式。

一份规范的商务信函主要包括信头、标题、称谓、问候语、正文、祝颂语、附件和落款。

信头。主要包括发信人名称及地址、邮政编码、电话、传真等项目。大多商务信函都使用专用的信笺，信笺眉首处已印好信头，亦可将这些项目印在信笺下方，以横线与信函内容相隔。如果使用普通信笺，也可没有信头。

标题。商务信函与一般的普通信件不同，只要不是企业单位个人与个人之间的交流，一般可以有标题。标题通常概括出函件的主旨、中心，使收信人通过标题就对信文的主要内容有大致的了解。常见的商务信函标题有两种形式："关于＋事由＋函"，如《关于要求承付打印机货款的函》；"事由＋函"，如《推销函》《订购函》《索赔函》等。也可不用标题。

称谓。这是对收信人或收信单位的称呼，一般写受文者的尊称，这是商务信函必备的一项。若是单位，应用全称，不宜使用简称，以示对收函方的尊重。若是个人，称谓前可加"尊敬的"，称谓则依对方具体身份、职称或职衔而定。如果不知对方具体身份，则可以用"先生""女士"等称之，如"尊敬的先生""尊敬的女士"等。

问候语。即应酬语或客气语。开头的问候语是商务信函必不可少的，即发信人对收信人打招呼的礼貌问候语，一般用一两句尊敬的客气话表示，如"您好""近来生意可好，效益颇高"等。如果是初次联系，可使用"久仰大名，未亲雅教"等词语。如果是回函，可使用"惠书敬悉，不胜感激"等词语表示感谢来函。

正文。包括开头、主体、结尾三个层次。开头交代发函缘由、发函的起因或背景，写作上要注意言简意明，直切主题。主体是信函的中心内容，一般是根据发函缘由详细地陈述具体事项，或是针对所要商洽的问题或联系事项，阐明自己的意见。例如，商洽函的正文主体包括商洽缘由、商洽内容、意愿要求三部分；询问函的正文主体包括询问缘由、询问事项两部分；答复函的正文主体包括答复缘由、答复内容两部分；商品报价函的正文主体包括产品的价格、结算方式、发货期、产品规格、可供数量、产品包装、运输方式等。如果正文主体内容简单，逻辑上可采用篇、段合一式结构；如果正文主体内容较多，逻辑上可采用分段式结构。写作上要注意：语气平和，问题明确，事实清楚，表达明白，切忌行文拖沓，空发议论。结尾提出希望和要求，要注意使用商询、祈盼的语气，切忌语气生硬，令人阅之不快。例如，请求函的结尾语是"拜托之事，承望协助解决为盼"，希望回函的结尾语是"不吝赐函，静候佳音"等。结尾语视发信人与收信人的关系以及信函的内容而定，要求恰当得体。

祝颂语。所有的商务信函都要写明祝颂语。祝颂语分为祝者自身的请候语和收信人的安好语两部分：①请候语，在正文结束后空两格书写，常用的有"敬祝""顺颂""恭祝"等。②安好语，一定另起一行顶格书写，以表示对对方的尊重。常用的安好语有"商祺""金安""生意兴隆"等。

附件。附件是随函附发的有关材料，如报价单、发票、确认书、单据等。如果需要标注附件的，在信函签署的下方可以标注附件。如果附件是两个以上的，要分别标注附件一、附件二等。附件位于祝颂语之下另起空两格。

落款。落款是商函生效的标识，右下方写清发函方、发函日期并加盖印章。商务信函的署名可根据企业的要求或发信人的意见而定。有的企业署名以单位名称加盖印章的方式；有的企业要求发信人直接签名，以示对信函的内容负责。个人签名一定要由发信人亲手所签。日期一般是发信具体时间。商务信函因为涉及商务往来，所以务必写明发信日期。

商务信函写作的基本要求：①主题突出，观点明确；②坦诚以待，态度诚恳；③实事求是，谦恭有礼；④结构严谨，首尾圆合；⑤语气平和，用词准确；⑥庄重典雅，格式规范。

实训评价

商务信函写作实训评价表

评价项目	比重	评价内容	评价标准				自我评分	小组评分	教师评分
			优	良	中	差			
内容要素	50	主旨明确，内容无误	20		10				
		思路清晰，结构合理	20		10				
		逻辑严谨，表述确切	10		6				
形式要素	30	标题：准确、规范	5		3				
		正文：要素齐备，结构完整，格式规范，措辞得当	15		8				
		落款、附件：齐全、规范	5		3				
		页码：必备、规范	5		3				
语言	20	准确、简练、规范、得体	20		10				
合计	100								

拓展思考

尽管商务信函种类较多，功用不同的商务信函具有不同的特点，但写作上也有其共同之处，需要注意掌握以下几个写作技巧：

一事一函，目的明确。商务信函用于处理商贸业务，解决商务往来中的各种问题。

因此，商务信函的写作首先要求做到有的放矢，目的明确。与此相应，一份商函，只解决一个单一的商务问题，或者询价或者报价，或者推销或者订货，或者催款或者索赔，不要把好几个问题混在一份商函中，把商函变成大杂烩。这样不便于集中解决问题，也不便于对方回复。

看清对象，措辞得体。由于商贸活动非常复杂，业务范围极广，商函对象的身份也非常复杂，或是公司客户，或是供货商，或是欠款人，或是合同违约方，这就要求看清收函对象，根据收函对象决定措辞和语气，做到礼貌得体。如推销函应热情真诚；订货函要礼貌尊重；催款函和索赔函要讲究分寸，既要表明催款索赔的鲜明态度，又要考虑对方的处境，顾及对方的面子。只有看清收函对象，到什么山上唱什么歌，对什么人说什么话，措辞得体，才能妥善处理各种商务关系，达到发函目的。

言简意明，庄重典雅。商函以协商处理商贸业务问题为目的，语言表达上要求言简意明，直陈其事，这样才能提高商务活动的效率。商函写作切忌拐弯抹角，拖泥带水，含糊其辞，让对方读后如坠云雾，不得要领，这会影响到商务问题的解决。与商务信函庄重典雅的文风相应，商务信函有一套常用的习惯用语，如常尊称对方"贵公司"；收函常用"谨悉""敬悉""欣悉"等词语作开端；结束时常用"为荷""为盼"等词语来煞尾；而"顺颂商祺""敬颂商安"等祝颂用语的使用，则给对方以典雅历练之感。对这套习惯用语，写作时要尽量熟悉使用。

格式规范，依规写作。商函是商贸活动的凭据，具有一定的严肃性甚至法律效力，特别是订货函、索赔函常可作为处理商务纠纷、合同违约的文字凭据，因此，尽管商函写作经常不加标题，也不编发文字号，但并非对其格式规范可以掉以轻心，也要熟悉其格式规范，做到依规写作。

（节选自李小林：《商务信函写作技巧谈——以一次成交的商务活动为例》，载《应用写作》，2012 年第 5 期）

🔍 案例分享

道歉函

××市兴达贸易有限公司：

贵公司20××年×月×日函收悉。对于函中所诉20××年1月7日《购买电脑桌合同》中，所收的35套黄花牌电脑桌部分出现接口破裂一事，我公司深表歉意，此事已引起我方高度重视，现已就此事进行调查。

经有关部门查实：我厂生产的××型黄花牌电脑桌，出厂时，经质检部门检验全部为优质产品。函中所提的部分电脑桌出现接口破裂，是由于我方工人在出仓时搬运不慎造成的。对贵公司的损失，我公司再次深表歉意，并请贵公司尽快提供电脑桌受损的详细数字及破损程度，以及公证人证明和检验证明书，我公司将以最快的速度按实际损失给予无条件赔偿。对此，我们将引以为戒，查找工作中存在的问题和不足，制订改正措施，杜绝此类事件的发生。希望能够得到贵公司谅解，继续保持良好的贸易往来关系。

候复。

××市光明家具有限公司

20××年8月9日

中国科学院××研究所关于建立全面协作关系的函

××大学：

近年来，我所与你校双方在一些科学研究项目上互相支持，取得了一定的成绩，建立了良好的协作关系。为了巩固成果，并使我们双方今后能进一步在学术思想、科学研究、人员培训、仪器设备等方面建立全面的交流协作关系，特提出如下意见：

一、定期举行所、校之间学术讨论与学术交流。（略）

二、根据所、校各自的科研发展方向和特点，对双方共同感兴趣的课题进行协作。（略）

三、根据所、校各自人员配备情况，校方在可能的条件下对所方研究生、科研人员的培训予以帮助。（略）

四、双方科研教学所需高、精、尖仪器设备，在可能的条件下，予对方利用。（略）

五、加强图书资料和情报的交流。以上各项，如蒙同意，建议互派科研主管人员就有关内容进一步磋商，达成协议，以利工作。

特此函达，务希研究见复。

中国科学院××研究所（盖章）

××年×月×日

（以上例文根据网络文献整理）

拓展阅读

补充读物

1. 刘静：《商务信函写作探微》，载《秘书》，2000年第8期。

2. 李金来：《给商务信函加点感情元素》，载《应用写作》，2011年第6期。

3. 段曹钢：《写作"模板"在商务信函教学中的运用》，载《应用写作》，2013年第4期。

实训五
广告文案

🎯 情境植入

名称：禁酒令

客户：贝克啤酒

广告：上海奥美广告有限公司

文案：查生啤之新鲜，乃我酒民头等大事，新上市之贝克生啤，为确保酒民利益，严禁各经销商销售超过七日之贝克生啤，违者严惩，重罚十万元人民币。此布。

点评：此广告文案借用了公文中"令"的写作形式和语言风格，将广告信息用规范的古体公文形式表现出来，产生了一种独特的说服力。整个广告文案句子结构简要，语言表达严正，使人感受到贝克生啤制造商对推出这一营销新举措的严肃、认真、深究的态度。同时，用如此严正的形式来表达，令受众领悟到创意者所提供的幽默玄机，会心一笑间，印象深刻。

📎 实训材料

材料一：

左岸

• 左岸，我的收藏室

那是临水的居所，可以在窗边眺望小船浅浅划过

在看得到风景的房间中，不知道风是在哪一个方向吹

在左岸，湖光山色就是你的收藏室，满目的风华景致就是你收藏室里最为弥足珍贵的极品

一草、一木、一鸟、一鱼、一叶、

一花、一石、一船、一桥、一星、一月……

湖光山色揽纳你如居如室……

左岸，身与心的停靠所在，

灵魂憩息的彼岸。

• 左岸，我的冥想室

在左岸，三面临水，八面来风

在水与风的邀约中，灵魂将浪漫地飞翔，思绪将自由地呼吸

在左岸，湖光山色就是你的冥想室，满目的风华景致就是你收藏室里最为弥足珍贵的极品

一草、一木、一鸟、一鱼、一叶、

一花、一石、一船、一桥、一星、一月……

湖光山色揽纳你如居如室……

左岸，身与心的停靠所在，

灵魂憩息的彼岸。

• 左岸，我的视听室

左岸依水而筑，清溪从门前漫过，涟漪随脚印迭起

人文与自然得以完美结合，满溢自由和飞扬气度

在左岸，湖光山色就是你的视听室，自然天籁之音，就是你视听室里永恒的曼妙音乐

风声、雨声、溪流声、瀑溅声、江涛声、叶落声、花语声、鸟鸣声、虫叫声……

湖光山色揽纳你如居如室……

左岸，身与心的停靠所在，

灵魂憩息的彼岸。

材料二：

三毫米的旅程　一颗好葡萄要走十年

三毫米，瓶壁外面到里面的距离，一颗葡萄到一瓶好酒之间的距离。

不是每颗葡萄，都有资格踏上这三毫米的旅程。它必是葡萄园中的贵族；占据区区几平方公里的沙砾土地；坡地的方位像为它精心计量过，刚好能迎上远道而来的季风。它小时候，没遇到一场霜冻和冷雨；旺盛的青春期，碰上了十几年最好的太阳；临近成熟，没有雨水冲淡它酝酿已久的糖分；甚至山雀也从未打它的主意。摘了三十五年葡萄的老工人，耐心地等到糖分和酸度完全平衡的一刻，才把它摘下；酒庄里最德高望重的酿酒师，每个环节都要亲手控制，小心翼翼。

而现在，一切光环都被隔绝在外。黑暗潮湿的地窖里，葡萄要完成最后三毫米的推进。天堂并非遥不可及，再走——十年而已。

讨论分析

1. 按内容分，"材料一"是一种什么形式的广告文案？
2. 按诉求分，"材料二"是一种什么形式的广告文案？
3. 广告文案的构成要素与特点有哪些？

任务与要求

任务一：为你脚上所穿的运动鞋写一则广告文案。

要求：文种准确，要素齐全，结构合理，格式规范，表述得体。

任务二：某网络科技有限公司为了开拓市场，进行宣传推广，拟印刷若干广告宣传单。请搜集某一网络科技有限公司的有关资料，为其广告宣传单撰写广告词。

要求：标题、广告语、广告正文、随文四部分齐备，广告正文采用企业形象式及独白对白式各一份。

实训总结

按内容分，"材料一"是一种企业形象类广告文案；按诉求分，"材料二"是一种感性诉求型广告文案。

广告文案是以语词表现广告信息内容的形式。广告文案有广义和狭义之分。广义的广告文案就是指通过广告语言、形象和其他因素，对既定的广告主题、广告创意所进行的具体表现；狭义的广告文案则主要指表现广告信息的言语与文字构成。广义的广告文案包括标题、正文、口号的撰写和对广告形象的选择搭配；狭义的广告文案包括标题、副标题、正文、口号的撰写。

标题。它是广告文案的主题，往往也是广告内容的诉求重点。它的作用在于吸引人们对广告的注目，留下印象，引起人们对广告的兴趣。

副标题。它是广告方案的补充部分，起到点睛的作用。

正文。它是以客观的事实、具体的说明，增加消费者对产品及服务的了解与认识，以理服人。

口号。口号是战略性的语言，目的是经过反复和相同的表现，以便使人明白它与其他企业精神的不同，使消费者掌握商品或服务的个性。这已成为推广商品不可或缺的要素。

广告文案的分类：按媒体分为报纸广告文案、杂志广告文案、广播广告文案、电视广告文案、网络广告文案、户外广告文案、其他媒体广告文案；按文体分为记叙体广告文案、论说体广告文案、说明体广告文案、文艺体广告文案；按内容分为消费物品类广告文案、生产资料类广告文案、服务娱乐类广告文案、信息产业类广告文案、企业形象类广告文案、社会公益类广告文案；按诉求分为理性诉求型广告文案、感性诉求型广告文案、情理交融型广告文案。

广告文案的主要特点：

第一，刊播的连续性。在系列的、连续刊播的广告中，广告文案用统一的主题和风格，甚至是同一种表现形式，同一个广告标题，同一篇广告正文来对受众进行连续的广告传播活动。这种连续的刊播可以形成广告宣传的排山倒海之势，对受众产生强烈的震撼。

第二，信息的全面性。多则不同表现内容的广告文案，可以较为全面地、多角度地表现广告信息，满足受众对广告信息深度了解的需求；而表现相同广告信息的多则广告文案，可以反复地体现广告信息，使广告得到有效的传播。

广告文案的写作要求：准确规范，点明主题；简明精练，言简意赅；生动形象，表明创意；动听流畅，上口易记。

实训评价

广告文案写作实训评价表

评价项目	比重	评价内容	评价标准				自我评分	小组评分	教师评分
			优	良	中	差			
内容要素	50	主旨明确，内容无误 思路清晰，结构合理 逻辑严谨，表述确切	20 20 10		10 10 6				
形式要素	30	标题：准确、规范 正文：要素齐备，结构完整， 格式规范，措辞得当 口号：精练、醒目	5 20 5		3 10 3				
语言	20	准确、简练、规范、得体	20		10				
合计	100								

拓展思考

中华人民共和国主席令
第二十二号

《中华人民共和国广告法》已由中华人民共和国第十二届全国人民代表大会常务委员会第十四次会议于 2015 年 4 月 24 日修订通过，现将修订后的《中华人民共和国广告法》公布，自 2015 年 9 月 1 日起施行。

中华人民共和国主席 习近平

2015 年 4 月 24 日

中华人民共和国广告法
第二章　广告内容准则

第八条　广告中对商品的性能、功能、产地、用途、质量、成分、价格、生产者、有效期限、允诺等或者对服务的内容、提供者、形式、质量、价格、允诺等有表示的，应当准确、清楚、明白。

广告中表明推销的商品或者服务附带赠送的，应当明示所附带赠送商品或者服务的品种、规格、数量、期限和方式。

法律、行政法规规定广告中应当明示的内容，应当显著、清晰表示。

第九条　广告不得有下列情形：

（一）使用或者变相使用中华人民共和国的国旗、国歌、国徽，军旗、军歌、军徽；

（二）使用或者变相使用国家机关、国家机关工作人员的名义或者形象；

（三）使用"国家级""最高级""最佳"等用语；

（四）损害国家的尊严或者利益，泄露国家秘密；

（五）妨碍社会安定，损害社会公共利益；

（六）危害人身、财产安全，泄露个人隐私；

（七）妨碍社会公共秩序或者违背社会良好风尚；

（八）含有淫秽、色情、赌博、迷信、恐怖、暴力的内容；

（九）含有民族、种族、宗教、性别歧视的内容；

（十）妨碍环境、自然资源或者文化遗产保护；

（十一）法律、行政法规规定禁止的其他情形。

第十条　广告不得损害未成年人和残疾人的身心健康。

第十一条　广告内容涉及的事项需要取得行政许可的，应当与许可的内容相符合。

广告使用数据、统计资料、调查结果、文摘、引用语等引证内容的，应当真实、准确，并表明出处。引证内容有适用范围和有效期限的，应当明确表示。

第十二条　广告中涉及专利产品或者专利方法的，应当标明专利号和专利种类。

未取得专利权的，不得在广告中谎称取得专利权。

禁止使用未授予专利权的专利申请和已经终止、撤销、无效的专利做广告。

第十三条　广告不得贬低其他生产经营者的商品或者服务。

第十四条　广告应当具有可识别性，能够使消费者辨明其为广告。

大众传播媒介不得以新闻报道形式变相发布广告。通过大众传播媒介发布的广告应当显著标明"广告"，与其他非广告信息相区别，不得使消费者产生误解。

广播电台、电视台发布广告，应当遵守国务院有关部门关于时长、方式的规定，并应当对广告时长做出明显提示。

第十五条　麻醉药品、精神药品、医疗用毒性药品、放射性药品等特殊药品，药品类易制毒化学品，以及戒毒治疗的药品、医疗器械和治疗方法，不得做广告。

前款规定以外的处方药，只能在国务院卫生行政部门和国务院药品监督管理部门共同指定的医学、药学专业刊物上做广告。

第十六条　医疗、药品、医疗器械广告不得含有下列内容：

（一）表示功效、安全性的断言或者保证；

（二）说明治愈率或者有效率；

（三）与其他药品、医疗器械的功效和安全性或者其他医疗机构比较；

（四）利用广告代言人做推荐、证明；

（五）法律、行政法规规定禁止的其他内容。

药品广告的内容不得与国务院药品监督管理部门批准的说明书不一致，并应当显著标明禁忌、不良反应。处方药广告应当显著标明"本广告仅供医学药学专业人士阅读"，非处方药广告应当显著标明"请按药品说明书或者在药师指导下购买和使用"。

推荐给个人自用的医疗器械的广告，应当显著标明"请仔细阅读产品说明书或者在医务人员的指导下购买和使用"。医疗器械产品注册证明文件中有禁忌内容、注意事项的，广告中应当显著标明"禁忌内容或者注意事项详见说明书"。

第十七条　除医疗、药品、医疗器械广告外，禁止其他任何广告涉及疾病治疗功能，并不得使用医疗用语或者易使推销的商品与药品、医疗器械相混淆的用语。

第十八条　保健食品广告不得含有下列内容：

（一）表示功效、安全性的断言或者保证；

（二）涉及疾病预防、治疗功能；

（三）声称或者暗示广告商品为保障健康所必需；

（四）与药品、其他保健食品进行比较；

（五）利用广告代言人做推荐、证明；

（六）法律、行政法规规定禁止的其他内容。

保健食品广告应当显著标明"本品不能代替药物"。

第十九条　广播电台、电视台、报刊音像出版单位、互联网信息服务提供者不得以介绍健康、养生知识等形式变相发布医疗、药品、医疗器械、保健食品广告。

第二十条　禁止在大众传播媒介或者公共场所发布声称全部或者部分替代母乳的婴儿乳制品、饮料和其他食品广告。

第二十一条　农药、兽药、饲料和饲料添加剂广告不得含有下列内容：

（一）表示功效、安全性的断言或者保证；

（二）利用科研单位、学术机构、技术推广机构、行业协会或者专业人士、用户的名义或者形象做推荐、证明；

（三）说明有效率；

（四）违反安全使用规程的文字、语言或者画面；

（五）法律、行政法规规定禁止的其他内容。

第二十二条　禁止在大众传播媒介或者公共场所、公共交通工具、户外发布烟草广告。禁止向未成年人发送任何形式的烟草广告。

禁止利用其他商品或者服务的广告、公益广告，宣传烟草制品名称、商标、包装、装潢以及类似内容。

烟草制品生产者或者销售者发布的迁址、更名、招聘等启事中，不得含有烟草制品名称、商标、包装、装潢以及类似内容。

第二十三条　酒类广告不得含有下列内容：

（一）诱导、怂恿饮酒或者宣传无节制饮酒；

（二）出现饮酒的动作；

（三）表现驾驶车、船、飞机等活动；

（四）明示或者暗示饮酒有消除紧张和焦虑、增加体力等功效。

第二十四条　教育、培训广告不得含有下列内容：

（一）对升学、通过考试、获得学位学历或者合格证书，或者对教育、培训的效果做出明示或者暗示的保证性承诺；

（二）明示或者暗示有相关考试机构或者其工作人员、考试命题人员参与教育、培训；

（三）利用科研单位、学术机构、教育机构、行业协会、专业人士、受益者的名义或者形象做推荐、证明。

第二十五条　招商等有投资回报预期的商品或者服务广告，应当对可能存在的风险以及风险责任承担有合理提示或者警示，并不得含有下列内容：

（一）对未来效果、收益或者与其相关的情况做出保证性承诺，明示或者暗示保本、无风险或者保收益等，国家另有规定的除外；

（二）利用学术机构、行业协会、专业人士、受益者的名义或者形象做推荐、证明。

第二十六条　房地产广告，房源信息应当真实，面积应当表明为建筑面积或者套内建筑面积，并不得含有下列内容：

（一）升值或者投资回报的承诺；

（二）以项目到达某一具体参照物的所需时间表示项目位置；

（三）违反国家有关价格管理的规定；

（四）对规划或者建设中的交通、商业、文化教育设施以及其他市政条件做误导宣传。

第二十七条　农作物种子、林木种子、草种子、种畜禽、水产苗种和种养殖广告关于品种名称、生产性能、生长量或者产量、品质、抗性、特殊使用价值、经济价值、适宜种植或者养殖的范围和条件等方面的表述应当真实、清楚、明白，并不得含有下列内容：

（一）做科学上无法验证的断言；

（二）表示功效的断言或者保证；

（三）对经济效益进行分析、预测或者做保证性承诺；

（四）利用科研单位、学术机构、技术推广机构、行业协会或者专业人士、用户的名义或者形象做推荐、证明。

第二十八条　广告以虚假或者引人误解的内容欺骗、误导消费者的，构成虚假广告。

广告有下列情形之一的，为虚假广告：

（一）商品或者服务不存在的；

（二）商品的性能、功能、产地、用途、质量、规格、成分、价格、生产者、有效期限、销售状况、曾获荣誉等信息，或者服务的内容、提供者、形式、质量、价格、销售状况、曾获荣誉等信息，以及与商品或者服务有关的允诺等信息与实际情况不符，对购买行为有实质性影响的；

（三）使用虚构、伪造或者无法验证的科研成果、统计资料、调查结果、文摘、引用语等信息做证明材料的；

（四）虚构使用商品或者接受服务的效果的；

（五）以虚假或者引人误解的内容欺骗、误导消费者的其他情形。

（根据网络文献整理）

🔍 案例分享

红心美凯龙鲁班文化节——爱木之心

人不会永远活着，但木头可以。

它们被做成桌子，做成凳子，压成纸，制成琴，穿成串，陪你见了许多风景和姑娘。我们对木的爱，就是我们对生活的爱。

我们可以轻易分辨出黑胡桃、金丝楠，你摸着它的时候，那种温润和质感，任何其他材质都无法替代。每种木材，都天赋异禀。

有的人听见风就能写歌，有的人遇场雨都能作诗。

每一种木材都有它的宿命，每个人也都该看清自己的来去。

我们在历史中读到的最大的智慧是顺势而为，顺应自然的法则，也不扭曲自己的内心。

所以对于木，我们把坦荡的做成面，把曲折的制成柄，把光滑的磨出纹理，把多疤的雕成龙凤。万物生长，本一不二。爱木之心，人皆有之。

年轻的时候喜欢透过现象看本质，你慢慢长大，喜欢略过本质看现象。

音乐和文字，都可以触动人心，而木的魅力在于，它什么都不做，就能钻进你心里。

在心里安放一桌一椅，收容所有明媚的欢喜，也抚慰秘而不宣的伤。

它有我们深爱的所有，自然而美好的力量。

【解读】"我们对木的爱，就是我们对生活的爱。"这是这篇文案的立意，在读者心中形成一种强烈的审美效应。这篇文案把一些细腻的情感表达得很有韵味，同时也蕴含着一定的哲理，而文中大量对生活深入的观察、感受和理解，都建立在作者独特的阅历、生活经验和一定的学识基础之上。

（根据网络文献整理）

拓展阅读＞

☕ 补充读物

1. 崔艳丽：《把握本质：广告文案创意之道》，载《内蒙古农业大学学报（社会科学版）》，2007 年第 1 期。

2. 郑裕忠：《广告文案的叙事视角分析》，载《新乡学院学报（社会科学版）》，2011 年第 5 期。

3. 文星：《新媒体语境下广告文案的创作趋势研究》，载《传播与版权》，2015 年第 11 期。

实训六
招标书　投标书

🎯 情境植入

　　王涛所在的××职业技术学院对学生公寓管理权进行招标，选定物业管理单位对学生公寓楼物业进行管理。管理范围包括学生公寓 28776.5 平方米，周边道路、运动场 6704 平方米，绿化面积 1171 平方米。招标内容按照单位提供的《招标文件》。凡达到××市物业管理三级以上资质的物业管理公司或高校后勤服务公司（集团）均可参加投标。王涛曾经认真学习过《中华人民共和国招标投标法》以及相关文件规定，在办公室主任的指导下，他很快完成了招标公告的撰写，并协助主任顺利完成了整个招投标工作。在这一过程中，王涛感到收获很大，并在自己的工作日志中进行了认真的总结：第一，招投标必须严格按照招标法或招标规则所规定的程序、方法、时间限制和各种要求执行，不得违反；第二，招标应严格遵守有关保密的规定；第三，招标书具有广告宣传性、指导参与性和制作的规定性，投标书具有严密的针对性、合理的竞争性和编写的规定性，这两类文书是整个招投标活动的文本依据，撰写者应高度重视、认真撰写，确保准确、严密、规范。

🔖 实训材料

　　材料一：

　　广东志正招标有限公司梅州分公司（以下简称"招标代理机构"）受梅州市技师学院（以下简称"采购人"）的委托，就梅州市技师学院教学设备及 3D 导游实训室设备采购项目（委托编号：ZZ91306216）进行国内公开招标，欢迎符合资格条件的供应商投标，现将该项目招标文件（ZZ91306216，请点击打开）进行公示，公示期为 2013 年 9 月 6 日至 2013 年 9 月 12 日五个工作日。

　　有关事项如下：

　　一、采购项目名称：梅州市技师学院教学设备及 3D 导游实训室设备采购项目

　　二、采购项目编号：ZZ91306216

　　三、采购预算：包1——人民币 152.7535 万元　　包2——人民币 199.78 万元

　　四、项目内容及需求

1. 项目名称：梅州市技师学院教学设备及 3D 导游实训室设备采购项目

2. 招标项目的性质及招标内容：包 1——教学设备一批　包 2——3D 实训室设备一批（详见"招标需求"部分）

3. 投标人可选择个别包或全部包进行报价，但应对包内所有采购内容进行报价，不允许只对其中部分内容进行报价。

五、供应商资格要求

1. 投标人必须是在中华人民共和国境内（不含港、澳、台地区）注册的具有独立承担民事责任能力的法人或其他组织，并取得合法企业工商营业执照，且具有相关经营范围；

2. 投标人必须在广东省范围内设有资质完善的售后服务机构，不接受授权委托服务（提供相关文件证明）；

3. 代理商参加投标的，须提供主要设备的制造商或代理商（无纸化考核系统、便携式计算机、多媒体教学系统、电脑、投影机、网线、3D 导游软件）出具的销售许可证书或者代理销售许可证书和质保证明（多层代理关系证明文件应明晰）；

4. 包 2 的 3D 导游软件（数字化体验式教学系统）的软件厂商须具有如下资质：须连续 3 年以上获得国家职业教育实验实训仪器推荐设备资格，并具有相关证明；

5. 投标人须提供 2011、2012 年度经会计师事务所审核的财务报表；

6. 包 2 的 3D 导游软件（数字化体验式教学系统）须提供软件著作权登记证书复印件并加盖原厂公章，并能在国家专业权威部门的网站上查询；

7. 投标人应符合《中华人民共和国政府采购法》第 22 条规定的相关要求；

8. 本项目不接受联合体投标。

六、获取招标文件的时间、地点、方式及招标文件售价

1. 获取招标文件时间：2013 年 9 月 6 日至 2013 年 9 月 13 日，每日 8：30—12：00，14：30—17：30（办公时间内，法定节假日除外）。

2. 获取招标文件地点：梅州市江南路丰盛大厦 A 栋三楼广东志正招标有限公司梅州分公司大会议室。

3. 获取招标文件方式：（投标人凭以下盖单位公章的复印件购买招标文件）

3.1 经年审合格的营业执照副本或事业单位法人证书复印件；

3.2 法定代表人证明书或法定代表人授权委托书；

3.3 法定代表人或投标人授权代表身份证复印件；

备注：以上资料参与正式投标时须放入投标文件中。

4. 招标文件售价：招标文件每份人民币 300.00 元整，售后不退。要求邮寄招标文件的应先传真以上资料，加盖公章复印件快递给采购代理机构。国内邮购另加人民币 60 元（在任何情况下招标代理机构对邮寄过程中发生的迟交或遗失都不承担责任），售

后不退。汇款单注明招标编号。

七、现场勘查：投标人在报名后可自行到现场勘查

八、投标、开标时间及地点

1. 投标时间：2013年9月27日上午8：30—9：00。

2. 投标截止及开标时间：2013年9月27日上午9：00。

3. 投标文件递交及开标地点：梅州市江南路丰盛大厦A栋三楼广东志正招标有限公司梅州分公司开标室。

九、登录我司网站（www.tender.gd.gov.cn），在采购文件公示公告栏内下载本项目电子版招标文件，或购买招标文件电子版

十、我司只接受报名购买招标文件供应商的投标

十一、招标文件编制人：梁琮林

代理机构联系人：丘小姐　　　　　　采购人联系人：韩老师

电话：0753-2200228，0753-2270818　　联系地址：梅州市三角地

传真：0753-2270818

联系地址：梅州市江南路丰盛大厦A栋三楼

邮编：514021

广东志正招标有限公司梅州分公司

2013年9月6日

材料二：

致：××贾汪煤业有限责任公司

1. 根据已收到贵方的贾汪三矿生活供水站工程的招标文件，遵照《中华人民共和国招标投标法》等有关规定，经勘查现场和研究上述招标文件的投标须知、合同条款、技术规范、图纸和工程量清单及其他有关文件后，我公司愿以人民币总计（大写）　　元整（人民币：　　元）为贾汪三矿生活供水站工程的投标总报价，其中费用构成为：

土建工程，报价　　元；

装饰装修工程，报价　　元；

配电照明安装工程，报价　　元。

并按上述合同条款、技术规范和工程量清单的条件要求承包上述工程的施工、竣工并承担任何质量缺陷保修责任，并保证质量达到合格标准。

2. 我方已详细审核全部招标文件，包括修改文件及有关附件。

3. 我方承认投标函附录是我方投标函的组成部分。

4. 一旦我方中标，我方保证按合同协议书中规定的开工日期开始施工，并在合同协议书中规定的预计竣工日期完成和交付全部工程，即在2009年　月　日开工，在

2009 年 月 日竣工，共计 55 日内竣工并移交全部工程。

5. 如果我方中标，我方将按照规定，出具由具有独立法人资格的经济实体企业出具的履约担保书作为履约担保，共同地和分别地承担责任。

6. 我方同意所递交的投标文件在"投标须知"第 12 条规定的投标有效期内有效，在此期间我方的投标有可能中标，我方将受此约束。

除非另外达成协议并生效，贵方的中标通知书和本投标文件将成为约束我们双方的合同文件组成部分。

我方将与本投标函一起，提交金额为人民币（大写） 元整（人民币： 元）作为投标保证金。

其他补充说明：保证质量达到国家《建筑工程施工质量验收统一标准》（GB50300－2001）的合格标准，按时交工验收，保证不拖欠民工工资，保证安全文明施工措施费不低于合同价的 2.5％。

投 标 人：××建工集团第九建筑工程公司(盖章)

单位地址：××市花果园沙坡路 12 号

法定代表人或其委托代理人： （签字或盖章）

邮政编码：210006

电话：025-88660678

传真：025-88952011

开户银行名称：中国农业银行××市下关支行

开户银行账号：3200050200078718

开户银行地址：××市下关支行

开户银行电话：025-86542321

日 期：2009 年 2 月 22 日

讨论分析

1. "材料一"属于哪一种商务文书？主要内容应包括哪些？
2. "材料二"属于哪一种商务文书？主要内容应包括哪些？
3. 制作招标书与投标书应注意哪些问题？

任务与要求

任务一：根据上述两则材料，分别制作商务文书。

要求：文种准确，要素齐全，结构合理，格式规范，表述得体。

任务二：制作投标书封面。

要求：要素齐全，结构合理，格式规范。

🔗 实训总结

"材料一"与"材料二"分别属于商务文书中的招标书、投标书。

招标书，又称招标通告、招标公告、招标启事，是招标方根据有关的法律规定，为实现招标目的而公开发布的关于招标内容和具体要求的告示性文书。

招标书的种类：招标申请书、招标公告、招标邀请书、招标书（招标说明书）、标底书、招标章程、中标通知书、中标合同。

招标书一般由标题、正文、结尾三部分组成。

标题。标题有三种构成方式：其一，由招标单位名称、招标项目名称和招标文种三部分构成，如《××大学修建图书馆楼的招标通告》。其二，由招标单位名称和招标文种构成，如《××集团招标公告》。其三，只写招标文种，如《招标公告》《招标书》。

正文。一般用条文式，有的也可用表格式。正文由引言和主体构成。

引言应写明招标目的、依据以及招标项目的名称。例如，《××里住宅小区建筑安装工程施工招标通告》："本公司负责组织建设的××里住宅小区工程的施工任务，经××市城乡建设委员会批准，实行公开招标，择优选定承包单位，现将招标有关事项通告如下。"

主体是招标公告的核心，要详细写明招标的内容、要求及有关事项。一般采用横式并列结构，将有关要求逐项说明，有的还需妥列表，具体包括如下几个方面：①招标内容。例如，标明工程名称、建筑面积、设计要求、承包方式、交工日期等。②招标范围。投标单位资格及应提交的文件。③招标程序。包括报名及资格审查、领取招标文件、招标交底会（交代要求及有关说明）、接受标书、开标、交招标文件押金或购买招标文件。④招投标双方的权利和义务、双方签订合同的原则、组织领导以及其他事项等。

结尾。应写明招标单位名称、地址、电话、电报、邮政编码等。

招标书写作的基本要求：第一，周密严谨。招标书是签订合同的依据，是一种具有法律效力的文件，内容和措辞都要周密严谨。第二，简洁清晰。招标书没有必要长篇大论，只要把所要讲的内容简要介绍，突出重点即可，切忌没完没了地胡乱罗列、堆砌。第三，注意礼貌。要遵守平等、诚恳的原则，切忌盛气凌人，更反对低声下气。

与招标公告具有同等效力的"招标邀请通知书"，其内容与招标公告的内容一样。不同的是，邀请书以书信体行文，标题直书"招标邀请书"，正文有称谓（被邀请单位的名称），开头有对被邀请者的肯定性评价，邀请书的文字更为简洁，语气更恳切。

　　招标邀请通知书通常用于有限竞争招标或谈判招标，是由招标单位邀请一些具有一定实力的知名企业前来参加投标而发送的信函文件。较之招标广告，招标邀请通知书也具有发布信息的功能，但前者的发布面更广，且属公文体文书，后者的发布对象是特定的几个，属书信体文书。招标邀请通知书由以下几个部分构成：第一，标题。其一般形式为"招标邀请通知书"。第二，称谓。即被邀请对象。第三，正文。用以说明招标目的、内容及具体事项。第四，落款。包括招标单位名称、地址、联系人、联系电话以及发文日期。

　　投标书是指投标单位按照招标书的条件和要求，向招标单位提交的报价并填具标单的文书。它要求密封后邮寄或派专人送到招标单位，故又称标函。它是投标单位在充分领会招标文件，进行现场实地考察和调查的基础上所编制的投标文书，是对招标公告提出的要求的响应和承诺。招标单位须同时提出具体的标价及有关事项来竞争中标。

　　投标书分为文字式投标书和表格式投标书。

　　文字式投标书通常由标题、正文、落款三部分构成。

　　标题。一般由投标项目和文种构成，如《××宿舍建筑工程投标书》。也可以直接以"标书"或"投标书"作为标题。

　　正文。由引言和主体组成。引言主要用于介绍投标单位的有关情况，如单位名称、法人代表、隶属关系、营业执照及资格证书、单位目前人员结构、固定资产、流动资金、设备、技术力量、单位生产经营业绩等。要求简明扼要、重点突出。主体部分应根据不同类型的投标书具体写明完成招标文件提出任务的方法、步骤等。

　　落款。应写明投标人的名称、负责人、投标日期等内容。

　　表格式投标书一般由标书封面、表头和正表组成。

　　标书封面。包括招标单位名称、投标工程名称和负责人姓名、投标书投送时间等。

　　表头。包括标题、投标企业及其法人代表签章、填写时间等。

　　正表。应按招标文件的要求写明各有关事项，如工程总标价、总工期、主要材料指标、工程质量标准以及要求招标单位提供的相关条件等。

　　制作投标书应注意的问题：其一，有针对性地认真研究招标文件。招标文件反映了招标单位的招标目的和要求。作为投标者，必须"投其所需"，同时要结合招标文件，客观地分析本单位的各项条件，判断有没有能力或希望参加该项目的投标竞争。其二，有竞争性地明确表达投标意愿。招标、投标活动的显著特点就是竞争性强。因此，投标书的写作要突出本单位的实力、优势和特色，增加中标机会。其三，要实事求是。对本单位的实力介绍要客观，对项目的分析要透彻，引用的数据要准确，确定的目标要可信，制定的措施要可行。切不可为了增加中标机会而夸大其词，采取欺骗手段。

实训评价

招标书、投标书写作实训评价表

评价项目	比重	评价内容	评价标准				自我评分	小组评分	教师评分
			优	良	中	差			
内容要素	50	主旨明确，内容无误 思路清晰，结构合理 逻辑严谨，表述确切	20 20 10		10 10 6				
形式要素	30	标题：准确、规范 正文：要素齐备，结构完整， 　　　格式规范，措辞得当 落款：齐全、规范 页码：必备、规范	5 15 5 5		3 8 3 3				
语言	20	准确、简练、规范、得体	20		10				
合计	100								

拓展思考

中华人民共和国招标投标法
第二章　招标

第八条　招标人是依照本法规定提出招标项目、进行招标的法人或者其他组织。

第九条　招标项目按照国家有关规定需要履行项目审批手续的，应当先履行审批手续，取得批准。

招标人应当有进行招标项目的相应资金或者资金来源已经落实，并应当在招标文件中如实载明。

第十条　招标分为公开招标和邀请招标。

公开招标，是指招标人以招标公告的方式邀请不特定的法人或者其他组织投标。

邀请招标，是指招标人以投标邀请书的方式邀请特定的法人或者其他组织投标。

第十一条　国务院发展计划部门确定的国家重点项目和省、自治区、直辖市人民政府确定的地方重点项目不适宜公开招标的，经国务院发展计划部门或者省、自治区、直辖市人民政府批准，可以进行邀请招标。

第十二条　招标人有权自行选择招标代理机构，委托其办理招标事宜。任何单位和个人不得以任何方式为招标人指定招标代理机构。

招标人具有编制招标文件和组织评标能力的，可以自行办理招标事宜。任何单位和个人不得强制其委托招标代理机构办理招标事宜。

依法必须进行招标的项目，招标人自行办理招标事宜的，应当向有关行政监督部门备案。

第十三条　招标代理机构是依法设立、从事招标代理业务并提供相关服务的社会中介组织。

招标代理机构应当具备下列条件：

（一）有从事招标代理业务的营业场所和相应资金；

（二）有能够编制招标文件和组织评标的相应专业力量；

（三）有符合本法第三十七条第三款规定条件、可以作为评标委员会成员人选的技术、经济等方面的专家库。

第十四条　从事工程建设项目招标代理业务的招标代理机构，其资格由国务院或者省、自治区、直辖市人民政府的建设行政主管部门认定。具体办法由国务院建设行政主管部门会同国务院有关部门制定。从事其他招标代理业务的招标代理机构，其资格认定的主管部门由国务院规定。

招标代理机构与行政机关和其他国家机关不得存在隶属关系或者其他利益关系。

第十五条　招标代理机构应当在招标人委托的范围内办理招标事宜，并遵守本法关于招标人的规定。

第十六条　招标人采用公开招标方式的，应当发布招标公告。依法必须进行招标的项目的招标公告，应当通过国家指定的报刊、信息网络或者其他媒介发布。

招标公告应当载明招标人的名称和地址、招标项目的性质、数量、实施地点和时间以及获取招标文件的办法等事项。

第十七条　招标人采用邀请招标方式的，应当向三个以上具备承担招标项目的能力、资信良好的特定的法人或者其他组织发出投标邀请书。

投标邀请书应当载明本法第十六条第二款规定的事项。

第十八条　招标人可以根据招标项目本身的要求，在招标公告或者投标邀请书中，要求潜在投标人提供有关资质证明文件和业绩情况，并对潜在投标人进行资格审查；国家对投标人的资格条件有规定的，依照其规定。

招标人不得以不合理的条件限制或者排斥潜在投标人，不得对潜在投标人实行歧视待遇。

第十九条　招标人应当根据招标项目的特点和需要编制招标文件。招标文件应当包括招标项目的技术要求、对投标人资格审查的标准、投标报价要求和评标标准等所有实质性要求和条件以及拟签订合同的主要条款。

国家对招标项目的技术、标准有规定的，招标人应当按照其规定在招标文件中提出相应要求。

招标项目需要划分标段、确定工期的，招标人应当合理划分标段、确定工期，并在招标文件中载明。

第二十条　招标文件不得要求或者标明特定的生产供应者以及含有倾向或者排斥潜在投标人的其他内容。

第二十一条　招标人根据招标项目的具体情况，可以组织潜在投标人踏勘项目现场。

第二十二条　招标人不得向他人透露已获取招标文件的潜在投标人的名称、数量以及可能影响公平竞争的有关招标投标的其他情况。

招标人设有标底的，标底必须保密。

第二十三条　招标人对已发出的招标文件进行必要的澄清或者修改的，应当在招标文件要求提交投标文件截止时间至少十五日前，以书面形式通知所有招标文件收受人。该澄清或者修改的内容为招标文件的组成部分。

第二十四条　招标人应当确定投标人编制投标文件所需要的合理时间；但是，依法必须进行招标的项目，自招标文件开始发出之日起至投标人提交投标文件截止之日止，最短不得少于二十日。

第三章　投标

第二十五条　投标人是响应招标、参加投标竞争的法人或者其他组织。

依法招标的科研项目允许个人参加投标的，投标的个人适用本法有关投标人的规定。

第二十六条　投标人应当具备承担招标项目的能力；国家有关规定对投标人资格条件或者招标文件对投标人资格条件有规定的，投标人应当具备规定的资格条件。

第二十七条　投标人应当按照招标文件的要求编制投标文件。投标文件应当对招标文件提出的实质性要求和条件做出响应。

招标项目属于建设施工的，投标文件的内容应当包括拟派出的项目负责人与主要技术人员的简历、业绩和拟用于完成招标项目的机械设备等。

第二十八条　投标人应当在招标文件要求提交投标文件的截止时间前，将投标文件送达投标地点。招标人收到投标文件后，应当签收保存，不得开启。投标人少于三个的，招标人应当依照本法重新招标。

在招标文件要求提交投标文件的截止时间后送达的投标文件，招标人应当拒收。

第二十九条　投标人在招标文件要求提交投标文件的截止时间前，可以补充、修改或者撤回已提交的投标文件，并书面通知招标人。补充、修改的内容为投标文件的组成部分。

第三十条　投标人根据招标文件载明的项目实际情况，拟在中标后将中标项目的部分非主体、非关键性工作进行分包的，应当在投标文件中载明。

第三十一条　两个以上法人或者其他组织可以组成一个联合体，以一个投标人的身份共同投标。

联合体各方均应当具备承担招标项目的相应能力；国家有关规定或者招标文件对投标人资格条件有规定的，联合体各方均应当具备规定的相应资格条件。由同一专业的单位组成的联合体，按照资质等级较低的单位确定资质等级。

联合体各方应当签订共同投标协议，明确约定各方拟承担的工作和责任，并将共同投标协议连同投标文件一并提交招标人。联合体中标的，联合体各方应当共同与招标人签订合同，就中标项目向招标人承担连带责任。

招标人不得强制投标人组成联合体共同投标，不得限制投标人之间的竞争。

第三十二条　投标人不得相互串通投标报价，不得排挤其他投标人的公平竞争，损害招标人或者其他投标人的合法权益。

投标人不得与招标人串通投标，损害国家利益、社会公共利益或者他人的合法权益。

禁止投标人以向招标人或者评标委员会成员行贿的手段谋取中标。

第三十三条　投标人不得以低于成本的报价竞标，也不得以他人名义投标或者以其他方式弄虚作假，骗取中标。

（根据网络文献整理）

🔍 案例分享

北京电视台

2014 年广告招标书

第一部分　报　名

一、竞购报名

(一)报名须知

1. 投标单位由一家企业或一家企业与一家广告公司组成，投标单位中标后称为中标单位。

2. 一家企业只能委托一家广告公司代理投标。

3. 北京电视台将对意向客户进行初步筛选，接受与相应栏目品质相契合的企业参与投标。

4. 投标单位投标报名时须携带以下文件：

(1)企业营业执照副本原件；

(2)参加投标的企业给广告公司出具的投标委托书原件；

(3)参加投标的如不是广告公司的法定代表人，须出示法定代表人的授权书原件，并加盖公司印章；

(4)代理药品、保健食品、医疗器械等特类产品的广告公司，须持有效的广告审查批准文件。

5. 投标单位报名时须将信用保证金交北京电视台（户名：北京电视台；账号：325956034101；开户行：中国银行北京电视台支行）。

6. 投标单位报名时间自 2013 年 10 月 15 日至 11 月 18 日，每日 9：00—17：00（周六、日除外）。报名地点为北京电视台广告部监管科。

7. 通过全部资格审查后，11 月 19 日领取相关材料及投标号牌。

（二）信用保证金

1. 每一投标单位在报名时须交纳信用保证金 50 万元。

2. 代理两家以上企业投标的广告公司，每增加代理一家企业，每个投标单位须增加交纳 50 万元的信用保证金。

3. 投标单位中标后，报名时交纳的信用保证金自动转为定金。在按照标书规定履行完中标义务后，企业交纳的定金将用于冲抵中标竞购项目最后一个月的广告款。

4. 未中标的投标单位的信用保证金在招标活动结束后退还或转为其他项目广告费用，退还的定金不计利息。

5. 在中标合同实际执行过程中，中标单位如弃标，定金不予退还。

二、招标竞购时间

2013 年 11 月 20 日，具体时间地点将于 11 月 18 日公布。

············

第三部分　竞购规则

（一）投标单位必须按照本标书规定提供有关证件，办理报名手续，在报名截止日期前须通过全部资格审查并按规定交纳信用保证金，领取投标号牌，方能参加招标竞购。

（二）投标单位一旦进入招标会场，即表明已经完全了解本标书的全部内容及本次招标规定，并承诺为自己的招标竞购行为承担一切责任。

（三）在竞投过程中，投标单位一经出价，即具法律效力，如出现反悔，则投标单位的信用保证金不予返还。

（四）明标项目竞投采取增价方式，投标单位出价不得低于起拍价，每次加价须以 10 万元的整数倍为单位，投标单位每次举牌即表示加价幅度递增一档。投标单位口头出价需同时举号牌，但加价金额不得低于递增一档的加价幅度。投标单位按照要求出价至无人继续加价时，招标主持人击槌确定中标单位。中标单位须现场签订中标确认书。

参与暗标投标的客户将在 11 月 19 日领取暗标标书，招标现场提交暗标标书，由招标单位当场公布投标结果，按照投标价由高到低原则，确定中标单位。每个行业只取一家。当出现同一行业两个或两个以上投标人价格一致时，进行第二轮暗标，规则不变。中标单位须现场签订中标确认书。

（五）招标竞购资源的中标单位须按规定付款：

2013 年 12 月 18 日前付足广告款的 20％作为协议保证金(含 50 万元定金)，并签订广告协议，同时按照播前付款的原则，每月 20 日前付清下月广告费。

(六)竞标成功的广告客户，本项目实付款总金额可计入全年单一品牌投放总量，但不享受单一品牌优惠政策。

北京电视台广告部

2013 年 11 月 29 日

(根据网络文献整理)

拓展阅读＞

补充读物

1. 岳海翔：《怎样撰写招标书与投标书》，载《秘书工作》，2004 年第 6 期。
2. 林美琴：《如何编写好招标文书》，载《应用写作》，2007 年第 11 期。
3. 郑彦离：《拟制招标书应考虑的三对问题》，载《办公室业务》，2014 年第 20 期。

综合实训

一、××科技学院与××有限公司按照资源共享、合作共赢的原则，一致同意通过订单式培养、学生实习与就业结合、企业在岗人员培训、设立奖学金、投入教学设施及资金等方式展开合作，并签订了校企合作协议书。请为××科技学院拟写这份合作协议书，有关内容可参阅网络文献。要求：内容充实，结构完整，层次清晰，格式规范，字数不少于 600 字。

二、张××是原××中医药大学教授，享受国务院特殊津贴的著名老中医。由于他在业内的声望，20××年退休后，有不少高校、医院和药企向他发出了聘书、邀请书和合作意向书。为了将自己的成果回报社会，他最终与××药厂签订了合作意向书，将自己研究的数十种中药方转交××药厂进行进一步规模化研发。请代××药厂拟写一份合作意向书。要求：内容合理，结构完整，层次清晰，格式规范，字数不少于 500 字。

三、××汽车空调滤清器有限公司研发了一种能够过滤 PM2.5 的新型空调滤芯。为了打开市场，该公司经与××广告公司会谈，初步确定了由该广告公司代为制作宣传画册的合作意向。请参阅相关资料，代××汽车空调滤清器有限公司写一份×牌空调滤芯说明书，并代双方拟写一份会谈备忘录。要求：内容充实，结构完整，语言得体，格式规范。

四、新年将至，××家具有限公司将要举办一次年会和一系列促销活动。请代该公司拟写一份年会活动策划书和一份春节期间营销策划书。要求：开拓思维，大胆创意，切实可行，层次清晰，语言得体，格式规范。

五、每年的 4 月 23 日是国际读书日，××大学秘书系先锋秘书协会准备在今年举办一次主题宣传活动，以提高公众的阅读意识。请代该协会拟写一份宣传活动策划书。要求：活动主题自拟，内容丰富，形式多样，切实可行，格式规范。

六、××果木工艺品有限公司以梨木为原材料研发了厨具、茶具、文房四宝等一系列产品，并可按客户的要求定做各类高档梨木礼品。请代该公司向特产礼品公司、高档礼品店、外贸企业等拟写一份推销函，并代某特产礼品公司向该公司拟写一份询价函。要求：内容充实，结构完整，层次条理，语言得体，格式规范。

七、根据相关要求完成下列写作任务。

1. 请为自己家乡的某一特产拟写一份广告文案。

要求：突出创意，内容充实，结构完整，语言得体，格式规范。

2. 请为本校或本地区的某项文化活动拟写一份广告文案。

要求：突出创意，内容充实，结构完整，语言得体，格式规范。

3. 请搜集一则广告并加以评析，注意分析其创意特色。

八、××公司准备采购一批办公设备，包括电脑、电脑桌椅、扫描仪、多功能一体机、数码摄像机、数码照相机等 36 个品目，预算金额 52.9678 万元人民币。有关设备生产商或代理商如有意愿，可于 20××年 6 月 10 日上午 10：00（北京时间）至××市××大街 8 号××大厦×××室洽谈。联系人：孙××；电话：05××-8831××××；传真：05××-8831××××；邮编：25××××。请根据上述材料分别完成一份招标书和一份投标书。

要求：要素齐备，结构完整，层次清晰，逻辑严密，不少于 300 字。

第四单元

传播文书实训

实训目标

　　理解并掌握消息、通讯、启事、声明、海报、解说词、演讲稿的写作方法、要求、格式和规范。

结构图

```
            ┌──────────────┐
            │ 消息    通讯  │
            └──────┬───────┘
                   │
              ╱────┴────╲
┌────────┐  ╱            ╲  ┌──────────────┐
│ 演讲稿  ├─┤ 传播文书实训  ├─┤ 启事 声明 海报 │
└────────┘  ╲            ╱  └──────────────┘
              ╲────┬────╱
                   │
            ┌──────┴───────┐
            │   解说词      │
            └──────────────┘
```

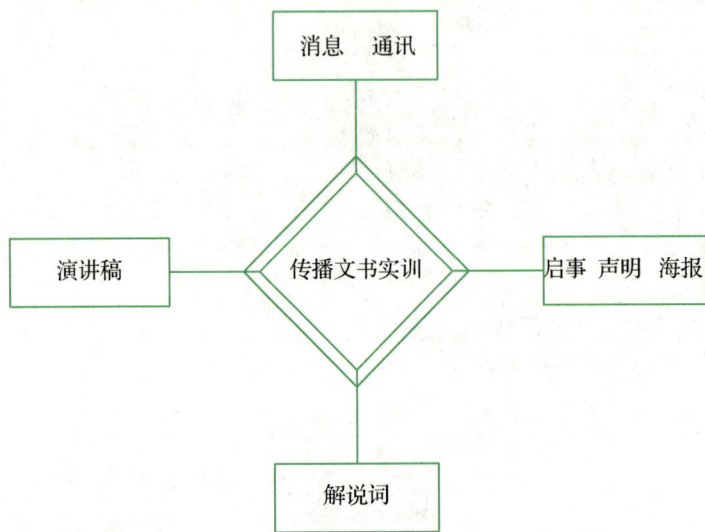

实训一
消息   通讯

🎯 情境植入

　　"两会"是"全国人民代表大会"和"中国人民政治协商会议"的简称。每年3月份"两会"先后召开全体会议一次，每5年称为一届，每年会议称×届×次会议。由于两个会议基本上在每年初春的大致相同时段召开，故简称"两会"。"两会"分为全国两会和地方各级两会。"两会"召开的意义在于把"两会"代表从人民群众中得来的信息和要求进行收集及整理，传达给党中央，"两会"代表代表着广大选民的一种利益，代表着选民在召开两会期间，向政府有关部门提出的自己的意见和要求。每年两会召开期间，各媒体都聚焦"两会"，众多记者也从不同角度报道两会。其中，最常见的报道文体是消息和通讯。

📋 实训材料

　　材料一：根据班内出现的新情况、新问题写一篇消息，字数在300字左右。

材料二：运用下列材料写一则小通讯，要求注意场景或细节描写，并适当地做到叙、议结合。

美国卡尔顿自然博物中心有一位肯诺教授，常亲自烹饪一些昆虫食品款待客人。前不久他举行了一次"昆虫宴"。菜肴有油炸蝗虫、蟋蟀拌花生米、纽堡酱拌蚱蜢等。参加者有75人，都是对昆虫类新食品有研究的学者，他们吃后颇感满意。肯诺认为，昆虫含丰富的蛋白质，将来人们会习惯吃这些菜肴，如同现在吃豆制品一样。

（摘自《世界之窗》）

材料三：将下面的通讯改为消息。

扎根"农门"终不悔
——记全国先进工作者胡龙送

他先后获得19项农业科技成果奖，参与省高效吨粮田种养模式研究与开发课题，开发6种高效种养模式，应用面积每年在10万亩以上，为农民年均增收6000多万元。他放弃了无数次跳出"农门"的机会，扎根田土。他就是全国先进工作者、双峰县高级农艺师胡龙送。

坚守"农门"，最大的愿望就是让乡亲们能够吃饱饭。1986年胡龙送任双峰县农业局局长，岗位变了，职务变了，可胡龙送一心从事农业的心没变。在他任局长期间，双峰县相继成为全国商品粮基地、省以工补农重点县、省瘦肉型生猪基地。在局长的岗位上，胡龙送做出了令人瞩目的成绩，但他总是感到离基层群众越来越远，不少繁杂的事务缚住了他农科研究和指导农业的手脚。1988年，经过慎重考虑，他向组织递交了辞去农业局局长的辞呈。居然有人不想当官？这在当时是一个特大新闻。组织部门以为他是有情绪，多次上门做工作。他真诚地说："我不一定是一个很好的行政干部，但搞技术更能发挥我的作用，也更适合我的性格。"就这样，他辞去了农业局局长的职务，专任农业技术推广中心主任。

他一心扑在农业技术研究和推广上，取得了累累硕果。双峰县1991年双季稻田亩产达1024公斤，率先跨入全省吨粮田先进行列，1995年水稻单产名列全省第一，被国务院授予全国粮食生产先进县。这些成绩的取得，胡龙送和他的农业科技战线的同事们没少流汗水。1993年，由省吨粮田办牵头，10个县市参与，成立湖南省高效吨粮田种养模式研究与开发课题协作组，已被聘为高级农艺师的胡龙送就是课题组主要成员，成为该项目在双峰县的主持人。5年中，他从13种种养模式中筛选出6种适合双峰县县情的高效模式，在全县推广。1994年至1998年，双峰县累计推广高效吨粮田56万亩，每亩增产397公斤，累计新增总产22232万公斤。20世纪80年代末，他带队在该县大村乡成片试种杂交早稻"威伏49"1000亩，经省、地专家验收，比常规早稻每亩增产104公斤。"杂交水稻之父"袁隆平到基地考察后，称这是全省杂交稻技术推广的一项新突破。

胡龙送参加工作以来，28个春秋战斗在农业科研第一线，作为主要研究者和推广者，获得农业科技成果奖19项，其中农业部一等奖1项，湖南省三等奖2项，省农业厅一等奖3项。去年7月被省人事厅、农业厅推荐为"全国农村优秀人才"，11月被双峰县推荐为"娄底市有突出贡献的专家"。

去年9月，胡龙送已离岗，双峰农技推广中心返聘他为顾问，在没有一分钱报酬的情况下，他仍然每天坚持下乡指导农业生产，天天出现在田间地头。他说："我是农民的儿子，我的根在农村，我的魂在田野。只有走进希望的田野，我才能感到自己的价值。"

（来源：湖南日报，2006年1月16日）

讨论分析

1."材料一"中所要完成的消息应该怎样写？举例分析说明。

2."材料二"中所要完成的通讯通常可分为哪几类？这几类通讯的写作分别有什么要求？

3."材料三"中消息和通讯有何异同？

任务与要求

任务一：根据上述三则材料，分别撰写相应的消息或通讯。

要求：文种准确，要素齐全，结构合理，格式规范，表述得体。

任务二：收集近期国内外媒体报道中的一则消息和一篇通讯，并分别分析其写作方法及技巧。

要求：1. 以小组形式收集并讨论，每组3～5人；2. 讨论结束形成记录稿，每组选一人作为代表，进行课堂汇报。

实训总结

消息是用概括叙述的方式，以简明扼要的文字，迅速及时地报道最新事实的短篇新闻。根据内容，消息可分为动态消息、综合消息、经验消息、述评消息、人物消息；根据结构，消息可分为标题新闻、无标题新闻和短讯。

除了短讯，消息一般是由标题、导语、主体和结尾四个部分组成。

标题。消息的标题形式有单式标题和复式标题。例如：

单式标题（单行式）：

长江巫峡溶洞新发现古人类遗址（正题）

单式标题（双行式）：

助力职教发展

建设美丽新疆（正题）

复式标题（双行标题：引题＋正题）：

贪污挪用接受贿赂（引题）

"副"局长变成了"富"局长（正题）

复式标题（双行标题：正题＋副题）：

"历史真相永远不会被掩盖"（正题）

——南京大屠杀纪录片《太平门消失的 1300 人》在日本上映（副题）

复式标题（三行标题：引题＋正题＋副题）：

四部门推医疗服务价格改革（引题）

服务价格升　药品费用降（正题）

公立医院特需服务定价"松绑"（副题）

撰写消息标题应力求做到：虚实结合、准确贴切、简洁工整、新颖生动。

导语。导语是消息的开头，需要用最精粹的文字，简明扼要地把消息中最重要、最新鲜、最吸引人的事实及其意义表达出来。导语的表达形式非常灵活，如概括式、议论式、史料式、悬念式、诗句式、散文式等。消息的导语究竟采用何种形式，取决于报道的具体事实与主题思想，写作者要充分发挥自身的主动性、积极性，选定一个引人入胜的理想表达方式。

主体。主体是导语的展开或续写部分。主体承接导语对新闻事实做进一步报道，以满足读者对事实进一步了解的需要。

结尾。消息的结尾承接主体，是篇末对全文的简短总结。有时也可以没有结尾，事实叙述完毕就自然结束。

此外，为了便于读者了解所报道事实的历史、环境和原因，消息中往往还需要采用新闻背景材料，即与新闻事实有联系的历史条件、社会环境、政治原因、地理特征、科学知识等材料。新闻背景材料对主要新闻事实起到对比衬托、补充说明或详细注释的作用，因此可分为对比性背景材料、说明性背景材料和注释性背景材料。需要注意的是：新闻背景材料只是新闻的从属部分，不能喧宾夺主，因此背景材料必须要与新闻主题有利害关系，与主题无关或用得过多，只会冲淡主题或淹没主题。

一般而言，消息通常采用的结构形式为"倒金字塔式"结构。所谓"倒金字塔式"结构，就是把最重要的材料放在开头，比较重要的随后安排，再次的再向后排，最不重要的放在最后。这种写法的意义在于：一是便于阅读，二是便于编辑，三是便于写稿。

通讯是综合运用多种表达方式，详细、深入而又生动形象地报道新近发生的事实的新闻体裁。根据通讯的内容和写法，一般将通讯分为人物通讯、事件通讯、工作通讯和风貌通讯。

通讯一般由标题、开头、主体和结尾组成。

标题。通讯的标题多数为单行式，有的有副标题，副标题只是交代报道的对象和新闻的来源。

开头。通讯的开头多姿多彩、不拘一格，主要有直起式和侧起式两种方式。①直起式。开门见山，直述其人其事，直接抒发感情或直接发表见解。②侧起式。利用铺垫的方法娓娓道来，然后再进入正题。

主体。主体是通讯的主干部分，是继开头之后对事件或事实的报道。从通讯的内容来看，叙述单一事实的多采用时序结构，而综合性通讯多采用逻辑结构。

结尾。结尾通常采用自然收束、卒章显志的方法。

同为新闻文体，消息与通讯有相似之处，如都依据采访报道，凭事实说话；都报道新近发生的人物和事件；都报道人民迫切关心的问题等。同时，两者又有很多不同点，具体而言包括：其一，通讯报道的事实比较详尽、完整，往往注重细节的刻画，而消息则较为简略，大多一事一报；其二，消息在结构、表达方式和语言等方面都具有一定的程式性，而通讯文体相对较为自由，表达方式多样，语言常有新颖独特的创造性运用，比消息更具形象性、生动性；其三，通讯强调报道的完整，选材要求更详细、深刻、生动、典型，因此较消息的时效性差。

消息与通讯的写作需要特别注意新闻角度的问题。新闻角度是寻找、透视、挖掘和表现新闻事实的立足点与窗口。选择新闻角度的目的，就是要把事实的新闻价值更加充分、更加突出地挖掘和显现出来，更好地起到新闻报道吸引人、感染人、教育人的作用。从新闻实践看，新闻角度一般分为挖掘角度和表现角度，前者以采访为主，后者则偏重写作采集，二者互相关联，互为补充，进而使角度变得独特和鲜活起来。

实训评价

消息写作实训评价表

评价项目	比重	评价内容	评价标准				自我评分	小组评分	教师评分
			优	良	中	差			
内容要素	15	标题：准确，简练 醒目，新颖	15		10				
	15	导语：精炼，简洁 新颖，灵活	15		10				
	60	主体：要素齐全，真实准确 结构合理，层次清晰 表述客观，语言流畅	20 20 20		14 14 14				

续表

评价项目	比重	评价内容	评价标准				自我评分	小组评分	教师评分
			优	良	中	差			
	10	结尾：自然，简洁 照应，深化	10		7				
合计	100								

通讯写作实训评价表

评价项目	比重	评价内容	评价标准				自我评分	小组评分	教师评分
			优	良	中	差			
内容要素	15	标题：鲜活，生动 精当，新颖	15		10				
	15	开头：精辟，简要 创新，灵活	15		10				
	60	主体：立意深刻高远， 材料真实典型 结构合理完整， 层次条理清晰 表达方式得当， 语言生动流畅	20 20 20		14 14 14				
	10	结尾：自然，灵活 照应，深化	10		7				
合计	100								

拓展思考

消息写作的传统观念认为，消息写作只是"冷血型"的客观事实再现，不能融入作者的主观情感，只要消息中的五个"W"、一个"H"交代清楚了，消息写作的任务也就完成了，读者的需求也就得到满足了。那么消息写作过程中是否可以融入作者的情感呢？如果可以，其途径又有哪些呢？

消息写作中的作者情感是作者对于已知社会关系认知的态度反映内化，通过消息稿件的文字表述方式外化出来。这种社会化情感具体包括作者自身的人文素质、作者对新闻事件当事人的情感体悟、对事实当事人的人文关怀、对消息中提及的专业术语进行大众化解释的自觉程度等。在这几点当中，人文素质最为关键，决定着其他几种情感的养成。

作者情感融入消息的途径：①提高作者的新闻情感意识。②撷取典型镜头，构筑视觉形象，创造意境。③借鉴文学语言，采用散文笔法。④挖掘消息事实本身的情感。⑤彰显消息中人物的情感。

（节选自范增友，石永鑫：《消息写作中的作者情感》，载《应用写作》，2008 年第 5 期。有加工整理）

消息写作中存在的问题主要有：第一，会议消息无新意。有些会议消息的写法几乎千篇一律，写作方法还是常规化，老套路。第二，稿件冗长废话多。有些消息稿件过于冗长，尤其是一些工作类报道，有的记者总是想把稿件写大，主要事实、次要事实，甚至是可提可不提的事实都罗列在稿件中，导致稿件拖沓、冗长，读起来索然无味，时间长了，读者自然对报纸失去了兴趣。第三，角度选择不够好。选择报道角度如同选择切割钻石的角度一样重要，它关系到一篇报道是否能够光彩夺目。一篇报道是否能够引起读者的关注，并使读者兴致勃勃地读下去，往往取决于报道的角度是否独特。有些消息的写作角度单一，容易出现平铺直叙、不生动、不形象的缺陷。第四，导语写作程式化。导语是消息的眼睛，读者在读报时特别注意导语，一则好的导语能够吸引读者看完全文，反之则令人弃之不看，由此可见导语的重要性。但是写作中存在着导语程式化、常规化、一般化的问题，有的为追求"六要素"俱全，导致导语太长；有的导语中心太多，这也讲，那也说，这就容易使读者看后不知所云；还有的导语平平，不吸引人。第五，标题制作不够精。标题是一篇消息的重要组成部分，标题概括、提示、评价消息的内容，揭示新闻的本质，吸引读者的阅读兴趣。标题的好坏直接影响消息的新闻价值。我们在写作消息时，对标题的重视程度往往也不够，一些懒标题、长标题常常出现在一些记者的稿件上，一些标题还容易使读者产生歧义。第六，事实和数据模糊不清。在一些消息稿件中，有时会出现事实模糊，人名、职务、数据不清的问题，比如涉及税收、采访对象职务弄错的情况，这与采访粗糙、不细致、不深入有直接关系。

（节选自王鸿艳：《消息写作中存在的不足和问题》，载《中国地市报人》，2015 年第 7 期。有加工整理）

通讯写作中的常见问题主要有：第一，盲目模仿，主题缺乏提炼。有些通讯本来是写一个单位的先进人物或小事件的，但是作者为了突出报道，把通讯写得"漂亮点"，便模仿全国性典型报道的模式，拉开架子，把标题写得大无边，如"驰骋某地写赤诚""昭昭公仆心"等；有的通讯从当事人的经历写起，一直写到现在，面面俱到却没有重点。第二，夸大其词，通讯广告化。近几年报纸上出现了一种特殊的广告形式，即雇用几个文人把企业领导人如何英明等事迹写成长篇新闻人物通讯，对他们进行吹捧。

这种形式在公共关系上就是所谓的"新闻策划",这种"新闻策划"属于商业行为而非真正的新闻报道。它在形式上与一般的通讯相同,但它的实质不是通讯,而是一种"软广告"。第三,结构程式化,语言套路化。通讯的写作既要遵循新闻写作的一般规律,符合通讯文体特点,又要不拘一格,敢于创新,力求别开生面。那些结构程式化、语言老套话的通讯作品,只能令人读而生厌,如"提起某某某,大家都翘大拇指,说他真是个好人""他一心只扑在工作上,而不顾自己的家庭""他是这样说的,也是这样做的""他兜里揣着病假条,坚持工作"等。产生这种俗套的原因只有一个,即作者没有深入采访,缺乏活的材料,于是靠表面情况加套话编织成文。第四,通讯报道文学化。通讯属于新闻体裁的一种,而真实性是通讯的基础,在真实性的基础上,把文学手法合理运用到通讯的写作当中能更好地让读者接受,使通讯超越表层的认知意义,升华出新的哲理,把通讯带到一个更高的境地。但是过分文学化的通讯,失去了真实性的基础,就变成了报告文学,甚至是文学作品了。

（节选自张国平:《通讯写作常见问题及对策》,载《采写编》,2012年第6期。有加工整理）

🔍 案例分享

全国性新闻奖项评选中,地方新闻单位显露头角相对少些,因为记者编辑难免受限于偏居一隅的视角,在把握全局性意义的题材方面需要跳出原有的视线。苏州日报的消息《昆山31万农民刷卡看病》,以小见大,抓住了具有时代特征的题材,对事实信息的展现充分,写作结构方面也可圈可点。

像城市人一样刷卡看病,反映了中国农村居民生活方式的一种变革。虽然报道的是一个县级市率先实践,但这是中国几代农村人口的梦想。着眼于宏观,着手于微观,用具体的事实凸显主流趋向,这样的题材本身就具有相当的典型性,以小事件见大主题。通常重要新闻的传播,一般都是首选消息这个体裁,以便产生传播的"首因效应",这也从一个侧面显示出消息体裁传播新闻的效用。在有限的篇幅中如何运用凝练的文字充分展示更多的关于事实的信息,需要记者选择素材和文章布局的才能。

举凡文章,都很讲究开头。晋朝陆机在《文赋》中说,"立片言以居要,乃一篇之警策。"对于消息,便要在导语的写作上下功夫。通常,读罢导语就能获知发生的基本事实,而且一定程度上被知晓的事实应当是完整的,可以作为简讯或一句话新闻来使用。"从昨天起,昆山31万多农民也可以和城里人一样'刷卡'看病了!"这篇消息的开头采用的是概括式导语,单刀直入、言简意赅地点明了事实的要点。

美国哥伦比亚新闻学院的麦尔文·门彻教授谈到导语写作时建议："导语要简短，句子控制在 25 个词以内，要使用具体的名词和生动的行为动词。"而我们看到的国内消息的导语，通常在百字以上，这种用一句话点明事实要点的导语就显得需要关注和学习了。其实，对于这类动态新闻，受众最关心的是发生了什么，至于具体实施标准、运作模式如何，可以交给消息主体部分去完成。这样可以减轻导语的负担，也帮助受众提高了阅读效率，在最短的时间内对事实有了概览性的把握。导语点明主题后，这条消息的主体得到有计划的延伸。消息的结构基本属于"倒金字塔结构"，新闻素材的安排明显地有层次，讲递进，纵横交织，多维度地展现事实，但它又不是完全的倒金字塔结构。在倒金字塔结构中，消息的最后一段是最不重要的，而这条消息的最后一段，无形中揭示事实的重要性方面，是不可或缺的一段。它通过与城镇职工医保的比较，使导语、结尾首尾相顾，凸显出事实的另一内涵——农民刷卡看病对于"城乡一体化"进程的重要意义。

在对导语进行必要的说明后，作者安排一个具体事例，给人以很强的画面感，从相对抽象地谈到发生的基本事实，转而具象到一位当地老太太买药的场景。这是一种场面的白描，除了使文章显得生动外，"划卡消费 9.5 元，卡上余额 140.5 元"这样的叙述无形中告知了文字之外的潜在信息：老太太消费的是寻常药品，价钱不高。看病花大钱，一直是农民们的一大忧虑，现在看到这个情形，这种忧虑就可以打消了。

随后，相对次要的背景内容以及一些补充性材料被安排到后面几段，如医保的筹资标准、覆盖范围以及对特殊群体的倾斜等。这样的结构，无形中显示了素材的轻重缓急。没有时间看报的人，只要看了第一句，或者再多看几行，即使来不及再读下去，基本事实已经知道了。

"要展现，不要单纯讲述"，这是消息写作的一个要领。消息的基本写作方式就是叙述，但是叙述必须有结构，即文章的骨架。展现，便是通过结构安排得到的一种文字之外的逻辑意义。记者保持着客观的态度，但通过对新闻事实的选择，实际上体现报道的意图。

在辞章上，这条消息不过 800 多字，语言平实凝练，数字的使用不多，但恰到好处，让人不得不关注。"农村居民每人每年只要缴纳 50 元，如果不幸遭遇大病，最高可以得到近 1100 倍的补偿，也就是说，最高可以报销到接近 55000 元！"这样对数字的形象解读，是在用事实说明事实，不动声色地宣传。

这条消息应该属于优秀之列，但也存在着一些需要指出的问题，我们在学习它的优点的时候不要把缺点也学了去：

第一，该文倒二段伊始的"据悉"是一处败笔。交代消息来源是对消息的基本要求，在这里不说"据"哪里"悉"，其实是没有执行记者的职责。事实发生时记者恰好在现场的情形很少，因而绝大部分新闻都是"据悉"（采访）来的，如果不告知受众据哪里悉，这个"据悉"便没有任何意义，是多余的词。现在"据悉新闻"满天飞，是因为一些记者误以为"据悉"是个专业用语。其实不然，没有内容的"据悉"恰恰是最不规范、没有专业色彩的用语。

第二，"农民"是一种笼统的职业概念，与"农村居民"的概念内涵不同，这条消息将"农村居民"的概念与"农民"的概念混淆了。根据倒二段的说明，"31 万"这个数字包括"居住在农村的小城镇户口"，总计有：儿童 4.3 万多人，17～60 岁的 18.9 万多人，60 岁以上老人 7.7 万多人。儿童能说是农民吗？城镇人口算是农民吗？较为准确的说法应该是：昆山 31 万农村居民刷卡看病。

第三，倒二段在提到儿童、17～60 岁和 60 岁以上的数字后，接着写道："另外还有 6000 多名人均年收入在 2000 元以下的农村低保人口"，也就是说，前面的统计不包括这 6000 人。但是从作者使用的"31 万"这个数字看，显然这 6000 人应包括在前面的统计数字之内，否则就应当至少是 32 万。问题出在随意使用的"另外还有"这个词上，使用"其中"一词就通了。对消息的每个用词都要认真掂量，看来，无论怎样强调这一点都不过分。

原文：

昆山 31 万农民刷卡看病

苏州日报讯（记者　高坡）从昨天起，昆山 31 万多农民也可以和城里人一样"刷卡"看病了！

昨天，该市 7 个行政村发放点的上千名老百姓都领到了一本墨绿色的《昆山市农村居民基本医疗保险证》和一张 IC 卡。此举标志着昆山农村基本医疗保险工作开始进入全面运作阶段。凭着这张 IC 卡，昆山的农村居民在该市的任何一个医保定点医疗单位都可以自由"刷卡"就医。根据该市的具体实施办法，农村居民每人每年只要缴纳 50 元，如果不幸遭遇大病，最高可以得到近 1100 倍的补偿，也就是说，最高可以报销到接近 55000 元！昨天下午，在该市周市镇市北村的社区卫生服务站，村民张燕君拿着刚刚领到的医保 IC 卡开始了自己 70 岁生涯中的第一次"刷卡"看病经历。经过一番"望闻问切"，社区医生给她开具处方，一盒是感冒清胶囊，一盒是珍菊降压片。收银处是一套崭新的电脑设备，输入处方，卡一刷，随即打出一张清单，显示划卡消费 9.5 元，卡上余额 140.5 元。老太太开心得合不拢嘴："没想到政府为我们老百姓考虑得这么周到，送钱给我们看毛病！"

根据昆山的农村医保施行办法，筹资标准为每人每年 200 元，这个标准目前是全国最高的，其中市镇两级财政各补贴 65 元，村集体补贴 20 元，农民自己支付 50 元，今年该市财政将拿出 6000 万元用于医保补贴。

据悉，昆山农村医保覆盖包括居住在农村的小城镇户口，其中 16 岁以下的儿童 4.3 万多人，17～60 岁的 18.9 万多人，60 岁以上的老人 7.7 万多人。另外还有 6000 多名人均年收入在 2000 元以下的农村低保人口，均采取倾斜政策，不用缴纳一分钱，无门槛进入这个保障体系。为 60 岁以上的老人建立个人账户，由保险基金每年自动注入 150 元。

昆山医保中心工作人员介绍说，昆山的农村医保，除了筹资标准低于城镇职工，因而报销补偿的具体数额不一样外，在运作管理模式上已经与城镇职工的医保没什么两样，就连报销的医药范围和 5000 元报销起付线都是一样的。

（陈力丹，张晶：消息重在信息的充分展现——评第 15 届中国新闻奖一等奖消息《昆山 31 万农民刷卡看病》，载《新闻与写作》，2006 年第 1 期。有加工整理）

拓展阅读＞

补充读物

1. 马国骏：《消息写作主体性引论》，载《应用写作》，2000 年第 12 期。

2. 黄立平：《消息写作中的"隐形情感"定位》，载《广西社会科学》，2003 年第 12 期。

3. 杨保军：《倒金字塔——新闻思维的规律性结构》，载《新闻战线》，2008 年第 6 期。

4. 李展：《消息写作中的"潜规则"》，载《秘书之友》，2016 年第 11 期。

5. 杨顺东：《从新闻通讯角度谈语言表达艺术》，载《新闻与写作》，2011 年第 2 期。

6. 孔祥科：《通讯的"新闻性"、"史传性"和"文学性"》，载《新闻爱好者》，2012 年第 20 期。

7. 孙健：《消息与通讯比较研究》，载《中州大学学报》，2001 年第 2 期。

实训二
启事　声明　海报

情境植入

情境一：信息工程系图书管理员在学期结束前整理图书，发现少了《格林童话集》和《科技制作 100 法》这两本书，便写启事张贴在图书馆门口，希望借阅后忘了归还的同学速来归还。

情境二：近期，有读者向《××学刊》杂志社反映：某些网站和个人冒用该社名义，以代为发表论文为幌子实施诈骗，向读者收取版面费、定金、合作费等费用，严重损害了读者利益和该社声誉。为此，《××学刊》杂志社特向全社会发表严正声明，具体内容如下：1. 我社刊发稿件不收取任何费用，且我社未与任何单位和个人建立过采编合作关系，未委托任何机构或个人进行征稿或代为接收投稿；2. 我刊统一采用网上采编平台处理稿件，不接收纸质投稿和其他形式的投稿，作者投稿的唯一途径为《××学刊》杂志社官方网站，任何其他投稿方式和地址均为假冒；3. 我社对论文的评审取舍以学术质量为硬标准，实行符合国际学术期刊惯例的专家匿名审稿制度，并经过编辑初审、专家匿名外审、总编终审"三审"流程后确定是否用稿，以保证公正地进行学术评价；4. 我们强烈谴责某些机构或个人冒用我社及其他期刊的名义征稿敛财，损害广大读者利益和我社名誉的行为，对于这些行为，我们将进行追查，并在必要时诉诸法律。希望广大读者、作者一旦发现有冒用我社名义敛财的欺诈行为，及时联系我们或向相关部门举报，以避免更多的人上当受骗。

情境三：××大学秘书系每年4月都会举办一系列秘书节活动，活动策划及实施都由该系学生组织——先锋秘书协会承担。为了大力宣传秘书节及秘书学专业，先锋秘书协会的各位同学精心设计制作了秘书节活动的系列宣传海报，在全校乃至校外都产生了非常大的影响。

实训材料

材料一：远景网络有限公司于2015年7月1日开业。这是一家提供汉语言知识教育教学服务的专业知识型网络公司。7月1日至28日开业期间，对新会员赠送免费大礼包，对老会员赠送180天免费使用权。公司地址：广大市解放路49号；电话：87654321。根据以上材料，写一则开业启事。

材料二：在台湾著名诗人文晓村的支持下，郑州大学与郑州大学报在举办四届"文晓村新诗创作奖"征诗活动的基础上，继续举办第五届征诗活动。请你以郑州大学报的名义，写一份征诗启事，征诗的有关内容自定。

材料三：先锋文学社要扩大规模，准备面向七年级至高二的学生招收文学编辑若干名、美术编辑若干名，请你以先锋文学社的名义写一份招聘启事。

材料四：某声像出版社发现各地不少音像制品商店在销售非法复制该公司出版的录音盒带。这种盗版行为不仅严重损害了该公司的声誉和经济利益，也给广大消费者带来损失，并扰乱了市场经济秩序。请以该公司名义写一份声明，要求非法复制者停止非法复制活动，销毁尚未出售的非法复制品，各销售单位停止销售非法复制品，否则将追究相关法律责任。

材料五：某高校离职教师王明以学校名义开班进行公务员考前培训，请以该学校名义发表声明，说明该教师的行为与学校无关，学校不承担相关法律责任，并保留对王明的追诉权利。

材料六：主题海报设计

作品主题：2013 年是中国城市无车日活动连续开展的第七年。每年的中国城市无车日活动都会聚焦于一个与可持续交通相关的话题，即活动主题。2013 年的活动主题是"关爱城市 绿色出行"，旨在突出强调促进城市可持续发展，既是城市政府的职责，也是城市居民的义务，需要城市政府和居民共同提高认识、采取行动，进一步改善绿色出行条件，更多地选择绿色出行方式。本次征集活动的所有作品主题内容，必须围绕 2012 年中国城市无车日活动主题"关爱城市 绿色出行"。

作品需要融入人与自然和谐相处的理念，宣示绿色交通方式对改善环境，促进城市和交通可持续发展的作用，体现公共汽（电）车、轨道交通、自行车、步行等绿色交通方式带给人们的便利、经济和健康。

作品类型及要求：从亲历者、参与者、组织者、受益者的不同角度、不同侧面，以海报形式展示城市无车日活动风貌，宣传以"绿色交通"为核心的活动理念。

1. 海报作品应创意新颖、构图简洁、特色醒目、形象生动，要具有很强的视觉冲击力。

2. 具体格式要求：

① 海报尺寸：A3 纸。

② 海报中必须出现的文字内容："2012 年中国城市无车日"（海报标题）、"9 月 22 日"（举办时间）、"关爱城市 绿色出行"（活动主题），以及"中华人民共和国住房和城乡建设部"（主办单位）。

③ 采用彩色图形设计，应考虑在各种载体和环境中制作运用，并能以不同的比例尺寸清晰显示。

3. 创意说明，不少于 100 字。

材料七：校园公益广告海报设计

1. 作品内容：反映各项公益事业，突出"公""益"，主要包括校园文明、校园礼仪，同时也包括反映社会道德风尚、环保、健康、卫生、和平、禁毒、希望工程、尊重知识、权益保护、安全、和谐社会等。

2. 作品形式及要求：海报尺寸为 A3 幅面。

3. 创意说明，不少于 100 字。

讨论分析

1.“材料一”“材料二”“材料三”分别是什么类型的启事？主要内容应包括哪些？

2. 除了“材料四”“材料五”这两种情况，还有什么时候需要使用“声明”文种？

3.“材料六”“材料七”海报写作和设计有何要求？

4. 启事、声明、海报有何区别？

任务与要求

任务一：根据上述七则材料的要求，制作相应的文书。

要求：文种准确，要素齐全，结构合理，格式规范，表述得体。

任务二：以“何谓告启类文书”为题，课堂讨论交流。

要求：1. 以小组形式讨论，每组 3～5 人；2. 讨论结束形成记录稿，每组选一人作为代表，进行课堂汇报。

实训总结

启事是单位或个人用简洁的文字向公众声明某事或希望协助办理事情的文章。启事广泛地运用于人们的日常工作、学习和生活中，是一种简便灵活的应用文体。启事可分为三大类：第一类是征招类启事，包括招生、招聘、招标、招工、招领、征稿、征婚、换房等启事；第二类是周知类启事，包括迁移、更名、更期、开业、停业、竞赛、讲座等启事；第三类是寻找类启事，包括寻人、寻物启事等。

启事由标题、正文、结尾和具名构成。

标题。直接写“启事”或加上启事的内容，即“招聘启事”“开业启事”等。

正文。正文的内容一般要求写清楚启事的具体事项。不同类型的启事，正文的内容应有所不同。

招聘启事。正文中主要介绍招聘单位的性质、所在城市、地理位置及企业的基本经营状况；应聘者的条件，包括招聘的岗位、性别、年龄、学历、专业、工作经历等；应聘者的工作待遇、优惠条件；报名办法、需要准备的个人资料；招聘单位名称、地址、电话、联系人、网址。

开业启事。正文中主要介绍开业企业的名称、开业时间，开业企业主要经营的商品介绍，开业期间为消费者提供哪些优惠让利服务，开业优惠活动的起止时间，开业企业的名称、地址、电话、联系人、网址。

征文启事。正文中主要介绍征文的目的，征文的主题，征文的范围，征文的要求，征文的起止时间，征文评选的办法、设立的奖项及奖金标准，欢迎应征的礼貌语。

结尾。启事常用"此启"或"特此启事"作结尾语，一般写在正文之后，也可以提行写。另外，一些启事也有特定的结尾语。例如，寻人启事、寻物启事的结尾语有"谨致谢意""定有酬谢"，遗失启事的结尾语有"声明作废"，招领启事的结尾语有"请失主前来认领"，征订启事的结尾语有"欢迎订阅"，征文启事的结尾语有"欢迎赐稿"，等等。启事有时也可以不写结尾语。

具名。正文后一般写明企业名称、联系地址、电话、联系人姓名、日期等。在公共场所张贴的单位启事，一般要加盖公章，以示负责。如标题中已有单位名称，也可不再具名。

启事写作的注意事项：第一，启事的内容应具体简洁，针对性强，有关事项陈述清楚，篇幅短小精悍，一文一事。第二，启事的语言表达要求准确、恰当，语气掌握讲究分寸，有些启事希望获得别人的协作、帮助，语言要诚挚恳切，使人能够做出积极的反应。

声明是机关团体、企事业单位对重大事件、重要问题表明自己的立场、态度和观点的应用性文书。声明的种类主要有两类：一类是国家、政党的重要声明，如联合声明等；另一类是机关团体与个人发布的一般性声明，如遗失声明、注销声明、离职声明等。

声明由标题、正文和结尾构成。

标题。一般由单位名称、事由、文种组成。文种前有时加"严正"，有的声明单位授权××律师，在标题上也标明。简单的标题，就写"声明"即可。

正文。主要包括两个方面的内容：其一，陈述声明的缘由及有关事项。陈述有哪些方面的侵权行为，陈述遭侵权的具体情况，如时间、采用的方法、手段。其二，阐明态度。对侵权者发出严正警告，停止一切侵权行为，否则将使用法律武器进行维权诉讼。

结尾。注明声明者的单位名称、日期。

声明写作的注意事项：第一，声明的目的是维护权益、信誉，将损失降到最低，虽通过媒体向公众发布，但写作时应具有针对性，直接对侵权者发出警告，表明鲜明的态度与严正的立场。第二，直截了当、郑重地宣布声明的事项，语言准确严肃，语气果断坚定，没有回旋的余地。第三，声明可以由企业发布，也可以授权给律师，由律师代表企业发布，还可以由企业和律师共同发布。

海报是主办单位向公众报道举行文化、娱乐、体育等活动的一种事务文书。根据内容的不同，海报可分为公益海报、商业海报、政治海报、文化海报等。海报一定要具体真实地写明活动的地点、时间及主要内容；文中可以用些鼓动性的词语，但不可夸大事实；海报文字要求简洁明了；海报的篇幅要短小精悍；版式可以做些艺术性的处理，以吸引观众。

　　海报和启事的区别：其一，内容不同。启事可以反映政治、经济和生活等多方面的内容，而海报则主要负责文化艺术、体育学术等属于公益事业方面的消息。其二，形式不同。启事一般只以文字的形式来告知，海报则可以配上照片、图画，图文并茂。其三，公布方式不同。启事除张贴外，可以登报，用广播、电视传播。海报只能在公告场所张贴、悬挂。此外，启事较严肃，海报生动活泼；启事语言朴素，海报则可以用夸张性的语言。

实训评价

启事、声明、海报写作实训评价表

评价项目	比重	评价内容	评价标准				自我评分	小组评分	教师评分
			优	良	中	差			
内容要素	50	要素完备，真实准确	10		5				
		事件：清晰、严谨、完整	20		10				
		主题：明确、突出、合理	10		5				
		语言：简练、得体、规范	10		5				
形式要素	50	标题：准确、简练、规范	10		5				
		开头：简练、清楚、灵活	10		5				
		主体：完整、严密、清晰	20		10				
		结尾：自然、简洁、得当	10		5				
合计	100								

拓展思考

　　启事是单位或个人因有事情需要公开说明或者希望大家帮助办理而写出来的书面文字。它通常具有内容简明扼要、语言通俗易懂、使用广泛、短小便快的特点。它常以报刊刊登，电台、电视台播出，公共场所张贴的形式传播。但是，我们在报刊上、电视上、公共场所广告栏上时常见到的是"启示"而不是"启事"。例如，《文学评论》"《当代文学研究资料与信息》编辑部启示"（1991 年第 4 期），《文学评论》《文学遗产》杂志重要启示"（1991 年第 5 期）。显而易见，这两则"启示"均应写作"启事"才对。

　　"公告"与"启事"虽同属应用文体，但性质不同。"公告"属国家法定公文文种，"启事"则属事务文书，二者切不可混同。

　　"公告"是"向国内外宣布重要事项"而使用的一种公文。它具有庄重性、严肃性、慎重性的特点，它具有法律和行政效力。公告的内容必须是国内外关注的大事，它通过报纸、电台、电视台公开郑重地发布。公告的制发限于国家领导机关，地方行政机关、司法机关。企事业单位、基层单位是无权制发公告的。"公告"这一公文文种经常用错的原因，主要是人们对"公告"这一概念理解模糊，常常误认为"公告"就是"公开告诉大家什么事情"。所以，企事业单位、个人有时常发布一个所谓的"公告"，实则却是一则"启事"，也就是说在"启事"的内容前冠以"公告"的名称。

（节选自程国煜：《"启示"、"启事"和"公告"辨》，载《昭乌达蒙族师专学报（汉文哲学社会科学版）》，1998 年第 1 期。有加工整理）

启事与声明的相同点：都是要向公众告知某件事情，都可以在报刊上登载或在广播、电视里播发，还可以张贴在公共场所；应用范围都比较广泛；行文都要做到简洁、明确；等等。

二者的不同之处主要有以下三点：一是内容上有差异。声明只告知公众某件事，不提出什么要求。例如，遗失声明就只向公众或有关方面宣布某单位（或某人）遗失某物，不要求人们帮助寻找。启事则不仅要向公众告知某件事情，而且要求人们协助办理此事。例如，寻物启事就不但要告诉公众失主在何时何地丢失了何物，而且希望拾物者告知失主。又如，招聘启事既要告诉公众招聘什么样的人才，又希望符合要求的人才前去应聘。二是作用不同。声明具有提示人们引起注意、警觉和保护自身合法权益的作用。还以遗失声明为例，它既提示人们引起注意，又警告有冒领冒用企图的人该失件已作废，以保护自身合法权益。启事除把事情告知公众并寻求帮助外，一般不具有以上作用。三是语言、语气上存在差异。声明语言郑重，语气严肃认真；启事语言真切，语气平实诚恳。

（节选自魏勇：《启事与声明的异同》，载《秘书之友》，2003 年第 8 期。有加工整理）

🔍 案例分享

×××新时代商场夜间服务部开业启事

为了满足广大市民夜间购物的需要，本商场决定从 2006 年 10 月 5 日起开设夜间服务部。主要经营烟、酒、糖果、糕点和日常生活用品，敬请惠顾。

营业时间：20：00—24：00

服务部地址：新时代商场 3 楼

×××新时代商场（公章）

2006 年 10 月 1 日

更正声明

《呼和浩特市人民政府办公厅关于印发〈关于切实做好住房保障工作促进全市房地产市场健康稳定发展的实施意见〉的通知》（呼政办发〔2014〕10 号）中，第七项第二行括号内"含二套住房"应为"含二手住房"，现予以更正。

附：《呼和浩特市人民政府办公厅关于印发〈关于切实做好住房保障工作促进全市房地产市场健康稳定发展的实施意见〉的通知》

2014 年 6 月 26 日

本刊声明

近来，不断有作者来电向我刊反映，一些中介组织和个人冒用《社会××》杂志社名义征稿，收取相关费用，欺诈投稿人，严重损害了我刊名誉。在此，我刊严正声明：从未委托和授权任何机构和个人进行组稿、征稿，亦无任何形式的用稿通知。同时，我刊将保留追究有关人员法律责任的权利。特此声明！

本刊收稿邮箱：g××××@163.com

咨询电话：07××-289××××

《社会××》杂志社

（以上例文根据网络文献整理）

拓展阅读＞

补充读物

1. 杨硕林：《启事的应用情形》，载《应用写作》，2000 年第 11 期。

2. 金常德：《怎样撰写招聘启事》，载《应用写作》，2005 年第 12 期。

3. 邱冬梅：《试谈开业启事的广告诉求》，载《应用写作》，2007 年第 6 期。

4. 徐四海：《公告与启事的应用域辨析》，载《应用写作》，2010 年第 2 期。

5. 杨喜军：《例谈声明写作的针对性与说服力》，载《应用写作》，2011 年第 8 期。

6. 刘会芹，黄高才：《例谈声明的写作要点》，载《应用写作》，2011 年第 11 期。

7. 杨喜军，孔艳丽：《商务启事写作中的问题及应遵循的写作原则》，载《应用写作》，2016 年第 2 期。

实训三
解说词

🎯 情境植入

　　《舌尖上的中国》是国内第一次使用高清设备拍摄的大型美食类纪录片，7 集内容制作耗时 13 个月，2012 年 5 月在央视首播后即在网络上引起了广泛的关注。除了选题、制作技术、拍摄手法等因素外，富有人文情怀和文化气息的解说词也是其成功的重要因素之一。例如，"饺子是中国民间最重要的主食，尤其年三十晚上，吃饺子取更岁交子之意，在中国人的习惯里，无论一年过得怎样，春节除夕夜阖家团圆吃'饺子'，是任何山珍海味所无法替代的重头大宴。如今，在几乎所有的传统手工食品都已经被放到了工业化流水线上被复制的今天，中国人，这个全世界最重视家庭观念的群体，依然在一年又一年地重复着同样的故事。在这个时候，中国人心里，没有什么比跟家人在一起吃饭更重要的事情，这就是中国人的传统，这就是中国人，这就是中国人关于主食的故事。"语言通俗简洁而又饱含情感，描述理据兼备而又意趣盎然，可以说，该片解说词的成功运用呈现的不仅仅是美食，更多的是文化的传承、人文情怀的体现，为中国纪录片解说词的创作提供了良好的借鉴。

📎 实训材料

　　材料一：以自己的一位亲人或好友为题材，写一个 2 分钟的人物介绍视频短片（VCR）脚本。写作项目包括镜号、景别、技巧、画面内容、时长、解说词、同期声、字幕、音乐。

　　要求：只需写作人物介绍解说词，字数 400 字左右。

　　材料二：请为你班方队撰写一段校运动会入场式上经过主席台时的解说词。

　　要求：不得出现校名、人名及其相关的信息，不超过 100 字。

　　材料三：甘孜州泸定县开展红色教育活动，其中一项活动是在县城广场上展览"红军飞夺泸定桥"的历史资料，请以主办方的身份写一篇关于此次专题展览的解说词。

　　要求：具体内容可以虚拟，字数 800 字以内。

讨论分析

1. 实训材料中出现了解说词的哪些类型？这些类型写作上有何要求？
2. 除了上述情况，还有什么时候需要使用"解说词"文种？

任务与要求

任务一：根据上述三则材料，分别写作相应的解说词。

要求：主题明确，内容充实，结构合理，表述得体，语言生动。

任务二：以"解说词的适用范围"为题，课堂讨论交流。

要求：1. 以小组形式讨论，每组 3～5 人；2. 讨论结束形成记录稿，每组选一人作为代表，进行课堂汇报。

实训总结

解说词是对人物、画面、展品或旅游景观进行讲解、说明、介绍的一种应用性文体，一般采用口头或书面解释的形式，或介绍人物的经历、身份、所做出的贡献（成绩）、社会对他（她）的评价等，或就事物的性质、特征、形状、成因、关系、功用等进行说明。解说词的种类有很多，涉及社会生活的方方面面，如参观、茶艺、博物馆、导游、产品、运动会、风景名胜、文物古迹、专题展览、影视新闻、纪录片等的解说词。

解说词的作用主要有二：一是发挥对视觉的补充作用，让观众在观看实物和形象的同时，从听觉上得到形象的描述和解释，从而受到感染和教育；二是发挥对听觉的补充作用，即通过形象化的描述，使听众感知故事里的环境，犹如身临其境，从而达到情感上的共鸣。

解说词的写作需要注意如下四个方面的问题：

其一，解说词是配合实物或图画的文字说明，目的是便于观众一目了然，因此解说词需要按照实物陈列的顺序或画面推移的顺序、时间顺序编写。陈列的各实物或各画面有相对的独立性，反映在解说词里，应该节段分明，每一件实物或一个画面有一节或一段文字说明。在书面形式上，或用标题标明，或用空行表示。

其二，解说词诉诸群众的听觉，通过语言的表达来宣传和教育群众，为此要求读起来上口，听起来顺耳。从某种角度上说，它是说明和诗词的结合。一篇好的解说词，就是一首感人的诗词。解说词的写法形式多样，方法灵活，可用平实的语言，也可用文学的语言；可用散文形式，也可用韵文形式。

其三，解说词不仅有介绍、说明作用，还要有一定的感染力，要引起强烈的共鸣。当然，除了形象的语言外，如果还能运用排比、对偶、反复等修辞手段，并注意语言的音韵与节奏，效果会更佳。

其四，解说词是解说客观事物的，而客观事物是复杂的，只有仔细地观察，深刻地研究，才能把它如实地反映出来，介绍给读者。因此，要写好解说词，就要认真观察、研究被解说的事物，准确地把握它们之间的关系。在物与物之间，有并列关系，有先后关系，有总分关系，有主次关系，等等，这些关系，有分有合，分则相对独立，合则相互联系，在一定的范围内组成一个有机的统一体。

实训评价

解说词写作实训评价表

评价项目	比重	评价内容	评价标准				自我评分	小组评分	教师评分
			优	良	中	差			
内容要素	50	对象明确，主题突出	10		5				
		说明内容清晰、具体	20		10				
		解说顺序合理、清楚	10		5				
		情感适宜	10		5				
形式要素	30	标题：准确、精练	5		3				
		开头：简练、清楚	10		5				
		主体：完整、严密	10		5				
		结尾：简洁、自然	5		3				
语言	20	生动形象、口语化	20		10				
合计	100								

拓展思考

● 电视专题片为什么要解说词

不得不承认，画面的力量是第一位的，越来越多的纪录片原生态地记录了所拍摄的一切，通篇不用一句解说词，但其获得的效果却出人意料。但大多数专题片需要解说词，这不仅是因为专题片的空镜头无法串连成句，还因为以下原因：

第一，完善画面形象报道，补充画面无法回答的问题。

在专题片创作中，画面本身的局限有时候是致命的弱点，除了音乐之外，专题片寻求的其他帮助的符号，最主要的就是解说词了。解说词不但可以说明画面无法表达的内容，还可以充分开掘画面表现内容的深度和广度。

例如，《诗人毛泽东》第一集开篇不久，讲到作为政治家诗人的毛泽东是自信的，作者用了一句毛泽东当时对美国记者说的一句话："谁说我们这里没有创造性的诗人，这里就有！"寥寥几笔，就把毛泽东的自信与气魄勾勒出来，再配以层峦叠嶂的山峰画面，更显出毛泽东的诗人情怀。

第二，激发人们的想象和联想，更深地表达主题。

一般来讲，太直观、太具体的画面很容易让人觉得肤浅，也很容易限制人们的想象。恰当的解说词可以引领人们的思路，带动人们的思绪，也更容易让人反思与回味。

例如，《舟舟的世界》中有这样一段情节，在乐队排练的午休时间，舟舟突然离开了自己在乐队之外的"固定位置"，走到真正的指挥座椅上去坐。镜头的时间很长，解说词却只有一句："对于现有的位置，舟舟有时不是很满意，他有时需要换个地方坐坐。"然后，一行字幕提示："指挥的座椅"。这时如果没有解说词，仅仅凭画面和字幕，观众很难理解舟舟的意图，观众甚至可能会想是不是舟舟贪玩还是他想干点别的什么。可是加上解说词后，感觉就大不一样，观众立即就能明白舟舟的用意。一个异常热爱音乐的残疾孩子形象立即被塑造了出来，并且观众也会被舟舟的热爱音乐之心深深感动。

第三，在电视中的转场功能。

解说词转场是一种常用的转场方法。在电视专题片的编辑过程中，经常会遇到"硬接"的画面，这时就要靠解说词来缓冲一下，消除"硬接"的痕迹。解说词转场常常用承上启下的语句来连接上下段落，用加强解说的力量来吸引观众的注意，使人们在这个点或这个瞬间，把感官重心转移到听力上，片子过渡自然、流畅，结构严谨、完整，从而弥补画面组接时由于前期拍摄的欠缺而造成的画面语言不通不接，让画面"顺利"地完成过渡。

● 如何写好解说词

在专题片中，解说词要为画面服务，做到和画面表现相得益彰。要根据表现题材、体现主题的需要，挖掘画面内在的含义，将画面与语言组成一个合乎表达逻辑的有机整体。

在电视专题片中，解说词应该做到通篇文章的语言美感与画面镜头的艺术美感结合得完美和谐，读起来朗朗上口，品起来很有味道，集语言的新鲜性、评说的深刻性和文字的可读性于一体。

深入采访、融入真情、良好的文字功底是写好电视专题片解说词的重要三步。

其一，对采访对象的翔实了解、深入体验是写好解说词的前提。

前期的深入采访对后期解说词的写作非常重要，没有这个过程，没有切身的体验和感受，就不可能写出让观众信服、感人的解说词。

其二，融入真挚情感、表达真诚的内心世界是写好解说词的关键。

在写作过程中，将自己对采访对象、采访事件在采访中和采访后的感受、观点表达出来，要把自己的感情世界融入其中，将内心的情感用文字淋漓尽致地写出来。就像这篇：

"他仿佛是借一弯斜照汉家宫阙的冷月，折一缕渭城朝雨的柳丝，唱一曲大江东去的浩歌，点一盏醉里看剑的灯火，沿着悠长的历史古道溯流而上。"（《诗人毛泽东》）

几句十分精彩的"点睛"之笔，是情与景、意与境的交融和统一，从而产生强烈的感染力。

其三，扎实的文字功底和文学艺术修养是写好解说词的根本。

要写好一篇解说词，必须有良好的文字功底，要善于用文字语言表述、描绘所解说的事物和画面。这就要求我们平时生活中注意积累，加强学习，培养自己良好的文学艺术修养，扩大自己的知识面，扎实自己的文字功底。只有这样，解说词写作才会如鱼得水。

总之，在电视专题片中，写好解说词不仅是应当的，而且也是必需的，它仿佛是专题片的灵魂，穿针引线、承上启下，和电视画面相得益彰、完美结合，共同组成一部优秀的电视专题片。

（张毅，徐娜：《解说词在专题片中的作用》，载《新闻传播》，2011年第3期。有加工整理）

🔍 案例分享

18集人文历史旅行纪录片《京杭运河·两岸行》从2010年10月起，在香港卫视、新浪网、搜狐网、优酷网、第一视频网等电视媒体及大型网站向全球首播，取得了较大的社会影响。下文以此为例，对人文历史旅行纪录片解说词的写作方法进行简要探讨。

一、学会"打气筒"

人文历史旅行纪录片既关注摇曳多姿的风景风情，也关注风景背后的人文故事。然而在讲述过往时，大多人文历史旅行纪录片无法像央视《探索发现》等栏目一样，大量拍摄并运用情景再现镜头，而大多依托主持人串联古今的现场勾连，放大历史遗址、遗迹的现场残存细节，并依托极少数的动画、动漫、FLASH以及历史资料，这时画面冲击力降低，镜头语言苍白。此时，解说词巧妙"打气筒"，会收到意想不到的效果。

日常生活中，打气筒的动作是一个"推"与"拉"循环反复的过程，而人文历史纪录片解说词的写作也应该如此，小处（推）着笔，大处（拉）着眼。

第六集《教我如何不想她》全片的切入点就选择了常州人创作的一个曲谱（"推"），

之后"拉"到运河畔的青果巷。音乐《教我如何不想她》渐起，画面是徐徐翻开的《赵元任先生音乐作品集》，出现集子里的曲谱，叠加弹曲者的动作特写，巷子里的居民、树、运河里的水波纹、巷子全景。出解说词：这是20世纪30年代起，在中国广为流传的一首艺术歌曲，歌名叫《教我如何不想她》。这首歌在中国首创出"她"字，成为中国"五四"新文化的先驱作品，她优美的旋律，穿越八十年的历史时空，至今仍然感动着无数中国人；而这首歌的曲作者赵元任先生，就出生在常州市区、古运河畔的青果巷里。

在电视片这种视听、声画"双通道"艺术中，由于画面是具象的，因此，解说词的写作应配合画面从具体到抽象，从感性到理性，从感知到感悟，也就是先"推"后"拉"。

由于受教育模式的影响，日常生活中，很多国人的表述方法是先概括总结，再充实细节，因此，先推后拉、先具体后抽象的解说词写作方法，就更容易让人眼前一亮，从而收到情理之中、意料之外的效果。

二、敢于化"腐朽"为神奇

在人文历史旅行纪录片中，观众往往跟随镜头和主持人一起穿越古今，纵情山水，放飞心情，让自己陶醉于风姿摇曳的万千奇景、绚烂美丽的风土人情、引人入胜的人文历史以及光彩夺目的城市文明中。然而，非常尴尬的是，在拍摄时，因为城市面貌不尽如人意、拍摄内容难以表达、天气气候限制以及通联不畅等诸多因素，"不好拍""没什么可拍的""拍不了""没拍到"的事情无可避免，导致写解说词时无从下笔。如果逆向思考，其实，"没什么可拍的"和"不知从哪写起"本身也是一种叙述方式，也传递了某种信息。此时，解说词落落大方，直言其是，反话正说，差话好说，反而可能转曲为直。

第十一集《千古龙飞帝王乡》拍摄的对象是京杭大运河沿岸城市江苏省徐州市，是典型的"苏北"城市，城市面貌相对落后，摄制组拍摄时又赶上阴雨天气，无论是大远景、中近景还是局部细节，镜头都很难展现城市的繁华。这一集在主持人开场引入城市后，画面不"讳疾忌医"，完全使用当时拍摄的"不满意"的镜头，辅之以"坦诚"的解说词，也取得了不错的效果。解说词这样写道：在富庶的江苏省，"苏北"是经济相对落后的代名词。徐州这座"苏北"最大的城市，从唐宋以来，就一直扛着"落后"的帽子，与江苏省内的兄弟城市相比，它没有苏州盛产科举状元的才气，没有无锡、常州丽水江南的秀气，没有扬州富甲天下的财气，没有淮安官衙云集的"贵气"。然而，让徐州城扬眉吐气、也让兄弟城市服气的是，这里接二连三地出皇帝……

试想，如果解说词此时为画面躲躲藏藏、遮遮掩掩甚至一厢情愿地加以粉饰，效果可能适得其反。

三、让片子"动"起来

人文历史旅行纪录片是以主持人行走、体验、感悟的方式，介绍城市风情、人文历史等。全片讲究的是行，讲究的是变，讲究的是动，因此，解说词应配合画面，让片子充满动感韵律。特别是当讲述深沉的人文、厚重的历史、过往的事件时，镜头语言相对乏力，解说词更要多使用动词以及有动作感的名词、形容词、副词等，搅动"一池春水"，让片子"动"起来，让片子"生动"起来。

第三集《最忆江南丝竹情》(浙江省湖州市)在表现非物质文化遗产传承人——湖剧大师高兴发的成名史时，解说词重复使用"吃"这个动词，让过往的历史也生动十足、活灵活现。解说词这样写道：23年前，正是这出表现老百姓吃鱼、吃虾和吃螺蛳的湖剧名戏《朝奉吃菜》，让高兴发从湖州"吃"到了省城，又从省城"吃"到了省外，"吃"成了湖州人喜欢的"开心果"，"吃"成了享誉四方的湖剧名角。第十五集《波光粼粼运河情》(山东省德州市)在讲述德州名片——扒鸡飘香世界时使用了一个"飞"字，让平淡的叙述顿时变得立体生动：在德州，扒鸡传统的口味以及现代化的流水线生产，使得每年有5000多万吨德州扒鸡"飞"往世界各地。第十四集《江北水城十里歌》(山东省聊城市)有一段这样的解说词：狮子楼后曾经上演过西门庆与潘金莲无数的风流韵事，狮子楼里"武松斗杀西门庆"的故事也已经传唱了数百年。这座始建于北宋时期的狮子楼，就是这样一手牵着《金瓶梅》，一手牵着《水浒传》。"上演""传唱""牵"几个看似不起眼的动词，让原本苍白无力的遗址，平添了几分生动气息和动感韵律。同样在这一集中，使用了富有动感的形容词(惊世骇俗)，让人遥想市井小说《金瓶梅》当年的轰动一时。解说词这样写道：《水浒传》中的美艳女子潘金莲不仅吸引了西门庆前来招蜂引蝶，还让相传是聊城临清人的兰陵笑笑生以她为由头，着笔写成了在那个年代惊世骇俗的《金瓶梅》。同样在这一集，解说词在全片收尾时，为了张扬聊城"江北水城"的城市特色，使用了"荡漾"一词，让人回味无穷，心头荡漾：如果说，繁华的古代聊城因水而生、因水而兴，那么，现代的聊城人则在"借水行舟"。今天，一座"东方威尼斯"水城的独特神韵，正随着这层层的水波纹荡漾开来。

由于人文历史旅行纪录片采用主持人游历现场的方式，因此解说词应该及时运用动态词句，强化主持人的现场动态情感，表现他们的主观情绪变化，让节目有血有肉、立体生动，让观众在电视机前，也能和主持人在现场一样感同身受。

四、给抽象"变脸"

电视是一种视听综合艺术，一闪而过，不像报纸、网络可以停下来仔细看、反复读。人文历史旅行纪录片在陈述枯燥的数字、生晦难懂的专业术词、艰深复杂的历史事件等时，解说词更要大胆使用比喻、象形、状物等手法，变抽象为具象，变枯燥为生动，让观众兴致盎然。

江苏省无锡市是中国吴文化的发祥地，是中国近代工商民族企业的发源地，也是近代中国交通运输的大码头。历史上光鲜一时的码头文化成就了近代无锡"小上海"的传奇。第五集《门泊东吴万里船》(江苏省无锡市)为了更好地表现无锡串联古今的繁荣时，把所有的拍摄重点都形象地比喻为形形色色的"码头"，如古运河旁金砖御砖古窑群(砖码头)、千里京杭运河上的江南绝版地"水弄堂"(风景码头)、闻名遐迩的太湖"三白"及太湖淡水珍珠(渔码头)、古运河旁的南禅寺及太湖之滨的灵山大佛(禅码头)、太湖岸边的无锡三国城及水浒城(戏码头),并在全片结尾,将无锡这座"中国最具经济活力的十大城市之一"比喻为"在中国经济发展中勇立潮头的大码头",既生动又形象。

五、"辩证"一下也无妨

在拍摄制作时,大量运用两极镜头(大全景和大特写),起到对比、强化的作用。写解说词时也可效仿,大量使用对比等手法,欲擒故纵,欲就还推,欲动先静,欲拿先予,欲实先虚,欲大先小,让节目充满浓浓的哲学思辨色彩。

第七集《古渡上的茉莉花》(江苏省镇江市)开篇就强化"南"与"北"的对比,强化"温柔乡"与"铁瓮城"的对比,凸显镇江的城市个性和特色。解说词这样写道:地处长江以南的镇江,在地理上,是一座地地道道的江南城市。江南城市因为物产丰饶、精致柔媚,而成为绿瘦红肥的"温柔乡"。唯独镇江,在三千多年的历史积淀中,成了金戈铁马的"铁瓮城",以至于今天有人用"江南的北方"来定位镇江的传奇。走进这座江南城市,我们触摸到的是一座北方城市的体魄和性格。进入正片后,继续运用对比手法,以"南"衬"北":当南方的几位邻居都出落成精致温婉的"江南美女"时,镇江这个地理上典型的江南城市,却因为北方移民的大量涌入,尤其是自身龙盘虎踞的险要地势,而有了血性男儿的体魄。之后,用"金戈铁马"对应"缠绵悱恻",用"温柔多情"对应"惊天动地",使平凡的讲述也变得风生水起、跌宕起伏:在这座充满金戈铁马的军事重镇里,原本温柔多情、缠绵悱恻的爱情故事,到了这里,也变得轰轰烈烈、惊天动地。该片结尾时,继续采用对比手法,用战争映衬和平,用历史铺垫今天,让观众在穿梭镇江城的历史中,了解今天镇江城安逸生活的来之不易,让全片充满了哲学思辨色彩:从一个曾经战船遮天蔽日的军事重镇,到今天货船川流不息的经济商埠;从昨天硝烟弥漫的军事要塞,到今日亲水宜居的"城市山林",在茉莉花的清香中,镇江人已经过起了恬适滋润的幸福生活……

(节选自何志华:《人文历史旅行纪录片解说词写作要点探析——以18集电视片〈京杭运河·两岸行〉为例》,载《东南传播》,2011年第4期。有加工整理)

拓展阅读>

补充读物

1. 赵伯平:《走进生活 追求艺术——关于解说词写作的辩证思考》,载《电视研究》,1998年第8期。

2. 阚建华:《画面真实与本质真实之间的桥梁——谈纪录片的解说词》,载《北京理工大学学报(社会科学版)》,2005年第3期。

3. 邱贵芹：《浅析解说词的语言魅力》，载《邢台学院学报》，2007年第3期。

4. 黄亚铨：《准确优美的解说词是制作优秀电视专题片的必要条件》，载《南方论刊》，2010年第12期。

5. 郭薇薇：《基于"非独立性"的电视解说词写作》，载《写作》，2013年第9期。

实训四
演讲稿

情境植入

时任英国首相的威尔逊为了推行其政策，就在广场上举行了一次公开演讲。演讲中，一个小孩从台下把一个鸡蛋打在了他的脸上，这对作为首相的威尔逊来讲是件很失面子的事，同时这个意外又极易造成会场的混乱。但威尔逊并没有生气，也没有惊慌，却大声说："我的人生哲学就是要在对方的错误中发现我的责任。刚才那个小朋友用鸡蛋打我，这种行为是很不礼貌的。虽然他的行为不对，但是作为大英帝国的首相，我有责任为国家储备人才。那个小朋友从下面那么远的地方，能够将鸡蛋扔得这么准，证明他是一个很有体育潜能的人才，所以我将他的名字记下来，以便注意栽培他，使其将来能成为我国的棒球选手，为国效力。"他的这一席话，使演说的场面顿时活跃起来，气氛变得十分融洽。

实训材料

材料一：以你自己的社会实践活动为主题，写一篇演讲稿。

要求：标题自拟，层次清晰，语言生动活泼，字数600～800字。

材料二：假设你要竞选校学生会文体部长，请写一篇竞职演说。要求同上。

材料三：以"我的人生我做主"或"生命不能承受之重"为主题写一篇演讲稿。要求同上。

材料四：教师自备演讲题目，学生抽取，准备5分钟，当堂即兴演讲。

要求：主题明确，材料典型，思路清晰，表达流畅，不少于300字。

讨论分析

1."材料一"演讲应如何选材?

2."材料二"竞职演讲的写作有何具体要求?

3."材料三"命题演讲写作中需注意哪些方面的问题?

4."材料四"即兴演讲在内容构思时有何要求?

任务与要求

任务一:根据上述四则材料,拟写演讲稿。

要求:主题明确,内容充实,结构合理,语言口语化,情感真挚。

任务二:以"演讲的作用"为题,课堂讨论交流。

要求:1.以小组形式讨论,每组 3~5 人;2.讨论结束形成记录稿,每组选一人作为代表,进行课堂汇报。

实训总结

演讲稿也叫演讲词,是演讲者为演讲准备的文字稿,也是演讲的依据,其质量的优劣直接决定着演讲的成败。演讲稿的应用范围非常广泛,如领导人演讲、竞赛性演讲、论辩性演讲、典礼致辞、会议发言、学术讲座、科研报告、竞选演说、就职演说、法庭陈述等,都带有演讲的性质。

演讲稿属于讲话稿类文体,这要求它遵从讲话稿的一般写作规律,但不同于一般的讲话稿,演讲稿具有自身的独特性。首先,演讲稿更加注重选材立意,在选材上多属主动型,切实根据听众的愿望和要求,弄清他们关心和迫切要解决的问题,有的放矢,力求引起最大共鸣。其次,在表达手段上有较多的议论、抒情,将生活中获得的各种体验,由真善美与假恶丑激发起的各种情感,真实地倾泻到演讲稿中,动之以情、晓之以理,具有较强的感召力。最后,在语言的运用上,除了注意口语表达的特点外,如多用短句,少用长句,语言节奏感强等,还应适当运用幽默、双关、反语等修辞手法,从而在与现场听众的交流中,牢牢吸引听众的注意力,为顺利实现演讲目的做好准备。

演讲稿的写法包括主题的确定、材料的筛选、结构的谋划和情感的调动。

主题的确定。要有一个鲜明的主题,即一个判断句,并在演讲中反复突出。提取主题时,一定要从客观上考虑群众普遍关心的问题,针对问题做出自己的解答,这样才能适应受众的心理需要,使之产生亲切感、参与感和冲击力。

材料的筛选。一定要有材料，主要运用来自生活中的新鲜的事实材料。

结构的谋划。结构包括开场白、主干和结束语。

开场白：方式多种，如开篇入题、借题发挥、提问设问、引用比兴等。常常运用的方法为设问法和情境法。总的原则是切题和镇场。

主干：条理层次十分清楚，并在每一个层次前面或后面有语言标志。注意在高潮到来时运用排比和点明手势动作等。

结束语：一是概括要点，揭示主题；二是抒发感情，激励人心；三是展望未来，鼓舞斗志；四是饱含哲理，发人深省等。

情感的调动。进入角色，以情为文，与观众打成一片。情不但是结构线索，而且更主要的是中心内容；感情有一定的律动起伏，呈现为一条向上的曲线（陡起后下落，再一节比一节高地升起，达到最高峰时戛然而止）。

演讲稿的写作需要注意如下三个方面的问题：其一，处理好"演"与"讲"的关系。严格来说，演讲应当分为演和讲两个部分：演—表象—整体—非理性—艺术生命体（人格力量等）；讲—实质—道理—理性—艺术政论文（精神感召力）。因此，演讲稿写作应当体现"以讲为主，以演为辅"的基本要求，注重语言表达的口语化、交流性与现场感。其二，善于提炼和运用主题词。选择和锤炼恰当的主题词，既可以准确地抒发演讲者的情感，扩大演讲的情感张力，又可以对听众的情感起到激发和激励作用，使演讲者与听众之间透过主题词而产生情感共鸣。因此，演讲稿的写作应当认真选用和锤炼主题词，使之成为演讲表情达意的重要手段。其三，注重关注受众心理。演讲是大众传播的一种形式，演讲稿的写作需要从社会时代出发，根据受众的现实状况、内心状态、需求特征等去把握受众心理的变化。受众需要关注的心理包括求实心理、求近心理、求趣心理、求尊心理、求直心理、求简心理等。

实训评价

演讲稿写作实训评价表

评价项目	比重	评价内容	评价标准				自我评分	小组评分	教师评分
			优	良	中	差			
内容要素	50	立意鲜明，主题突出	10		5				
		选材典型、真实、新鲜	20		10				
		表述清晰、流畅、严密	10		5				
		思路清晰，衔接自然	10		5				

续表

评价项目	比重	评价内容	评价标准				自我评分	小组评分	教师评分
			优	良	中	差			
形式要素	30	标题：简练、醒目、新颖 开场白：切题、镇场 主干：层次清晰，逻辑严谨 结束语：精当、自然、新颖	5 10 10 5		3 5 5 3				
语言	20	准确、规范性 生动、口语化 形象、情感性 丰富、节奏感	20		10				
合计	100								

🔍 拓展思考

演讲稿是演讲者就某一问题进行认真的思考研究后，对所形成的思想认识和经历的感情波澜的真实记录，也是演讲者面对听众充分表达思想感情、发挥演讲才能的重要保障。对于演讲者来说，演讲稿质量的高低直接影响着演讲的成败，只有巧妙设计、精心准备好演讲底稿，才能使演讲具备良好的基础和成功的潜质。那么，怎样写出一篇较成功的演讲稿呢？我认为以下几个因素必须予以重视。

一、把握夹叙夹议的文体特征，以充实生动的叙事吸引人，以恰当精辟的议论启发人

除公务报告类、学术研讨类和政治动员类等专业性较强的演讲外，我们最常见的社会问题类的演讲通常都以夹叙夹议作为基本的文体特征，即以事实为主体，以议论为核心，通过对典型生动的事实的叙述，吸引、打动听众，在此基础上引发自然恰当的议论和抒情，引导听众思考，加深其认识。

演讲稿中对事实的叙述，一般都应带有一定的情节性、故事性，在叙事过程中也应注意对人、事、景、物的声、色、形、貌或情态的细致描摹。这些都会对听众形成较强的吸引力和感染力，加深他们对演讲内容的印象和理解。此外，从演讲这一实践活动的特征来看，演讲主要是通过有声语言传达思想感情，其稍纵即逝的特点，要求演讲内容必须具体、鲜明、形象，听众才可能在极短的时间内迅速理解并认同，使讲听双方的交流更便捷自然，沟通更容易。

演讲中的议论应该是从对感人事件的叙说中自然引发的。这种议论不是逻辑论证、抽象推理，而是以具体事实为触发点，紧贴人物事件发感慨议论，亦即一种渗透情理的形象说理。由于有具体可感的事实为基础，因而议论显得有理有据、合情合理；又因为适时恰当的议论，就会使所叙述的人物事件具有深刻的意蕴，使一些平凡的事例

具有启迪人心的力量，从而达到了事理相依、情理相彰的目的。

二、注重表达方式的调整变化，求得内容的丰富多彩，获得文势的起伏变化

表达方式是对某一事物的不同方面采取的不同的表述方式。"文势"是指由于表达方式的转换，在段落或篇章中所体现出来的思想情感发展的趋向和态势。这种趋向和态势虽然较直观和鲜明地通过演讲者的情绪、语气、声调等语言形式体现出来，但从根本上说是由演讲稿的基本内容和表达方式的不同所决定的。常见的表达方式有叙述、描写、抒情、议论、说明五种。不同的表达方式对同一事物表述的侧重点各不相同，其表现风格各有特点，在口语形式方面也就呈现出各不相同的特色。叙述以表现事件过程或人物经历为主，其口语特色一般表现为语调低平自然，语气平稳舒缓。描写以描摹人、事、景、物的形象或情状为主，语气较轻，语速较慢，语调一般也不易高扬。抒情重在表达人的主观感情，一般语气较强烈，声调高扬。但因情感的性质不同、强烈程度有异，因而，有时声调高昂、热情洋溢，有时含蓄温婉、亲切感人，有时声调低沉、凝重沉郁，表现出多样的风格。议论重在发表作者的认识评价，具有一定的思想性，声调一般比较庄重沉稳，语气坚定利落。说明重在解说具体事物或抽象事理的属性、特质、规律等，语气上表现得更为平实、客观、从容。不同表达方式在演讲稿中的交替应用，不仅可以从多角度扩展文章的内容量，而且为口语表现得多姿多态、文势的跌宕起伏提供了可供调控的基础。

值得注意的是，在各种表达方式的具体运用中，由于演讲内容不同，各种表达方式所依附的情感因素并不相同，实际的表达形式和效果就更为多姿多态，具有较强的多变性。因此，在撰写演讲稿时应充分利用这一特点，以求得良好的演讲效果。

三、巧用不同的句式，以增强内容的表现力度，突出语言的抑扬顿挫

俗话说："话有三说，巧说为妙。"这里的巧说既包含了撰写演讲稿时对词语的推敲选用，也包括了对不同句式的选择。不同的句式所传达的语气、声调、情感、节奏感等都有所不同，因而表达效果各异。同一个意思，用陈述句与用反问句，表达力度和情感倾向就不同；同一种说法，用短句与用长句，语气和节奏就会有明显差别；同一种情绪或思想，用整齐句与用散句，其感染力就大有区别。一般地说，陈述句语气比较平稳，反问句语气较为强烈，感叹句语气较重，疑问句语气委婉。肯定句直截了当，语气坚决；否定句委婉曲折，语气较弱；双重否定句比一般肯定句语气强烈得多。主动句比被动句直接明了，明确有力；被动句气势较弱，但往往能变换语言形式，使语言形式多样化。长句严密周详，节奏舒缓；短句则言简意赅，明快活泼，容易造成一种急促的气势。整齐句节奏平稳，铿锵有力，富有气势；散句形式自由，节奏活泼，变化灵活。书面句严谨文雅，口语句通俗易懂。就演讲稿的写作而言，一般提倡多用短句，少用长句；多用散句，兼用整句；常用口语句，插用书面句；常用肯定、陈述句，巧用否定、反问句，这样便于讲者朗朗上口，表意清晰，听者喜闻乐听。

四、善用比喻，使抽象的事物形象化，使呆板的事物生动化

比喻是在两个有相似点的事物中，使用一个事物去比方另一事物的一种修辞手法。它的作用是通过比喻使难以理解的抽象事物形象化、通俗化，便于人们理解；它能够使呆板的事物变得生动、活泼、有趣，给人以无穷的回味。比喻的手法非常适用于演讲稿的写作，因为演讲是面对听众的有声语言的交流，声音稍纵即逝，言出之时，需要听众即可明白其意。欲达到这种效果，除了在词语的选择上要力求通俗浅显、语意明晰，句式运用上多用短句、口语句等要求外，对演讲中一些深奥的、抽象的、听众生疏的内容，利用生动形象的比喻进行解说，就能很快化难解为易懂、变深奥为浅显、化抽象为形象。使用比喻这种修辞的方法，不仅使道理更明白，也会给演讲增添无限的活力。而且，好的比喻还具有幽默的潜质，用得好可以充分调动演讲会场的气氛，取得意想不到的效果。

演讲稿写作中需要注意的技巧还有很多，如选题技巧、选材技巧、突出主题的技巧、修辞技巧，等等。以上只是从表达的角度选取了几个主要方面提出了一些见解。在实际写作中我们应根据主题的需要，根据演讲的不同性质、不同场合、不同对象，确定需要重点突出的内容和相应的技法，使演讲更加生动感人，获得最好的社会效应。

（节选自张海凌：《谈演讲稿写作技巧》，载《青海师范大学学报（哲学社会科学版）》，2010年第5期。有加工整理）

写作演讲稿时必须抓住三个"点"，即切入点、动情点和升华点。只有找准这三个点，演讲稿的内容才能做到以事感人、以情动人和以理服人，使听众产生心理共鸣。第一，找准切入点。我们在构思演讲稿时，确立了鲜明正确的主题后，还应考虑选择一个最佳角度切入主题。这个"切入点"找得好，就能为演讲主题营造一种浓郁的艺术氛围，驱动和调控听众的心理，使之更容易接纳演讲者的观点，也可以使演讲者所讲的道理更鲜明集中，避免了漫无边际、让听众不得要领的弊端。找准切入点有如下三种方法：其一，名言、诗句、典故切入，创造浓厚氛围；其二，悬念切入，调动听众情绪；其三，故事切入，引发听众联想；其四，反向切入，引发求异思维。第二，选好动情点。从演讲的实践活动看，演讲者只有针对听众的情感倾向，选好"动情点"，并运用有效的言语进行真挚而强烈的情感表达，才能激发听众的情感共鸣。选好动情点具体有如下三种方法：其一，评论人生价值的是非苦乐；其二，抒发情感体验的心灵冲撞；其三，陈述利害关系的孰重孰轻。第三，引入升华点。"文似看山不喜平"，演讲稿更加要求节奏鲜明，张弛相间，波澜起伏，所以在选好动情点之后，及时对材料的本质内涵加以分析、概括、提炼、延伸，并通过理性色彩的语言点拨、渲染，将听众的思维引向一个更深邃、更崇高的境界，使演讲主题得以升华，达到一个演讲的高潮。所以演讲高潮就是升华点的表现。引入升华点的方法有如下四点：其一，使用

色彩浓烈的词语或比喻、排比等修辞方法；其二，通过对所举事例的阐释分析，提炼出超凡的观点或深刻的哲理；其三，使用点化主旨的警句，给人留下难以磨灭的余响和回味；其四，艺术地运用熟语，以期听众受到感染并乐于接受自己的观点。

（节选自孙晓梅：《演讲稿写作须抓住三个"点"》，载《应用写作》，2003年第2期。有加工整理）

🔍 案例分享

　　演讲稿需要感染人、说服人、打动人，让人心灵受到震撼。要达到这种效果，演讲稿写作有两点特别重要，其一是内容上要蕴含丰沛的感情，这种感情最好是发自肺腑的，由内心自然涌动出来，是一种能够让演讲者与听众的血液自然"热"起来的情愫，而不是"强说愁"式的矫揉造作、虚情假意；其二是形式上要语言鲜活，要体现语言的张力和表现力。演讲稿的语言要让人感觉像跳动的音符，简洁、明快、优美。用最少的语句表达最丰富的内容和情感，切忌累赘、冗长、生搬硬套。下面这篇演讲稿实现了这两方面的融合，不妨与大家一起分享。

有一种人，他们的名字叫忠诚

　　有一种人，

　　他们头上没有顶着国徽，他们将国徽刻在脑海里；

　　有一种人，

　　他们胸前没有别着党旗，他们将党旗印在心头；

　　——他们，就是忠诚的"纪检人"。

　　他们没有特殊的标志，他们其实一点也不显眼：站在群众中间是百姓；对待同志便成了亲人；面对党旗他们赤胆忠诚。

　　开门见山地亮出要歌颂的对象，而且是从一个全新的视角出发，用一种让听众感觉全新的方式，形象地描述了纪检干部可亲可敬的形象，牢牢地抓住了听众的注意力。

　　有人说，"纪检人"都有"洁癖"——看不得国徽蒙上灰尘；容不得党旗沾染污点；要是有谁跟百姓过不去，他们就去拼命。

　　也有人说，"纪检人"就像"守门员"，"糖衣球"踢来，要用钢板一样的意志挡回去；"关系球"踢来，要用"太极拳"推回去；"恐吓球"踢来，要用无惧无畏的胆识打回去……

　　更有人说，"纪检人""无情无义"。宇宙尚存黑洞，太阳还有黑子，在我们生生不息的大地上，还有阳光照耀不到的阴暗角落。此时，因为内心深处那份沉甸甸的神圣，他们不得不板起面孔，不得不义正词严甚至冰冷无情，尽管他们倍感痛惜，忍受煎熬甚至肝肠寸断。

这里连续用了"洁癖""守门员""糖衣球""关系球""恐吓球""太极拳"等比喻，用词灵活，比喻贴切，将一些比较抽象的东西具象化，让人可感知、可触摸，生动形象地塑造了纪检干部内心崇高、意志坚定、赤胆忠诚的光辉形象，很有说服力，让人印象深刻。最重要的是，在歌颂的时候没有让人感到"肉麻"。

纪检战线上有很多优秀分子用感人事迹诠释了忠诚的崇高，赢得了无数荣誉，为纪检人增添了无限光彩。

下文选取了两位众所周知的纪检干部的优秀代表作为例子，进一步说明纪检监察工作的神圣，纪检干部的忠诚崇高。演讲稿在举例时，没有简单铺陈，而是用活了大量的词语来进行渲染，词语活用极富代表性，产生了很强的感染力。

"他们"中有一个人曾让国人为之动容。原本柔弱的身体，却干起了最"硬"的事；原本沉静的女子，却常常要拍案而起。这位来自巴蜀的美丽女人曾让泪水湿润了无数人的脸庞。她就是四川南江县纪委书记王瑛。

"原本柔弱的身体，却干起了最'硬'的事；原本沉静的女子，却常常要拍案而起。"这里"柔弱"与"硬"，"沉静"与"拍案而起"，形成了鲜明的对比，形象地描绘出了一位女纪委书记的忠诚与坚毅。而且，用"硬"指代纪检工作，可谓是"一字顶万言"，言已尽而意无穷。

谁说女子无铁肩，她就将"沉重"扛在了肩上。"钢铁般的岗位"铸就了小女子的铮铮铁骨。她在日记中写道："作为纪委书记，必须做到公道正派、无私无畏。"

这里的"沉重""钢铁般的岗位"与前文的"硬"指代相同，起到了异曲同工的效果，前后呼应，用三个非常贴切的不同词语来指代同一件事物，而没有让听众感觉到僵硬，足见用词上的灵活多变。

这个一生都痴爱枫叶红的女子，有着积极健康的人生态度和高洁美丽的人生境界。虽然身染沉疴，却剑胆琴心、达观向上。

她说："就算倒，也要倒在岗位上。"她最终选择在崎岖的山路上、在前进的过程中静静地倒下，犹如红叶般优美地飘零，活出了一个女人的美丽，也展示了共产党人的风采，闪耀出党性与人性完美结合的耀眼光芒。她是人们心中"永远的巴山红叶"。

她自始至终喜欢的那一抹红，是与党旗一样鲜艳的颜色。

"他们"中还有一个人曾感动了中国。2003年感动中国年度人物出现了一位县纪委书记的身影——山西夏县纪委书记梁雨润。他以实际行动诠释了"党的忠诚卫士，群众的贴心人"的深刻内涵，赢得了"百姓书记""梁青天"的神圣称号。当他调离时，上千群众自发为他送行。在浮躁的今天，这是怎样的一种壮观场面，又是怎样的一份认可和奖赏。

在这里对于梁雨润具体有哪些感人事迹避而不谈，只提到了"当他调离时，上千群众自发为他送行"这一个细节，至于为什么会有上千群众自发送行，留给听众一个感受的空间，这种处理也是非常高明的。接着，"在浮躁的今天，这是怎样的一种壮观场面，又是怎样的一份认可和奖赏"将梁雨润的形象放在浮躁的大背景下来对比，更加衬托出其精神与作为的难能可贵。

感动中国组委会的颁奖词这样写道："他视百姓为衣食父母，他以人民利益为根本利益。他有着高度的责任感和使命感，他矢志不渝地追求着为老百姓办事的政治理想，而这种追求需要莫大的正气和勇气。这样的为官生涯，架起了执政党和百姓之间的桥梁，完整地体现出一个执政党的执政原则：立党为公，执政为民，而这也正是百姓和国家的希望所在。"纪检人以"党纪国法"之"尺"丈量公平与正义，无怨地书写着忠诚与奉献，他们的背影留给我们一个个巨大的"人格惊叹号"。

"尺""人格惊叹号"也是词语的活用，形象贴切。

朋友们，尽管我们已经可以接受肯定，但还远没有资格享受鲜花和掌声。因为，我们的天空还不纯净，世间仍有不平，空气中还残留着腐朽的气味，阳光还没有到达所有的角落。

用"天空不纯净""不平""腐朽的气味""角落"来说明纪检工作仍然任重而道远，显得不呆板。

群众的不满提醒我们自勉；百姓的期待激励我们奋进；社会的不公在敲打我们的良知；贪污腐化在考验我们的决心；惩恶扬善在挑战我们的能力。是的，我们不该满足，我们还没有理由满足；我们不该停步，我们还没有资格停步。我们的选择只有一个：前行，无悔地前行、执着地前行、坚定地前行。为了我们共同的那份神圣，前行、前行！

这几段话语言层层递进，感情也层层递进，语气非常坚定，号召所有的纪检干部都积极地为反腐倡廉事业，为维护老百姓的权益，为维护社会公平正义而忠诚履职，努力奋斗。号召力、鼓动力、鞭策力、感染力都非常强。

有哪种魅力抵得过奉献，又有哪种崇高能胜过忠诚?!
勤廉为民的"纪检人"用心血赋予了"奉献"和"忠诚"更加深刻的含义！
我们的努力不会白费，我相信，总有一天，共和国的光辉将照耀在每一个角落；总有一天，纯净的阳光会普洒进每一个人的心田；良知、责任、奉献会构筑起我们的精神家园；勤勉、廉洁、务实将成为人们的行为习惯。到那时，也只有到那时，共和国会铭记我们，我们将作为一个集体在老百姓的心里垒起一座丰碑，永远的丰碑！

最后，坚定反腐倡廉建设必胜的信心，纪检干部用"奉献"和"忠诚"书写的事业必将得到老百姓的赞许、历史的铭记。用"永远的丰碑结尾"，显得气势磅礴。

这篇演讲稿通篇都让人感觉到真情流淌、语言清新、一气呵成，在行文上说理充分、抒情真切、事例典型、用词灵活，非常能感染人、说服人、打动人，而演讲稿只要能做到感染人、说服人、打动人，就是一篇精彩的演讲稿。赏析这篇演讲稿启示我们，写好演讲稿必须要有真实的感情，因为只有有了真实的感情，听众才会感同身受、身临其境；必须要用新的表达方式，因为只有用新的表达方式，才能克服听众的"听觉疲劳"，始终牢牢地抓住听众。

（林彬：《丰沛的情感 鲜活的语言——赏析一篇充满感染力的演讲稿》，载《应用写作》，2012年第2期）

拓展阅读

补充读物

1. 任颖：《演讲稿写作应关注受众心理》，载《应用写作》，2001年第11期。

2. 张宏梁：《寻找演讲稿新的生发点》，载《应用写作》，2004年第7期。

3. 梁韶华：《演讲稿的可变性结构及其功能》，载《新乡教育学院学报》，2005年第2期。

4. 魏勇：《演讲稿开头与结尾的写法》，载《写作》，2008年第11期。

5. 方乐：《主题词在演讲稿中的作用》，载《写作》，2010 年第 21 期。

6. 王子海：《演讲稿写作如何做到合情合理》，载《秘书之友》，2012 年第 11 期。

7. 李增源：《事例·情感·哲理——谈谈演讲稿内容构成的三个要素》，载《应用写作》，2014 年第 2 期。

综合实训

一、四川省甘孜州康定县跑马山旅游公司创立之初，为了扩大知名度，要求办公室撰写一系列应用文书，请以办公室秘书的身份写作下列文书。

1. 公司于 2014 年 7 月 1 日开幕，需制作开业启事登在甘孜州报纸上，邀请相关部门人员到公司所在地康定县姑咱镇文化路参加开业典礼并参观该公司；邀请当地有名的木格措文艺团于当晚 7 点在姑咱镇广场表演，当地人都可免费观看，需制作海报张贴在当地张贴栏，告知这一信息；同时需要制作一份声明登载在报纸上，表明该公司是由甘孜州旅游局大力支持的民营企业，是经过相关部门审核通过注册了的合法公司。

2. 在开业相关活动中，办公室还需撰写公司经理在开业典礼上的就职演说，副经理的开业致辞，工作人员介绍公司及相关业务的解说词。

3. 针对媒介宣传的需要，办公室需提供相关的新闻稿。

要求：根据交代的任务，制作相关传播文稿，注意文种正确，立意明确，内容充实，思路清晰，结构完整，表述流畅，格式规范。

二、孟××同学准备竞聘院学生会先锋秘书协会主席，请代她写一份竞聘演讲稿。

要求：主题明确，内容充实，思路清晰，结构合理，表述流畅，书写工整。

三、假如你所在的城市将要举办一次旅游文化节，请根据自己的调研情况为某一景点写一份解说词。

四、假如你所在的学校刚刚推出了"校园十景"，请根据自己的调研情况分别写出对应的解说词。

五、××大学文秘系将要为毕业生举办一次毕业联欢会，请为这场联欢会设计一份海报。

要求：主旨鲜明，创意新颖，内容合理，结构完整，表达流畅。

六、××大学文秘系在 20×× 年全国商务秘书职业技能大赛中创获佳绩，获得团体二等奖，并获得单项一等奖四项。请根据相关资料完成一篇消息的写作，并为其中表现优秀、获得"优秀秘书"称号的周×× 写一份人物事迹通讯。

七、请搜集身边的启事、声明、海报案例，并运用所学的文体写作理论进行评析。

第五单元
会务文书实训

实训目标

　　理解并掌握会议筹备方案、会议议程、会议日程、会议通知、开幕词、闭幕词、会议主持词、讲话稿的写作方法、要求、格式和规范。

结构图

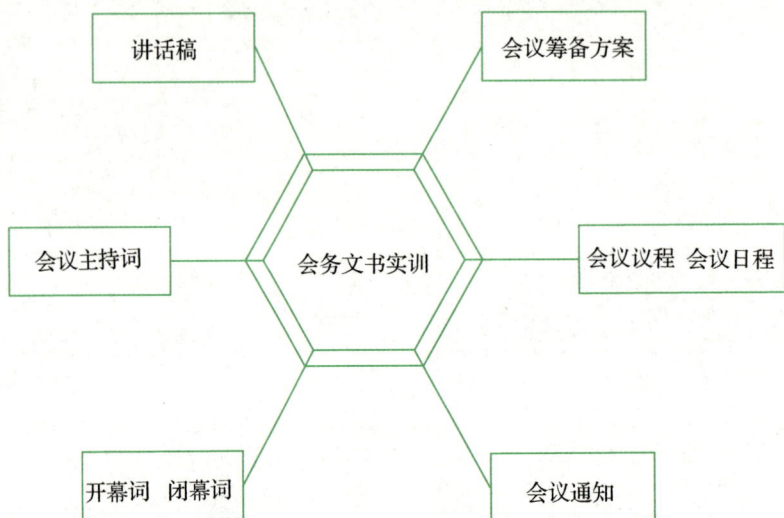

实训一
会议筹备方案

情境植入

　　××汽运集团将于 2015 年 3 月 5 日召开工作总结表彰大会。本次会议的主题和内容是总结 2014 年度工作，表彰 2015 年春运先进单位和先进分子，部署 2015 年工作。参加会议的人员主要有集团主要领导、总工程师、总经济师、各春运工作组组长与副组长、机关部门主要负责人、先进代表，共计约 60 人。

实训材料

　　2016 年，是××创新股份有限公司收获颇丰的一年，不仅销售业绩创造了新水平，而且公司还研发出了新的产品。临近年末，××创新股份有限公司拟召开本年度年会暨最新研发成果展示会，希望通过召开年会，回顾企业发展历程，介绍核心产品研发成果，以进一步提升公司品牌美誉度和企业形象；同时，趁当前人气旺盛，潜在客户高度汇集的大好时机，隆重推出公司最新的研发产品，为来年拓展新的市场打下坚实的基础，力争再创佳绩。总经理王达康责成公司相关人员做好年会的筹备工作，确定会议主题，成立会议组织机构，办公室拟制年会的筹备方案并负责报批，其他部门要认真配合。办公室主任席为民领受任务后，立即组织相关人员开会讨论，进行分工，布置工作。会后大家按照分工，全力以赴投入年会暨最新研发成果展示会的筹备工作中。

讨论分析

1. 什么是会议筹备方案？制定会议筹备方案需要哪些程序？
2. 会议筹备方案的内容涉及哪些方面？
3. 会议筹备方案的基本格式是什么？

任务与要求

根据上述材料中会议的规模、形式和主题，拟制一份会议筹备方案。

要求：符合公司实际，措施切实可行，内容全面，格式规范，表述得体。

实训总结

在内容重要、会期较长、规模较大的大中型会议召开之前，会务工作机构要根据会议领导者的指示意图和整体思路形成完整、详细、周密的书面文字方案，将会议活动各项策划意图清晰呈现出来。这种关于会议基本事项和构想以及各项准备工作的计划性书面形态，即会议筹备方案，又称会议预案。

会议筹备方案的制订程序包括组建会议筹备机构，选举或指派筹备方案编写负责人；与领导沟通，确定会议的名称、主题与议题、议程及日程安排、会议时间及地点、所需设备及工具、与会人员、文件的范围；制订会议经费预算方案，拟订食宿安排，拟制筹备方案；提请上司审核并批准；按照要求做具体安排与部署。

会议筹备方案的内容一般包括以下几点：

第一，明确会议主题和议题。会议主题是会议要研究的问题、要达到的目的，议题是对会议主题的细化。无论组织什么样的会议，都有会议主题，特别是组织大型会议，必须明确会议要研究、解决什么问题，达到什么目的。会议主题确定的主要方法：一是要有切实的依据；二是必须要结合本单位的实际；三是要有明确的目的。

第二，确定会议名称。会议名称要用精练的文字高度概括出会议的主题，应当根据会议的议题或主题来确定，即要名副其实。一般包括会议主办单位名称、会议主题、会议类型。

第三，确定会议时间。会议时间包括会议实际进行时间和会议过程中的休会时间。原则上讲，会议时间应当在会议议题确定下来之后尽早确定。但需要注意的是：要根据有关领导的时间安排来确定会议时间；要根据会议的内容来安排会议召开时间；要考虑会议的时效性；主要领导人出差、旅行的当天或返回的当天最好不召开会议，紧急会议可以例外；会见会谈性会议，要事先同主宾双方协商，再确定会议召开时间。会期是指一次或一届会议总的时间长度。确定会期要综合考虑会议的内容、会议的规模以及会议的复杂程度。

第四，拟定与会人员范围，确定会议规模。会议规模主要指会议出席人员（正式代表）、特邀代表、列席人员、工作人员（包括服务人员）的总体数量。会议规模由会议的组织者根据实际情况掌握，以严格控制规模为原则。

第五，选择会议场地。会议场地也就是会址，要根据会议的规模、规格和内容等要求来确定。会议场地选择的重点是会场大小适中，地点适中，环境适合，交通方便，会场附属设施齐全；有时也要考虑其他因素，如政治因素、经济因素、社会因素等。

第六，拟订会议议程和日程。会议议程包括会议主持、会议典型发言（或重点发言）、会议讨论、会议讲话、会议总结。确定会议议程的方法主要包括四种：一是根据到会主要领导的情况，确定会议主持人；二是根据会议主题，确定会议发言人；三是围绕会议主题，确定会议讨论题目，并根据会议规模确定讨论方式；四是根据会议拟达到的目的，安排主要领导做好会议的总结。会议日程是指会议在一定时间内的具体安排，也就是根据会议的计划和进程逐日做出的安排。会议日程表一般采用简短文字或表格形式，将会议时间分别固定在每天上午、下午、晚上三个单元里，将会议的议题具体化。

第七，确定会议文件和材料的准备。包括大会的主报告，大会发言单位的材料，会议日程表、参加会议人员名单、住宿安排、主席台座次、分组名单、讨论题目和分组讨论地点、作息时间表、会议的参阅文件和相关资料。

第八，拟设立的会议筹备机构与人员分工。这里的会议筹备机构主要指会议组织部门和人员落实，包括会务组、秘书组、组织组、接待组、宣传组、财务组、保卫组等。与会议有关的每项组织工作、每一个工作环节都必须有专人负责，责任到人，并明确任务和要求。会议组织分工包括文件起草和准备、会务组织、会场布置、会议接待、生活服务（含娱乐活动安排）、安全保卫、交通疏导、医疗救护等。

第九，制订会议经费预算。会议经费包括交通费用、会议室费用、住宿费用、餐饮费用、旅游参观费用、培训费用、计划外支出等。

第十，策划会议的宣传报道工作。

第十一，其他应当说明的事项。

以上内容可根据会议活动的实际情况和需要确定其详略程度。

会议筹备方案的基本格式：①标题。由会议活动的全称和文种名称构成。文种名称可以根据实际需要使用"策划方案""筹备方案""策划书"和"预案"等。②正文。正文部分应当逐项载明预案的具体内容。每个项目列一个小标题。如果有附件，要写明附件的名称。③落款或署名。落款署提交预案的部门名称。如果文案是由具体承办人员拟写的，由拟写人员具名。④成文日期。

实训评价

会议筹备方案写作实训评价表

评价项目	比重	评价内容	评价标准				自我评分	小组评分	教师评分
			优	良	中	差			
内容要素	50	目标：具体明确 措施：针对性强，切实有效 写作要求：条理清楚，逻辑清晰，思考周密，语气平和	10 20 20		5 10 10				
形式要素	40	标题：两要素，正确、规范 内容：周全（十项） 会议预期目标 会议主题与议程、日程安排 会议时间、地点 会议规模 会议所需设备和工具 会议文件 会议筹备机构 会议宣传报道 会议住宿与餐饮安排 会议经费预算 落款：单位、日期规范	5 30 5		3 18 3				
语言	10	准确、简洁、平实	10		5				
合计	100								

拓展思考

　　领导干部参加的会议多了，要发言的次数也多了，用来调研和思考的时间就少了；好听的空话、正确的废话、四平八稳的套话就难免在讲话发言中多了起来。近期中央出台的八项规定，就明确要求"精简会议活动，切实改进会风"，向形式主义的会风动真刀子。精简会议改进会风，正当其时。

　　新华网 2 月 20 日刊出一篇《e 哥有话说："一年 1068 个会"暴露形式主义积习》的文章，文章说沿海一省份某厅局负责人因不堪忍受会议过多，让人统计涉及厅局相关工作全年的开会数量，统计结果令人震惊：1068 个，按全年 250 个工作日计算，平均下来每天要参加超过 4 场大小不同的会议。

　　其实，让各级领导们备感纠结的，不光是会议越开越多，还有会期越来越长。他们虽是烦琐事务的承受者，但从某种意义上讲，他们对这类问题的出现，也有相当的责任。要消除这一现象，必须从根源上解决问题。

　　● 会多会长，讲者累，听者也累

　　会议越开越多，和一些领导干部的认识不到位有关系。

　　这些领导干部认为，不参加上级部门通知的会议，那是对上级部门的不尊敬；不出席下属单位邀请的会议，那是对下属单位工作的不重视；不参加同级部门邀请的会议，那是对兄弟单位的不关照；本单位的会议每年不开上几次更不行，向上级不好展示成绩邀功，向下级不好树立权威体现单位的重要性，也不好联络兄弟单位的感情。

　　会议越开越多，还和工作方式不对路有关系。

　　一些单位工作手段较单一，干什么都离不开会，本来完全可以用文件上传下达完成的事情，也非得筹划个兴师动众的会议；本可以通过电话会、视频会等交流互动的具体工作，也行文要求各级领导干部齐齐出席。会议越来越长，显示办会单位的形式主义做法已经习惯成自然。一些单位办会过于注重形式，尤其是邀请了上级领导和外地相关单位参加的会议，必求内容丰富，招待周全，下足面子功夫，尽好地主之谊，把文艺表演、实地考察、观光游览、招待宴请等非会议事项统统塞进日程安排，人为地把会议日程发酵膨胀。

　　会议过多过长，既损耗社会财富，还滋长不正之风。一些领导干部要参加的会议多了，要发言的次数多了，用来调研和思考的时间自然就少了，好听的空话、正确的废话、四平八稳的套话就难免在领导干部们的讲话发言中多了起来。一些内容和问题逢会必说，逢人就讲，结果当然是：讲的人累，听的人也累。

● 不妨给开会设置"硬杠杠"

要转会风出实效，就必须在制度上设置"硬杠杠"。

一是要严格控制会议规模。各类会议只安排与会议内容密切相关的部门和人员参加。二是要压缩会议时间。各类会议宜短不宜长，要做到主题集中、重点突出、安排紧凑，尽量开短会、讲短话，要抓重点说要点，不要照着稿子念，不说套话空话与废话。三是要严格限制会议数量。要按照归口管理和严格审批的原则，下级部门年底前上报年度工作会议方案，获得上级主管部门批准后方能召开相关会议，内容相近的会议要合并召开，参会范围相似的会议要尽量套开。四是要严格会务经费管理。会议绝不能想开就开，想开多大就开多大，想到哪开就到哪开。特别要杜绝景区开会、旅游开会等不良现象的发生，严格会议经费财政预算管理，强化会议开支审批，完善人大、政协、社会公众及媒体的多重监督体制。五是要从严管理、从严检查、从严执法。完善制度是前提，但制度不能仅仅挂在墙上，写在纸上，落实才是关键。对违反相关规定的人员要逗硬处理，坚决刹住不良会风。

● 要转会风出实效，还得创新会议形式

一是要创新会议手段。要多一些视频网络会议、电视电话会议，少一些广场会议、礼堂会议，这既节约时间，又节省成本，还可以使参会人员避免舟车劳顿。在2003年北京非典防疫时期，北京市各级党政部门就将以往部署工作靠会议、传递信息靠文件的传统模式，代之以音视频形式和电子政务，原来逐级传达的决定、通知也改在媒体上公布。按时任北京市宣武区委副书记王敏荣的说法，非典时期，任务急难险重，虽然没有召开多少大会，但仍能在较短时间内取得决定性胜利，说明了只要上下一心，不开会、少开会照样能把事情办好。二是要创新会议模式。传统的"一人讲，众人听""传达式"的会议形式，不利于参会者之间的互动交流，因此，要在会议中多一些共同探讨问题、有问有答的互动交流环节，多开一些别开生面、生动有效的会议。

● 转会风领导干部要率先垂范

要转会风出实效，各级领导干部必须从我做起，率先垂范。

一是要加强领导干部作风建设。转变工作作风，领导干部是关键。领导干部应带头在本单位本系统营造良好会风。会议理应务实节俭，切不可小会大办、短会长办、穷会富办。会议本为问题而来，为解决问题而开，切不可把会议开得杂乱低效、"神仙"乱侃。会议也是促进干群关系，凝聚共识，共建和谐的重要手段，切不可在会上大搞"一言堂"，一人发号施令，听者唯唯诺诺。

二是要明确干部要求。广大干部要认真学习、贯彻和落实中央出台的八项规定以及省委、省政府出台的十项规定，增强转变作风的自觉性，发挥表率作用，树立为民、务实、清廉的形象，并在转会风中加以具体体现和落实。

三是要严肃干部纪律。要加强检查和监督，对违反规定超标开会、随意开会、高规格接待等行为，严格追究相关人员责任，确保转会风出实效，坚决防止走形式、搞变通。

毛泽东同志曾说过，"形式主义害死人"。形式主义盛行的会议自然不是什么好东西，我们应该对此弃之如敝屣。

（邓有根：《精简会议改进会风正当其时》，载《四川日报》，2013 年 2 月 27 日第 6 版）

为贯彻落实国务院领导同志关于"带头精简会议和文件，勤俭节约，降低行政成本"的批示精神，现就进一步加强审核把关、精简会议文件、改进会风文风，提出以下意见：

一、关于精简会议、改进会风

（一）控制会议规格。从严控制以国务院名义召开会议，能由部门召开的会议，不以国务院名义召开。国务院办公厅不为部门召开的会议代发会议通知。

（二）控制会议数量。国务院已经发文部署的工作，原则上不再以国务院名义召开会议进行部署。国务院部门召开的全国性工作会议每部门每年不超过 1 次；确需增加的，部门报送请示时应详细说明理由。

（三）控制会议规模。国务院召开的会议，只安排与会议内容密切相关的部门参加，会议代表最多不超过 260 人。

（四）控制会期。国务院召开的会议一般不超过 1 天半，部门召开的会议一般不超过 2 天；电视电话会议一般不超过 2 小时，各类专题会议一般不超过半天。

（五）改进会议形式。国务院召开的会议，如设主席台，一般只安排国务院领导同志、会议主持人和业务主管部门主要负责人就座；提倡召开电视电话会议和网络视频会议；不涉密的会议特别是直接开到基层的电视电话会议，尽量安排中国政府网进行网上直播。

（六）简化会议程序。会议应尽量少安排大会发言，确需安排的，原则上每次全体会议不超过 5 个，每个发言时间不超过 8 分钟。一般不在国务院召开的会议上安排部门的表彰、颁奖等活动。

（七）提高会议效率。国务院召开常务会议、各类专题会议等安排的汇报，汇报人应简明扼要、突出重点，汇报时间原则上不超过 15 分钟；其他与会人员发言应紧扣主题、直陈观点、言简意赅，一般每位不超过 5 分钟（汇报和发言要求应写入会议通知）；提交会议审议或讨论的文件及汇报材料至少应提前 2 天完成报批手续，提前 1 天印发与会同志。

（八）降低会议成本。除会议统一发放的文件、材料外，不得再发放各种参考材料、宣传材料、画册邮册及其他纪念品等；会场的安排和布置等要简洁大方、讲求实用，节约开支。

二、关于精简文件、改进文风

…………

以往与本意见不一致的，以本意见为准。

国务院办公厅

2007 年 12 月 31 日

（《关于国务院办公厅精简会议文件改进会风文风的建议》，载《中华人民共和国国务院公报》，2008 年第 5 期。有删改）

🔍 案例分享

今业公司长沙分公司 TMD 型手机推介会议筹备方案

为了满足广大客户的需求，今业公司长沙分公司研发了适应 90 后消费群体 TMD 型手机。为了让产品顺利进入市场，增大销量，特举办 TMD 型手机推介会议，现拟定会议筹备方案如下：

一、会议名称

今业科技发展有限公司长沙分公司 TMD 型手机推介会

二、会议召开时间、地点

时间：2010 年 11 月 11 日—12 日，会期两天

地点：长沙通程大酒店

三、会议主题

推介产品，扩大影响，增加销量，占领市场

四、会议规模

参会人员为全国各地分销商（经销商和代理商）共 180 人

五、会议议程

1. 今业公司长沙分公司邓晓总经理致辞

2. 今业公司长沙分公司分管销售的王虹副经理宣读 2009 年优秀销售商名单

3. 优秀销售商代表发言交流经验

4. 今业公司长沙分公司产研部刘晓红部长介绍新产品

5. 今业公司总公司分管销售的邓小商副经理就各地资源分配及客户优惠政策讲话

6. 今业公司总公司邓仁总经理为现场订货会致辞

7. 现场签订合同

六、会议日程

详见附表 1：《今业公司长沙分公司 TMD 型手机推介会日程安排》

七、会议筹备分工

(一)会务组

小组负责人：张兰

小组成员：王琴 何丹

职责：

1. 制发会议通知

2. 准备会议文件：领导(邓晓总经理、邓仁总经理)致辞，优秀销售商名单，优秀销售商代表经验介绍材料，刘晓红部长介绍新产品发言稿，邓小商副经理发言稿，订货合同，会议日程表，会议须知

3. 制发会议证件：来宾证，记者证，工作人员证

4. 撰写新闻文稿，经领导审定后，向媒体发送

(二)后勤接待组

小组负责人：刘梅

小组成员：周平 何元

职责：

1. 会前接站

2. 报到时签到，预收会务费，来宾住宿与就餐安排，会议证件发放

3. 会议入场时的签到

4. 会议有关文件的装袋与发放

5. 会间交通安排

6. 会间医疗卫生工作

7. 会务费的结算

8. 代为与会者订返程机票，车票

9. 会后送站

(三)宣传保卫组

小组负责人：李巧

小组成员：陈雄

职责：

1. 准备会议用品，布置主体会场与产品展览厅

2. 联系长沙各大媒体，邀请各大媒体记者出席

3. 做好会间的安全保卫工作

4. 清理会场，保管可再次使用的会议用品

八、经费预算

详见附表 2：《会议经费预算明细表》

今业科技发展有限公司长沙分公司办公室

2010 年 11 月 1 日

（根据网络文献整理）

拓展阅读＞

补充读物

1. 于海荣：《项目管理理论在会议筹备中的应用》，载《项目管理技术》，2008 年第 S1 期。

2. 刘伟：《会议筹备方案写作例谈》，载《秘书之友》，2015 年第 5 期。

3. 韦生源：《秘书人员当努力提高制作工作方案的能力》，载《秘书之友》，2016 年第 6 期。

实训二
会议议程　会议日程

情境植入

2015 年 1 月 8 日，江苏××集团商务年会在泰州召开，这次商务大会的主题是"凝心聚力，共赢市场"。上午的主题大会共 75 分钟，主要内容包括总经理张×主题发言 10 分钟，农装副总经理蒯×做"技术、质量介绍及规划"主题演讲并解答客户问题 40 分钟，经销商表彰及客户发言 25 分钟；下午经销商和用户分成 3 个组进行讨论。总经理秘书小周负责此次会议议程及日程的安排，按照总经理"用户第一、经销商第一"的办会理念，整个会议议程和日程的安排非常务实高效。与会记者反映：会议内容非常充实接地气，明显感觉经销商和用户是"主人"。

实训材料

为了肯定秘书的贡献，1952 年美国设立秘书周和秘书节，1955 年正式将秘书周定在每年四月份最后一个完整的星期，该周的星期三为秘书节。时至今日，世界各地都

243

会在 4 月份庆祝专属于秘书和秘书工作人员的节日，在这一天，许多国家的秘书都有假期，而且还会收到上司送的鲜花和贺卡，用以表达上司对秘书辛勤工作的感激之情。

　　××省某职业技术学院文秘系计划在 2016 年 4 月 25 日—29 日这一周内以灵活多样的形式庆祝自己的节日，其中包括 4 月 27 日秘书节当天举行的××省文秘专业教育研讨会，邀请省内各个高校、高职院校、中职院校从事文秘专业教育的工作者和各系部教学秘书，共 150 人。研讨会将对 2016 年××省文秘教育工作进行全面总结，深入探讨文秘教育如何开展实践性教学，交流关于国家秘书职业资格证的考试信息和考证辅导方法。研讨会分为三大部分：第一部分是开幕式，由该职业技术学院文秘系主任主持，该职业技术学院院长向来宾致欢迎词，××省秘书协会会长总结 2016 年全省高校文秘职业教育的工作情况。第二部分是分组讨论，每组集中讨论一个主题，共有三个分会场，第一个主题是"秘书专业人才培养模式改革"，第二个主题是"当前高职高专文秘专业教材编写应如何创新"，第三个主题是"秘书职业教育如何开展校内实训"，与会代表根据他们事先提交的论文，分别划分到相应的分会场，未提交论文的代表根据兴趣参加分会场的讨论。第三部分是闭幕式，由××省职业资格考试中心的负责人向大家介绍国家秘书资格证电子化考试的特点和技术要求，宣布此次会议论文评选的获奖名单并举行颁奖仪式，最后大会主持人宣布会议闭幕。开幕式后，来宾们拍摄集体照。举办方在学院的学术报告厅举行开幕式和闭幕式，综合楼的 3 个中型会议室作为分会场，食宿就在该学院的培训中心。代表们于 2016 年 4 月 26 日 17：00 开始报到，4 月 27 日 8：30 参加研讨会，17：30 离开。

讨论分析

　　1. 会议议程、会议日程的文体含义和作用是什么？
　　2. 会议议程、会议日程的书面结构的一般模式是什么？
　　3. 会议议程和程序的区别是什么？

任务与要求

　　任务一：请根据以上材料拟订一份会议议程表。
　　要求：议题罗列完整清晰，时间、内容、有关人员等要素完备。
　　任务二：请你根据会议活动内容，为××省某职业技术学院文秘系举办××省文秘专业教育研讨会拟订一份会议日程表。
　　要求：时间、地点、内容、有关人员等事项明确具体；环节衔接紧凑，且时间充裕；表格设计美观合理，要素完备；安排科学、周密，可操作性强。

实训总结

会议议程是对已确定的议题性活动列出先后顺序，即把一次会议所要讨论的事项、审议的文件、解决的问题按照主次、轻重的原则以及先报告、再讨论审议、后表决的次序编排并确定下来。会议议程关系到会议的目的、任务，秘书人员可以提出建议并报请领导审批。

会议议程表的设计要按习惯顺序和有关规定安排；应注意议题所涉各种事务的习惯顺序和有关对会议议程顺序的明确规定，按要求编制议程表；尽量将同类性质的问题排列在一起；保密性较强的议题，一般放在后面。

会议日程是指会议在一定时间内的具体安排，也就是会议议程规定的各项活动根据会议的计划和进程逐日做出的安排，不仅包括会议议题内容，还包括其他活动，如聚餐、参观、考察、娱乐等。会议日程表一般采用简短文字或表格形式，将会议时间分别固定在每天上午、下午、晚上三个单元里，将会议的议题具体化。

议程和日程一般在会前发给与会者，便于其了解会议情况，从而可以帮助他们预先做好准备。

会议议程、会议日程的一般结构模式如下：

其一，标题。

会议议程：采用"会议名称＋议程"的模式，如"××学院第×届职工代表大会第×次会议议程"。

会议日程：采用"会议名称＋日程／日程安排／日程表"的模式，如"××学院第×届职工代表大会第×次会议日程"。

其二，时间、地点、稿本或题注。

议程可在标题下方注明会议的时间和地点，如"××会议×月×日星期×上午9：00在公司×会议室举行"。

代表大会的议程、日程如需要预备会议通过，应在标题后方或者下方的括号中注明"草案"二字；如已获通过，则去掉"草案"二字，在标题下方注明该议程、日程通过的日期、会议名称，并用圆括号括入，如"（2016年3月26日第一届教职工代表大会第三次预备会议通过）"。

其三，正文。

会议议程的正文简要概括地说明会议每项议题性活动的顺序，用序号标注，一般不加标点。

会议日程的正文分为两种模式：①表格式。用表格将日期、单位时间、活动名称和内容、主持人或召集人、参加对象、活动地点、活动要求（备注）等信息组织起来。

表格式的优点在于会议活动的各项安排一目了然，适用于需要交代各项具体安排的会议活动。表格式日程安排一般以上午、下午和晚上为单元，如有必要，也可利用中午和傍晚的时间。每个单位时间可再分成几段，以适应不同活动的需要。②日期式。按日期先后排列会议的各项活动，可只标明上午、下午起始时间，然后将各项活动按时间顺序列出。

其四，制定机构与日期。

一般在正文右下方写明制定机构的名称（如秘书处）和制定日期。标明题注的会议议程和日程无须落款。

会议议程、会议日程都是关于会议活动顺序的安排，它们之间的区别在于：会议议程是整个会议议题性活动顺序的总体安排，不包括会议期间的仪式性、辅助性活动，其特点是概括、明了，一旦确定，不得任意改动；凡是两项及以上议题的活动，都应该事先制定议程。会议日程是将各项会议活动（包括仪式性、辅助性活动）落实到单位时间，凡会期满1天（即两个时间单位）的会议都应当制定会议日程；会期半天以内，且都是议题性活动的会议，只需制定议程，而不必制定会议日程。议程的要点是会议和讨论，日程的要点是日期时间顺序。

实训评价

会议议程写作实训评价表

评价项目	比重	评价内容	评价标准				自我评分	小组评分	教师评分
			优	良	中	差			
内容要素	50	会议目的：明确充分 议程事项：考虑周全，要素齐备，结构合理	15 35		8 18				
形式要素	30	标题：两要素齐全 正文：内容齐全，排序清楚 落款：单位、日期表达完整、正确	5 22 3		3 11 1				
文种	5	正确、完整	5		3				
语言	15	准确、简洁、平实	15		8				
合计	100								

会议日程写作实训评价表

评价项目	比重	评价内容	评价标准				自我评分	小组评分	教师评分
			优	良	中	差			
内容要素	60	事项：要素齐备，明确具体 活动环节：具体明确， 　　　　衔接紧凑； 　　　　合理周密， 　　　　可操作性强	20 20 20		10 10 10				
形式要素	25	标题：两要素齐全 表格：设计美观合理， 　　　要素完备 落款：正确、完整、规范	5 15 5		3 8 3				
文种	5	正确、完整	5		3				
语言	10	准确、简洁、平实	10		5				
合计	100								

拓展思考

作为会议文书的一种，会议议程表在会议的组织与管理中发挥着重要的作用。大多数会议并没有正式的会议议程表，那是因为人们忽视了它的重要性或者认为并不需要它。但实际上，一份清晰的会议议程表能够规范和控制会议内容，约束沟通的次序和节奏，提升会议的效率，有助于会议目标的顺利达成。

会议议程表就好像考察队的地图一样，所有参会者都应该能从中找到与会议有关的最重要的信息，如为什么开会、开什么会、有谁来参加、什么时候开会、在哪儿开会，等等。通常情况下，一份规范而完整的会议议程表主要包括以下内容：明确的会议目的；会议意欲实现的目标或产生的结果；会议的日期、时间和地点；会议的组织者；参会人员名单；每个与会者在会议中分别承担什么任务；会议要讨论的主要议题及时间分配。会议议程表尽可能短小简单，最好能限制在一页纸上。需要指出的是，会议议程表上的内容并非是可以随意摆放的。若要追求高效率的会议，无论是按计划召开的会议还是临时会议，都应该有个精心设计会议议程表的过程。

● 会议议题的数量安排

从一定意义上说，会议议程表就是对准备会上进行讨论的议题的安排。会议议题的数量是由会议的目标、时间及会议规模等因素综合决定的。

一是紧扣会议目标的标准。会议议题是完成会议目标的手段。甄选会上讨论的议题的标准就是能否紧扣会议目标，能否准确具体地体现会议目标。对不能准确反映目标或根本与目标无关的议题应尽量限制讨论。

二是提高会议效率的标准。所有的专家都建议,一次会议的议题不宜过多,否则将会降低效率。国外的专业机构曾在1999年对1418家企业进行了相应的调查之后得出结论,即认为会议事项并非越多越好。而且,假设一个议题需要的讨论时间大约是30分钟,那么4个议题就几乎会用完2小时的时间。当然,这还不包括意外的情况发生。因此,落实到常见的小型工作会议中,大约一次会议讨论4~5个议题是比较合适的。

三是依据会议规模的标准。如果是小型会议,会议议程表的结构可以相对松散些,但如果是较大型的会议,那么会议议程表的结构越是紧凑,会议就越有可能富有成效。

● 会议议题的次序安排

恰当地安排会议议题的顺序有助于提高会议效率。会议议程表中的议题可以从5种角度来进行排序。

第一,通过对议题进行分类来排序。比如,把提供信息的议题放在前面,然后是推动决策的议题,最后是对问题的解决。

第二,按照议题的逻辑顺序来排序。使前面进行的议题成为后面议题的一个逻辑铺垫,逐步推动决策进行。

第三,按照议题的重要性来排序。一般最重要的议题放在最前面。采取这种排序方法是因为会议刚开始时与会者的注意力比较集中。此外,还能确保所有重要的议题都能讨论,不至于遗忘某些重要的内容。

也有一些专家推荐使用倒序,即将不重要的议题放在最前面讨论,然后慢慢地靠近最重要的议题。这个技巧使得与会者有足够的时间来热身,消除那些细微问题对整个会议的影响。

第四,按照议题的紧急程度来排序。需要紧急决策的议题必须放在前面讨论,这是议题的紧迫性本身所决定的,而那些相对缓和的议题可以放在后面,甚至可以等到下一次再进行讨论。

第五,按照议题的利益相关度来排序。与在场的每一位与会者的利益息息相关的议题最好向后排,这样可以避免因为这种问题的讨论而影响与会人员的立场和情绪,进而影响对其他议题进行讨论时的投入与客观程度。

在会议议程表的工作实践中,需要注意以下几点:

第一,议程中的每个议题应用数字排出先后次序。如果出于某种原因需要更改议题次序,或者取消某个议题,应该在会议开始时由主席说明理由。这是十分重要的,因为可能有的成员对这些议题有兴趣,如果这些议题被取消,或被推迟,他们会感到不满。

第二,给每一项议题分配一个时间限度。这样既确保大家不会超过规定的时间,又可以留出足够的时间,以保证所有被列入的重要议题都能得到充分的讨论,会议完成预定目标,得到正确的决策。

第三,要求与会者预先思考所要讨论的问题。如果与会者在开会时才开始思考问题，那简直是在浪费其他人的时间。宝贵的会议时间应当用来直接交换深思熟虑后的意见。可以要求与会者做一些具体的会前工作，如抽样调查员工意见、汇集统计数据、收集背景资料等。

（节选自陈汉忠：《会议议程表的设计》，载《秘书》，2011 年第 11 期。有加工整理）

🔍 案例分享

甘肃省第十二届人民代表大会第四次会议议程

（2016 年 1 月 15 日省十二届人大四次会议预备会议通过）

一、听取和审议甘肃省人民政府工作报告

二、审查和批准甘肃省国民经济和社会发展第十三个五年规划纲要

三、审查和批准甘肃省 2015 年国民经济和社会发展计划执行情况及 2016 年国民经济和社会发展计划草案的报告

批准 2016 年国民经济和社会发展计划

四、审查和批准 2015 年全省财政预算执行情况和 2016 年全省及省级财政预算草案的报告

批准 2016 年省级财政预算

五、听取和审议甘肃省人大常委会工作报告

六、听取和审议甘肃省高级人民法院工作报告

七、听取和审议甘肃省人民检察院工作报告

八、选举事项及其他

拓展阅读＞

☕ 补充读物

1. 哈佛商学院出版公司：《会议管理》，王春颖，译，北京，商务印书馆，2009 年。

2. 杨锋：《会议管理》，北京，中国人民大学出版社，2015 年。

3. 张家平：《会议议程、日程及程序的辨析与制作》，载《秘书之友》，2015 年第 11 期。

实训三
会议通知

🎯 情境植入

为迎接兄弟单位和上级部门的卫生检查，某局要召开迎接卫生检查动员大会，局长要秘书小万写一份通知。小万一边写一边想，有些部门的领导一向不重视卫生问题，如果他们知道召开的是卫生工作会议可能自己不来而派其他人员来了。于是他写了如下通知：

会议通知

经局领导决定，兹定于 4 月 2 日上午 9 时在局办公大楼会议室召开各部门负责人会议，会议重要，请准时出席。

小万将通知下发后不久，就接到了不少部门的电话询问开什么会议，言谈中颇有些责怪的意思。

📎 实训材料

材料一：

××县关于召开经济工作会议的通知

各镇(乡)、局(行)、厂矿：

为总结经验，加速振兴我县经济的步伐，县政府决定在本月中旬召开经济工作会议，现将有关事项通知如下：

(一)参加会议人员为各单位主管经济工作的主要负责人；

(二)参加会议人员应认真准备有关经济工作情况及今后工作打算的材料，以便在会上汇报或交流；

(三)参会人员应带齐日常生活用品及伙食费，并于 15 日 5 时到县政府报到；

(四)会议结束后，将布置今年下半年的工作安排。

以上通知，希遵照执行。

××县人民政府办公室
二〇一六年六月

材料二：康桥宾馆位于本市南京西路 45 号，是个中型宾馆，有会议室、餐饮部、停车场等设施，某企业准备在 11 月 15 日上午 9：00 至 12：00 召开全厂中层干部大会，讨论第二年的产品发展和销售计划，地点就在康桥宾馆的 12 楼会议室。这次会议由总经理办公室负责安排。办公室主任让小付拟一个会议通知。

讨论分析

1. 会议通知一般由几部分组成？
2. 除了文件式会议通知，还有哪些形式的会议通知？

任务与要求

任务一：从"材料一"的公文中找出 5 个错误来，并说明正确的写法。

任务二：请你代小付拟写一份会议通知。

要求：格式规范，内容完备，条理清楚，可根据情况补充相关信息。

实训总结

会议通知是上级对下级、组织对成员或平行单位之间部署工作、传达事情或召开会议等所使用的应用文。会议通知由标题、发文字号、主送机关、正文和落款五部分组成。

标题。有两种形式，一是由制发机关、事由和文种三部分组成，二是由事由和文种组成。如果事情重要或紧急，也可写"重要通知"或"紧急通知"，以引起注意。

发文字号。包括机关代字、年号、序号。没有正式行文的会议通知不要发文字号。

主送机关。所有通知都须有主送机关，即必须指定此通知的承办、执行和应当知晓的主要受文机关。

正文。一般由三部分构成，即事由、主体和结尾。

通知事由，即写明制发通知的理由、目的、依据或情况。

通知主体，即通知事项，要求主要受文机关承办、执行和应予知晓的事项。通知事项多数分条列项写出，条目分明，主要内容如下：①会议名称。会议名称一定要写全称。②主办者。联合主办的会议，要写明所有主办者的名称。③会议的内容。包括会议的目的、意义、主题、议题、讨论的提纲、议程安排等。④参加对象。如果通知是发给单位的，应当说明参加会议人员的具体要求，如职务、级别，专题工作会议应要求分管领导到会。有的会议为了达到一定的规模，通知中还规定每个单位参加会议的人数。⑤会议时间。包括报到时间、会议正式开始和结束时间、会期。⑥会议的地点。应具体写明会场所在的地名、路名、门牌号码、楼号、房间号码、会场名称。
⑦其他事项。如参加会议的费用、报名的方式和截止日期、有关论文撰写提交的要求、
入场凭证以及组织者认为必须说明的事项。⑧联络信息。如主办单位或会议筹备机构
的地址、邮编、银行账号、电话传真号码、网址、联系人姓名等。

具体而言，通知事项的内容可根据会议复杂程度选用如下两种方式：①复杂
式——会议名称＋会议议题＋会议目的＋会议时间＋会议地点＋与会人员＋会议议
程＋会议要求＋会议准备的材料＋会议安排。②简单式——会议议题＋目的＋时间＋
地点＋与会人员。

通知结尾有三种常用写法：①事项结束，全文就自然结尾，意尽言止，不单写结
束语。②用习惯用语"特此通知"收尾，但前言和主体之间如用了"特做如下通知"作过
渡语，则不宜在收尾处再用习惯用语。③用简要的文字再次明确主题或做必要的说明，
以引起收文单位对该通知的重视。

落款。包括发文机关和成文日期。

文件式会议通知适用于主办者同与会者之间具有上下级关系，或者管理与被管理、
指导与被指导的会议活动。具体发送对象是：会议的当然成员和法定成员；本机关或
本单位内部的工作人员；下级所属单位；受本机关或本单位职权所管理的单位。此外
还有如下形式的会议通知：

第一，邀请函。一般用于横向性的会议活动，具有礼节性。发送单位是不受本机
关职权所制约的单位及个人。一般在召开学术研讨会、咨询论证会、技术鉴定会、贸
易洽谈会、产品发布会等时，以发邀请函为宜。

第二，请柬。主要用于举办仪式性、招待性的会议活动，如大型会议和展览活动
的开幕式和闭幕式、大型工程的开工和竣工仪式、重要项目的签字仪式、招待会、晚
会等。发送对象一般都是上级领导、知名人士、来访客人、兄弟单位等，多使用书面
语，语言谦恭儒雅。

第三，海报。具有公开信性质，通常采用招贴的方式，主要用于可以自由参加的
会议活动，如学术型报告会。

第四，公告式会议通知。公告式会议通知是利用报纸、电视等新闻媒体或其他公
开传播媒介发送的会议通知。往往通知的对象不明确，且人员较多，如一些理论研讨
会、股东会、联谊会、大型庆祝会等就使用公告式会议通知。

第五，表格式会议通知。表格式会议通知结构规范，格式统一。党政机关、企事
业单位和业务主管部门内部召开的各种会议经常采用表格式会议通知。它方便快捷，
有利于提高工作效率。

👥 **实训评价**

会议通知写作实训评价表

评价项目	比重	评价内容	评价标准				自我评分	小组评分	教师评分
			优	良	中	差			
内容要素	50	缘由：具体、明确	15		8				
		事项：要素完备，明确周密，结构合理	30		15				
		结语：自然、得当、规范	5		3				
形式要素	30	标题：齐全、规范	5		3				
		通知对象：正确、规范	5		3				
		正文：内容齐全，条理清晰	15		8				
		落款：正确、完整	5		3				
文种	5	正确、完整	5		3				
语言	15	准确、简洁、平实	15		8				
合计	100								

💡 **拓展思考**

　　从报上得知，辽宁省开始改变会风：会前不介绍领导，会上发言时间不超过 5 分钟。读罢这条消息，似一股清风拂面。其实限制与会者的发言时间，在国外是一种普遍现象。

　　由此想到"会议通知"。几乎每天我们都能见到各式各样的"会议通知"。有些"会议通知"来自上级单位或政府机关，有些则是企业内部的，但无论是企业内部的还是外部的"会议通知"，都是一个模式，即什么会，什么时间、什么地点召开，什么人参加，等等。有些"通知"可能更全面一些，谁主办、谁讲话等也都清清楚楚。但是所有这些"通知"都有一个"通病"——缺少"散会时间"。

　　毫无疑问，再长的会议也有散的时候。但什么时候散会，"通知"不说清楚，这就给我们安排工作带来很大不便。比如，前天接到一个上级单位的"会议通知"，说是第二天上午 9 点钟有一个会，布置下一个季度的工作。这样的会当然得参加，但恰好第二天上午约好要去某机关办事，为了参加这个会，只好推掉那件事，其实第二天的会 10 点半就结束了。

　　也许会议主办单位会说，几点开会我们能安排，但几点散会可掌握不了，因为领导讲话时间我们无法控制。现在有了辽宁这个榜样，其他地方可以借鉴。"不介绍领导"，省去了烦琐的形式，也节约了宝贵的时间；领导讲话时间有了规定，可以长话短说，使无法控制的会议变得可以控制。多年未能治愈的顽症，就这样一下子变简单了。

（牛百夕：《会议通知的"通病"》，载《瞭望》，2001 年第 39 期）

🔍 案例分享

关于召开全区宣传部长会议的通知

各市委宣传部，×铁党委宣传部：

定于 9 月 9 日—10 日召开全区宣传部长座谈会，现将有关事项通知如下：

一、会议议题

传达学习中宣部召开的部分省区市宣传部长座谈会精神；总结交流我区前 8 个月宣传思想工作；研究部署下一步工作。

二、参加人员

各市委宣传部长、×铁党委宣传部长。

三、会议时间

9 月 9 日—10 日（会期一天半，9 月 8 日下午报到）。

四、会议地点

报到及住宿地点：××市七星路××宣传干部培训中心。

会场：区党委办公楼三楼会议室。

五、有关事项

（一）请参加会议人员准备约 15 分钟的发言。请将发言材料打印 50 份，在报到时交给会务组（打印要求：16 开幅面，在左上角用四号楷体注明"全区宣传部长座谈会发言材料"）。

（二）请各市委宣传部长、×铁党委宣传部长安排好会议期间的各项工作，准时出席会议。在外出差、学习的，如无特殊情况，务请回×参加会议。

（三）请各市委宣传部、×铁党委宣传部于 9 月 5 日下午下班前将参加会议人员名单报到自治区党委宣传部办公室。

联系人：×××，电话：××××，传真：××××××。

中共××××××委员会宣传部
2003 年 9 月 4 日

第九次全国心理卫生学术大会会议通知

第九次全国心理卫生学术大会将于 2016 年 8 月 26 日—28 日在北京召开，主题是"健康中国与心理健康促进"。会议由中国心理卫生协会主办，协会下属 18 个专委会、3 个行业分会、4 个杂志社和北京市西城区中北心理咨询师职业技能培训学校联合协办。

会议时间：2016 年 8 月 26 日—28 日，8 月 25 日全天报到。

会议地点：北京建国国际会议中心

报名咨询方式：中国心理卫生协会官网www.camh.org.cn

联系电话：010-5830××××(姜××)

中国心理卫生协会

2016 年 4 月

（以上例文根据网络文献整理）

拓展阅读＞

☕ 补充读物

1. 孙保兴，臧杰斌，孙建刚，刘东方：《浅谈会议通知的校核》，载《秘书工作》，1994 年第 6 期。

2. 龚仕文：《谈会议通知的写作与注意事项》，载《应用写作》，2004 年第 10 期。

3. 赵建伟：《简论两种特殊的规定性通知》，载《写作》，2004 年第 15 期。

实训四
开幕词　闭幕词

🎯 情境植入

××学院第×届文化艺术节将于 2015 年 5 月 6 日—10 日举行，艺术节期间将举行文化与健康讲座、电影欣赏、征文比赛、话剧表演、演讲比赛、体育比赛等多种文化体育活动。届时，艺术节还将举行隆重的开幕式和闭幕式。

🕖 实训材料

材料一："2016 第十七届亚太电子(苏州)展览会"于 2016 年 5 月 12 日—14 日在苏州国际博览中心举行。本次展会的主办单位是中国电子学会，承办单位是苏州新华展览有限公司。一年一度的亚太电子展获得了国内外电子行业同行的广泛支持和积极参与，累计吸引近 4000 家企业参展，已成为中国最主要的电子展会之一。据悉，本届展会将吸引电子、通信、计算机、自动化仪表、家用电器、汽车、机械、广告、医疗器械等多个制造业的实力买家与会参观交易。

　　材料二：云裳服装公司第二十一届职工代表大会第一次会议经过全体代表的共同努力，历时一天，圆满完成了大会预定的各项任务。提交大会审议的报告有：党委副书记×××同志向大会报告2015年集体合同执行情况；行政部经理××同志向大会报告2015年企业业务招待费支出情况；财务部经理××同志报告2015年×××资金使用情况；纪委书记×××同志报告厂务公开执行情况；党委组织部部长×××同志宣读民主评议领导干部方案。

　　大会认真审议了提交本次会议的报告、方案，并表决通过了有关报告和方案。

　　大会还听取了企业副处级以上领导干部的述职报告，并举行了民主评议。

　　会议始终充满了民主、团结的浓厚气氛，收到了预期的效果，取得了圆满的成功。

　　云裳服装公司第二十一届职工代表大会第一次会议由工会副主席×××致闭幕词。

📗 讨论分析

　　1. 开幕词和闭幕词各有什么特点？

　　2. 开幕词和闭幕词的格式由哪几部分组成？

　　3. 开幕词和闭幕词的写作要求有什么不同？

⊙ 任务与要求

　　任务一：上网查询展会的有关信息，撰写"2016第十七届亚太电子（苏州）展览会开幕词"。

　　任务二：搜集有关材料，代工会副主席拟写闭幕词。

　　要求：文种准确，要素齐全，结构合理，格式规范，表述得体。

🔗 实训总结

　　开幕词是会议讲话的一种，它是党政机关、社会团体、企事业单位的领导人在会议开幕时所做的讲话，旨在阐明会议的指导思想、宗旨、重要意义，向与会者提出开好会议的中心任务和要求。它以简洁、明快、热情的语言阐明大会的宗旨、性质、目的、任务、议程、要求等，对会议起着重要的指导作用。开幕词是大会正式召开的标志，也是会议的必要议程。

　　会议开幕词具有宣告性、指导性的特点，重要会议的开幕词往往成为历史性文献。

宣告性。开幕词的内容主要是阐述会议的指导思想、宗旨、重要意义,向与会者提出会议的要求,或对会议的成功表示祝愿,适用于较为隆重的或重要的会议,一般性会议可以不致开幕词。

指导性。开幕词所提出的会议宗旨是大会的主导思想,所阐明的目的、任务、要求等对会议有着重要的指导作用。会议结束之后,与会者传达会议精神时,开幕词也是其重要的内容之一。

闭幕词与开幕词相对应,是会议结束时由主要领导人向全体会议代表或与会人员所做的总结性致辞。闭幕词的主要内容是对会议做出概括性的总结和评价,并向与会者提出贯彻落实大会精神的要求,向与会单位提出奋斗目标和希望,因此重要会议是否能给人圆满的印象,闭幕词起着重要的作用。

闭幕词具有总结性、评价性、激励性的特点。

总结性。闭幕词通常要概括会议的进程,如讨论了哪些问题,做出了哪些决议,会议有什么重要意义和作用,与会者提出了哪些正确意见和合理化建议,以及今后的任务是什么等,从而对会议进行概略的总结。

评价性。闭幕词还要对整个会议做出总体评价,肯定会议的重大成果,正确评估会议的深远影响。例如,毛泽东同志在中国共产党第七次全国代表大会上的闭幕词《愚公移山》中,开头一段就对"七大"给予高度评价:"我们开了一个很好的大会……我们开了一个胜利的大会,一个团结的大会。"

激励性。闭幕词要对贯彻落实会议精神提出要求,并用充满信心的话语号召与会人员去奋斗、去努力,因而有强烈的激励性。

开幕词由首部、正文和结束语三部分组成,各部分的项目内容与写作要求如下:

首部。包括标题、时间、称谓三项。

标题一般由事由和文种构成,如《中国共产党第十二次全国人民代表大会开幕词》;有的标题由致辞人、事由和文种构成,其形式是《×××同志在××××会上的开幕词》;有的采用复式标题,主标题揭示会议的宗旨、中心内容,副标题与前两种标题的构成形式相同,如《我们的文学应该站在世界的前列——中国作家协会第四次会员代表大会开幕词》;也有的只写文种,即"开幕词"三字。

时间写在标题之下,用括号注明会议开幕的年、月、日。

称谓一般根据会议的性质及与会者的身份来确定,如"同志们""各位代表、各位来宾""运动员同志们"等。如果是党的会议,称谓比较简单,就是"同志们"三个字。如果是国际会议,要按照国际惯例来排列顺序,较常见的是"各位嘉宾,女士们,先生们"。开幕词对称谓比较注意,选用的称谓应根据会议的性质和出席会议的人员情况来确定。

正文。包括开头、主体和结尾三部分。

开头一般开门见山地宣布会议开幕,也可以对会议的规模及与会者的身份等做简要介绍，如"参加这次大会的代表有×××人，其中有来自……"，并对会议的召开及对与会人员表示欢迎。需要说明的是，开头部分即使只有一句话，也要单独列为一个自然段，将其与主体部分分开。

主体是开幕词的核心部分，通常包括三项内容：第一，阐明会议的意义，通过对以往工作情况的概括总结和对当前形势的分析，说明会议是在什么形势下，为了解决什么问题和达到什么目的而召开的；第二，阐明会议的指导思想，提出大会任务，说明会议的主要议程和安排，一般将议程直接列项表达，如议程不宜列项，则可对会议将要讨论的主要问题进行阐述；第三，为保证会议顺利举行，向与会者提出会议的要求。

结尾提出会议的任务、要求和希望。

结束语。开幕词的结束语要简短、有力，并要有号召性和鼓动性。写法上常以呼告语另起一段，如"预祝大会圆满成功"。

闭幕词的写作结构与开幕词大致相同，由标题、称谓和正文三部分组成。

标题。闭幕词的标题跟开幕词的写法类似，常见的写法是《××××大会闭幕词》或《×××在×大会上的闭幕词》；偶尔也有主副标题的写法，将主要内容或主要观点概括成一句话作标题，再用"×大会闭幕词"作副标题。

闭幕词的时间，加括号标注在标题之下正中。

称谓。闭幕词称谓的使用要与开幕词相一致，应根据会议的性质和出席会议的人员来确定。

正文。由开头、主体和结尾三部分组成。

开头一般要用简洁的文字说明会议在何种情况下（如各级领导的关怀、与会成员的努力等）圆满结束或"胜利闭幕"。有的还可以在这一部分先概括地对会议做一总体评价。

主体通常包括两项内容：一是总结会议所完成的任务，肯定会议的成果，对大会做出客观评价，注意评价要中肯，不能空泛笼统地说会议开得很成功、很鼓舞人心，要有实在内容；二是提出贯彻会议决议、会议精神的指导意义，不能走形式。这两方面内容一个都不能少，写作时要根据会议情况，有针对性地对会议内容予以阐述和肯定。特别是概括总结的部分，要列举会议完成的任务和取得的成果，不可泛泛而谈；贯彻会议精神部分，要明确具体，体现会议主旨。

结尾一般比较简单，通常用祝愿性语言对大会的圆满成功表示祝贺，用坚定的语气发出号召，提出希望。最后，用惯用语结束闭幕词，最常见的写法是："现在，我宣布，×××大会闭幕。"

开幕词虽然篇幅不长，简洁明了，但是它应用的场合大多较为隆重，致辞者地位重要，因此写作上有其特殊的要求：撰写时要预先了解会议的主要内容，认真学习会议的有关精神，围绕中心议题来写作；用语要适合会议的规格和致辞者的身份，庄重而又热情；层次要清楚，篇幅要精悍；气氛要热烈，节奏要明快，多用具有鼓舞作用的语句，激励与会者。

虽然闭幕词与开幕词的作用不同，但两者对会议一样重要。闭幕词的重要性主要体现在对会议的总结和评价上，其写作具有自身的特点，这具体表现在如下三个方面：其一，要正确评价和总结会议。写作者必须全过程参加会议，聆听报告、参与讨论、阅读简报、了解动态，只有这样，才能把握会议的主要精神，写作中才能正确评价会议，概括会议精神，提出符合实际的具体要求。其二，要和开幕词首尾呼应，但内容各有侧重。闭幕词应以开幕词为基础，侧重于补充和深化会议精神，提出希望，发出号召。其三，语言要精练。闭幕词的语言应具有高度的概括性，充满热情，激励与会者信心百倍地完成会议决定的任务。

实训评价

开幕词、闭幕词写作实训评价表

评价项目	比重	评价内容	评价标准				自我评分	小组评分	教师评分
			优	良	中	差			
内容要素	45	主题：明确、突出 表述：主旨鲜明，详略得当，逻辑严谨，思路清晰 情感：富有鼓动性和号召力、感染力	10 20 15		6 10 8				
形式要素	35	标题：准确、简练、规范 时间：齐全、规范 称谓：得体、规范 正文：要素完备，结构完整，格式规范，措辞得当	5 5 5 20		2 2 2 10				
文种	5	正确、得体	5		3				
语言	15	准确、简练、流畅，有激情	15		8				
合计	100								

拓展思考

开（闭）幕词是会议活动的名片。凡党政机关、企事业单位等各级各类组织召开的重大会议或举办的重要活动，一般都设有开幕和闭幕等仪式性、程序性较强的环节。从会议筹备和文件起草的角度来看，有开幕、闭幕则必有开幕词、闭幕词与之相对应，这是一道必不可少的流程，标志着整个会议活动过程的闭环和圆满。特别是大中型会议活动，一套完整齐备的、精心拟制的开(闭)幕词，将成为其中的亮点，给与会人员带来不一样的感受和印象，为会议活动增色不少。

要写好一篇开(闭)幕词，至少要熟练掌握好如下几点：

第一，准备要足。会前要弄清所召开会议活动的性质、背景、意义、规模以及与会人员范围等各方面情况，认真学习与会议活动有关的文件和材料，熟悉会议活动的议程日程和总体方案，了解会议活动的通盘安排并跟踪进程。要尽可能详尽地占有信息资料，掌握致辞领导者的讲话风格，做足会前功课，做到成竹在胸。

第二，站位要高。撰写开(闭)幕词，不能就会议活动言会议活动，就开(闭)幕言开(闭)幕，而要从全局的角度、战略的高度来审视会议活动之于本单位、本系统工作的独特价值和深远意义，提出新思想、新观点、新论断，使致辞讲话高屋建瓴、立意深远、内涵丰富，既有统揽全局的深度思考，又有密切联系实际的独到见解，使开(闭)幕词具有针对性，让与会者知其然并知其所以然。

第三，语言要活。转变文风、会风，要从开(闭)幕词等一篇篇会议文件的作风转变开始。开(闭)幕词是讲给数量众多的与会者听的，也是推动会议活动进程、传递会议活动信息的权威渠道，因而语言风格的把握十分重要，着重要体现"活"的特点：既要讲究语言内容的"活"，讲务实的话，讲接地气、群众喜欢听的话，力求庄重而不失热情活泼，切忌空洞单调的说教；又要讲究表达方式的"活"，善用排比、比喻等修辞手法，增强语言的生动形象感；还要讲究现场气氛的"活"，字句要铿锵上口，多用短句少用长句，注重声调的和谐配合，提高现场表达效果和感染力。商业活动的开(闭)幕词还可适当加入网络流行语汇元素，以此活跃现场氛围。

第四，修改要精。鲁迅先生有句名言："好文章不是写出来的，而是改出来的。"同样，一则好的开(闭)幕词，往往都是经过反复锤炼、字斟句酌而"出炉"的，都离不开文稿起草者、秘书人员和致辞领导者的共同参与、精雕细琢，是集体智慧的结晶。因此，要以精益求精、尽善尽美的态度对待致辞文稿的起草、修改与审定，让受众在有效接收会议活动信息的过程中同步获得愉悦的感受。

（节选自刘伟：《开(闭)幕词写作撮要》，载《写作》，2016年第2期。有加工整理）

🔍 案例分享

召开一次大型的会议，往往要有开幕、闭幕的仪式，以营造庄重的会议气氛。有开幕就必有开幕词，它是开幕仪式上必不可少的开场锣鼓，由此拉开序幕，使会议进入主体。开幕词一般都比较精短，只有千把字，有的甚至只有几百字，但它在整个会议中却有举足轻重的作用，为会议的顺利召开奠定了良好的基础。因此，写好开幕词，敲响这开场的锣鼓，就不是一件等闲之事。那么，怎样写才能让开幕词的锣鼓"响"起来？我们不妨从亚洲资本论坛主席李俊先生在"2006 年中国经济年度论坛暨亚洲企业领袖年会"上所做的开幕词中，寻觅一些有益的借鉴。

先来欣赏一下这篇开幕词：

尊敬的各位来宾，女士们，先生们：

晚上好！

今天晚上，我们在这个宁静而温馨的度假村举行这个盛大宴会，标志着 2006 年中国经济年度论坛暨亚洲企业领袖（揭阳）年会开幕了！我代表主办单位，向来自美国、日本、韩国、法国、泰国、新加坡、加拿大、印度、比利时、荷兰、澳大利亚、摩洛哥，以及中国的 300 多名企业领袖、政府官员、专家学者及新闻记者表示亲切的问候！

5 个月前，我以考察者的身份来到揭阳，来到京明度假村。记得那天傍晚下着大雨，在度假村高高的茶楼上，我与揭阳市领导一起品茶，透过雨幕，远望群山，我想象着有一天来自世界各地的企业家齐聚在中国粤东地区这个略显偏僻的度假村，探讨中国与亚洲、中国与世界共同关注的话题，是一件多么惬意的事情。5 个多月过去了，我当时想象的那番情景，今天终于变成了现实。我的内心无比激动。我想，这是中国经济快速发展的魅力之所在，这是揭阳这个潮汕历史文化发祥地的魅力之所在。

如果说亚洲资本论坛在其中起了一定作用的话，那么首先应当归功于数百位企业家、专家学者和新闻记者的积极参与，归功于中共揭阳市委、揭阳市人民政府的大力支持。我要向远道而来的各位嘉宾，向中共揭阳市委、揭阳市人民政府，向深圳市安远投资集团有限公司，向京明度假村以及向所有的协办单位表示衷心的感谢！

本届论坛与年会的主题是"中国与亚洲：知识致富与知识产权致富"，这是一个极富挑战性的话题。我相信，通过明天一天紧张的交流与探讨，一定会获得突破性的认识，这将是本届论坛与年会对中国经济与亚洲经济的共同发展做出的一个贡献。与此同时，明天我们还将聆听到权威专家有关中国投资、中国环境与中国房地产的三个年会报告，这也是本届论坛与年会献给每位嘉宾的一道智慧与思想的盛宴。揭阳的历史、潮汕的历史乃至中国的历史，将会铭记这次盛会。

最后，我预祝本次论坛与年会圆满成功！

祝各位嘉宾在揭阳、在揭西、在京明度假村过得愉快！

谢谢大家！

这篇开幕词还不足千字，但它却把开场的锣鼓敲得引人入胜，让每一个与会者都在愉悦中进入角色。一篇不足千字的开幕词为什么会有如此大的魅力？从它的成功奥秘中，我们至少可以找到这样三点借鉴：

一、要把开幕的锣鼓敲在点子上

开幕词是会议的指南，是会议的向导，它的一个重要使命就是要使与会者明白以下几点：①明白这是一个什么样的会；②明白开会的时间和地点；③明白与会的单位（国家、地区）和人员；④明白会议的作用或意义；⑤明白会议的主旨、议程和议题。这些就是所要敲的点子。李俊先生的这篇开幕词不正是这样敲响的吗？你看，一声称呼、问好之后的第一段就深情地宣布了会议的开幕时间、会议的名称，又在亲切的问候中通报了来自众多国家的各类人员。第二段在赞美声中报告了会议的地点，即魅力城市，潮汕历史文化发祥地——揭阳。第三段用感谢的语言肯定了亚洲资本论坛、亚洲企业领袖们对中国经济快速发展的巨大贡献，暗示出这次会议的必要性。第四段明确宣告这次会议的主题、议程和议题。最后以良好的祝愿结束了讲话。纵观全篇，可以说是锤锤敲在点子上，要点明确，一听了然。

二、要把握热情礼貌、亲切友好的情感基调

开幕词是由会议主办单位负责人，以会议主人的身份发表的一番讲话，他不仅要通报会议的基本情况，还要通过他的这番讲话，调动起各方面的积极性，为开好会议铺平道路。因此，热情礼貌、亲切友好就构成了开幕词最基本的情感基调。李俊先生的这篇开幕词，就很好地把握了这一点。例如，他在问候中这样说："我代表主办单位，向来自美国、日本、韩国、法国、泰国、新加坡、加拿大、印度、比利时、荷兰、澳大利亚、摩洛哥，以及中国的300多名企业领袖、政府官员、专家学者及新闻记者表示亲切的问候！"他把来自13个国家不同身份的各类人员都一一提到，不厌其烦，显得极其礼貌周到。关于会议地点，他不是一句简单的交代，而是用描绘的语言去讲述自己想象的实现，对揭阳进行了由衷的赞美，让揭阳人欢欣愉悦。他在向嘉宾，揭阳市委、市政府以及所有协办单位致谢时，利用排比句式，把谢意表达得热烈而深厚。他一边报告会议的主题、议程和议题，一边进行充满激情的评论与展望，热切的期盼溢于言表，极富鼓动力和感召力。这样的开幕词，处处洋溢着人文关怀之情，必然营造出和谐融洽的会议气氛，让每一个与会人员以积极昂扬的心态参与会议，完成大会的使命。

三、语言上要活泼多姿

开幕词不是会议报告，可以调动多种语言手法，使语言生动起来，活泼起来，多姿多彩，引人入胜。李俊先生的这篇开幕词，注重修辞，语言优美，让人喜闻乐听。他在谈到5个月前来揭阳考察会议地点时，有这样一段描述性的文字："记得那天傍晚下着大雨，在度假村高高的茶楼上，我与揭阳市领导一起品茶，透过雨幕，远望群山，我想象着有一天来自世界各地的企业家齐聚在中国粤东地区这个略显偏僻的度假村，探讨中国与亚洲、中国与世界共同关注的话题，是一件多么惬意的事情。"他用诗一般的语言，描绘出画一般的情景，寥寥数语，烘托出揭阳这座城市的诱人魅力，也使会场气氛变得轻松而快乐。"明天我们还将聆听到权威专家有关中国投资、中国环境与中国房地产的三个年会报告，这也是本届论坛与年会献给每位嘉宾的一道智慧与思想的盛宴。"这里又使用比喻，把三个年会报告比作"智慧与思想的盛宴"，内涵丰富，耐人寻味。"揭阳的历史、潮汕的历史乃至中国的历史，将会铭记这次盛会。"拟人化的一句结语，生动有力，意味深长，把会场的锣鼓推向高潮。

（马增芳：《敲响开场锣鼓——例谈开幕词的写作》，载《应用写作》，2007 年第7 期。有加工整理）

闭幕词是党政机关、社会团体、企事业单位召开的重要会议或举办的重大活动将要结束时，为有关领导人或德高望重者讲话所准备的文稿。凡重要会议或重要活动，与开幕词相对应，一般都有闭幕词，这是一道必不可少的程序，标志着整个会议或活动的结束。闭幕词通常要对会议或活动做出正确的评估和总结，充分肯定会议或活动所取得的成果，强调会议或活动的主要精神和深远影响，激励有关人员宣传会议或活动的精神实质和贯彻落实有关的决议或倡议。

（根据网络文献整理）

撰写闭幕词，应注意以下几点：其一，要针对会议或活动的中心内容，做简明扼要的综述。评价要中肯恰当，并与开幕词前后呼应。其二，对会议或活动中没有展开但已认识到的重要问题，可在闭幕词中适当予以强调，做出必要的补充。其三，语言富有感染力和号召力，真正起到促人奋进的作用，切忌空洞单调的说教，篇幅宜短不宜长。

【例文一】

××市科学技术协会第×次代表大会闭幕词

（200×年×月×日）

×××

各位代表、各位来宾，同志们：

××市科协第×次代表大会，在市委、市政府和省科协的亲切关怀下，在与会同志们的共同努力下，已经圆满地完成了预定的各项任务，今天就要胜利闭幕了。这是我市科技界具有历史意义的大会，是继往开来、团结奋进的大会，也是动员××特区广大科技工作者为我市率先基本实现社会主义现代化建功立业的大会！

这次代表大会得到了市领导和上级科协的重视和关怀，市五套班子领导在百忙中莅临大会，悉心指导。省委常委、市委书记×××同志，市委副书记×××同志代表市委、市政府在大会中做了重要讲话，市委常委、宣传部长×××为全体代表做了一场生动的形势报告。他们深刻论述了市场经济条件下，科学技术是第一生产力的地位和作用，尤其是科技进步对我市经济发展的重要作用；对××特区广大科技工作者在深化改革中的奋斗、献身精神给予了高度评价；同时也对科协在我市进入改革攻坚阶段，为率先实现社会主义现代化建设中所面临的机遇和挑战，提出了新的工作任务和殷切的希望。市领导亲临会议并讲话，给予我们极大的鼓舞和鞭策。我们绝不辜负市委、市政府对我们的期望，决心紧紧团结全市广大科技工作者，自觉肩负起历史的重任，为把××早日建成现代化国际性港口城市建功立业！

全体代表经过认真的讨论和审议，一致通过了×××同志所做的工作报告；一致通过了《××市科学技术协会章程》；大会还表彰了全市科协系统先进集体和先进工作者；向第×届全市自然科学优秀论文获奖者颁奖；向全市广大科技工作者发出了倡议书；大会选举产生了××市科学技术协会第×届委员会；聘请了一批德高望重的两院院士、专家学者担任市科协名誉主席、顾问和荣誉委员。大会圆满完成了各项预定的任务。

原××委员会中部分老专家、学者由于年事已高或其他原因，这次没有参加市科协新的领导机构。他们多年对我市科技工作和科协工作做出了突出的贡献，赢得了广大科技工作者的爱戴和信赖。在这里，我们谨向他们表示崇高的敬意！我们也希望老前辈们能一如既往地关心市科协事业的发展，指导和帮助我们的工作。

同志们，我们即将进入一个新的世纪和关键的历史发展时期，回顾过去，令人鼓舞；展望未来，令人振奋！我们的使命艰巨而光荣，我们任重而道远。××届科协，恰逢世纪之交和千年交替，正处在我国进入全面建设小康社会，加快推进现代化建设的新的发展阶段，我们×届委员会要更加努力地学习邓小平关于"科学技术是第一生产力"的理论，在市委、市政府的领导下，进一步弘扬"献身、创新、求实、协作"的精神，满腔热情地为我市的广大科技人员服务，加强××特区科技工作者的团结、协作，做好"三主一家"工作，在改革开放和社会主义现代化建设中，奉献才智，再立新功，再创辉煌！

最后，我代表全体与会人员向为本次会议提供热情、周到服务的全体工作人员和有关单位的同志们表示衷心的感谢！

现在，我宣布××市科学技术协会第×次代表大会胜利闭幕！

【例文二】

××学院第×届学生代表大会闭幕词

（200×年×月×日）

×××

尊敬的各位老师、同学们：

××学院第×届学生代表大会在校学生处及团委的殷切关怀和领导下，经过全体与会代表的共同努力，各项议程已圆满完成，即将胜利闭幕。

这是一次热烈而隆重的大会，是一次团结进取、振奋精神、坚定信心的大会，经过全体代表的认真讨论，一致通过了×××同学代表我院第×届学生会所做的工作报告。该报告认真回顾了一年来我院学生会在思想和组织建设上所取得的成绩，在肯定成绩的同时，又积极诚恳地指出工作当中存在的不足并提出了今后工作的任务和奋斗目标，从而为进一步统一思想、团结一致，促进我院学生会工作的全面展开奠定了坚实的基础。本次大会经过民主选举后产生我院第×届学生会。新一届学生会成员的任务是艰巨的，希望你们牢记自己的责任，充分发挥自身优势，勇于创新，团结和带领全院广大学生以邓小平理论为指导，在院学生处、团委的领导下，刻苦学习，努力实践，锐意进取，把我院学生工作完成得更加出色，不辜负全院同学对你们的期望与信任，为自己的大学时代留下一段闪光的回忆！

此次大会使每一位同学深受鼓舞，相信通过我们大家的共同努力，必将把我们的大学生活点缀得更加丰富多彩，为××学院的历史书写新的篇章！

（节选自石爱民：《闭幕词写作例谈》，载《应用写作》，2004年第5期。有加工整理）

拓展阅读＞

补充读物

1. 马增芳：《展望未来　鼓舞人心——例谈闭幕词的写作》，载《应用写作》，2007年第8期。

2. 杨红星，王玉：《例谈开幕词写作中的衬托策略》，载《应用写作》，2010年第7期。

3. 杨红星：《例谈闭幕词的语言美》，载《应用写作》，2010年第12期。

4. 顾春军：《对一篇会议开幕词的评改》，载《秘书》，2013年第8期。

实训五
会议主持词

情境植入

　　××大学××学院将于 2016 年 9 月 12 日举行新生开学典礼，由副院长主持。开学典礼议程如下：一是院长发言，介绍全院基本情况；二是教师代表发言；三是在校生代表发言；四是新生代表发言。

实训材料

　　为了认真贯彻落实中央和省市有关会议精神，回顾总结区镇一体化发展和幸福社区建设所取得的成绩，表彰一批先进集体和先进个人，部署下一步有关工作，全面推进幸福社区建设行动计划，××区人民政府将于 2016 年 10 月 10 日召开××区区镇一体化暨幸福社区建设推进大会。会议有四项议程：

1. 工委副书记、管委会×××主任做工作报告；
2. 工委委员×××同志宣读表彰决定，以及举行颁奖仪式；
3. 有关单位递交责任书；
4. 市委常委、工委书记×××同志做重要讲话。

讨论分析

1. 会议主持词有什么特点？
2. 会议主持词的结构一般包括哪些部分？

任务与要求

　　任务一：根据材料内容，拟写一篇会议主持词。
　　要求：内容完备，格式规范，结构合理，条理清晰，表述得体，衔接得当。
　　任务二：以"会议主持词的写作技巧"为题，课堂讨论交流。
　　要求：1. 以小组形式讨论，每组 3～5 人；2. 讨论结束形成记录稿，每组选一人作为代表，进行课堂汇报。

🔗 实训总结

会议主持词是会议主持者主持会议时使用的带有指挥性、引导性的讲话，是会议或者各种仪式的主持人主持会议时使用的文件，一般大型或正规的会议都要有会议主持词，所以其使用频率较高。

有人把会议主持词比喻成音乐指挥、报幕员、导游，这不无道理，但严格地说，会议主持词要根据会议的安排，对有关内容和事项做出说明，对一些重要问题进行强调，对领导讲话做出简明扼要的评价，并对会后如何贯彻落实会议精神提出要求、布置任务。会议主持词有以下几个特点：

第一，地位附属。在会议中，领导讲话和其他重要文件是"主件"，而主持词却是"附件"，因而其地位相对附属。具体而言，其附属性主要表现在两个方面：一是从形式上看，主持词的结构是由会议议程决定的，必须严格按照会议议程布局谋篇，不能随意发挥；二是从内容上看，主持词的内容是由会议内容决定的，不能脱离会议内容自由发挥。主持词的附属性地位，决定了它只能起陪衬作用，不能喧宾夺主。因此，在撰写主持词的过程中，从结构到内容乃至遣词造句、语言风格、讲话口气等，都要服从并服务于整个会议，与会议相协调、相一致。

第二，结构颠倒。普通公文一般都是两头小、中间大，也就是人们常说的"凤头—猪肚—豹尾"型结构，主体部分在中间。而主持词却是两头大、中间小的"哑铃型"结构，主体在开头的会议背景介绍和结尾的会议总结、任务布置两部分，中间部分分量较轻，只是单纯地介绍一下会议议程，这正好与普通公文的结构颠倒。

第三，语言通俗平实。主持词的语言风格不同于会议报告、讲话或发言，它的语言风格应通俗、简洁，同时不失严谨。与严肃的会议气氛相适应，会议主持词在语言运用上应该平实、庄重、简明、确切。要开门见山、直入主题，尽量不用修饰和曲笔。说明什么，强调什么，提倡什么，反对什么，有什么要求、建议和意见，都要一清二楚，一目了然，切忌含糊其词，模棱两可。但由于会议性质和主题的不同，主持词的语言风格又有所差异。如果是传达上级会议精神、方针政策或严肃的工作部署，主持词的语言就应该突出平实、严肃、严谨的特色；如果是庆祝、庆典、表彰类的会议，主持词的语言则要具有欢快向上、激越昂扬的特色。

第四，篇幅短小。主持词的篇幅一般不宜过长，要短小精悍，抓住重点，提纲挈领；而篇幅过长，重复会议内容就会造成主次不分、水大漫桥。

一篇完整的主持词应包括标题、署名、时间和正文四个部分。

标题。主持词的标题一般不分正副标题，并力求简洁明了、直截了当，不需要用含蓄、委婉的语言，也不需要任何的修饰词语，是什么会议就用什么名称。一般由会议名称加文种组成，如《××××会议主持词》。有的标题在会议名称前加主持人的姓名，如《×××在××××会议上的主持词》《×××在××××庆典上的主持词》等。如果是阶段性的主持词，还需要在标题中注明是哪个阶段用的主持词，以免造成混淆，如《在×××会议开幕时的主持词》《在×××会议闭幕时的主持词》等。

署名。一般是写上主持这次会议的主持人姓名。标识在标题之下，居中排列。有的在主持人姓名之前还写上主持人的单位及职务或职称；如果在标题中已署有主持人的姓名，这里就不用重复署名。

时间。应是主持词使用时的时间。标识在主持人署名之下，一般用小括号括起，居中排列。

正文。这是主持词的主要内容，一般由称呼、开头、主体、结尾四部分组成。

称呼，即对与会人员的称谓，如"各位领导、同志们""女士们、先生们""各位代表"等，顶格写在正文第一行。主持者视不同的与会人员、不同的场合，选用不同的称呼，一般用泛称，如"各位领导""各位来宾""同志们"等。在特殊情况下，如地位、职务较高的领导、专家莅临下级单位指导工作时，可以针对某位领导，用特称，如"尊敬的××厅长""尊敬的××局长"等。会议开始前要有称谓，主持中间还应适当用称谓，起引起注意、承上启下的作用。

开头宣布会议开始。这一部分主要介绍会议召开的背景、会议的主要任务和目的，以说明会议的必要性和重要性。开头可分为五个方面的内容：

一是宣布开会。可开门见山、直奔主题，如"今天我们在这里隆重集会，召开庆祝我国第×个教师节大会""今天，在这里举办我市暑期中层干部研讨班"。

二是说明会议是经哪一级组织或领导提议、批准、同意、决定召开的，以强调会议的规格以及上级组织、上级领导对会议的重视程度。

三是介绍在主席台就座的领导和与会人员（可包括姓名、身份、职务等）的构成、人数，以说明会议的规模。介绍出席人数时要注意先后顺序，先上级后下级，先来宾后主人。同时，对各位来宾的到来，主持者要表示热烈的欢迎和衷心的感谢。

四是介绍会议召开的背景，明确会议的主要任务和目的，这是开头部分的"重头戏"，也是整篇文章的关键所在。介绍背景要简单明了，如"为全面贯彻落实省委、省政府'科教兴省'、率先建设创新型省份和市委、市政府全面奔小康、建设新××的战略决策，加快科技成果转化，促进产学研结合，进一步推进地方经济和社会可持续发展，今天，在这里召开我市科技工作者大会"。会议的主要任务要写得稍微详尽、全面、具体一些，但也不能长篇大论，要掌握这样两个原则：一是站位要高，要有针对性，以体现出会议的紧迫性和必要性；二是任务的交代要全面而不琐碎，具体中又有高度概括。

五是介绍会议内容。为了使与会者对整个会议有一个全面、总体的了解，在会议的具体议程进行之前，主持人应首先将会议内容逐一介绍一下。如果会议日期较长，如党代会，人大、政协"两会"，可以阶段性地介绍，如"今天上午的会议有几项内容""今天下午的会议有几项内容""明天上午的会议有几项内容"。如果会议属专项工作会议，会期较短，可以将会议的所有内容一次介绍完毕。

主体是会议的主要议程，也是主持词的核心部分。这部分是向与会者全面介绍会议的总体安排，可先总说、后分说，如"今天的对接交流活动主要有×项议程：一是……二是……三是……"，然后分条说，"下面进行第一项议程……"；也可直接分条说，如"今天的大会主要有×项议程，下面进行第一项议程……"；还可以不明确说有几项议程，如"××会议（或仪式）现在开始。首先，请××同志致辞。大家欢迎……下面，欢迎××同志讲话……接下来，欢迎××致辞……"。

需要强调的是，在两项议程之间主持者可以做一个简短的、恰如其分的评价，使这两项议程能自然地"串"起来，给人以连续感。在顺次介绍会议的每项议程时，切忌千篇一律，要讲究灵活性和多变性，如不要都用"下面……下面"，可以跳用"下面""接下来""下一个议程是"之类的话。

如果会议日期较长，在上一个半天结束之后，应对下一个半天的会议议程做一简单介绍，让与会者清楚下一步的会议内容。如果下一个半天的内容是分组讨论或外出实地参观，那么，有关分组情况、会议讨论地点、讨论内容、具体要求以及参观地点、乘坐车辆、往返时间、注意事项等都要向与会者交代清楚，以便于会议正常进行。会议主持词的中间部分写作较为简单，只要过渡自然、顺畅，能够使整个会议联为一体即可。

结尾主要是简要回顾会议的情况，对会议（包括领导讲话）进行评价，对会后的有关工作提出要求和希望。最后宣布散会或休会。具体而言，结尾包括如下内容：

一是宣布会议即将结束。基本上是"同志们，××会议马上就要结束了"或"同志们，为期几天的××会议就要结束了"之类的话，主要是告诉与会者议程已完，马上就要散会。

二是对会议做简要评价。主要是肯定会议效果，如"×××的讲话讲得很具体，也很重要""这次会议开得很好，很成功，达到了预期目的"之类的话。

三是从整体上对会议进行概括总结，旨在说明这次会议所取得的成果：解决了什么问题，明确了什么方向，提出了什么思想，采取了哪些措施等。总结概括要有高度，要准确精练，恰如其分，它是对会议主要内容的一种提炼，对会议精神实质的一种升华。总结会议，但不是对会议内容的简单重复，而是突出重点；概括会议，但不是对会议内容的泛泛而谈，而是提升会议的主旨。这样，就使与会者对整个会议的主要内容和精神实质有一个更为清晰的了解和把握。

四是就如何落实会议精神提出要求。每次会议都有其特定的目的，为达到这个目的，会后都有一个如何落实会议精神的问题。因此，这不但是结尾部分的重点，也是整个主持词的重点。写好这一部分，要做到以下几点：第一，语言要简洁明了，一是一，二是二，不绕弯子，不做解释说明；第二，要求要明确、具体，不能含糊其辞，要体现出会议要求的严肃性、强制性、权威性；第三，布置任务要全面，不能漏项，否则，就会影响会议的落实效果；第四，要根据会议的性质和内容选取写作方式，如必须完成任务的专项工作布置可采用命令的口气，动员大会性质的可采用号召式；第五，与会单位要将会议的贯彻落实情况在一定期限报会议组织单位，以便检查会议落实情况。

实训评价

会议主持词写作实训评价表

评价项目	比重	评价内容	评价标准				自我评分	小组评分	教师评分
			优	良	中	差			
内容要素	50	主旨鲜明，内容充实 衔接自然，结构合理 身份适当，措辞得体	20 20 10		10 10 6				
形式要素	35	标题：准确、简练、规范 时间与署名：齐全、规范 正文：结构完整，条理清晰，首尾呼应，表述流畅	5 10 20		3 6 10				
文种	5	正确、规范	5		3				
语言	10	通俗、平实	10		6				
合计	100								

拓展思考

主持词与其他会议材料虽然同是会议文件的组成部分，但与它们相比，还具有自身的特殊性：

第一，会议开始后的第一个讲话材料，是开场之作，能给听众留下"第一印象"。开场白的形式多种多样，可开门见山、直奔主题，如"武警××总队××支队党委一届十二次全体会议现在开会""今天，我们在这里举办基层党支部书记研讨班"。也可简单介绍一下会议的召开背景、目的，如"为全面贯彻落实省委、省政府'科教兴省'、率先建设创新型省份和市委、市政府全面奔小康、建设新××的战略决策，加快科技成果转化，促进产学研结合，进一步推进地方经济和社会可持续发展，今天，在这里召开我市科技工作者大会。"无论用什么方法开头，都应该紧扣主题，用精练的语言吸引听众，自然地引出下文，不要兜圈子。另外，在开场白部分还可介绍主席台就座的领导和与会人员（包括姓名、身份、职务等），如"光临今天会议的领导和来宾有：中共××市委×××书记、××市×××市长……""出席今天奠基仪式的还有×××、×××，×××、×××也出席了今天的对接交流活动"。介绍出席人员时，必须要注意先后顺序，先上级后下级，先来宾后主人。同时对各位来宾的到来，主持者要表示热烈的欢迎和衷心的感谢。

第二，内容跨度大，贯穿会议开始和结束，这是其他任何材料所无法比拟的。从人的认知角度来讲，一件事情的开始和结束阶段留给人的印象最深刻。会议主持词结尾写得怎样，直接关系到会议召开的效果和影响。在起草主持词的结尾部分时，语言要有鼓动性，内容要有号召性，力求营造良好的会场气氛。主持者要充分展现自信和魄力，正视前进中的困难，但坚信事业能够成功，勇往直前，引起听众强烈的共鸣，最大限度地赢得听众，从而使会议的效果化作听众的自主意愿和自觉行动，成为促进工作目标实现的强大动力。

第三，串联会议各议项的"红线"，对规定或调节会议气氛、控制和调整会议节奏等都产生重要影响。不管是写什么样的主持词，都要有条理性。没有条理，主持词将失去它存在的价值，也无法将整个会议"串"起来。不过，仅仅"串"起来不够，还必须"串"得自然、流畅，衔接得当，这就需要在选词造句时特别要注意考究。例如，在选择连接词、转折词时，要恰到好处；同一词汇不要多次出现，同一意思要选择不同的词汇来表达，力求达到殊途同归的效果。

（节选自李来根：《会议主持词写作应把握的几个问题》，载《学理论》，2011 年第11 期。有加工整理）

案例分享

会议主持词是党政机关、企事业单位经常使用的一种应用文书，是主持会议时使用的一种带有指挥性、引导性的讲话材料，在保证后续会议顺利进行、串联会议各项议程、提高会议整体效果等方面具有举足轻重的作用。要写好会议主持词，笔者认为，首先要写好会议主持词开场白，好的开头是成功的一半，因为它是激起听众兴奋点和引领会议议程的奠基石。一个好的开场白，必能巧妙点明会议主题，调动现场气氛，从而吸引听众注意力。因工作关系，笔者经常接触到主持词，现结合示例，对会议主持词开场白的写作方法进行提炼归纳。

一、开门见山式

这种写作方法一般是单刀直入、开门见山，让听众知道开会的主要内容和任务，快速进入主题。这种方法简单，容易操作，易学易写。值得注意的是，不是所有类型的会议主持词的开场白都适合采用这种方式，它一般适用于工作例会或者临时召集的规模较小、听众不多的会议。例如，一个会议主持词的开场白是这样写的：今天会议的主要内容就是认真学习贯彻市委十五届全会上市委书记××同志，市委副书记、市长×××重要讲话精神。又如，今天召开党组扩大会议，主要内容就是总结回顾上半年工作，研究查找工作中存在的问题以及谋划部署下半年工作安排。这两篇会议主持词开场白就是开门见山式的，能让与会者快速进入角色，明白是什么性质、什么内容的会议。

二、气氛烘托式

一般规模较大，层次较高，嘉宾来源较广泛的重要会议，如国际性的物流博览会、精英对话合作论坛、产业招商说明会以及国际体育赛事盛会等，其会议主持词开场白就会经常用到气氛烘托式。气氛烘托式就是巧妙地结合会议举办地的地域文化特色、季节时令开讲，既能潜移默化地宣传会议举办所在地，又能体现主持词撰写者的文采。例如，一篇主持词开场白这样写道：六月××嘉宾云集、群贤毕至，在这耕耘希望、收获未来的美好季节，我们相聚在山海相拥、景色宜人的浪漫之都——×××，共同见证2015××（×××）国际生物医药创新创业交流合作洽谈会暨美国华人生物医药科技协会第××届年会的成功举办。这是国际性医药合作交流会议，主持词的开场白就采用了气氛烘托式，通过介绍会议举办地的地域文化特色，再结合季节因素，较好地烘托了大会的气氛，起到了"宣传推介本地、巧妙进入主题"的双重作用。

三、背景嵌入式

运用背景嵌入式开场白就是为会议的主题做铺垫，结合国内国际大背景，把会议的召开放置在一个较为宏观的背景下阐述，进而说明会议的重要性和必要性。例如，当今，国际产业合作一体化进程进一步加快，产业"走出去"交流和"请进来"合作逐渐成为一种经济发展的新常态，企业与企业强强联合，加大力度开拓国际市场、推进企业转型升级、实施产业技术深度合作是我们应有的抉择。因此，我们今天在此召开××市产业合作推介会。此篇会议主持词开场白在点出会议主旨之前，从国际大环境下产业合作方向做了一个背景陈述，为会议主旨的提出进行了很好的铺垫。

四、目的意义式

目的意义式会议主持词开场白是各类主持词使用频率较高的一种方式，它能很好地说明召开会议的目的和意义，进而引起听众的关注点和吸引听众的注意力。笔者将上述气氛烘托式的示例通过加工调整改造成了两个目的意义式的开场白（如例一、例二），产生了另一种效果。如例一：为加强生物医药产业国际交流和合作，促进美国生物医药产业高端人才及项目与连云港市多层次、多渠道、多领域的合作发展，今天，我们在这里共同召开2015××（×××）国际生物医药创新创业交流合作洽谈会暨美国华人生物医药科技协会第××届年会。我们还可以这样表述，如例二：今天，我们怀着服务发展、携手合作、互利共赢的美好愿望，在这里举办2015××(×××)国际生物医药创新创业交流合作洽谈会暨美国华人生物医药科技协会第××届年会，主要目的是搭建对接平台，推介合作项目，共促生物医药产业发展。这两个例子都属于目的意义式会议主持词开场白，表达效果差不多，两者的不同主要在于表达语序的调换和组合，例一的目的意义句放在这段开场白的前面，例二的目的意义句分别出现在前面和后面，先后两次表述会议的目的意义，主要是起强调作用。目的意义式开场白和气氛烘托式开场白到底哪个表达效果更好，仁者见仁、智者见智。笔者认为这主要取决于会议的性质、主持人的主持风格等因素。

五、政策依据式

国家方针政策和上级领导指示精神是我们开展工作的方向指南和遵循依据。主持词运用政策依据式开场白的会议，往往是针对特定场合、特定时候召开的一些政治性、工作部署和贯彻学习传达等会议，譬如党的群众路线教育实践活动，这是全国上下各类机关、企事业单位都要开展的活动，是中央部署的教育活动、学习活动，既是我们工作的一部分，也是一项政治任务。例如，根据市委党的群众路线教育实践活动领导小组办公室《关于印发〈在全市开展"为了谁、依靠谁、我是谁"大讨论活动〉的通知》和市委主要领导指示精神，经党组研究决定，今天我们召开"为了谁、依靠谁、我是谁"大讨论活动。这段开场白说明我们此次会议是根据市委实践办印发的文件精神和市委主要领导的指示精神召开的一次会议，具有较强的政治性和指示性。

六、摆出问题式

会议主持词是为解决某件事情、推动某项工作、达到某个目的应事而作的文书，摆出问题式开场白体现得非常明显。针对工作中存在的一些问题、出现的一些不利现象而召开的会议，常使用这种会议主持词开场白。例如，长期以来，我市新闻队伍建设虽然实现了较好的发展，但离上级领导的要求和人民群众的期望还有一定的差距，在新闻从业人员的职业道德、职业精神、职业素质方面还存在许多需要改进的地方。我们这次召开全市新闻宣传系统"深化三项学习教育 促进新闻工作开展"会议就是结合我市新闻队伍思想和工作实际，经过研究决定召开的。该会议主持词开场白首先点出目前新闻工作存在的问题，说明召开此次会议的原因，明显的是应事而作，进而凸显了召开此次会议的针对性和严峻性。每一种会议主持词开场白写作方法的使用都有特定的场合、特定的条件，广大秘书工作者特别是刚走上文字岗位的秘书同志要结合实际灵活运用，即要根据会议性质、会议特点、会议规模、会议听众等因素选择最佳的会议主持词开场白写作方式，让你撰写的会议主持词起笔有力、添光增彩。

（张良：《例谈会议主持词开场白的写作方法》，载《秘书之友》，2015年第8期。有加工整理）

拓展阅读＞

补充读物

1. 刘平：《浅谈会议主持词的类型及写法》，载《秘书工作》，2004 年第 9 期。

2. 章春杰：《会议主持词的写作方法与技巧》，载《办公室业务》，2007 年第 1 期。

3. 范作惠：《谈会议主持词的写作》，载《秘书之友》，2009 年第 2 期。

4. 姜树林：《例谈会议主持词的写作》，载《应用写作》，2011 年第 1 期。

5. 徐桂成，林超：《写好会议主持词应做到"四个清"》，载《应用写作》，2016 年第 10 期。

实训六
讲话稿

情境植入

某超市在××市有十几家门店。2016 年 8 月 18 日，公司最大的门店将盛大开业，它将是××市规模最大、功能最全的生鲜食品加强型社区超市。公司的销售目标是年销售额 10 亿元。公司把"立足社区，拓展城镇"作为发展战略，以"与顾客交朋友"为服务宗旨，按照"高起点，严管理，稳发展"的经营思路打造新的营销空间。由于业务的扩大，公司近期招收了一批新员工，在第一期新员工培训大会上，超市经理将发表讲话。

实训材料

20××年 7 月，××市路桥建设股份有限公司迎来了 80 名新员工，他们均来自名牌大学。在经过培训之后，他们将走上各分公司的不同岗位。在公司举行的欢迎新员工的大会上，何建国董事长做了讲话。在讲话中，董事长首先表示对新员工的热烈欢迎，之后，又讲了三大方面的内容。一是向新员工介绍公司的发展状况和美好前景；

二是给分公司提出了培养新员工的要求：要求分公司高度重视并做好新员工的接收和安排工作，引导新员工树立正确的人生观、价值观，做好新老员工的"传、帮、带"工作；三是讲了对新员工的希望，他希望新来的大学生们要珍惜机会、爱岗敬业，适应环境、融入团队，加强学习、善于总结，敬重长者、勇于超越。

讨论分析

1. 会议活动上领导宣读的讲话稿有什么特点？
2. 讲话稿通常由哪几部分组成？
3. 领导讲话稿的写作有什么特定的要求？

任务与要求

任务：根据材料中的情境，替董事长拟写讲话稿。公司的相关情况，请从网上查询，其中的详细情况可自拟。

要求：根据主题自由发挥，结构清晰，语言流畅，字数不少于1000字。

实训总结

讲话稿是各级党政机关、人民团体、企事业单位广泛使用的一种会议文体，是为了在公众场合准确、全面地表达机关、单位或个人意见而为讲话人事先准备的文字材料。讲话稿一般是根据领导班子的意图或讲话人的授意，由秘书代拟；重要讲话稿，如工作报告、致辞、重要发言等，须经单位领导审核或会议审议。

讲话稿具有以下特点：

第一，主旨鲜明，重点突出。会议总有主题，主题是讲话稿的灵魂。主题集中、突出，才能让听众听明白，把握要领。讲话稿中针对什么问题，拥护什么方针，传达什么政策，批评什么错误，提出什么要求，等等，都要集中明确。

第二，语言通俗，表达生动，具有鼓动性。面对会议听众讲话，要尽可能让情况各异的与会者都能听懂，这就要求讲话稿的语言要通俗，具有口语化色彩。同时，可以使用生动活泼的语言创造轻松愉快的气氛，增强讲话的效果。此外，讲话稿要注意有鼓动、激励作用，针对形势、问题或某种思想动态展开富有启发性的议论，这样才能取得成效。

第三，台上台下，双向交流。讲话稿只有引起了台下听众的思想和情感共鸣，才算是真正被听众接受了。讲话不是单向的，而是跟听众的相互交流，因此，写讲话稿时必须"目中有人",预测出听众可能有的反应,力求与听众形成共鸣。

领导讲话稿的种类很多,按其内容通常可以分为七类,即部署动员型、总结推动型、研究探索型、表彰号召型、传达贯彻型、批评指导型和法规程序型。

领导讲话稿通常由标题、称呼、开头、主体和结尾组成。

标题。一般有两种形式,即单标题和双标题。单标题直接写明讲话者在什么会议讲话即可,由讲话者、会议名称和讲话内容构成;双标题由主标题、副标题构成,主标题由一句简洁、醒目的话揭示讲话稿的主题,而副标题与单标题结构相同。在什么场合用双标题或单标题,虽然没有明文规定,但实践中有约定俗成的模式:一般单标题应用范围比较广泛,任何规模的会议,任何身份的领导人都可适用;而双标题的适用范围相对窄一些,通常用于大型综合性会议上的主题报告,以达到突出会议主题、号召、鼓劲的效果。

称呼。领导讲话都是有具体对象的,所以在标题和讲话日期下有对参加会议或活动者的称呼,常见的有"同志们"或"尊敬的××领导、各位嘉宾、同志们"等。称呼及顺序排列根据参加会议或活动的对象而定。

开头。讲话稿的开头很重要,寥寥几句往往会产生很大的作用。讲话稿开头的总体要求是:要能充分调动听众的注意力,并能引出主体内容。开头的方式很多,没有固定的模式,比较常用的主要有四种方式:一是平铺直叙式,如在会议开始时就介绍会议的背景、会议的议题和会议所要达到的目的;如果是会议结束时讲话,就要简单总结会议的议程、完成情况和会议的效果。二是开宗明义式,就是在讲话的开头直截了当地提出问题,将讲话者的意图和盘托出,不绕任何圈子。三是总结提要式,就是在开头把要说的问题归纳几点,提纲挈领地说出来。四是表态式,就是表明讲话者对所谈问题的态度,然后顺势把下面要讲的主要内容点出来;如果是补充性讲话,则是对前面领导讲话或工作安排表明自己的态度或观点。

主体。讲话稿的主体是讲话稿的重要部分,是讲话成功与否的关键。这一部分要承接开头部分所提到的观点展开阐述,并且应做到中心突出,条理清晰,论据充分,论证严密。主体部分可采用条块式结构。安排主体结构通常有两种方式:一是递进式,以事物发展为序,层层递进;二是并列式,把总论点分成几个分论点,每一部分阐述一个分论点,分论点之间的关系是并列的。

结尾。讲话稿的结尾要对讲话的主要内容加以概括,使听众对整个讲话的主要精神的印象进一步加深。常见的结尾方式主要有以下三种:一是希望式,对与会者提出要求和希望;二是展望式,在即将结束讲话时,对未来的前景做一番展望;三是总结式,对全文的主要内容加以总结概括。总之,结尾要求简明扼要,收笔自然,取得鼓舞人心或令人回味的效果。

领导讲话稿的写作需要注意以下三个方面的特定要求：

第一，内容要有针对性。讲话稿的内容是由会议的主题和讲话者的身份来决定的。因此，每写一份讲话稿，既要了解会议的主题，讲话的场合、背景，会议是在什么情况下召开的，会议的性质和议题是什么，领导者对会议的内容有什么明确的指示等，又要考虑到听众的身份、背景情况、心理需求和接受习惯。同时，讲话稿内容的确定还必须根据讲话的性质决定：其一，如果是会议的主题报告，要考虑到内容的全面性，着眼点是反映工作全局，它要求反映本系统、本单位的整体情况；要考虑到观点的集体性，它代表一级组织对整体工作的评价和部署。这类讲话稿尽管由领导者宣读，但它是领导集体意志的反映，从构思到定稿，必须体现集体的意志。初稿形成后，必须先在领导班子会议上讨论通过，同时还要考虑到工作的指导性，准确评价过去的工作，分析面临的形势任务，明确指导思想、奋斗目标，具体安排下级工作，指导和推动全局工作的开展。其二，如果是会议总结讲话，要总结会议的收获，并依据讲话者的身份，就会议讨论情况和主题报告未涉及的内容进行阐述。其三，如果是补充性讲话，一定要注意它的补充性，不要重复别人的讲话，而是要将他人没有讲过的、又非强调不可的意见说出来。其四，如果是撰写表达意见、建议的讲话稿，观点要鲜明，中心要明确，态度要明朗，不能含糊其词、模棱两可。上述几类讲话稿，除主题报告外，都要简明扼要，干净利索，不宜长篇大论，以免喧宾夺主。

第二，讲话稿的篇幅要有规定性。讲话是有时间限制的，因此对讲话稿篇幅有特定的要求。一般来讲，表彰大会、通报会、庆典会等讲话要求篇幅不能太长，避免喧宾夺主；会议的主题报告相对来讲篇幅要长一些，但也不宜过长。这就要求讲话稿中心突出，目的明确，观点鲜明，简明扼要，切忌夸夸其谈，拖沓冗长。

第三，讲话稿的语言要考虑特定性。讲话稿的语言介于书面语和口头语之间，既要有书面语的精练、准确、干净，又要有口头语的通俗、生动、易懂，讲起来朗朗上口，听起来流畅顺耳，以便于讲话者表达，易于听众理解和接受。因此，在讲话稿的语言把握上，既不能故意卖弄文采，华而不实，也不能啰唆随便，不讲究章法。要避免使用生僻的词语，尽量少用或不用令人费解的文言词语，对涉及的专业术语，要视听众的情况，斟酌使用。讲话稿要求语言通俗，容易接受，切忌拐弯抹角，含沙射影，晦涩难懂，力求在平实中求生动，在准确中求精练，在简明中求风格。由于讲话具有现场性，因此撰写领导讲话稿时必须把握现场气氛和场合，到什么山上唱什么歌，在什么场合讲什么话。我们常讲，讲话要得体，指的就是讲话要符合讲话者的身份、习惯、风格和讲话场合的特定要求。

实训评价

讲话稿写作实训评价表

评价项目	比重	评价内容	评价标准				自我评分	小组评分	教师评分
			优	良	中	差			
内容要素	50	主题：明确集中，鲜明突出 论述：翔实有据，层层深入 重点突出，详略得当，能给人留下深刻印象	20 15 15		10 8 8				
形式要素	30	标题：准确、规范 称呼：合理、规范 开头：简洁明快，开门见山 主体：条理清楚，层次分明 结尾：首尾呼应，简洁明了	3 2 10 10 5		1.5 1 5 5 3				
文种	5	正确、完整、规范	5		3				
语言	15	通俗、生动，富有鼓动性	15		8				
合计	100								

拓展思考

从事秘书工作的人都知道，领导讲话稿是所有文件里面最难写的。为了写出有高度、有深度、有广度且让领导满意的讲话稿，秘书往往加班熬夜，用尽心力。然而，稿成之日，送呈领导审阅，往往不是被改得面目全非，就是干脆被推翻重来。之所以出现这样的问题，一个比较常见的原因是把领导讲话稿写成普通演讲稿。刚刚从学校走上工作岗位的年轻秘书，由于没有弄清楚领导讲话稿与演讲稿的相似性和区别，尤其容易把这二者混为一谈。

一、领导讲话稿与演讲稿的相似性

领导讲话稿容易与一般演讲稿混淆，因为它与演讲稿具有高度相似性：

其一，从用途来看，二者都是用于在各种正式场合发言的文稿底本，实际讲话或演讲与文稿底本相比会有一定差异，这是由讲话或演讲现场情况决定的。一般而言，一个优秀的领导或演讲者绝不会照读文本，而是会根据现场情况和听众情况与听众进行互动，从而在文稿底本的基础上进行一定程度的自我发挥。

其二，从结构要素来看，二者都是由标题、称呼、正文三个部分组成的。不用落款，也不需要注明成文日期，既是它们与法定公文在形式上的重要区别，又是它们与书信等实用性文体在形式上的重要差异。

其三，从写作目的来看，二者都是为了让观众认同自己阐发的观点并且付诸实践。领导讲话稿与演讲稿都是以逻辑论证为主的独特的实用性文体，主要是诉诸人的理性，通过影响人的思想观念，指导人的行为实践，这是它们与文学作品不同的地方。文学作品主要是诉诸人的情感，通过影响人的心理，提升人的心灵境界，完善人的人格，改变人的行为。曾担任过里根和老布什两任美国总统演讲稿撰稿人的佩吉·努南认为："一篇演讲稿中最能打动人心的总是说理，而不是华丽的辞藻或感性的演说，也不是我们引用的那些做作的诗句。"在这一方面，它们不同于法定公文。一般来说，法定公文具有特定的法律效力和一定的强制性。

其四，从写作内容来看，二者都具有一定的鼓动性。毛泽东在《反对党八股》中引用季米特洛夫的话说："我们每个人都应当切实领会下面这条起码的规则，把它当作定律，当作布尔什维克的定律：当你写东西或讲话的时候，始终要想到使每个普通工人都懂得，都相信你的号召，都决心跟着你走。"这里，他强调的除了语言通俗性之外，更重要的是强调文章和讲话中语言和内容的鼓动性。

其五，从情感抒发来看，二者都注重情感表达，通过真切情感增强表达效果，打动与会人员，这是其他事务性文书不具备的。尽管很多人都知道要在讲话稿中重视情感表达，但是由于种种原因不敢或者不善于表达丰富的情感，结果导致领导讲话索然无味、干瘪无趣，而好的讲话稿无一不表现出讲话者真切感人、丰富的情感。在第四届北京作家协会会员代表大会上，新当选的北京作家协会主席刘恒为大会致闭幕词。短短一篇闭幕词竟说得有的代表落泪。媒体评论说，刘恒不说套话，说的都是有血有肉的感情话。有位代表说："你听到了吗？刘恒没有一句套话！一句都没有！他一讲完话，我的眼泪刷一下就出来了！"

其六，从个性及魅力展示来看，二者都注重展示说话者的个性及人格魅力。我们一直强调在讲话稿中体现领导的个性及人格魅力。善于表现自己的个性和人格魅力，实际上正是领导艺术的重要方面。2005年9月28日，时任深圳市委书记的李鸿忠在深圳市领导干部加强执政能力建设暨党纪政纪法纪教育培训班上讲道："现在已是万马奔腾的年代，是'重新洗牌'的年代，面对'黑马'迭出，我们一定要有忧患意识，变巨大的压力为巨大的动力，不服输，再拼搏，再领先。万马奔腾的年代是谁也没有绝对优势的年代，深圳在许多方面的绝对优势已经不存在。我们要谦虚谨慎，向标兵看齐，向追兵讨教，采他山之石攻己之玉，千万不能骄傲自大。"这一席话既简要概括了目前面临的形势，又指出了必须采取的策略和做法。在生动、形象的语言背后，一个学识渊博、富于智慧和人格魅力的实干家形象跃然纸上。

其七，从表达方式和修辞方式来看，二者都需要综合运用多种表达方式和修辞方式，写法自由灵活，没有固定模式。领导讲话稿与演讲稿是以逻辑论证为主的独特的实用性文体，主要是诉诸人的理性。因此，二者在表达方式上都是以议论为主，同时根据需要兼用叙事、说明、抒情等其他表达方式。在修辞方式上，灵活运用比喻、对偶、精警等多种修辞方法。综合运用多种表达方式和修辞技巧的目的在于使讲话和演讲产生表情达意、通俗易懂、发人深省的效果。佩吉·努南在总结为美国两任总统撰写讲话稿(英文原文为 speech)的经验时说，讲话稿的写作"要注意说话方式，突出细节，增加色彩和气势"，"要写得具体、生动、真实"。

其八，从存在形态来看，二者都是"三态共存"、不可分离，并且，二者在同一形态依存的媒介也是相同的。领导讲话稿的原初形态是领导讲话的底本，演讲稿的原初形态是演讲者演讲的底本，二者依存的媒介都是文字；领导讲话稿的中间形态是领导讲话内容，演讲稿的中间形态是演讲者的演讲内容，二者依存的主要媒介都是声音；领导讲话稿的最终形态是根据领导讲话内容整理的领导讲话实录，演讲稿的最终形态是根据演讲者的演讲内容整理的演讲实录，二者依存的媒介都是文字。实际上，所谓"三态共存"指的是领导讲话稿、演讲稿先后存在的三种形态。这三种形态在各自确定之后，形成了事实上的密不可分的依存关系。

从文体学角度来讲，只有文本才有文体意义。因此，需要注意的是，只有领导讲话稿和演讲稿才是一种文体。领导讲话内容、演讲者演讲内容、领导讲话实录、演讲者的演讲实录都不具有文体意义。这跟戏剧文本(剧本)是一种文体而上演的电影、电视剧或戏剧只是一种艺术形式而不具有文体意义是一个道理。

二、领导讲话稿与一般演讲稿的区别

尽管领导讲话稿具有演讲稿的一些基本特征，但是与一般演讲稿相比，它还有自身独具的特点。其特殊性主要有以下五点：

其一，领导讲话稿的使用者有身份上的特殊限定，仅限于一定领导使用。"讲话"一词在语体色彩上本来不具有区分说话者上下级身份的功能，但是，目前特定场合下，只有具有特定身份的上级领导发表的讲话才能称为"讲话"，其他人的讲话一般称为"发言"。上级领导的"讲话"一般带有权威性、号召性、鼓动性、指示性，一般领导的"发言"则是针对某个问题发表自己的看法、主张或对某个会议文件有关精神的具体落实、执行情况的汇报，带有发表性和执行性。就具体行为过程来看，一般领导的"发言"可以被上级领导或其他人打断，上级领导的讲话则一般不允许被打断。"就性质来看，讲话稿有明显的下行意义，发言稿有明显的上行意义"。"讲话稿的'下行性'和发言稿的'上行性'正成为一种强大的惯性合力，被越来越多的人接受"。关于这种区分，从各种会议的主持词和新闻报道中我们能看出来。而对于演讲来说，演讲者和听众则是一种平行的关系。在演讲过程中，演讲者和听众之间可以进行充分交流或者互动。

其二，领导讲话稿是领导履行特定职能、参与行政管理或社会公共事务管理的重要载体。领导讲话是领导履行特定职能、参与行政管理或社会公共事务管理的重要手段，上级领导通过讲话发表意见、部署工作、做出指示。领导讲话稿(尤其是公开发表的领导讲话稿)是上级领导实施管理行为的重要信息载体。学习贯彻落实上级领导的讲话精神已经成为各级机关的一项重要日常工作,下级机关通过领会上级领导讲话精神,能更好地履行职能、贯彻落实上级机关的工作部署。普通演讲稿则只能发表意见,不能部署工作和做出指示。听众对演讲者的观点可以有选择地采纳,也可以完全不采纳。

其三,领导讲话稿中阐述的观点代表整个领导集体及组织的观点或意见,而不是讲话者本人的观点。领导讲话稿的撰写有领导本人起草或秘书等其他人代为起草两种形式。但是,无论什么人起草,重要讲话稿一般而言都要经过单位或组织逐级审核,公开发表的讲话稿在发表之前还要经过进一步审核、讨论甚至是修改。逐级审核过的领导讲话稿中阐述的观点代表的自然是单位或组织的意见,而不是讲话者本人的看法。上级领导在出席下级单位组织的会议上发表的讲话,有可能是下级单位代为起草的。但是,它要经过上级单位办公室的审核,所以领导讲话稿阐发的仍然是上级单位或组织的意志。无论是上述哪种情况,领导讲话稿中阐述的观点都是代表整个领导集体及组织发出的声音,这与演讲者在演讲过程中阐述的是演讲者本人的观点是有根本区别的。

其四,领导讲话稿对落实有关方针、政策及解决思想、工作、作风等各方面的问题具有指导作用。除使用命令、决定、通知等法定公文外,上级单位还经常使用领导讲话的形式向下级机关发表意见、部署工作、做出指示。但是,相对而言,领导在讲话中发表的意见、做出的指示和工作部署除特殊情况外一般仅具有指导意义,不像印发的正式公文那样具有强制性,只有领导讲话稿经过上级单位印发,并且要求下级单位贯彻落实,领导讲话稿才带有强制性。

其五,领导讲话稿不能署原作者的名字。未发表的领导讲话稿不存在署名问题,领导讲话的视频录像不存在署名问题。领导讲话稿需要署名一般有两种情况:一是刊登在报纸、杂志等平面媒体或者以文字形式发布到互联网上的时候,二是以公文附件的形式印发给相关单位的时候。无论在哪种情况下,领导讲话稿都不能署原作者的名字,只能署讲话者的名字。这是长期约定俗成的。普通演讲稿一般是演讲者本人撰写的,发表时可以署原作者的名字。特殊的演讲稿,尤其是政治性演讲稿,有时不能署原作者的名字,与领导讲话稿的署名情况类似。

(节选自肖利庆,张丽:《领导讲话稿与演讲稿的相似性和区别》,载《文教资料》,2015 年第 9 期。有加工整理)

🔍 案例分享

领导讲话稿属于会议主要领导者使用的文种,一般就某一方面的问题专门发表意见,其特点是权威性、思想性、鼓动性。领导讲话稿写作是奉命而作、以笔代言,这就要求起草者学会身临其境、换位思考，善于"关起门来当领导"，假设自己就是讲话的领导，在特定会议、特定场合讲话。为此，笔者认为，在领导讲话稿的起草过程中，不能信马由缰、自作主张，必须经过至少四次换位思考，全身心地让自己置身于特定背景、特定场合中等。这样写出的文稿才能真正为工作所需、为领导所用。本文以全市文化产业形势分析会领导讲话为例，谈领导讲话稿写作构思的几点粗浅体会。

换位思考一：假如我是上级组织。要写出思想有高度、理论有深度的领导讲话稿，起草者就必须站高一级看成绩、想问题、谈思路。就笔者所在的部门而言，上级组织主要指两个层面：一个是本地党委政府，另一个是上级对口部门。省市经济形势分析会以中央提出的"稳增长、促改革、调结构、惠民生"为主基调，对如何打造地方经济"升级版"做了具体部署，提出要"稳中求快，快中求好"，走新增长之路。而发展文化产业，正是稳增长的突破口、调结构的主抓手、促改革的关键点、惠民生的新举措，也是各级党委政府尤为重视的工作。省上对口部门召开的文化产业形势分析会总结分析了上年度的运行情况，提出了今年要重点推动的几项工作。站在上级组织的角度来说，在对今年要"做什么"做出部署后，最希望的是下级单位认真研究"具体怎么做，如何做好"，这样才算把上级精神贯彻落实到位。基于这样的考虑，这次会议领导讲话稿中对上级组织强调的"政策落地、体制改革、园区清理、项目开发、企业扶持、市场培育"等工作任务做了具体安排，明确工作重点，研究具体措施，落实到责任单位，提出时限要求，把上级组织的意图转为具体行动。

换位思考二：假如我是单位领导。领导讲话通常是由主要领导同志代表单位讲的，既是组织意图的体现，又是领导者思想观点的表达。"干活不依东，累死也无功。"起草者必须注意接受、领会、完善、发展领导意图，这样才能更好地酝酿感情、增加感觉、进入角色，把领导讲话稿写好。笔者所在单位领导有双重身份，一个是市委分管领导，另一个是市文化改革发展工作领导小组组长。作为分管领导，可以传达党委意图，肯定文化改革发展成绩，从全局角度指出总量不大、进展不快、贡献不足等突出问题，对下提出要求。作为文化改革发展工作领导小组负责人，要对文化产业发展负总责，必须针对存在问题给出解决办法，可以围绕相关指标的完成情况，点评各地的成绩与具体问题。领导还有自己的关注点，通过走访一些企业，感觉总体势头不错，但有的重点项目受征迁或前期手续问题影响迟迟未动工，有的园区规划定位不够科学，有的企业资金紧张、专业人才招聘难、效益下滑明显，这些问题务必引起重视。领导有自己的语言风格，喜欢开门见山、直入主题，不喜空谈，不端架子，起草者可从需要领导强调的重要事项来考虑，在文章标题设计及内容安排上尽可能符合领导的个性和习惯。此外，讲话稿中可对去年工作存在的突出问题进行剖析，特别是对指标数据或单项工作明显落后的单位予以点名或不点名通报，给有关单位施加压力，力促全面超额完成年度目标任务。

　　换位思考三：假如我是参会人员。领导讲话旨在统一思想、部署工作、分解责任。具体工作的落实还要依靠全体与会者及相关干部群众的群策群力、共促共为。为此，在语言组织和内容安排上，讲话稿起草者必须考虑让与会者听得懂、听得进，有触动、有行动。本次会议参会对象有三类：一是各县分管领导，二是市领导小组成员单位，三是部分文化企业业主。参会的县级分管领导通常希望一年的工作亮点能够得到上级肯定，问题少被批评，希望上级领导在部署下一步做什么的同时，能够指导基层具体怎么做。参会的市领导小组成员单位一般希望领导小组负责人对相关工作予以肯定。从讲大局的角度，希望明确具体哪些事情需要本单位的支持配合，以便共同把文化产业发展好；从小集体的角度，希望所承担的任务适量，因为精力有限，还有职能部门其他工作需要统筹考虑。参会的企业业主一般希望政府对企业予以更多的政策和资金倾斜，通过参会能够了解到政策导向，围绕党委政府工作重点及时调整投资方向，以便争取更多扶持。基于这样的考虑，领导讲话稿中需要尽可能照顾到各方面的情绪和诉求，多说大家爱听、想听、会听的话，以鼓励、支持、肯定为主，讲问题要有理有据、有轻有重、有点有面。这样领导讲话才能更好地达到预期效果，促进会议目的的实现。

　　换位思考四：假如我是普通群众。现在是信息时代，通常比较重要的会议结束后，当地报纸、电视、网络将进行报道。为此，起草讲话稿需要超前考虑会议报道发出后各方面的反映，以及可能造成的影响。对于普通群众而言，有的可能会关注党委政府在办哪些涉及自己切身利益的实事好事，有的可能会抱着看热闹的态度研究领导又说了哪些空话、套话，有的可能关注本地经济社会发展中又取得了哪些成就，找寻作为当地人的自豪感。基于这样的考虑，讲话稿起草者需要对一年的工作亮点进行总结提炼，特别是对一些走在前面的工作更要充分肯定。对于一些项目的建设、活动的组织可以从丰富群众生活、满足群众需求的角度进行阐述。同时注意使用一些生动、通俗的语言，让群众听得懂、记得住，走好语言文字工作的"群众路线"。

　　总之，起草领导讲话稿需要找准代言的位子，拓宽思维的路子，用对写作的法子，善用换位思考模式，学会扮演领导角色，主动置身会议现场，边模拟演讲边写作，或者心里演讲手上写作，这样方能写出合时、应景、管用的好文稿。

　　附：全市文化产业形势分析会讲话稿写作构思范例

　　第一部分，谈对当前形势怎么看。

　　一是成绩值得肯定。将取得的主要成效归纳为增长快、亮点多、举措实、干劲足，然后选择统计数据、竣工项目、工作落实、上级考评等富有说服力的素材予以佐证，点面结合，抓大舍小，旨在坚定信心、鼓舞士气。

　　二是头脑务必清醒。既要指出宏观环境、产业基础、交通条件、人才储备、市场消费等客观因素的制约，也要提到个别地方领导重视不够、协调推动不力、破题办法不多、政策运用不活等主观因素的问题，希望大家对号入座，扬长避短，知耻后勇，迎难而上。

三是机遇不容错过。全国和省上出台关于促进某产业发展的最新政策激发投资热情，为全面深化改革、转变增长方式注入生机活力，当地党委今年重点推动相关工作期待更大作为，所以必须顺应大势，抢抓机遇，用好政策，加快发展。

第二部分，谈今年工作怎么干。

首先，要增强打响立体战的信心。认真总结近年来行之有效的经验和做法，按照全委会确定的工作要求，着眼产业结构优化、龙头企业带动、主打品牌引领，在现有基础上加快推进园区平台、企业实体和特色品牌"三位一体"建设，提升产业的规模化、专业化、集约化水平。

其次，要坚定打赢攻坚战的决心。坚持整体推进与重点突破相结合，着力以项目开发拉动投资，以产业融合促进转型，以全面改革激发活力，整合资源、集中力量、细化方案，以更大的力度、更硬的举措、更严的考评推动某产业提速增效升级，努力成为当地经济的新增长点。

最后，要养成打好持久战的耐心。文化产业发展有其自身的特殊规律，欲速则不达，既要踩油门，又要把好方向。要多做打基础、利长远、惠民生的工作，用心把产业规划定准，把消费市场搞活，把中介机构做大，促进产业持续健康加快发展。

第三部分，谈对繁重任务怎么办。

一是激发市场主体的活力。十八届三中全会强调要发挥市场在资源配置中的决定性作用，然后才是更好地发挥政府的作用。本次会议我们也邀请到部分企业家参加，所以把它作为第一点来讲。具体地说，就是要结合开展群众路线教育实践活动，通过走访座谈调研了解企业的真实需求，然后对相关扶持政策进行修订完善，提高优惠政策的针对性和财政资金的使用效益，激发现有企业规模扩张和社会资本投资文化产业的热情。

二是凝聚上下两级的合力。上热下冷、下热上冷都不利于打开局面，必须步调一致、协调联动。上级要加强指导督促，多出主意，多给支持。下级要主动作为，抓好落实，定一件是一件，抓一件成一件。

三是增添成员单位的动力。文化产业涉及面较广，光靠牵头部门，根本无法推动。要求各成员单位必须增强责任担当的意识，把推动文化产业发展与单位本职工作有机结合、相互促进，主动配合、大力支持，切实加强对口指导，形成条块结合、协同推进的良好局面。

（陈首龙：《例谈领导讲话稿写作的构思要领》，载《应用写作》，2014年第9期。有加工整理）

拓展阅读＞

补充读物

1. 杨洛平，李金山：《讲话稿写作要充分体现领导风格》，载《办公室业务》，2003 年第 3 期。

2. 周红才：《浅谈会议类领导讲话稿的写作注意事项》，载《应用写作》，2007 年第 3 期。

3. 汪辉：《领导讲话稿写作的"黄金法则"》，载《应用写作》，2009 年第 3 期。

4. 任遂虎：《领导讲话稿的写作》，载《秘书》，2014 年第 11 期。

5. 任贤兵：《领导讲话稿语言亲民写作策略摭谈》，载《写作》，2016 年第 9 期。

综合实训

一、根据以下材料完成后面的写作任务。

××师范学院定于 2016 年 12 月 13 日（星期四）上午 8：30 在综合楼一楼会议室召开"精品专业、重点课程建设工作会议"，总结 2016 年下半年精品专业、重点课程建设工作的进展情况、初步经验及存在的不足，研究、安排 2017 年度的精品专业、重点课程建设工作。会议规模 80 人，出席会议人员：校领导 6 人；校教务处领导及工作人员 4 人；各院系领导 2～3 人共 20 人；2016 年度确定的两个精品专业（文秘、城市规划）和所有重点课程负责人及有关教师共 20 人；其他教师代表 10 人；学生代表 10 人；会议工作人员 10 人。会议举行一天（上午 8：30—12：00，下午 2：30—5：00）。

上午主要内容为：A. 文学院、城市经济学院领导主要汇报精品专业建设情况和下年打算，信息工程学院、外国语学院、音乐学院、培黎工程学院领导汇报重点课程建设情况及下年打算；B. 张副校长做题为《以人为本、与时俱进，全力推进精品专业建设和重点课程建设两大工程》的主题报告；C. 分两个组进行讨论。

下午主要内容为：A. 继续分组讨论；B. 下午 3：30—4：00 休会半小时，校领导听取两个组召集人简要汇报；C. 4：00—5：00 继续开会。先由精品专业、重点课程负责人代表 2 人、教师代表 2 人、学生代表 1 人做简短的表态发言（每人不超过 3 分钟，但要求言之有物），最后由王校长、李书记分别讲话。

请制作《××师范学院精品专业、重点课程建设工作会议预案》《××师范学院精品专业、重点课程建设工作会议日程表》。

要求：要素完备，不能漏项；可操作性强；文字简洁（字数不限）。

二、根据要求完成后面的任务。

东成公司将举行销售工作会议，研究销售工作下一季度的目标以及人员招聘、选拔等问题。秘书王芳在编制议程前，先请总经理、销售总监等有关上司提出议题，再询问各主管方面有无要拿到会上讨论的事情，并提请主管上司定夺，然后将要讨论的问题排出顺序。在编制议程时，王芳将需上会讨论的议题编排了一下，便打印交给了上司。

东成公司销售工作会议议程

本公司销售工作会议将于 2005 年 5 月 6 日（星期一）上午 10：00 在公司总部 3 号会议室举行。具体议程安排如下：

1. 销售二部经理的人选

2. 东部地区销售活动的总结

3. 上次会议记录

4. 销售一部关于内部沟通问题的发言

5. 下季度销售目标

6. 公司销售人员的招聘和重组

阅读案例全文，帮助王芳找出会议议程设计上的问题所在，并提出改进建议。

三、根据以下材料完成后面的写作任务。

××公司年度工作会议将于 2016 年 12 月 28 日 14：00 在公司五楼会议室举行，会议由副总经理主持。总经理助理在制订工作会议的议程时，征求公司领导意见，工作会议内容共包括以下几方面：×××总经理传达总公司工作会议精神；××副总经理通报 2016 年经济承包考核结果并做 2017 年承包考核办法说明；××书记做公司党委工作报告；××总经理与各单位、部室签订 2017 年生产经营和工作承包责任书；××副书记通报 2016 年落实党建工作目标责任制和创建"四好"领导班子活动考评结果；××书记代表公司党委与各直属党组织签订 2017 年党建工作目标责任书；××副总经理代表公司领导向 2016 年创建"四好"领导班子授牌。××副书记主持会议。

任务一：请根据议程编写要求，将以上工作内容纳入工作会议的议程，编写公司年度工作会议议程表。

任务二：请根据会议内容，拟写公司年度工作会议主持词。

四、根据下面材料写一份通知。

××市外贸局决定于 2016 年 12 月 5 日召开一次市外贸工作会议，传达贯彻省外贸局对当前外贸工作的指示，布置明年的工作。通知的发文字号：×外字〔2016〕×号；主送机关：各区、县外贸局，市府办公厅。

五、根据以下材料完成后面的写作任务。

"首届丝绸之路（敦煌）国际文化博览会"（简称文博会）2016 年 9 月将在甘肃省敦煌

市举办，这是推进"一带一路"建设的重大平台，也是国家文化建设的一件大事。丝绸之路在中西方文明交流史上占据着独一无二的地位，举办文博会对助推"一带一路"建设深入实施、推动共建"一带一路"国家文化交流有重大意义，也给这些国家和省区市带来交流合作的重大机遇。敦煌市地处甘肃省河西走廊最西端，甘肃、青海、新疆三省区交界处，隶属酒泉市，总面积3.12万平方千米，辖9个建制镇，总人口20万。丝绸之路在敦煌留存下最为辉煌的文化遗产和最为丰富的历史印记，敦煌是人类文明的宝贵"资源库"和文化建设的博大"基因库"。

要求学生查询此次会议的有关信息，撰写"首届丝绸之路（敦煌）国际文化博览会"开幕词和闭幕词。

六、××公司按照上级领导部门的统一要求和部署，在内部开展"安全生产月"活动，将为此召开全公司的动员大会。在会上主管领导将传达上级文件，公司经理×××在讲话中将就如何开展此项活动进行部署和安排。请为经理×××撰写一份讲话稿，要求内容切合动员会议的主题，就安全生产工作的重要性进行必要解释，重点提出实施此项活动的明确要求，并指出公司在安全生产中存在的不足与改进原则及要求。讲话应当体现指导性，有利于各单位落实，篇幅适中。

第六单元

公务书信实训

实训目标

　　理解并掌握证明信、介绍信、感谢信、慰问信、申请书、倡议书、建议书、贺信、贺词、贺电、邀请信、请柬、悼词、讣告的写作方法、要求、格式和规范。

结构图

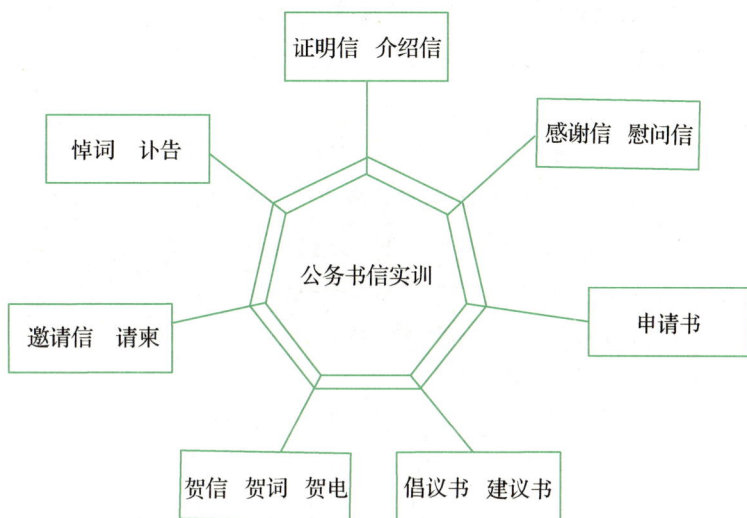

实训一
证明信　介绍信

🎯 情境植入

　　2015 年 6 月，根据《秘书学专业本科人才培养方案》的相关要求，××大学文学院秘书学专业大三学生将在暑假进行为期两个月(7 月 15 日—9 月 15 日)的专业实习。实习方式分为集中实习和分散实习两种，学生可根据自身实际自行选择实习方式。张明和李燕经商议后，决定一起联系实习单位，合作完成这次实习任务，最终他们联系到了××文化传媒有限公司。7 月 14 日，他们带着学院开具的实习介绍信来到实习单位，被总经理安排在办公室担任文员。张明和李燕非常珍惜这次实习机会，积极协助办公室王主任完成文件制发、文档管理、会务、接待等各项辅助性管理工作，受到办公室上下的一致好评。王主任在两人的实习单位评价表中给予两人高度的肯定和赞扬，并主动为两人分别开具了优秀实习证明。返校后，经过认真评议，两人均被评为院级优秀实习生。

实训材料

材料一：高某家住××市××街道，是该市一中高一学生，学习成绩一直优秀，但最近成绩出现滑坡。班主任梁老师了解到：高某的母亲是聋哑人，在家做点加工活，主要靠父亲打工养家，但父亲一个月前因中风失去劳动能力，家中还有爷爷奶奶需要照顾，一家人面临着较大的经济困难。于是，根据《××市低收入家庭认定暂行办法》，梁老师主动协助高某在街道办事处开具了家庭经济困难证明信，并向民政部门申请了低收入家庭困难补助，帮助高某缓解了经济压力，使其安心学习。

材料二：××大学文学院张华、刘静两位老师将于 2015 年 5 月中旬到××集团公司等企事业单位联系秘书学专业学生毕业实习事宜，学院为他们开具了编号为 16 号、有效期为 15 天的介绍信。

讨论分析

1. "材料一"的证明信应包括哪些内容？写作时需注意什么问题？
2. "材料二"的介绍信应包括哪些内容？写作时需注意什么问题？
3. 通过比较，请阐述一下证明信与介绍信的区别。

任务与要求

任务一：根据上述两则材料，分别写作证明信和介绍信。

要求：要素齐全，结构合理，层次清楚，格式规范，表述得体。

任务二：以"证明信、介绍信例文评析"为题，课堂讨论交流。

要求：1. 以小组形式讨论，每组 3～7 人；2. 讨论结束形成记录稿，每组选一人作为代表，进行课堂汇报。

实训总结

证明信是指以个人、机关或团体的名义如实地说明某人身份、职务、经历或有关事项的真实情况的一种专用书信，通常也被称为"证明"。一般可分为两种情况，即身份证明和情况证明。

介绍信是指特定组织(机关单位、人民团体、企事业单位等)派遣人员前往有关单位联系、商洽工作，处理公务时所需制作的一种专用书信。一般包括表格式和书信式两种格式。

这二者在写作时都需要注意：其一，态度端正、严谨、慎重，根据实际需要行文；其二，信息真实准确，表述客观中正；其三，称谓得当，要素齐备，篇幅简短，语句精练，格式规范。

证明信与介绍信的区别：其一，二者作用不同。证明信是根据事实阐述说明某人或某事有关事实情况的专用书信，具有凭证作用；介绍信是介绍本单位有关人员去相关单位办理、联系某事的专用书信，具有介绍沟通作用。其二，二者时效不同。证明作为具体的凭证，一般没有具体的有效期限，甚至有的可以作为历史凭证，长时间发挥作用；而介绍信涉及两个单位或人员之间的联系，往往随着联系事项的结束而失去使用价值，因此它需要有严格的有效期限，逾期失效。其三，对受文单位的要求不同。证明信旨在证明某人在某事或某一时期的既成事实，仅供受文单位参考，而不要求其办理某事；而介绍信旨在联系办理某一事项，尽管其中也有对持介绍信人必要情况的介绍，其目的是取得受文单位的信任，获得他们的协助，从而保时、保质、保量地把联系事项办好。所以，介绍信的结尾往往会使用祈请帮助的语句，如"请予协助"等，而证明信仅以"特此证明"的陈述句结尾。

实训评价

证明信、介绍信写作实训评价表

评价项目	比重	评价内容	评价标准				自我评分	小组评分	教师评分
			优	良	中	差			
内容要素	50	称谓：准确、得当	10		6				
		事项：真实具体，结构合理，层次清晰，表述确切	30		15				
		结语：必要、规范、精当	10		6				
形式要素	30	标题：准确、简练、规范	5		3				
		正文：要素齐备，主题明确，结构完整，格式规范	20		10				
		落款：齐全、规范	5		3				
文种	5	正确、得体	5		3				
语言	15	准确、简练、规范	15		9				
合计	100								

拓展思考

党员组织关系介绍信和党员证明信的区别：党员组织关系介绍信是党员正式组织

关系的凭证。党员组织关系介绍信开出后，党员在党组织中的隶属关系随即发生变化，党员应在转入单位党组织参加党的组织生活，交纳党费，行使党员权利，履行党员义务。党员证明信通常称为党员临时组织关系，是党员短期(6个月以内)外出参加党的组织生活的凭证。持党员证明信的党员，因其正式组织关系没有转移，只能在所去单位党组织参加活动，仍在原单位党组织交纳党费，享受表决权、选举权和被选举权。

党组织应教育党员妥善地保存自己所携带的党员组织关系介绍信或证明信。党员组织关系介绍信或证明信一旦丢失，党员要及时向所在单位的党组织或最后办理转移组织关系的党委组织部门报告。党组织应对丢失介绍信、证明信的情况进行审查，如确系本人不慎丢失，可由最后办理转移组织关系的党组织予以补转，并立即通知接收单位党组织，原介绍信或证明信作废。接转单位在接转时，要对介绍信进行认真审查核对。对丢失介绍信、证明信的党员，应给予批评教育，情节严重的还应给予适当的党纪处分。

（根据网络文献整理）

有效地管理和使用介绍信是办公室工作的一项重要内容。笔者认为，要做好这项工作必须坚持四个原则。

一、专人负责的原则

落实责任制是保证各项工作任务完成的前提，介绍信的使用管理工作也是如此。表面上看似乎管理和使用介绍信既不复杂，也没有特殊要求，有没有专人负责没有多大必要。其实，只要有过这方面工作经验的同志都清楚，使用介绍信进而达到预期的工作目的，确实是一项难度较大的工作。因为管理和使用介绍信涉及两个内容：一是单位印章的管理。我们知道，印章是开具介绍信的关键，离开印章也就失去了介绍信的意义。可见，印章管理在介绍信的管理和使用工作中具有重要作用。二是公文管理。行文是介绍信的重要内容，也就是说介绍信是通过文字表达方式反映其含义和目的的。能否有效地抓住这两个环节直接关系到介绍信管理和使用的实际效果，也势必影响到业务工作效率和单位的声誉。因此，要正确认识专人负责管理使用介绍信的重要意义，切实落实责任制。专人负责管理使用印章是保密工作和印章管理规定的要求，既可以减少因介绍信管理不善造成的失误，又可以防止给社会带来不必要的危害。专人负责管理公文可以使工作有章可循，不但有利于逐步实现介绍信管理使用的规范化、程序化，也为坚持领导审批和介绍信存根的保管原则创造了条件。

二、领导审批的原则

管理使用介绍信是一项业务性很强的工作，它要求做这项工作的同志不仅具有一定的文字能力，还要熟悉业务工作程序，做到及时请领导审批。这是因为：第一，领导审批介绍信既是介绍信管理使用的制度规定，也反映出管理使用介绍信工作的严肃性和重要性。第二，领导审批介绍信既能保证介绍信使用工作的质量，又可以避免出现乱开介绍信的现象和防止有人打着单位招牌办私事或搞违法行为的发生。第三，领导审批介绍信便于领导同志及时了解所属部门的工作情况，进而达到制定决策科学化、组织工作有的放矢。第四，领导审批介绍信不但可以严格掌握和执行介绍信的使用标准和印章管理规定，而且可以帮助下属把好介绍信的文字关。

三、存根健全的原则

我们在工作中经常可以看到，有些单位在管理和使用介绍信方面没有遵照一定的程序进行，随用随开。一是不用专门印制的介绍信纸（存根及介绍信的二联单）开具介绍信；二是既使用稿纸或其他纸张开具介绍信，又不打草稿。因为，开出介绍信同样没有存根。这些做法是不符合介绍信的管理和使用要求的。要正确使用介绍信并发挥其联系工作的功能，就必须做到：第一，坚持用带有存根的专用介绍信纸开具介绍信，因为一旦出现问题容易查找，也有一定的制约作用。第二，为了完成联系时间较紧，涉及面不大的工作，也可以直接用公函纸开具介绍信。当然这个介绍信必须是在草稿基础上形成的正式稿。一方面保证了介绍信的质量，另一方面可将草稿作为存根保留。第三，严格控制使用空白介绍信。一是尽可能不带空白介绍信外出，避免出现丢失现象；二是必须带空白介绍信出差的，尽量先写好介绍信的内容，可先不要写联系单位名称，这样可减少丢失介绍信后带来的损失；三是联系工作或出差回来后要及时交还未使用的空白介绍信。

四、讲究格式的原则

在实际工作中，有的同志把使用介绍信看成是一件无足轻重、平平常常的事情；有的同志虽然对使用介绍信的重要性有较明确的认识，但对介绍信格式的规范化却不是很重视。例如，在介绍信的文字起草、格式安排、用印位置选择等方面不能很好把握，一定程度上影响了介绍信的效果。因此，我们要重视讲究介绍信的格式。第一，介绍信的格式是否规范、文字表达是否准确能反映出一个单位的工作水平和工作作风。第二，介绍信是联系工作、完成工作任务必不可少的措施，这就要求我们开具介绍信必须字迹清楚，而不是让别人猜字。我们还要特别重视介绍信的格式，合理安排介绍信的格式和用印等环节，进而增强介绍信的使用效果。

（节选自姚一凡：《使用介绍信的四个原则》，载《秘书之友》，1991年第5期。有加工整理）

🔍 **案例分享**

记者日前从市民族宗教事务局获悉，目前，我市对中高考少数民族考生的身份审核、证明信开具工作已开始。针对往年考生开具证明信时出现的"因所带材料不全而无法办理"的问题,该局近期在政府门户网站公开平台、单位公示栏做出具体说明。

据介绍,常住户口为本市辖区内的少数民族考生,中高考开具证明信时,需提供户口簿原件及本人户口簿复印件、具有少数民族身份的父亲(或母亲)户口簿复印件和带有加盖户口登记机关户口专用章的户主首页复印件,并且户口簿上应同时列有具有少数民族身份的父亲(或母亲)以及考生本人,如考生与具有少数民族身份的父亲(或母亲)不在同一户口簿上,还应出示相应的关系证明。对考生学籍姓名是使用户口簿上"曾用名"的,并且户口簿上的"姓名"与"曾用名"不相同的,开证明信时只能以"姓名"开具证明信。此外,参加高考的 16 周岁以上考生,还需提供考生本人身份证原件及复印件。

该局工作人员表示,正常上班时间,中高考少数民族考生证明信随来随办,若以上资料带齐,证明信立等可取。如考生对相关事宜仍有疑问,可致电 32×××××咨询。

(王露檀:《提醒中高考少数民族考生开具证明信 证件要带齐》,载《邢台日报》,2013 年 5 月 7 日第 2 版)

拓展阅读>

补充读物

1. 何坦野:《普通书信与专用书信的写作区别》,载《写作》,1995 年第 4 期。
2. 张小伟:《使用 Excel 2003 制作电子版介绍信》,载《赤峰学院学报(自然科学版)》,2010 年第 11 期。

实训二
感谢信 慰问信

情境植入

2015 年 9 月 20 日,按照学院的安排,张明和李燕给××文化传媒有限公司写了一封感谢信,感谢该公司在实习期间对他们的关心、照顾和支持,包括生活上解决就餐和交通问题,工作上严格要求和认真指导等,此举得到实习单位的一致好评。中秋节(9 月 27 日)将至,××文化传媒有限公司准备给每位员工发一份节日礼物,并配发一封节日慰问信。办公室王主任知道张明和李燕的文字功底比较好,于是真诚地邀请两人为该公司写作这封慰问信。张明和李燕觉得这是一次很好的锻炼机会,同时也对王主任及公司确有感恩之情，就爽快地答应了，并提前三天完成了慰问信的写作，得到了王主任及总经理的认可，也得到了来自该公司的惊喜——一份中秋节礼物。

实训材料

材料一：2015 年 10 月，××文化传媒有限公司决定对××中学 30 名贫困学生进行经济资助。经过前期家访，该公司对 30 名贫困生的家庭情况有了全面具体的了解，根据受助对象的实际情况，将资助款分为 2000 元、1000 元、500 元三个等级，每个等级各 10 人，资助总额为 35000 元，此外还为学校提供了 15000 元的书籍。为了表达对××文化传媒有限公司的感谢，××中学制作了一面锦旗，并以学校的名义给该公司制发了一份感谢信。

材料二：2016 年春节将至，为了表达对员工们过去一年努力工作的肯定，以及员工家属们对公司工作的支持，××文化传媒有限公司除按照惯例发放节日福利外，还安排办公室撰写了一封慰问信。通过这一封封制作精美的慰问信，公司员工普遍感受到了来自领导层的关心和支持，整个公司也增强了亲和力和凝聚力。

讨论分析

1. "材料一"的感谢信应包括哪些内容？写作时需注意什么问题？
2. "材料二"的慰问信应包括哪些内容？写作时需注意什么问题？
3. 谈谈你对这两类专用书信的功能的认识。

任务与要求

任务一：根据上述两则材料，分别写作感谢信和慰问信。

要求：内容充实，结构合理，层次清楚，格式规范，表述得体，行文流畅。

任务二：自己搜集一封感谢信或慰问信，并加以评析，课堂讨论交流。

要求：1. 以小组形式讨论，每组 3～5 人；2. 讨论结束形成记录稿，每组选一人作为代表，进行课堂汇报。

实训总结

感谢信和慰问信都属于表达特定情感的礼仪性文书。感谢信是社会组织或个人对关心、帮助和支持自己的组织或个人表示衷心感谢的书信；慰问信是以组织或个人的名义向有关集体或个人表示慰问、问候和致意的书信。这两种书信都属于慰谢词一类，都具有安慰鼓励、振奋精神、团结共进、塑造形象、扩大影响等作用。

感谢信正文一般包括陈述客观事实、赞颂对方品质和表明自己态度三个方面。首先，感谢信应如实地呈现事实的真相及关节点，这是感谢信表达谢意的基础和依据，这就要求事实陈述要符合实际、准确无误；其次，要揭示对方对自己进行支持的价值和意义，予以恰如其分的评价和充分的肯定；最后，表明自己的感谢、感激之情，以及对未来的展望。这里需要注意的是，感谢信在叙事时应避免过于简单或过于琐细的倾向，防范叙事失真，以免影响感谢信的表达效果。

慰问信包括三种情况：一是对取得巨大成绩的集体或个人表示慰勉；二是对由于某种原因而面临暂时苦难或严重损失的集体或个人表达同情和安慰；三是在节日之际对有贡献的集体或个人表示慰问。无论哪种情况，慰问信在内容上都应包括三部分，即陈述被慰问者的境况、点明被慰问者的努力和成绩、表明作者的同情和安慰。慰问信的写作需要注意三点：情感表达应真诚到位，评述应恰当得体，格式应准确规范。

感谢信和慰问信都有表扬的成分，但两者的区别非常明显：一是内容侧重点不同。感谢信重在表示感谢表扬，多讲对方对自己的帮助和支持；而慰问信则重于表示安慰鼓励，多讲对对方的勉励和激励。二是写作对象略有不同。感谢信可以是感谢单位的，也可以是感谢个人的；而慰问信则多是对某些单位、集体或群众表示慰问。需要特别注意的是：感谢信和慰问信在写作时都要避免抄袭或套用现成的文本，以免沦为一种可有可无的、形式化的"应景文章"。

实训评价

感谢信、慰问信写作实训评价表

评价项目	比重	评价内容	评价标准				自我评分	小组评分	教师评分
			优	良	中	差			
内容要素	50	称谓：准确、得当	10		6				
		事项：主题明确，合乎逻辑，真实具体，结构合理，层次清晰，表述确切	30		18				
		结语：必要、规范、精当	10		6				
形式要素	30	标题：准确、简练、规范	5		3				
		正文：要素齐备，结构完整，简明扼要，格式规范	20		10				
		落款：齐全、规范	5		3				

续表

评价项目	比重	评价内容	评价标准				自我评分	小组评分	教师评分
			优	良	中	差			
文种	5	正确、得体	5		3				
语言	15	自然、准确、简练、规范	15		9				
合计	100								

拓展思考

相对于普通书信，公务信函由于适用于正式场合，在礼仪方面通常有着更为标准而规范的要求。总体而言，使用公务信函应注意言辞礼貌、表达清晰、内容完整、格式正确、行文简洁五大要点。在英文中，Courteous（礼貌）、Clear（清晰）、Complete（完整）、Correct（正确）、Concise（简洁）五个单词皆以字母 C 打头，因此这五大要点也被称作公务信函写作的"五 C 法则"。写作公务信函时应当注意以下五个方面的具体问题：

一、抬头

抬头的基本内容包括称谓语与提称语，二者均应根据具体对象具体对待，力求恰如其分。

称谓语要准确。在写作信函抬头时，应以称谓语称呼收信之人。在称呼收信者时，下列四点必须注意：其一，姓名与头衔必须正确无误。在任何公务信函中，写错收信者的姓名与头衔都是绝不允许的。称呼收信者，有时可以只称其姓，略去其名，但不宜直呼其名或者无姓无名。其二，允许以直接致信的有关单位或部门作为抬头中的称谓语。在许多时候，以有关单位或部门直接作为收信者在礼仪上是许可的。其三，可以使用中性名词称呼收信者。当不清楚收信者的性别时，以"董事长""经理""主任""首席代表"等无须辨别性别的中性称呼去称呼对方是比较稳妥的。其四，切忌滥用称呼。初次致信他人时，千万不要滥用称呼。诸如"先生""小姐"一类的称呼，在不清楚收信者性别时就不宜采用。不能图省事，以"先生/小姐"去称呼收信者。不要乱用"阁下""老板""有关人士"这一类专用性称呼。

提称语要到位。在称谓语之前，有时需要使用提称语。所谓提称语，意即提高称谓语的词语。在公务信函里使用提称语，关键是要到位。在一般情况下，公务信函里最标准的提称语是"尊敬的"。平常的公务信函，不使用提称语亦可。在社交场合所使用的"尊鉴""台鉴""钧鉴"等古典式提称语以及在涉外场合所使用的"亲爱的""我的"等西洋式提称语，在普通的公务信函中一般均不宜使用。

二、正文

在公务信函里，正文是核心内容。写作正文时，一定要注意主题明确、合乎逻辑、层次清晰、语句通畅、文字正确、言简意赅。其中，尤须注意以下几点：

一是注意人称使用。在公务信函里，写作者所使用的人称颇为讲究。若为了表示亲切、自然，宜采用第一人称；若意在表示公事公办、严肃正规，则可以采用第三人称。

二是主要内容前置。一封标准公务信函的内容，应当像一座倒置的金字塔，越是重要的内容越应当置于前面。因此，在正文的开端，即应直言自己认为最应当告诉收信者的信息以及收信者最希望了解的信息。

三是篇幅删繁就简。在任何情况下，一封拖沓冗长的公务信函都会使人感到无比乏味，所以在写作公务信函时，一定要注意控制其篇幅，力求简明扼要。一般而言，篇幅短、段落短、句子短、词汇短（"四短"）是写作公务信函时所必须恪守的铁律。

四是一信只议一事。为了确保公务信函发挥功效，并且尽量缩短其篇幅，最好一信只议一事，这样不但可以突出主题，而且可以限制其篇幅。

五是语言平易近人。尽管公务信函使用的是书面语言，写作者亦应尽量使之生动、活泼、亲切、自然，既不应令其过于粗俗，也不应使之曲高和寡。

六是信息正确无误。公务信函所传递的信息应确保正确无误。为此应做到：避免写错字、用错标点符号；防止滥用成语、典故、外语；过于生僻的词语或易于产生歧义的举例，也不宜采用。

七是书面干净整洁。一般来说，正式的公务信函最好打印，而不是手写，这样可确保其书面的干净整洁；即使需要手写时，亦应避免随意涂抹、填补。另外，不要在行、格之外写字，不要掉字，不要以汉语拼音代替生字。

八是防止泄露机密。普通的公务信函，不应在其字里行间直接或间接地涉及商业秘密，若打算将其邮寄或快递时，尤须注意此点。

三、结尾

结尾的写作要求是全面而具体。大体上说，公务信函的结尾又由下述六个具体部分所构成：一是祝颂语。它是写信者对收信者所进行的例行祝福，其内容大都约定俗成，可酌情使用，但不宜空缺。二是附问语。它是指写信者附带问候收信者周围人士，或代替自己周围人士问候收信者。附问语可用可不用。三是补述语。它是正文写完后，尚需补充的内容，故又称附言。一般的公务信函，最好不用补述语。如需使用补述语时应注意三点：单字不成行，单行不成页，字数不宜多。四是署名。在公务信函里，署名宜为写信者全名。必要时，亦可同时署上其行政职务与职称、学衔。若为打印信函，最好由署者本人在信上亲笔签名。五是日期。在署名之后，应注明写信的具体日期。为郑重其事，所署日期越具体越好，至少要写明"某年某月某日"，必要时还应注明"某年某月某日某时"。六是附件。在一些公务信函的结尾，往往附有其他有关文件。附件通常应置于公务信函之后，但其具体件数、页数、名称均应在信中一一注明，以便收信者核对查阅。

四、封文

交封邮寄、快递的公务信函均应书写封文。在写作封文时，不仅应当认真，而且必须遵守其基本规范，其中尤须重视以下五点。一是地址详尽。写作封文时，为了保证收信者及时收到信函，或者信函退回时不致丢失，一定要将收信者与寄信者双方的具体地址仔细写明。不仅要写上省、市、区、街道、门牌号码，而且还应写上单位、部门。二是姓名正确。在封文上，收信者与寄信者的姓名均应书写正确。以单位、部门作为收寄者时，亦应注明其正确的全称。三是慎用雅语。正式信函的封文上，往往要使用一些雅语，它们皆有一定之规，不可滥用。具体包括以下三点：其一，邮递员对收信者的称呼。它们写在收信者姓名之后，如"小姐""先生""老师"等。它并非写信者对收信者的称呼，故此不宜使用"大人""贤侄"之类。其二，启封词。它是敬请收信者拆启信封的礼貌语，如"启""钧启""收启"等，通常写在收信者姓名与邮递员对其称呼之后。其三，缄封词。它表示寄信者封闭信函时的恭敬之意，如"缄""谨缄"等，缄封词均应写在寄信者姓名之后。凡不封口的信函，没有必要多此一举。四是邮编勿缺。正式交付邮寄的公务信函，一定要正确注明收信地址与寄信地址的邮政编码。缺少邮编或邮编不正确的公务信函，有可能晚到甚至丢失。五是格式标准。封文写作，通常都有一定的格式可依，如横式信封与竖式信封、国内信函与国际信函，其格式各不相同，写作公务信函的封文时，必须认真地照相关格式及规范办理。

五、工具

写作公务信函，尤其是手写信函时，必须借助于一些必要的工具。使用这些工具时，应符合基本的礼仪规范。一是信笺。信笺又叫信纸。公务信函所使用的信笺，应当规格统一，纸质上乘，美观大方，统一印制。通常不宜使用外单位信笺写作公务信函，也不要使用本单位信笺写作私信。二是信封。公务信函所使用的信封，可以是市场上出售的标准信封，也可以是本单位统一印制的专用信封。不宜自制信封寄发公务信函，或是利用其他单位用过的信封寄发本单位的公务信函。公务信函信封的大小，宜与其容量相称，且其纸质、色彩，最好与信笺相匹配。三是笔具。手写公务信函时，通常应使用钢笔或毛笔。四是墨水。用毛笔写信，宜用黑色墨汁；用钢笔写信，则宜用黑色或蓝黑色墨水。纯蓝色的墨水因其字迹难以持久保存，故不应使用。使用其他彩色墨水，则有哗众取宠之嫌，亦不可取。

（根据网络文献整理）

🔍 案例分享

新华网北京 9 月 9 日电 正在乌兹别克斯坦进行国事访问的中共中央总书记、国家主席、中央军委主席习近平 9 月 9 日向全国广大教师致慰问信。慰问信全文如下：

全国广大教师们：

第二十九个教师节到来之际，我正在遥远的乌兹别克斯坦进行国事访问。首先，我代表党中央、国务院，向全国 1400 万教师，致以诚挚的问候和崇高的敬意！祝大家节日快乐！

长期以来，我国广大教师认真贯彻党的教育方针，默默耕耘、无私奉献，用爱心、知识、智慧点亮学生心灵，培养了一批又一批优秀人才，为我国教育事业发展、为国家发展和民族振兴做出了突出贡献。

百年大计，教育为本。教师是立教之本、兴教之源，承担着让每个孩子健康成长、办好人民满意教育的重任。希望全国广大教师牢固树立中国特色社会主义理想信念，带头践行社会主义核心价值观，自觉增强立德树人、教书育人的荣誉感和责任感，学为人师，行为世范，做学生健康成长的指导者和引路人；牢固树立终身学习理念，加强学习，拓宽视野，更新知识，不断提高业务能力和教育教学质量，努力成为业务精湛、学生喜爱的高素质教师；牢固树立改革创新意识，踊跃投身教育创新实践，为发展具有中国特色、世界水平的现代教育做出贡献。

各级党委和政府要把加强教师队伍建设作为教育事业发展最重要的基础工作来抓，提升教师素质，改善教师待遇，关心教师健康，维护教师权益，充分信任、紧紧依靠广大教师，支持优秀人才长期从教、终身从教。

全社会要大力弘扬尊师重教的良好风尚，使教师成为最受社会尊重的职业。

祝全国广大教师身体健康、工作顺利、生活幸福！

习近平
2013 年 9 月 9 日

（来源：新华网，2013 年 9 月 9 日）

拓展阅读＞

☕ 补充读物

1. 邱冬梅：《浅谈感谢信的商务公关作用》，载《应用写作》，2006 年第 7 期。

2. 邱冬梅：《谈感谢信中谢意的表达》，载《应用写作》，2007 年第 7 期。

3. 金常德：《感谢信如何有效"叙事"》，载《应用写作》，2008 年第5 期。

4. 钟文彬：《写好慰问信的若干技巧》，载《应用写作》，2008 年第7 期。

5. 刘耀国：《慰问信的类型及其写作》，载《办公室业务》，2009 年第1 期。

6. 彭知辉：《慰问信的写作技巧》，载《新闻与写作》，2009 年第 7 期。

实训三
申请书

🎯 情境植入

2013 年 9 月，王鹏考入××大学理工学院物理学专业。入学后，王鹏为了锻炼自己，积极参加各项校园社团活动，尤其是研习传统文化的国学社，王鹏还写了一份参加国学社的正式申请书，得到了大家的一致认可。2014 年 4 月，由于家庭经济条件一直较差，而母亲又生病，花销较大，其个人生活面临着较大压力，因此他按照学校相关规定提交了困难补助申请书，并顺利地拿到了补助。在老师和同学的帮助下，王鹏边打工边刻苦学习，丝毫不放松对自己的要求，学习成绩一直名列前茅。大一学年末，王鹏经过慎重考虑，决定申请转到自己更感兴趣的会计学专业，经过多方咨询，他了解到自己已达到转专业的相关要求，因此他向学校提交了转专业申请，并在经过各项考核后顺利实现了自己的梦想。来到会计学专业后，王鹏的学习劲头更大了，不仅各门功课优秀，而且积极要求政治进步，正式递交了入党申请书，经过考核，他如愿成为发展对象。

📎 实训材料

材料一：2006 年 10 月，邓苗苗应聘到××信息公司担任办公室文员。在任职的五年时间里，她勤奋务实、谦逊用心，既学到了很多知识和技能，也与领导同事建立了亲密的关系。2011 年 10 月，由于父母希望她回家乡工作，便于生活上相互照顾，她给公司领导写了一封离职申请书。在申请书中，她首先感谢多年来各位领导对自己的信任和照顾，感谢各位同事的关心和帮助；其次陈述了自己的离职理由，希望能在 2011

年 12 月 31 日前正式离职，自己一定积极配合公司做好交接工作；最后恳请领导对她的申请予以考虑并批准。

材料二：2013 年 9 月，××大学人文学院增设了秘书学本科专业。该专业负责人郑伟在考察了多所同类院校的办学情况后，提交了一份考察报告。报告中重点论述了建设文秘实训室的必要性和重要性，院领导非常重视郑伟的报告。经过多番调研论证，郑伟又正式提交了一份建设文秘综合实训室的申请。

讨论分析

1. "材料一"的离职申请书在写作时应注意哪些问题？

2. "材料二"的申请书应包括哪些具体内容？写作时需注意哪些问题？

3. 结合实际，谈谈你对申请书功能及作用的认识。

任务与要求

任务一：根据上述两则材料，完成两份申请书的写作。

要求：主题明确，要点突出，层次清晰，表述得体，行文流畅，格式规范。

任务二：每人搜集一份申请书，并加以评析，课堂讨论交流。

要求：1. 以小组形式搜集、讨论，每组 3～5 人；2. 讨论结束形成记录稿，每组选一人作为代表，进行课堂汇报。

实训总结

申请书是单位或个人因某种需要，向有关部门、组织或者社会团体表达愿望，或提出请求事项，希望得到批准的专用文书。申请书内容单一，目的明确，是一种应用范围非常广泛的公务书信，如"入党申请书""开业申请书""贷款申请书""困难补助申请书"等。此外，不同专业领域还有一些专业性较强的专用申请书，如"政府公开信息申请书""索赔申请书""专利申请书""取保候审申请书""科研项目申请书"等，这些申请书在内容、表述及格式等方面有着更为专业化的规范和要求。

申请书通常由标题、称谓、正文和落款组成。

标题。一般采用"事项＋申请书"的形式，如"入党申请书"，或直接写"申请书"。

称谓。顶格写明接受申请书的组织名称或有关领导人名称。

正文。这是申请书的主体，包括三部分内容：申请事项、申请原因、决心和要求。事项要直截了当，不能含糊其词；原因要明确充分，主观认识到位；决心和要求应具体详细、诚恳得体，语言要朴实准确、简洁明了。最后根据申请目的的不同选用不同的惯用结语，如"特此申请""请予批准""敬祈核准""希望领导研究批准""请党组织考验我""恳请大力支持和帮助"等。

落款。个人申请要写清申请者姓名，单位申请写明单位名称并加盖公章，并标明日期。

申请书写作的注意事项：其一，申请事项应陈述清楚、具体，涉及的数据要准确无误。其二，申请理由要充分、合理，实事求是，不能虚夸或杜撰。其三，语言要准确、简洁，态度要端正、诚恳。

实训评价

申请书写作实训评价表

评价项目	比重	评价内容	评价标准				自我评分	小组评分	教师评分
			优	良	中	差			
内容要素	50	称谓：准确、得当	10		6				
		事项：主题明确，真实具体，结构合理，思路清晰，表述确切，措辞得体	30		18				
		结语：必要、规范、得体	10		6				
形式要素	30	标题：准确、简练、规范	5		3				
		称谓：准确、规范、得体	5		3				
		正文：要素齐备，内容充实，结构完整，格式规范	15		9				
		落款：齐全、规范	5		3				
文种	5	正确、得体	5		3				
语言	15	准确、简练、规范、得体	15		9				
合计	100								

拓展思考

入党申请书是每一个要求入党的人填写自己庄严的入党愿望，并写出对党的纲领、党的性质等深刻认识和为党的事业奋斗终身的誓言。根据文件要求，申请入党人向党组织自愿提出申请时应递交本人亲自书写的入党申请书。但是，现在有些申请入党人所撰写的入党申请书大都存在一些明显的问题，需要引起党组织的重视。

一是"网上下载，千篇一律"。网上下载的格式化入党申请材料不能也不应该是每一个申请入党人的内心的真实感受。

二是"党的性质，表述不全"。"中国共产党是中国工人阶级的先锋队，同时是中国人民和中华民族的先锋队，是中国特色社会主义的领导核心。"这是关于党的性质的完整表述，缺少任何一个方面都是一种不符合要求的不完全表述。不完全的党性表述必然会误导申请人对党的认识。

三是"基本要件，少提漏提"。根据党章要求，申请入党人必须明确表示"承认党的纲领和章程，愿意参加党的一个组织并在其中积极工作，执行党的决议和按时交纳党费"。漏提或少提都是不符合规范的写法。

四是"入党申请，情感不深"。入党是人生中一件十分有意义的事情，也是人生的一个重要的转折点，内容苍白、口号式的电脑打印稿，甚至连郑重的签名也省略为电脑打字，这无疑削弱了入党的庄严性和神圣性。

各级党组织应该严肃认真对待这个问题。首先要认真上好党课，特别是对如何撰写入党申请书进行必要的辅导。其次，申请入党人要认真学好党章，详细认真地了解党的性质、党的纲领以及党员的义务和要求。最后，入党申请书应当自己书写，不要完全照抄网络下载的内容。

（节选自周科云：《撰写入党申请书应当严肃认真》，载《江淮》，2008年第12期。有加工整理）

🔍 案例分享

江苏金坛市教师殷雪梅为救学生被车撞伤抢救无效去世。日前，在她的遗物中，发现了她在出事前两周写的一份入党申请书。在她生前，殷雪梅曾向党组织一再表示，自己离共产党员的标准还有一定距离，希望对她多帮助，让她早日跨进党的大门。

人们用"慈师真爱感动天地，圣母情怀流芳千古"这句话来纪念殷雪梅老师。当一个人的行为与感情与人民的愿望相通的时候，就会引起人们发自内心的崇敬。

在她的动人之举之前，这位普通教师对组织的要求是加入中国共产党，在她的动人之举之后，无数普通人的怀念，让她的愿望看起来是那么顺理成章。不能要求每个共产党员都能有她那样的牺牲之举，但人们希望每个党员都有这样的情怀。

中国共产党能凝聚人心，赢得人民拥护的关键在于她一切以人民利益为出发点，在于广大党员将群众利益置于自身利益之上，在于个人的行为及感情与人民的愿望相通。虽然客观形势千变万化，虽然社会环境日新月异，然而变化的只是外在环境，而不是共产党的根本目标，共产党员的情怀没有变，精神追求没有变，这是共产党员先进性之源。

与追求入党的殷雪梅相比，有些共产党员对自己的要求并不高，尤其在有了一定的权力和地位，面临更多利益诱惑的时候。对于个人而言，没有什么比生命更宝贵，殷雪梅老师为了学生的安全牺牲了自己的生命，却也有人因为个人利益而丢掉了自己的性命，先进与落后，就在面对利益的选择上。

直到去世，殷雪梅老师的身份仍然是普通群众，她的行为是一个平凡教师的选择，人们怀念她、纪念她，是因为她作为普通人的爱心与责任。对共产党员来讲，无论要求如何严格，个人如何高尚，也都基于普通人的感情，基于人民共同的愿望，而不是什么望尘莫及的额外之举，做到不难。

共产党是最有人情味的党，但这人情不是私情，而是超出私利，谋求全体人民利益的大感情。事实上，无论是否为共产党员，早在一个生命消失之前，就在当下的方寸选择中，已经决定了他是轻于鸿毛，还是重于泰山。

（张迁：《一个教师的入党申请书》，载《瞭望》，2005 年第 15 期。有加工整理）

关于成立××学院青年志愿者协会的申请书

尊敬的校团委：

随着社会公益事业的不断发展，志愿服务的范围不断拓展，学生作为一个肩负社会责任的群体，在全社会形成了一股强大的"扬时代先锋，献人间真情"的志愿服务精神，发展志愿服务已经成为当今社会的发展趋势。借助学生的力量建立志愿者服务队伍，不仅能实现我们共同的心愿，也有利于弘扬社会主义精神文明，提高青年学生的自身素质，所以我们特向校团委申请成立"××学院青年志愿者协会"。

根据对我院部分同学进行的有关建立社团的问卷调查数据显示，大部分同学呼吁并支持在我院建立青年志愿者协会，以便为学院、学校以及社会贡献出自己的力量，同时实现自己的人生价值，这更坚定了我们成立××学院青年志愿者协会的信心。

一方面，从青年志愿者行动实施以来，志愿服务行动产生了良好的社会影响。志愿服务正在成为新的社会风尚，越来越多的青年及社会各界群众加入志愿者的行列。实践充分说明，青年志愿者行动符合时代发展的潮流，符合人民群众的需要，符合当代青年的特点，蕴藏着巨大的发展潜力，呈现出旺盛的生命力和广阔的发展前景，是发展社会主义市场经济中一项生机勃勃的事业，是广大青年实践"三个代表"重要思想的有效载体。它使一些需要帮助的社会成员从志愿服务中感受到社会的温暖，从而在全社会弘扬"奉献、友爱、互助、进步"的志愿精神，倡导时代新风正气，对社会主义道德建设起到积极的推动作用，已经成为新时期群众性精神文明创建活动的有效途径。

另一方面，对学院而言，协会的组建有利于壮大社团建设队伍，完善学生组织机构，为公益服务项目建设输入新鲜血液，树立良好的公益服务形象。同时，志愿者的活动也会为学院各项活动的展开提供强大的人力资源，确保活动的顺利进行。对志愿者而言，借助青年志愿者协会这个平台，志愿者们可以奉献社会，实现自身的人生价值；可以结识更多的志同道合、热心公益的青年朋友，相互学习、共同进步；可以在志愿服务的活动中受教育、长才干、做贡献，更好地充实志愿者们的大学生活。

从院青协筹划组至今，我院青年志愿者成功协助学院完成了××文化节开幕式等工作，并得到了学院的好评。这让我们看到创办这个协会的必要性和可行性。同时，院团委正需要我们志愿者成为学校发展的后盾力量，这和我们创办协会的宗旨是一致的，所以我们更有信心，并将脚踏实地地办好这个协会。

恩请校团委审查，期盼能给予批准。

××学院分团委

20××年×月×日

拓展阅读 >

补充读物

1. 杨承志：《也谈"申请书"的适用范围——兼与武崇新、卢树林同志商榷》，载《秘书之友》，1996 年第 6 期。

2. 魏勇：《申请书的写法与注意事项》，载《应用写作》，2004 年第 6 期。

3. 张保忠：《怎样撰写企业专用"申请书"》，载《秘书工作》，2004 年第 9 期。

4. 张美娟：《怎样写好申请书》，载《写作》，2012 年第 Z1 期。

5. 魏勇：《怎样写工作转正申请书——以一篇工作转正申请书为例》，载《应用写作》，2012 年第 3 期。

实训四
倡议书　建议书

情境植入

2014 年 7 月，根据学校统一安排，××职业技术学院学生利用暑假进行社会实践。孔丽丽等七名同学组成了一个小分队，一起来到××市进行调研。在调研中，她们发现××市存在着乱贴乱画、乱倒垃圾、浪费食物、价格欺诈等种种不文明现象，严重影响了该城市旅游业的健康发展，因此，她们经过协商后决定：一方面，撰写一份《关于"争做文明市民，建设文明城市"的倡议书》，并通过街头发放宣传单、媒体发布等形式进行宣传；另一方面，撰制一份《关于打造文明旅游城市的建议书》，通过政府办公室将这一建议书递交到市领导手中。孔丽丽等同学积极为城市建设出谋划策的做法得到了××市政府领导及群众的认可和好评，她们也因此被评为××职业技术学院 2014

年度校级社会实践优秀团队。

7 实训材料

材料一：每年的 4 月 23 日是"世界读书日"，该节日设立的目的是"希望散居在世界各地的人，无论你是年老还是年轻，无论你是贫穷还是富裕，无论你是患病还是健康，都能享受阅读的乐趣，都能尊重和感谢为人类文明做出过巨大贡献的文学、文化、科学、思想大师们，都能保护知识产权。"××大学人文学院文心读书会每年都会通过倡议书的形式宣传这一节日，并开展各种读书活动，取得了非常好的效果。

材料二：为了满足人们日益增长的休闲娱乐需要，目前我国很多地方都积极利用地域文化资源及优势举办各具特色的旅游节庆活动，如以花卉、美食、民俗节日等为主题的各种旅游文化节，但这些旅游文化节在举办的过程中也存在着各种各样的问题，如同质化、单一化、短期化等。针对此类现象，××大学历史文化学院旅游管理系组织学生开展了以"我为家乡建设献言"的社会实践活动，要求学生们通过调研完成一份建议书，并递交到当地旅游主管部门，为家乡旅游事业发展奉献一份力量。

讨论分析

1."材料一"中的倡议书应包括哪些内容？如何能写出新意？

2."材料二"中的建议书写作应做哪些工作？写作时需注意什么问题？

3. 如何充分发挥这两类文书的功能？谈谈你的认识。

任务与要求

任务一：根据上述两则材料，分别写作一封倡议书和一封建议书。

要求：主旨鲜明，内容充实，结构合理，层次清楚，表述得体，行文流畅，格式规范。

任务二：每人搜集一封倡议书和一封建议书，并加以评析，课堂讨论交流。

要求：1. 以小组形式讨论，每组 3～5 人；2. 讨论结束形成记录稿，每组选一人作为代表，进行课堂汇报。

实训总结

倡议书和建议书都是在日常工作和社会活动中有所建议、有所提倡，期望实现推广某种意见的专用书信，其使用范围较广，使用频率也较高，具有广泛的用途和重要作用。

倡议书是由个人或集体发起和倡导某种建议，用以共同完成某项任务或开展某种公益活动，从而引起广泛响应的一种专用书信。倡议书是一种广而告之的公开性书信，就是要让广大的人民群众知道了解，从而激起更多人的响应，以期在最大的范围内引起共鸣。

倡议书一般由标题、称呼、正文、落款四部分组成。

标题。直接写"倡议书"三个字，或可以由倡议内容和文种名共同组成，如"把遗体交给医学界利用的倡议书"。

称呼。可依据倡议的对象而选用适当的称呼，如"广大的青少年朋友们""广大的妇女同胞们"等。有的倡议书也可不用称呼，而在正文中指出。

正文。倡议书的内容须包括倡议的背景、原因和目的，倡议的具体内容和要求。一般应分条开列，这样写清晰明确、一目了然。结尾处表明倡议者的决心和希望或者写出某种建议。

落款。右下方写明倡议者单位、集体或个人的名称或姓名，署上发倡议的日期。

倡议书写作需要注意的是：内容要有新的时尚和精神，要切实可行，要不违背国家的方针政策；背景目的要写清楚，理由要充分；措辞要恰切得体，情感要真挚，同时要富于鼓动性；篇幅不宜太长。

建议书是个人、单位和有关方面为了开展工作、完成任务、进行某项活动而提出意见时使用的一种应用文书，也叫意见书。建议书是向有关部门或上级领导提建议时使用的一种专用书信，它可以充分调动各方面的积极因素，集中广大群众的智慧，更好地推进工作的顺利开展。

建议书的结构及规范与倡议书基本一致。建议书写作应当注意的是：从实际出发，实事求是；说话得体，有分寸；内容具体、清楚、实在；语言准确、精练。

实训评价

倡议书、建议书写作实训评价表

评价项目	比重	评价内容	评价标准				自我评分	小组评分	教师评分
			优	良	中	差			
内容要素	50	称谓：准确、得当	10		6				
		事项：主题明确，真实具体，结构合理，思路清晰，表述确切，措辞得体	30		18				
		结语：必要、规范、得体	10		6				

续表

评价项目	比重	评价内容	评价标准				自我评分	小组评分	教师评分
			优	良	中	差			
形式要素	30	标题：准确、简练、规范	5		3				
		称呼：准确、规范、得体	5		3				
		正文：要素齐备，内容充实， 　　　结构完整，格式规范	15		9				
		落款：齐全、规范	5		3				
文种	5	正确、得体	5		3				
语言	15	准确、简练、规范	15		9				
合计	100								

🔍 拓展思考

建议书和倡议书都属于专用书信，而且它们都有一个"议"字，都要提出某种建议，因此有其相同点。在日常运用中，有人常把建议书与倡议书混为一谈，如有的教材专著说"建议书也叫倡议书"，这是错误的，致使人们有时应该用倡议而用了建议，应该用建议而用了倡议。

建议书与倡议书的不同之处具体而言包括以下几点：

第一，发布形式不同。建议书的内容只是个人或单位对某项工作、活动或某一问题的见解和建议的陈述，仅供对方参考，所以公开宣读、张贴或发表者较少，一般是直接发送或递交给对方；而倡议书虽然也有建议的内容，但是倡议书一般是公开宣读、张贴或在报刊发表，或通过广播、电视、网络等媒体发布，内容面向公众，一般为公众所认同。

第二，具体作用不同。建议书是个人或集体面对领导和有关部门时所用，一般是中肯地提出自己对工作的意见和建议，没有要求对方去做的意思，不具有号召性。建议书在工作中起着沟通传递信息的作用，也是加强上下级联系、密切政府和群众关系的桥梁纽带。所以，建议书一般采取商讨的语气，不像倡议书那么富于鼓动性。而倡议书是面对群体时所用，虽然也带有建议，但主要是宣传、鼓动对方去做，具有一定的号召性。倡议书更具有广泛发动群众，调动群众和大多数人团结互助、群策群力、共同奋斗的作用，从而达到宣扬正气、树立新风、引起受众强烈共鸣的目的。倡议书的用途是倡导某项建议，是针对广大群众的，群众是否响应，由群众自己决定，倡议书对任何人都没有约束力。因此，写倡议书就要做到所提的倡议必须是对国家、对人民有利的好事，这样才会有广泛的群众基础，所提的倡议又必须是简便易行的，这样才能吸引更多的人响应。

第三，使用范围不同。建议书一般是个人或组织、党派、团体、单位等向有关部门、单位或领导提出建议或意见时使用。建议书的内容很广泛，像弘扬雷锋精神，开展精神文明活动，援助贫困山区孩子读书，拥军优属活动等，都可以写建议书。倡议书的使用范围极其广泛，一个人可以使用，几个人或更多的人可以使用，某一会议可以使用，某一个部门、一个单位也可以使用；它可以向一个部门、一个地区、一个单位发出，也可以向全国范围发出。总之，不管是个人，还是团体，只要认为某些事情或某项活动有必要发起倡议的，都可以运用倡议书，以便及时发出号召，引起群众的响应，推动社会物质文明和精神文明建设的深入发展。

第四，主题内容不同。建议书的主题没有倡议书的主题那么大气，可以说内部商量、商榷，根据目前的具体情况向受众的一般反映，如《关于建立教工之家的建议》。而倡议书一般要响应党和国家的方针政策，符合时代精神，体现时代风貌的事情，如《学习雷锋精神 弘扬福建精神 奋力建设更加优美、和谐、幸福的福建——福建省大学生开展学雷锋志愿服务的倡议书》《文明办网倡议书》。

第五，具体对象不同。建议书的对象是确定的，即根据建议内容，向有关单位或领导提出；而倡议书是要求广大群众响应的，其对象范围往往是不确定的，它往往不是对某个人、某一集体或某一单位而言的，而是面向广大群众，或对一个部门的所有人发出，或对一个地区的所有人发出，甚至向全国发出。所以，对象广泛的群众性是倡议书的根本特征。

（节选自郑立新：《建议书与倡议书的异同比较》，载《应用写作》，2012年第7期。有加工整理）

🔍 案例分享

本报2月25日讯（记者 秦国玲）"你是不是在外出就餐的时候，有很多剩菜？在学校的食堂吃饭，你会剩下饭菜不吃？在扔掉粮食的同时，不仅扔掉了农民伯伯的汗水和心血，还有一份微小却珍贵的资源……"25日，在开学典礼上，清平小学的学生收到了学校发出的"光盘行动"倡议书。

现在全社会都在提倡勤俭节约，有一种公益活动叫作"光盘行动"。学生石晶辉告诉记者，光盘行动就是把盘子里的饭菜全部都吃光。记者了解到，很多学生有偏食的习惯，吃不完饭菜。新学期，学校向全校学生发出"光盘行动"倡议书，倡议学生一定要从点滴做起，做到适度适量，吃饱吃好。

在主持人的带领下，全校870名学生们一起背诵《锄禾》，宣誓珍惜粮食、避免剩餐、制止浪费、从我做起、拒绝舌尖上的浪费。而记者了解到，在开学日当天，奎文区、潍城区等部分中小学都加入了这个行动，倡议学生从我做起，从自己的家庭做起，发动和监督自己的亲朋好友都参加到"光盘行动"中来，做一名节约达人。

（秦国玲：《在学校的食堂吃饭，你会剩下饭菜不吃？——开学首日，不少学校向学生发出"光盘行动"倡议书》，载《齐鲁晚报》，2013年2月26日C06版）

马年春节临近，茂名石化化工分部纪委发出了一份"致广大党员干部廉洁倡议书"，这份倡议书刊登在分部的网络上。倡议书以图片加文字的形式展示，左边是倡议书的内容，精练简单。右边是一幅漫画，一项乌纱帽在最上面构成了一个"廉"字，画上配了一行字：历览古今多少官，成由清廉败由贪。

倡议书还有一句口号：有案必查，有腐必惩，有贪必肃，执纪必严。四个"必"体现了公司反腐倡廉的决心。一份倡议书，或许微不足道，却体现了企业对党员干部的要求，对领导干部的一份"叮嘱"。

家家户户喜迎马年春节的时候，企业领导干部必须打足十二分精神，绝不能在小事上犯错误。1月22日，集团公司2013年度工作会议圆满闭幕，傅××董事长在工作会议上强调，各级领导干部要严格落实中央八项规定精神、《党政机关厉行节约反对浪费条例》和党组的实施细则等相关要求，带头勤俭节约、移风易俗、文明过节。

作为企业的管理者，领导干部更要严格执行集团公司的要求，坚决反对铺张浪费，反对腐败，在尊重当地风俗习惯的同时，做到上有要求、下必执行，绝不搞特殊，从上至下把反腐倡廉的工作抓实、干好。

让我们谨记倡议，新的一年，文明过节、平安过节、廉洁过节。

（林燕飞：《"廉洁倡议书"里的叮嘱》，载《中国石化》，2014年第2期）

拓展阅读＞

补充读物

1. 魏勇：《建议书的写法及注意事项》，载《应用写作》，2004年第7期。

2. 邱冬梅：《浅谈感谢信的商务公关作用》，载《应用写作》，2006年第7期。

3. 金常德：《如何写好倡议书的倡议背景》，载《应用写作》，2006年第10期。

4. 张荣，雷庆娥：《倡议书写作技巧谈》，载《应用写作》，2007年第3期。

5. 范祖坤：《略论建议书的谦和语气及谲谏艺术》，载《应用写作》，2011年第11期。

6. 黄立平，曾子毅：《振臂一呼 应者云集——谈倡议书写作技巧》，载《写作》，2015 年第 7 期。

实训五
贺信　贺词　贺电

情境植入

2014 年 12 月×日，××大学四川校友会在××民族大学××美术馆会议室召开成立一周年暨 2014 年新年联谊会。来自四川各地的校友、名誉校友和在川高校就读研究生的部分学生代表 30 余人参加了会议。会上，副秘书长王××宣读了母校发来的贺信。贺信衷心感谢四川校友一年来对母校事业发展的关心和支持，热烈祝贺会议顺利召开，并对在川校友表达了真诚问候和新年祝福；贺信强调学校和校友总会将尽最大努力为广大校友服务，希望校友们能够常回"家"看看，为母校的事业发展贡献智慧和力量。此外，王××还宣读了发来贺电的××大学各地校友会名单。

实训材料

材料一：2014 年 12 月，第六届中国国际漫画节第 10 届中国动漫金龙奖"入围奖"公布，山东济南高新区企业济南××科技有限公司用三维 CG 技术精心打造的一部以爱国主义和少年励志为创作主题的微电影系列《少年××》获奖。据了解，中国动漫金龙奖是中国国际漫画节官方赛事，被媒体誉为"中国动漫第一奖"，是目前国内规格最高、规模最大的国际性漫画产业盛会。本届参赛金龙奖作品有上万部，最终有三百多部入围。××大学传媒学院作为该公司的合作单位，在获悉这一消息后发给该公司一封贺信，对该公司所取得的成绩表示祝贺。

材料二：2016 年元旦，××科技有限公司按照惯例将举行新年年会，秘书小张需要为总经理李××撰写一篇元旦贺词，同时，他还需要代表李总经理给合作单位××文化传媒有限公司发一封新年年会的贺电。

讨论分析

1."材料一"中的贺信应包括哪些内容？写作时需注意什么问题？

2. "材料二"中的贺词和贺电分别应包括哪些内容？写作时需注意什么问题？

3. 如何认识贺信、贺词和贺电的区别？谈谈你的理解。

任务与要求

任务一：根据"材料一"，写作一篇贺信。

要求：主旨明确，内容充实，层次清楚，表述得体，行文流畅，格式规范。

任务二：根据"材料二"，分别写作贺词和贺电。

要求：主旨明确，内容充实，层次清楚，表述得体，行文流畅，格式规范。

任务三：搜集一篇贺信、一篇贺词和一份贺电，并加以评析、比较，课堂讨论交流。

要求：1. 以小组形式讨论，每组 3～5 人；2. 讨论结束形成记录稿，每组选一人作为代表，进行课堂汇报。

实训总结

贺信、贺词、贺电都是表示庆贺的专用文书，是融洽关系、增进感情、发展友谊的重要工具和手段，往往对受众起到巨大的激励、鼓舞、慰问、赞扬和教育等作用。当面庆贺称为"贺词"，因相距较远而以信函形式庆贺称为"贺信"，为及时庆贺则用"贺电"。

贺信是指行政机关、企事业单位、社会团体或个人向其他集体单位或个人取得的成就、获得某种职位、组织的成立、纪念日等表示祝贺的一种专用书信。

贺信一般由标题、称谓、正文和落款组成。

标题。通常由文种名构成，即在第一行正中书写"贺信"二字，或"××致××的贺信"。

称谓。顶格写明被祝贺单位或个人的名称或姓名。

正文。主要包括以下内容：结合当前的形势状况，说明对方取得成绩的大背景，或者某个重要会议召开的历史条件；概括说明对方都在哪些方面取得了成绩，分析其成功的主、客观原因；表示热烈的祝贺。结尾处表示祝愿，如"此致敬礼""祝争取更大的胜利""祝您健康长寿"等。

落款。注明发文单位或个人的名称、姓名，并署上成文的时间。

贺词、贺电的写法可参照贺信来写，但也要注意它们的区别，如贺电的精练简短、贺词的现场感等。写作贺词、贺电和贺信需要注意如下三点：其一，态度庄重真诚，感情饱满充沛。其二，内容实事求是，评价恰如其分。其三，语言简洁明快，篇幅短小精悍。

实训评价

贺信、贺词、贺电写作实训评价表

评价项目	比重	评价内容	评价标准				自我评分	小组评分	教师评分
			优	良	中	差			
内容要素	50	称谓：准确、得当	10		6				
		事项：主题明确，真实具体，结构合理，思路清晰，表述确切，措辞得体	30		18				
		结语：必要、规范、得体	10		6				
形式要素	30	标题：准确、简练、规范	5		3				
		称谓：准确、规范、得体	5		3				
		正文：要素齐备，内容充实，结构完整，格式规范	15		9				
		落款：齐全、规范	5		3				
文种	5	正确、得体	5		3				
语言	15	准确、简练、规范	15		9				
合计	100								

拓展思考

　　贺信与慰问信写作的差异有如下几点。其一，写作缘由不同。贺信的写作缘由比较单一，一般是写作受体取得了重要的成绩，贺信作者认为有必要据此撰写贺信向其表示祝贺。慰问信的写作缘由较为复杂，大体说来有如下几点：一是写作受体承担艰巨任务，做出了巨大贡献或是牺牲，取得了突出成绩；二是写作受体由于某种原因而遭遇暂时困难或受到严重损失；三是写作受体处在和自己密切相关的节日。其二，内容侧重点不同。贺信主要以"贺绩"为主，贺信的写作是围绕写作受体取得的成绩做文章，成绩是贺信写作的前提性要素。贺信既是对写作受体现有成绩的肯定和鼓励，又是对其下一步工作提出再接再厉的希望，还可给相关人员树立学习的榜样。可谓"一贺三得"。同时，由于贺信的写作受体在取得优异成绩的道路上也付出了艰辛的努力，因此，贺信的内容中往往也带有慰问的成分。慰问信主要是以"慰人"为主，慰问信的写作是围绕写作受体本身做文章。振奋其精神，鼓舞其士气，激励其信心。其三，语言表现风格不同。由于贺信和慰问信在写作背景、写作缘由、写作内容上存在着显著差异，所以它们在语言表现风格上也呈现出不同的特点。贺信通篇充满喜庆之气，语言洒脱飘逸，富有鼓动性和昂扬向上的气势，喜悦之情呼之欲出，能给人极大的感染和鼓舞。慰问信通篇充满慰问之情，语言稳重刚健，和慰问对象心手相连的拳拳情意溢于字里行间，给人以真实的感动和坚强的力量。总之，只有把握住这些差异，才能选对文种，写好文章，发挥应用文"应"付生活、"用"于实务的作用。

（节选自木易：《例谈贺信与慰问信的写作之异》，载《应用写作》，2008 年第 11 期。有加工整理）

🔍 案例分享

2015 年 8 月 23 日下午，第 22 届国际历史科学大会在山东济南开幕。国务院副总理刘延东出席开幕式并宣读了习近平主席的贺信。习近平在贺信中指出，历史研究是一切社会科学的基础，承载着"究天人之际，通古今之变"的使命。国际历史学大会创办于 1900 年，是当今世界最重要和规模最大的历史学会议。本届大会的主题是"历史，我们共同的历史和未来"。来自 90 个国家和地区的 2600 多名历史学家将围绕"全球视野下的中国""历史化的情绪""世界史中的革命：比较与关联""数码技术在史学中的运用"四大主要议题展开讨论，参与 170 多场学术交流活动。

习近平致第二十二届国际历史科学大会的贺信

值此第二十二届国际历史科学大会开幕之际，我谨代表中国政府和中国人民，并以我个人的名义，向会议的召开，表示热烈的祝贺！向国际历史学会主席玛丽亚塔·希耶塔拉女士等与会的历史学家，表示诚挚的欢迎！

人事有代谢，往来成古今。历史研究是一切社会科学的基础，承担着"究天人之际，通古今之变"的使命。世界的今天是从世界的昨天发展而来的。今天世界遇到的很多事情都可以在历史上找到影子，历史上发生的很多事情也可以作为今天的镜鉴。重视历史、研究历史、借鉴历史，可以给人类带来很多了解昨天、把握今天、开创明天的智慧。所以说，历史是人类最好的老师。

中国人自古重视历史研究，历来强调以史为鉴，我们的前人留下了浩繁的历史典籍。每个国家、每个民族都有自己的发展历程，应该尊重彼此的选择，加深彼此的了解，以利于共同创造人类更加美好的未来。历史学家在这方面可以并且应该发挥积极作用。这次大会是一个很好的交流学问、加深理解的机会。希望这次大会能够推动各国的历史研究，帮助人们从历史的启迪中更好地探寻前进的方向。

这次大会的主题之一是"全球视野下的中国"，这是一个很好的题目。中国有着 5000多年连续发展的文明史，观察历史的中国是观察当代的中国的一个重要角度。不了解中国历史和文化，尤其是不了解近代以来的中国历史和文化，就很难全面把握当代中国的社会状况，很难全面把握当代中国人民的抱负和梦想，很难全面把握中国人民选择的发展道路。中国人民正在为实现中华民族伟大复兴的中国梦而奋斗，需要从历史中汲取智慧，需要博采各国文明之长。欢迎各位专家从对历史的感悟中为我们提供真知灼见。

祝大会取得成功！

中华人民共和国主席 习近平

2015 年 8 月 23 日

（载《人民日报》，2015 年 8 月 24 日第 1 版）

2015 年 8 月 6 日，在第 16 届喀山世界游泳锦标赛男子 100 米自由泳决赛中，宁泽涛以 47 秒 84 夺得冠军，获得本人首枚世锦赛金牌，也创造了亚洲游泳的历史。8 月 8 日，总政治部也向中国体育代表团发出贺电，热烈祝贺我军运动员宁泽涛在俄罗斯喀山游泳世锦赛男子 100 米自由泳决赛中，不畏强手，敢打敢拼，以 47 秒 84 的优异成绩，夺得"百米飞鱼"大战冠军，成为历史上首位摘得该项目世锦赛金牌的亚洲人，为国家和军队赢得了荣誉。

贺电指出，宁泽涛第一次参加游泳世锦赛，预赛 48 秒 11 高居榜首，半决赛 48 秒 13 位列第二，决赛力压群雄夺冠。他以冲上世界之巅的运动成绩，展示了我国体育健儿顽强拼搏、勇争第一的精神风貌，树起了当代革命军人的好样子，赢得了各界高度赞誉。全军体育战线将以宁泽涛同志为榜样，牢记使命，奋勇争先，继续在国内外重大赛事中夺取优异成绩，以实际行动为祖国争光，为军旗添彩，为实现中国梦、强军梦做出新的更大贡献。贺电衷心祝愿中国体育代表团在喀山游泳世锦赛上取得运动成绩和精神文明双丰收。

（根据网络文献整理）

拓展阅读＞

补充读物

1. 叶斌：《以情立文 以情贯文——浅谈贺信的情感处理》，载《应用写作》，2006 年第 1 期。

2. 姜英伟，李桂珍：《例说贺信写作的三种结构模式》，载《秘书之友》，2008 年第 2 期。

3. 王丽：《新年贺词的"旧瓶"与"新酒"》，载《应用写作》，2009 年第 11 期。

4. 段曹钢：《贺信成文日期标注乱象的分析和对策》，载《办公室业务》，2012 年第 10 期。

5. 马笑清：《从及物性视角分析习近平主席 2015 年新年贺词》，载《兰州工业学院学报》，2016 年第 4 期。

实训六
邀请信 请柬

情境植入

2015 年 4 月 20 日至 25 日，为庆祝第 63 届国际秘书节，××大学人文学院开展了以"涵育秘书职业素养，展示秘书优雅形象"为主题的一系列国际秘书节庆祝活动。秘书学专业学生在南湖校区悬挂了庆祝第 63 届国际秘书节的条幅，精心制作了庆祝秘书节的宣传展板，介绍了国际秘书节的由来和古今中外的著名秘书，并展示了往届秘书文化节活动的精彩图片。同时，人文学院还举办了"秘书学专业设立十周年研讨会"，聘请校内外专家及毕业校友一起讨论专业建设和发展问题。邀请专家和校友的请柬、邀请信都是秘书学专业学生自己设计制作的，受到与会人员的一致好评。

实训材料

材料一：××工商大学现代商贸研究中心即将于 20××年×月×日至×日在杭州主办"电子商务与流通现代化国际学术研讨会"，此次研讨会致力于电子商务与流通业变革在宏观与微观、市场与流通、管理与技术、制度与文化、法律与政策方面诸多问题的研究与讨论。会议主要议题：（一）电子商务变革、经济社会影响与市场趋势；（二）电子商务技术、物流与供应链管理、客户关系管理、支付系统；（三）电子商务安全、法规与政府监管；（四）中国未来二十年流通业发展战略。本次国际学术研讨会将采取大会主题发言与分会场讨论相结合的形式进行，参会者可在上述主要议题中选择自己所感兴趣的议题，并在回执中明确填写自己的论文提纲或者发言概要，论文截止日期为 20××年×月×日。会议地点为××工商大学××校区国际会议中心。××工商大学现代商贸研究中心成立了专门的会务组，并安排会务组秘书撰写发给会议代表的邀请信。

材料二：2015 年 4 月 23 日下午，为庆祝第 63 届国际秘书节，××大学文学院准备在第二教学区 A106 教室举办"庆祝国际秘书节联谊活动"，除文学院秘书系全体师生外，秘书系还向校内外的各位兼职客座教授发出了请柬，邀请他们届时参加这次联谊活动。

讨论分析

1. "材料一"中所需写作的邀请信主要包括哪些内容？写作时需注意什么问题？

2. "材料二"中请柬的格式是怎样的？写作时需注意什么问题？

3. 谈谈你对这两类专用书信异同的认识？

任务与要求

任务一：根据上述两则材料，分别写作邀请信和请柬。

要求：内容充实，结构合理，层次清楚，表述得体，行文流畅，格式规范。

任务二：自己搜集一份邀请信和一份请柬，并加以评析比较，课堂讨论交流。

要求：1. 以小组形式讨论，每组 3～5 人；2. 讨论结束形成记录稿，每组选一人作为代表，进行课堂汇报。

实训总结

邀请信和请柬都是邀约特定对象参加某项活动的专用礼仪文书，是社会礼仪交往的重要媒介和载体。一般来说，邀请信是现代社会交际活动中普遍采用的礼仪性文书，而请柬是传统社会交往活动中普遍采用的礼仪性文书，二者应用都非常广泛。

邀请信又称邀请函、邀请书，是由活动主办方邀约有关单位或人员参加庆典、会议等活动时所发的专用书信。在国际交往以及日常的各种社交活动中，这类书信使用十分广泛，其中，商务活动邀请函是邀请信的一个重要分支。商务活动邀请函是主办方为了郑重邀请其合作伙伴(投资人、材料供应方、营销渠道商、运输服务合作者、政府部门负责人、新闻媒体朋友、专业研究人员等)参加其举行的各项活动而制发的书面函件，它体现了活动主办方的愿望与盛情，反映了商务活动中的人际社交关系。企业可根据商务活动的目的自行撰写具有企业文化特色的邀请信。

邀请信一般由标题、称谓、正文、落款组成。

标题。"邀请信"或活动名称加"邀请信"。

称谓。明确写出邀请对象的姓名或名称，并在统称前加敬语，如"尊敬的×××先生/女士"或"尊敬的×××总经理(局长)"。

正文。活动主办方正式告知被邀请方举办礼仪活动的缘由、目的、事项及要求，写明礼仪活动的日程安排、时间、地点，并对被邀请方发出得体、诚挚的邀请。正文结尾一般要写常用的邀请惯用语，如"敬请光临""欢迎光临"。

落款。落款要写明礼仪活动主办单位的全称和成文日期，并加盖公章。

需要注意的是，不管什么样的会议或者展览，主办者当然希望适宜的对象（客户）参加。作为主办者，邀请的方式非常重要，通常情况下，邀请包括信息发布、回执处理、确认通知三个程序。

请柬又称请帖、柬帖，是指邀请单位或个人参加活动的一种专用文书。一般包括标题、称谓、开头、正文、结语、落款，其写作要求及规范可参照邀请函。

写作注意事项：其一，事项周全无遗漏。重要活动需注明是否需要"回复"或"回执"，令对方有备而来。其二，语言准确明晰，典雅庄重。其三，样式设计精致美观。其四，提前及时发出，以免发生延误。此外，邀请信、请柬应基于实际需要制发，具体内容根据场合、对象、活动性质等酌情而定，如非正式活动口头邀约即可。

实训评价

邀请信、请柬写作实训评价表

评价项目	比重	评价内容	评价标准				自我评分	小组评分	教师评分
			优	良	中	差			
内容要素	50	称谓：准确、得当	10		6				
		事项：主题明确，真实具体，结构合理，思路清晰，表述确切，措辞得体	30		18				
		结语：必要、规范、得体	10		6				
形式要素	30	标题：准确、简练、规范	5		3				
		称谓：准确、规范、得体	5		3				
		正文：要素齐备，内容充实，结构完整，格式规范	15		9				
		落款：齐全、规范	5		3				
文种	5	正确、得体	5		3				
语言	15	准确、平实、简洁、规范	15		9				
合计	100								

拓展思考

邀请函与请柬有着重要的差异，写作时不可混淆使用。二者的差异主要表现为：其一，内涵性质差异。邀请函一般是为具有实质性工作、任务或事项发出的，如学术研讨会、科技成果鉴定会；请柬一般是为礼仪性、例行性、娱乐性活动发出的，如"庆典""娱乐""晚会"等。其二，邀请对象差异。邀请信一般由社会组织发出，邀请对象的范围往往不能确指，通常是某个行业或较大的范围，被邀请的人员较多，使用称谓多为泛指。请柬可以由社会组织发出，也可以由个人发出，邀请对象一般为上级领导、专家、社会名流、兄弟单位代表、友好亲朋等，称谓一定要明确。其三，身份礼仪差异。邀请函和请柬在身份礼仪上的差异在于：邀请函的邀请对象与邀请者无上下级关系或管理与被管理的关系，可使用一般性敬语；而请柬的邀请对象与邀请者或是存在着上下级关系或管理和被管理的关系，或是专家、社会名流、友好亲朋等，感情色彩较浓，要使用重要性敬语。其四，结构要素差异。邀请函往往对事宜的内容、项目、程序、要求、作用、意义做出介绍和说明，结构复杂，篇幅较长。文尾还要附着邀请者的联络方式，且以回执的形式要求被邀请者回复是否接受邀请，文尾处邀请者需要加盖公章表示承担法律意义上的责任。请柬内容单一，结构简单，篇幅短小，可用三两句话写清活动的内容要素。一般可使用统一购买制作的成品，有时也可自行制作随意化、人性化的精美作品，不要求被邀请者回复是否接受邀请，邀请者不必加盖印章。邀请函和请柬在结构要素上的最大差异在于：邀请函可用信封通过邮局寄出，或通过电子邮件发送；请柬大多由"里瓤"和"封面"构成，属于折叠并有封面的形式，封面写上"请柬"或"请帖"两字，要求设计美观、装帧精良，可用美术体的文字或烫金，图案色彩装饰以鲜红色的居多，表示喜庆。其五，语言特征差异。邀请函的文字容量大于请柬。从整体而言，邀请函对事宜的内容、项目、程序、要求、作用、意义做出详细的介绍和说明，务必使被邀请者明确其中的意思，达到正常交流交际的效果，最终做到表述周全、敬语有度、语气得体。请柬的文字容量有限，要十分讲究对文字的推敲。语言务必简洁、庄重、文雅，但切忌堆砌辞藻；语气尽量达到热情和口语化，但切忌俚俗的口语；请语以文言词语为佳，但切忌晦涩难懂。最终做到话语简练、达雅兼备、谦敬得体。邀请函和请柬在语言特征上的差异在于：由于二者在邀请对象和身份礼仪上的差异，因此，邀请函的语言要准确、明白和平实，而请柬的语言务必简洁、庄重和文雅。

鉴于邀请函和请柬具有上述五种重要的差异，在应用这两类礼仪文书时，就应酌情慎重行文，以求"文""意"相匹配，实现社会组织准确无误地传达有关信息，确保社会交际礼仪作用的充分发挥，以最大限度地激发有关组织或个人的兴趣，从而展示自身良好形象和达到预期的理想交际效果。

（节选自孟庆荣：《邀请函和请柬的差异辨析》，载《应用写作》，2011年第5期。有加工整理）

"届时"表示"到时候"。"恭请"和"光临"都是敬辞："恭"表示"恭敬地"，"请"的意思是客气地希望对方做某事；"光临"表示"（宾客）到来"。整个连起来意思是"到时候恭敬地希望（您）到来"。问题在于"届时"作为状语，照词序是修饰动词"恭请"的。既然请柬已经发出，"恭请"已经成为事实，怎么还要"届时恭请"？邀请者的言行岂不矛盾？"届时"的位置宜移到"恭请"以后，作为"光临"的修饰语，成为"恭请届时光临"。译出来就是"恭敬地希望(您)到时候来",这样才比较顺当。其实,"届时"也是可省的,有的请帖就只印着"恭请光临"。

"届时恭请光临"这种构词方式还出现在《现代汉语词典》上。《现代汉语词典》"届时"条释义说:"到时候:～务请出席。"这个"届时"也宜移到"务请"以后。请柬使用范围有限,本来是不必讨论的,鉴于《现代汉语词典》是一部影响深广的辞书,所以提出商榷。

(节选自黄鸿森:《"届时恭请光临"对吗?》,载《咬文嚼字》,2000年第1期)

🔍 **案例分享**

全国第十六期党和国家最新公文知识讲习班公开邀请函

为了配合党和国家最新公文法规的宣传、贯彻与实施,进一步提高广大秘书工作者的公文处理水平,促进党政机关公文处理工作的规范化,中国公文写作研究会定于2010年8月5日至8月9日在湖北省宜昌市举办"全国第十六期党和国家最新公文处理知识讲习班",讲习班将着重就党政两大公文法规的新精神以及有关公文文种、格式、运行规则、写作技法以及公文处理中的热点、难点问题等诸多方面内容进行集中研讨,由中国公文写作研究会的知名专家和中央、国家机关有关部门的负责同志讲学,并统一组织进行社会考察。诚请各机关、团体、企事业单位的办公室主任和秘书人员以及大中专院校、党干校、行政学院从事公文写作的教学人员报名参加学习,尤其欢迎各地区、各系统统一组织下属单位以团体名义报名(可享受适当优惠)。凡欲参加者(以个人、团体名义均可)请直接与中国公文写作研究会秘书处联系,索要正式邀请函。

联系地址:河北省唐山市卫国路4号中国公文写作研究会

邮政编码:063000

联 系 人:岳××(研究会副会长兼秘书长)

联系电话:(0315)253×××× (0)1383298××××(移)

传真电话:(0315)253××××

电子邮箱(E-mail):zggwxzyjh@163.com

以上详情请通过"百度"搜索直接登录中国公文写作研究会网站:中国公文研究网

中国公文写作研究会
2010年5月

(载《办公室业务》,2010年第6期)

单位的小张就要结婚了,但这几天却为发请柬的事发愁,如果一个个跑去发请柬的话,势必是一件非常累的工作,同时还会浪费大量的时间。有同事推荐小张找家请柬制作工作室,制作个性化的婚礼请柬。原来,为了满足越来越个性化的客户需求,市场上出现了一些专业的请柬制作工作室，专门为客户量身定做特色化请柬，如店面或者公司开业，可以在请柬上面打印店铺、公司的外景，店内的特色装饰、商品，董事长或者总经理的彩照及签字等；大厦封顶，可以在请柬上打印大厦的全景，董事长、总经理的手迹和招商事项等；婚柬可以在请柬上打印新婚夫妇的结婚照片和手迹等；寿宴和生日宴，可以在请柬上打印寿星的彩照以及其他祝福的话语。但小张觉得这样做太耗费时间，而××公司刚刚推出的电子请柬使小张眼前一亮：自己的朋友大部分是做 IT 的，何不给他们发送电子请柬呢？这样既时尚又可以免受发送请柬的劳累。想到这里，小张马上开始 DIY 漂亮的婚礼电子请柬：首先在浏览器地址栏里输入××网站电子请柬的网址，然后点击"婚庆请柬"标签，在这里就可以制作属于自己的漂亮请柬了。

（根据网络文献整理）

拓展阅读＞

补充读物

1. 李玉珊：《例谈商务礼仪活动邀请函的写作》，载《应用写作》，2008年第 2 期。

2. 张介凡：《请柬与邀请信在写法与用法上的区别》，载《应用写作》，2009 年第 1 期。

3. 于丽萍：《达雅精致——浅谈请柬的写作》，载《秘书之友》，2009 年第 10 期。

4. 廖艳君：《礼仪活动邀请函的写法》，载《新闻与写作》，2010 年第 3 期。

5. 李锦云：《邀请函与请柬的异同》，载《应用写作》，2012 年第 8 期。

实训七
悼词　讣告

情境植入

2012 年 5 月 1 日，张××教授因心脏病突发抢救无效逝世，家属将该消息告知张教授所在××学院后，学院迅速成立了以王书记为首的治丧委员会，统筹协调，部署各项工作：一方面，安排办公室主任发布讣告，并迅速通知张教授的生前师友、同事；另一方面，院领导赴张教授家进行慰问，沟通各项善后事项，并安排专人负责吊丧事宜。张教授为人豪爽，与人为善，结交了社会各界很多朋友，因而前来祭拜者络绎不绝，敬献的花圈摆满了庭院，还有学生为他撰写了挽联和悼念诗词。两天后，治丧委员会在殡仪馆为张教授举行了简单庄重的遗体告别仪式，王书记在仪式开始前宣读了悼词，对张教授的一生给予了高度评价。为了纪念张教授，学院拟组织编撰张教授学术文集并列入院庆出版计划之中。

🔲 实训材料

材料一：2015 年 11 月，××省人民医院神经外科副主任医师夏××在手术中突发"脑干出血"晕倒，后经全力救治 3 月余，于 2016 年 2 月 9 日晚 7 时 35 分不幸离世，年仅 43 岁。夏××医生从医 20 年始终心系病人、忠诚履职、乐于奉献，是一名医德高尚、医术精湛的好医生。讣告发出后，来自社会各界的群众自发来到追悼会现场，××省人民医院院长祝××教授宣读了悼词，悼词回顾了夏医生的生平事迹，对夏医生的医德医术给予了高度评价，并表达了深切的悼念之情。

材料二：×××同志系××公司退休职工，2015 年 5 月 27 日 9 时 2 分因病医治无效去世，享年 77 岁，该同志遗体告别仪式定于 2015 年 5 月 29 日（星期五）上午 11 时在××市殡仪馆一号厅举行。公司办公室安排了专车，参加遗体告别仪式的同志可于 5 月 29 日上午 9 时在公司宿舍区门口集合，统一乘车前往吊唁。

🌱 讨论分析

1. 讣告应包括哪些基本内容？写作时需注意什么问题？
2. 悼词应包括哪些基本内容？写作时需注意什么问题？
3. 谈谈你对这两种丧仪文书的功能及其区别的认识？

🎯 任务与要求

任务一：根据上述材料，分别写作悼词和讣告。

要求：主旨突出，内容完整，结构合理，层次清楚，表述得体，行文流畅，格式规范。

任务二：自己搜集一篇悼词和一篇讣告，并加以评析，课堂讨论交流。

要求：1. 以小组形式讨论，每组 3～5 人；2. 讨论结束形成记录稿，每组选一人作为代表，进行课堂汇报交流。

🔗 实训总结

悼词和讣告都属于丧仪文书,即在为逝者办理丧葬过程中需要用到的礼仪性文书。悼词是用于悼念逝者的追念性文章,往往需要在追悼会上宣读;讣告是人去世后报丧所发布的凶讯,应在向逝者遗体告别前尽早发出,以便逝者亲友做好赴丧准备。

现代的悼词是由古代的哀祭文(如诔文、哀辞、吊文、祭文等)逐步演化而来的,形式上有广义和狭义之分:广义的悼词是指向逝者表示哀悼、缅怀与敬意的各种形态的悼念性文章,而狭义的悼词专指在追悼会上对逝者表示哀悼的讲话,也可称为宣读体悼词。宣读体悼词因受追悼会举行的时间、地点、参加人员等条件的限制,其写作格式与方法相对简单而固定。悼词由标题和正文组成。

标题。有两种写法:一是直接使用文种,如"悼词";二是逝者姓名+文种,如"在×××同志追悼会上的悼词"。

正文。通常由开头、主体、结尾三部分构成。开头主要说明召开或参加此次追悼会的目的,以及逝者的身份、去世的具体时间和所享年龄等基本信息。主体主要介绍逝者的生平和德行事迹,并恰当地评价逝者的一生。结尾主要包含两方面的内容:一是表达参加追悼会人员的哀伤之意,二是颂扬逝者的事迹并号召与会者学习逝者的优秀品质与可贵精神等。

悼词的写作需要注意以下三个问题:一是对逝者身份的确定要准确妥帖、表述严谨;二是对逝者称号的安排要恰当合理、言之有序;三是对逝者业绩的评价要综合平衡、客观公正。

讣告又称讣闻,是发布逝者去世消息的应用文体,通常由逝者所属单位组织的治丧委员会或者家属向其亲友、同事以及社会公众报告、发布。讣告可以张贴于死者的工作单位或住宅门口,有一定影响的人物去世,还可登报或通过电台向社会发出,以便使讣告内容迅速而广泛地晓谕社会。

讣告的格式因功用不同而有所区别,具体格式规范如下:

一般式讣告:①标题。写"讣告"二字,或冠以逝者名字"×××讣告"。②正文。首先写明逝者姓名、身份、民族,逝世原因、日期、地点以及终年岁数;其次简介死者生平,着重介绍死者生前的重要事迹和具有代表性的经历;最后通知吊唁、开追悼会的时间、地点。③落款。文后署明发讣告的团体或个人的名称,以及发讣告的时间。

宣告式讣告:一般用于党和国家领导人以及国内影响较大的重要人物,是由党和国家机关、团体做出决定发出的。①标题。标出发布公告或宣告的单位名称和死者的姓名,如"中共中央、全国人大常委会、国务院×××同志逝世";标明文种"公告"或"宣告"。②正文。首先公布死者逝世的消息,如死者的职务、姓名,逝世原因、时间、地点以及终年岁数等;其次简介死者生平和对死者的评价,以及对死者表示哀悼之词。

③落款。署明公告或宣告时间。

新闻报道式讣告：通常作为一则消息在报纸上公布，旨在让社会各界人士知道。一般内容和形式都很简单，但也有的报道较为详细。

悼词与讣告的主要区别：其一，内容不同。悼词需要对逝者生平进行全面的记述和评价，重在追悼怀念，内容较为具体、丰富，而讣告只需对逝者生平进行简单介绍，重在发布消息，内容较为简练。其二，写法不同。悼词可将说明、叙述、议论、抒情等有机结合起来，以增强感染力，而讣告以说明为主。其三，时效不同。悼词一般在追悼会上宣读，而讣告需要在最短的时间发出。

实训评价

悼词、讣告写作实训评价表

评价项目	比重	评价内容	评价标准				自我评分	小组评分	教师评分
			优	良	中	差			
内容要素	50	身份介绍：准确、得当	10		6				
		事项：真实准确，结构合理，思路清晰，表述确切	30		18				
		结语：必要、规范、得体	10		6				
形式要素	30	标题：准确、规范	5		3				
		正文：要素齐备，结构完整，措辞得当，格式规范	20		12				
		落款：必要、规范	5		3				
文种	5	正确、得体	5		3				
语言	15	准确、简练、规范、得体	15		9				
合计	100								

拓展思考

讣告代表着一个生命的消逝，从"得其之所得"的正义原则来说，对于那样一些为国家发展和世界进步做出贡献的人士而言，由相关国家机关发布讣告并办理丧事，这既是对死者的告慰，也是对世人的鞭策。然而，讣告既然由官方来予以发布，丧事由国家来予以办理，这就会成为一个严肃的法律话题。毋庸讳言，我国现行的官方讣告、治丧公告问题离法治化的要求还相距甚远，一定程度上导致了这样一种制度的规范化缺失。基于此，笔者将本文的主要观点概括为如下几个方面：

第一，官方讣告与治丧公告是一种国家大典，不能游离于法律之外。"依法治国，建设社会主义法治国家"业已写入宪法之中，这不能看作一种宣言、说教，而是中国共产党人通过总结历史教训所选择的治国方略，需要落实于具体的制度建构与程序运行之中。事实上，法律是体现人民意志的基本社会规范，具有公共性、严肃性、权威性，以法律来规制官方讣告与治丧公告的发布主体、发布程序，更能凸显这类国家大典的庄严、庄重。

第二，要进一步明确官方讣告与治丧公告的创制主体与法律性质。前面我们已经指出，可以根据现行宪法中全国人大常委会"有权规定和决定授予国家的勋章和荣誉称号"的规定，在没有专门的"讣告"规定立法的情况下，将"官方讣告"视为"荣誉称号"，由全国人大常委会行使决定权，由其来对逝者是否需要发布官方讣告及讣告内容做出定夺。全国人大常委会是国家最高权力机构全国人大的执行机构，也是在全国人大闭会期间代行全国人大职权的常设机构，由其来行使该项权力，较为权威与正式；治丧公告涉及丧事的具体安排，理应由国务院做出决定，以行政命令的方式来告知全国人民，并可以就公共机构与公职人员的相应义务做出规定。

第三，对于哪些对象需要以官方讣告与治丧公告的方式告知全国人民，仍需在法律上进一步细化。前引《国旗法》中"下半旗志哀"的规定中，存在的主要问题是：只对现职的国家主席、全国人大常委会委员长、国务院总理、中央军委主席、全国政协主席规定下半旗志哀，一定程度上给人以"人走茶凉"的感觉，其范围应扩大到曾任上述职务的人员；有关"对中华人民共和国做出杰出贡献的人"和"对世界和平与人类进步事业做出杰出贡献的人"，相较于以政治标准来作为衡量的基准，这当然是一个进步，但也仍需在法律上有更具体、细化的标准，以免自由裁量的无边无际，最终使相关官方评价失去公信力。

第四，法治在一定程度上就是程序之治，因而正当法律程序也成为法治成熟的标志。按照《不列颠百科全书》的解释："正当程序要求政府按照公认的保护个人权利的保护条款，根据法律的允许和授权行使其权力"。在这里，程序首先是法律规定的程序。由于立法的不健全，目前国内法律中尚缺乏有关官方讣告及治丧公告的法律规定。《国务院办公厅关于加强部级干部逝世讣告报送工作的通知》仅要求对"各部门现职副部级以上干部""现已离退休但关系仍在国务院部门的副部级以上干部"以及"曾在国务院各部门担任过副部级以上领导职务但目前关系在中央企业的干部"逝世后，相关单位"要及时将讣告及生平简介等情况报送国务院值班室"，层级较低。至于民政部、体育总局、国家人口计生委发布的有关治丧管理规定等，大多也是在系统范围内运行。

鉴于以上情况，笔者认为，需要有层级更高的《讣告法》和《治丧管理条例》，以统一官方讣告及治丧事宜的处理。按照立法的权限及所涉事务的性质，建议《讣告法》由全国人大常委会予以立法，而《治丧管理条例》则可由国务院加以制定。

（节选自胡玉鸿：《关于官方讣告、治丧公告的几个法理问题》，载《法学》，2013年第12期。有加工整理）

🔍 案例分享

美国作家、诺贝尔文学奖获得者威廉·福克纳，既是本世纪伟大的小说家，也是独具风格的散文家。他的《在卡洛琳·巴尔大妈葬礼上的演说》，被赞为本世纪最著名的悼词。

这篇悼词之所以著名，作为优秀散文流传下来，主要是因为文章内容和形式结合得好，文章简短，语言朴实无华，感情真挚动人，泣血心声，发自肺腑。它仅以不足千字的篇幅，就完整地概述了一位女仆的一生，表达了对她的哀悼与怀念。

文章形式既合于悼词的一般写法，又突破了俗文旧套，没有闲言套语，不穿靴戴帽，而是在被悼念的人格上做文章，突出这位女仆的优良品德及对作者的影响，以及由此产生的感激与敬爱深情。

全文三段，先从最重要的内容、最深的印象谈起，有啥说啥，毫不勉强，不是仅从礼仪上对死者说些"好话"，而是把她这个仆人作为"一家之主"来怀念，说她对于这个家庭献出了半个世纪的忠诚与热爱，说她是"我"行为的一个准则，是感情和爱的源泉。

第二段讲大妈的地位、形象及经历，并把她的生活经历与当时的社会背景联系起来，说她体会到忧虑与哀伤，对自己的被奴役的地位没有怨言，因而获得一家人的感激与敬爱。

最后一小段，按宗教观念，对大妈表示哀悼，祝她升入天堂。

这种由主到次，由重到轻的结构形式，并不使人有头重脚轻之感，而是觉得自然、妥帖，行之所当行，止之所当止，所讲都是作者感情的自然流露。

这篇悼词简短而不空洞，作者的语言有高度概括力，没有浮词废语，饱含深情，庄重有力。

悼词，既是一种应用文体，又可以作为审美文体的散文流传下来，供人欣赏。欣赏此文，对于写作应用文和散文创作，都有借鉴作用。

附：

在卡洛琳·巴尔大妈葬礼上的演说

[美]威廉·福克纳

从我记事时起卡洛琳就认得我。为她送葬对我来说是一种特殊的享受。我父亲死后，在大妈眼里我成了一家之主。对于这个家庭，她献出了半个世纪的忠诚与热爱。不过，我们之间的关系从来也不是主仆间的关系。直到今天，她仍然是我最早的记忆的一部分，倒不是作为一个人，而是作为我行为准则和我物质福利可靠性的一个源泉，也是积极、持久的感情与爱的一个源泉。她也是正直行为的一个积极、持久的准则。从她那里，我学会了说真话、不浪费、体贴弱者、尊敬长者。我见到了一种对一个不属于她的家庭的忠诚，对并非己生的子女的深情与挚爱。

她生下来就处在受奴役的状态中，她皮肤黑，最初进入成年时她是在她诞生地的黑暗、悲惨的历史阶段中度过的。她经历过盛衰变嬗，可这些都不是她造成的；她体会到忧虑与哀伤，其实这些甚至还不是她的忧虑与哀伤。别人为此付给她工钱，可是能够付给她的也仅仅是钱而已。何况她得到的从来就不多，因此她一生可以说是身无长物。可是连这一点她也默默地接受了下来，既没有异说也没有算计和怨言，正因为不考虑这一切，她赢得了她奉献出忠诚与挚爱的一家人的感激与敬爱，也获得了热爱她、失去她的异族人的哀悼与痛惜。

她曾诞生、生活与侍奉，后来又去世了，她如今受到哀悼，如果世界上真有天堂，她一定已经去那里了。

1940 年 2 月于密西西比州奥克斯福镇
（李文俊 译）

（张学彬：《本世纪最著名的悼词——〈在卡洛琳·巴尔大妈葬礼上的演说〉赏析》，载《写作》，1997 年第 10 期）

讣　告

中国共产党的优秀党员、北京大学校务委员会名誉副主任、北京大学资深教授，国际著名东方学家、印度学家、梵语语言学家、文学翻译家、教育家季羡林先生，因病医治无效，于 2009 年 7 月 11 日上午 9 时在北京逝世，享年 98 岁。

季羡林先生是第二、三、四、五届全国政协委员、第六届全国人大常委，曾任中国科学院哲学社会科学部委员、北京大学副校长、北京大学东方语言文学系主任、中国社会科学院北京大学南亚研究所所长、中国民主同盟中央文化委员会副主任。他先后担任中国外国文学学会会长、中国南亚学会会长、中国民族古文字学会会长、中国语言学会会长、中国外语教学研究会会长、中国高等教育学会副会长和中国敦煌吐鲁番学会会长等多种学术职务。

季羡林先生早年留学欧洲，20 世纪 40 年代回国后，一直在北京大学任教，在语言学、文化学、历史学、佛教学、印度学和比较文学等方面建树卓著。他精通梵语、巴利语、吐火罗语、英语、德语、法语、俄语等多种语言，是世界上仅有的几位从事吐火罗语研究的学者之一。他驰骋于多种学术领域，翻译了大量梵语著作和德、英等国经典，尤其是印度古典文学经典《沙恭达罗》以及印度两大史诗之一《罗摩衍那》等，并撰写了大量的研究著作。20 世纪 90 年代出版的《季羡林文集》，共有 24 卷，不仅体现了他学贯中西、汇通古今的才能，也是近百年来中国知识分子心路历程和精神追求的反映。

季羡林先生为世人所敬仰，不仅因为他的学识魅力，还因为他的人格魅力。他曾这样自许："平生爱国，不甘后人，即使把我烧成灰，我也是爱国的！"无论在多么艰难的情况下，他都不忘祖国，不忘良知，不忘学术。先生一生致力于文化的传承、交流和创新，毕生为了弘扬中国优秀传统文化不懈努力，展现了一位中国学者对东方文明乃至人类文明发展的深切关怀和远见卓识。先生是中国学术界一代宗师，他出身贫寒，生活俭朴，一生刻苦，把自己的毕生精力都奉献给了学术和高等教育事业，留给后人的是他的精神、品格和学识。

季羡林先生的去世，是北京大学的一大损失，也是中国教育界和学术界的一大损失，我们沉痛悼念季羡林先生，深切怀念季羡林先生。

季羡林先生的遗体告别仪式定于 2009 年 7 月 19 日(星期日)10 时在北京八宝山革命公墓东礼堂举行。有送花圈的单位和同志请与治丧办公室联系(电话：×××、×××；传真：×××)。校内参加遗体告别仪式的同志请于 7 月 19 日 8：50 在英杰交流中心门前广场上车。

北京大学季羡林先生治丧办公室

2009 年 7 月 11 日

讣 告

我们的亲人方静于 2015 年 11 月 18 日上午 10 点 26 分因癌症医治无效去世。

在患病期间，方静以顽强的毅力和达观的态度配合治疗，她的家人朋友也尽了最大努力为她寻求医疗救治。

尊重方静生前的意愿，我们尽可能不给大家增添麻烦，所以，一直在最小知情范围内处理她的后事。

我们万分悲痛亲人方静的芳年早逝，在此，和那些热爱她的人们一起哀悼，往者安息。

方静亲属治丧小组

讣 告

著名京剧表演艺术家，京剧大师梅兰芳之子，京剧梅派艺术掌门人，第七至十二届全国政协委员，北京京剧院艺委会主任、梅兰芳京剧团团长，北京市梅兰芳艺术基金会理事长，梅兰芳纪念馆名誉馆长，京剧传承与发展(国际)研究中心名誉主任，中国戏曲学院研究生导师，国家级非物质文化遗产项目(京剧)代表性传承人梅葆玖先生因病医治无效，于 2016 年 4 月 25 日 11 时辞世。

为表达对梅葆玖先生的悼念之情，定于 2016 年 5 月 3 日上午 10：00 在北京八宝山殡仪馆大礼堂举行遗体告别仪式。

特此讣告。

联系人：肖××

联系电话：(010)67249××× (010)67249×××

5 月 2 日前每日 9：00—16：30 有工作人员接听。

夜间值班电话：(010)67268×××

传真：(010)67250×××(24 小时自动接收)

梅葆玖先生治丧委员会

2016 年 4 月 26 日

敬告：根据殡仪馆要求，任何单位、个人自带鲜花、花篮、花圈一律不得带入大礼堂；大礼堂周边禁止悬挂张贴任何挽联、悼念横幅和字画，请予以支持配合。

（以上例文根据网络文献整理）

拓展阅读 >

补充读物

1. 罗长荣：《"悼词"的演变及其特点》，载《秘书之友》，1990 年第 9 期。

2. 李成喜：《一则别开生面的讣告》，载《新闻战线》，1992 年第 11 期。

3. 洪何苗：《悼词写作中应注意的几个问题》，载《应用写作》，2014 年第 2 期。

4. 陈方柱：《悼词写作"四要"》，载《应用写作》，2015 年第 8 期。

综合实训

一、张××是××大学文秘系大二学生，按照学校实习工作方案，他在暑假期间到××文化传媒公司人力资源部办公室实习，参与了该部门新进员工培训以及档案整理工作。实习结束后，他希望实习公司为其出具一份实习证明。请以××文化传媒公司的名义，为张××同学出具一封证明信。

二、××集团采购员蔡×于 2016 年 9 月 14 日在江州市××电子科技市场××专营店购买了 10 个 U 盘，每个 68 元。××专营店已为蔡×开具了发票，但蔡×不慎丢失了该发票。请代××专营店为蔡×出具一份证明。

三、请根据下列材料完成相应介绍信的写作。

1. ××大学文学院秘书学专业的实习时间为每年的 7 月 15 日至 9 月 15 日，为了学生们联系实习单位的便利，文学院专门印制了统一的实习介绍信。

2. 为进一步提升公司产品销量，××有限公司决定将李××派驻到××超市××店开展品牌促销工作，李××的员工劳动关系仍属于该公司，且该公司将承担李××的一切劳动关系、社会保险管理事宜。公司为李××开具了联系促销事宜的介绍信。

3. 郑××是 L 市××有限公司员工，业余时间非常喜欢读书，但公司没有专门的图书室。他了解到 L 市图书馆可以办理借书证，但需要单位开具介绍信，于是他请办公室刘主任为自己出具了一份办理图书借阅证的介绍信。

四、杜××在 Y 市火车站转车时，因为没有留意时间而误了火车，当他急匆匆赶到站台时，他想要乘坐的列车已经启动了。在他焦急万分的时候，车站曹××副站长发现了他的困境，安排他乘下一班列车，最终杜××得以顺利返程。为了感谢曹××，杜××决定给其所在的车站写一封感谢信。

要求：主旨明确，内容充实，结构合理，层次清楚，表述得体，行文流畅，格式规范。

五、××大学龙舟队女队蝉联 2016 中华龙舟大赛年终总决赛青少年组总成绩冠军，男队获得第三名，男女队蝉联年度总积分冠军。请以校长名义给龙舟队写一封慰问信。

六、2016 年 10 月 9 日(农历九月初九)是重阳节，××大学文学院学生会准备去敬老院慰问老人，他们不但准备了丰富的节目和礼物，还专门拟写了一封情真意切的慰问信。请以××大学文学院青年志愿者的名义制作这封慰问信。

七、2015 年 9 月，××大学接到援助×××项目的通知。按照通知要求，学校决定派遣一个 5 人援教工作队。作为该校教学经验丰富的骨干教师，陈××老师非常希望参加这个项目的活动，因此他精心写作了一份申请书，陈述自己的专业优势，并表达自己参加这个项目的愿望。请代陈××老师拟写这份申请书。

八、2016 年 10 月 1 日，为了提升旅游城市的形象，也为了推动绿色出行工程，W 市公共自行车租赁系统正式启动，五百个租赁点、万余辆自行车，只需一张卡，便可随时随地享受骑行的快乐。为了确保公共自行车租赁服务系统长期有序运营，W 市政府特向全市发出了文明骑行倡议。请代 W 市政府拟写这份倡议书。

九、××公司的新年年会将在 2017 年 1 月 14 日举行，按照惯例，公司将邀请××集团张总、××公司赵总等重要合作伙伴，重要客户以及各地分销商等参加这次年会，总经理办公室小于负责这次年会邀请信和请柬的写作。请代小于分别拟写邀请信和请柬，相关信息可自拟补充。

十、2016 年 10 月 18 日，××动漫科技公司举行了成立十周年庆典，公司收到了政府主管部门以及来自全国各地合作单位发来的贺信、贺电；由于该公司的卓越成绩，××省动漫产业协会郑××会长专门莅会并发表了热情的贺词。

1. 请以该公司合作单位××大学传媒学院的名义写一份贺信；2. 请代郑××会长拟写这份贺词。

十一、2016 年 5 月 8 日，××局退休的王××因病去世，享年 79 岁。该局办公室成立了以工会主席为首的治丧委员会，商定于 2016 年 5 月 10 日上午 10 点在市殡仪馆二号厅举行遗体告别仪式。请代治丧委员会撰写王××的讣告和悼词，相关信息可自拟补充。

第七单元
求职应聘文书实训

实训目标

　　理解并掌握求职信（自荐信）、个人简历、竞聘报告的写作方法、要求、格式和规范。

结构图

实训一
求职信(自荐信)　个人简历

◎ 情境植入

　　××大学酒店管理专业的王××将于 2017 年毕业,该生在校期间曾任学习部部长、学生会干事,曾被评为入党积极分子、优秀团干部,并获得了国家级导游证、普通话二级甲等证书,通过了国家英语四级考试。在校期间,王××不仅努力学习各科文化知识,而且能进行英语口语交流并熟练操作 Office 办公软件,此外他还积极参加实践活动,曾在××宾馆实习。毕业之际,王××想应聘酒店管理类工作,需要准备求职信、个人简历等应聘材料。

◎ 实训材料

　　中华英才网上有一则昆山韦睿医疗科技有限公司(外商独资,101～300 人,医疗设备/器械)招聘总经理秘书的招聘信息。

　　职位描述如下:1. 负责总经理的日常行程安排。2. 负责总经理文件、信件、函电的接收与转达。3. 负责总经理日常经营工作中文件的起草。4. 负责来访的接待、商务随行。5. 协助安排外出行程,翻译资料。6. 总经理安排的其他事务。

　　任职条件如下:1. 本科以上学历,英语或秘书类专业;身体健康,相貌端正。2. 优秀的英语听、说、读、写能力。3. 责任心、事业心强,能承受工作压力,团队协作能力佳。4. 具备良好的沟通协调能力,公文写作功底扎实。5. 有严密的逻辑思维能力和全面的分析判断能力，以及较强的统筹协调能力，书面及口头表达能力优秀。6. 具备 C 类驾驶执照，驾驶技术熟练。7. 能住宿者优先。

工作地点：昆山市周庄镇。

薪资待遇为 4000～6000 元/月，提供五险一金。

讨论分析

1. 什么是求职信？根据有无具体目标，求职信可分为哪几种类型？
2. 求职信的结构包括哪几个部分？
3. 个人简历主要包括哪些内容？有什么作用和特点？

任务与要求

任务一：请你分析这则招聘信息中用人单位的需求，针对职位要求和自身优势写一份专发性求职信及一份表格式个人简历，相关背景信息可虚拟。

任务二：班级内进行模拟应聘演练，熟悉秘书应聘与面试的基本方法及技巧，并讨论反思秘书工作应掌握的知识以及应具备的能力，树立职业化意识，锻炼实事求是、自信诚实、敢于竞争的就业心理。

要求：1. 以小组形式讨论，每组 3～5 人；2. 讨论结束形成记录稿，每组选一人作为代表，进行课堂汇报。

实训总结

求职信，也叫自荐信，是求职者根据岗位需求及个人的求职意向向用人单位书写的介绍自己情况的信函。多数用人单位一般在面试前都要求求职者先寄送求职材料，求职者可以借助它来举荐和推销自己，用人单位可以通过它来了解众多求职者，决定其是否能进入下一轮角逐。一份好的求职信可以展现求职者的才能和特长，体现求职者清晰的思路和良好的语言表达能力，它是体现求职者沟通交际能力和性格特征的一个媒介，所以，一份言辞得体的求职信配合简历，能够显著增加面试的机会，可以让应聘者更有可能获得一张进入职场的"入场券"，开始其职业生涯。

根据有无具体目标，求职信可分为专发性的求职信和广发性的求职信两类。

专发性的求职信是指在收集到需求信息后，有目的地向用人单位进行自我介绍。这种求职信是在求职者已知某单位用人要求的前提条件下写的，因此具有高度的针对性，适用于求职者已充分了解用人单位的各种情况，包括单位性质和名称、主要经营项目、人员需求概况、负责人姓名、阅读人心态等。

广发性的求职信是指无具体求职目标，不分职业、单位和对象，因此可适用于不同的对象。但是，正是由于这种做法带有一定的盲目性，所以命中率相对来说也比较低。在人才招聘会上，大学毕业生普遍使用的是这种求职信。这类求职信的主题在于向用人单位介绍自己的概况，让对方对自己感兴趣。

求职信是社会经济发展、竞争加剧下的产物，具有针对性、自荐性、简要性等特点，在写作中要努力展现"人无我有""人有我优""人优我独"的特点。

一般来说，求职信属于书信范畴，所以，其基本格式应当符合书信的一般要求。具体地说，求职信一般包括标题、称呼、正文、祝颂语、落款、附件共六个方面的内容。

标题。求职信的标题通常只由文种名称组成，即在第一行居中写上"求职信""自荐信"等。

称呼。标题下另起一行顶格写明求职单位的领导或负责人的姓名和称呼，有时也可直接称呼其职务，如"尊敬的××局长"。求职信的称呼往往比一般书信的称呼正规一些，在实际书写时要区别对待：如果写给国家机关、事业单位的人事司领导，则用"尊敬的××司长（处长、负责人等）"；如果对"三资"企业老板，则用"尊敬的××董事长（或总经理）先生"；如果给各类企业厂长、经理写求职信，则可以称之为"尊敬的××厂长（或经理）"；如果写给大学校长或人事处长的求职信，则称之为"尊敬的××教授（或校长、老师等）"。

正文。一般由开头、主体和结尾组成。

其一，开头表态求职。

广发性的求职信，开头要交代清楚自己的身份、年龄、学历等基本情况，给用人单位一个初步的完整的印象。

专发性的求职信，可先写出自己看到了该单位的征招信息，以及意欲应聘的想法，之后再简明扼要地介绍自己，重点是介绍自己与应聘岗位有关的学历水平和专业；也可先写出个人基本信息，如身份、年龄、学历等，接着说明求职信息的来源，再写自己应聘的想法；还可投石问路，如果公司并没有公开招聘人才，确切地说你并不知道该单位需要不需要招聘人才时，你也可以写一封"自荐信"。

例如：

A. 获知贵公司201＿＿年10月＿＿日在＿＿＿＿＿报上招聘＿＿＿＿＿的信息后，我寄上简历，敬请斟酌。

B. 很高兴得知贵公司目前在招聘＿＿＿＿＿。贵公司的一名资深客户推荐我应聘此职位。

C. 我写此信应聘贵公司招聘的＿＿＿＿＿职位。我很高兴在招聘网站得知你们的招聘广告，我学习＿＿＿＿＿＿专业已＿＿＿＿＿＿学期了，并一直期望能有机会加盟贵公司。

D. 久闻公司声誉卓著，发展迅速，且产品深受欢迎，据悉贵公司正在开拓新的业务领域，故冒昧写信自荐，热切希望早日加盟贵公司。我的基本情况是……

其二，主体自我推介。

这是求职信的核心部分。求职者主要向应聘单位阐明自身具有应聘岗位和胜任本岗位工作的各种能力。具体可向对方介绍自己有本专业知识和工作经验，有关专业技能和成就，与本工作要求相符的特长、兴趣、性格和有关能力等。这一部分的叙述要直奔主题，思路清晰，条理清楚，可以用段落或提示号的方式。

求职者在写简历之前要先选择自己的求职方向，分析出自己的优势及弱点。然后再选择目标企业及职位，并且要对目标企业及职位的需求情况有所了解，通过分析用人单位提出的要求，了解他们的需求。最后再针对性地向他们提供自己的背景资料，表现出自己独到的智慧与才干。一份合格的求职信应该是求职目标清晰明确，所有内容都应有利于你的应聘职位，无关的甚至妨碍应聘的内容不要叙述。

其三，结尾希望要求。

以诚恳的态度向受信者提出希望和要求，希望对方给予答复，并盼望能有机会参加面试，如"如蒙赐复，不胜感谢""若本人条件尚可，请惠予面试""静盼（候）佳音""若蒙聘任，将十分荣幸"等。还可以留下你的具体联系方式，便于对方联系，同时表明你希望迅速得到回音。

例如：

手捧菲薄求职之书，心怀自信诚挚之念，我期待着能成为贵校的一名教师！

若承蒙赏识，请拨打电话(××××)××××××××，或用电子邮件××××@××××.com与我联系，查看下面网址，您可以进一步了解我，恭盼回音。

祝颂语。按一般书信的格式，写上"此致敬礼""恭祝教祺"等通用语；也可写上简短的表示敬意、祝愿之类的祝词，如"祝贵公司兴旺发达""顺祝安康""深表谢意"等适合对方身份的祝颂语。

落款。在求职信的右下侧写上求职者的姓名和求职日期。署名应注意与信首的"标题"相一致，写明"自荐人（求职人）："，后面书写自己的姓名；也可以什么都不写，直接签上自己的名字。日期应用阿拉伯数字写，并把年、月、日全标明。

附件。求职信一般都要求同时寄一些有效证件及其支撑材料，如学历证、学位证、职称证、身份证、获奖证书等的复印件以及简历、近期照片等。应在正文左下方一一注明，一是方便招聘单位审核，二是给对方留下一个"有条不紊、很负责任、办事周到"的好印象。

个人简历也称简历、个人履历，是求职者将自己与所申请职位紧密相关的个人信息、教育背景、技能专长、自我评价等经过分析整理后清晰简要地表述出来的一种应用文书。个人简历是个人整体形象的浓缩，能让招聘单位在最短的时间内掌握求职者的基本情况，以决定取舍。一份好的简历能创造面试的机会，增加被录取的概率。好的简历是指有吸引力、说服力的简历，具体表现为简洁，个性突出，具有好的视觉效果等方面。从内容上说，对于社会经历少的大学毕业生，简历一般包括个人基本情况、学历、社会实践活动、兴趣爱好等内容；从排版角度说，简历中的闪光点应当置于版面中最容易引人注目的位置；从视觉效果看，简历页面可以活泼，但更多的还是要保持简洁清晰。

个人简历的制作可分为两种形式：第一，条文式简历，即用文字叙述的方式进行，可以将个人情况分成几个部分来写，并用"一、二、三"标题的形式表述；第二，表格式简历，就是设计一份表格，将个人简历的内容填入表格中，这样让人看起来一目了然、清晰明了。个人简历具有稳定性、附属性、简短性的特点。第一，稳定性。作为个人经历的一种真实记录，简历的内容一般不变，可变化的是简历的行文方式和呈现方式。第二，附属性。一般情况下，简历不能单独以专用书信的形式向外发出，通常可作为求职信的附件及其他文体的附属材料来使用。但在求职时，如用人单位已对简历写作者(求职者)的情况有了基本了解，求职者可以向用人单位寄送单独的文章式简历，以供对方做是否聘用的最后参考。第三，简短性。简历要文字简洁，重点突出，不要不分巨细地罗列所有的经历。

个人简历不论是表格式还是条文式都包括标题和正文两大部分。

标题。一般在第一行居中写"个人简历"或"×××简历"。

正文。简历是个人资历的简介，写作上可因人而异，没有特定的格式。一份完备的简历在内容上应该包括个人基本情况、教育背景、工作或实践经历、个人能力、求职意向和自我评价五部分。除此之外，还可以根据实际情况加入一些其他的内容，如是职场新人，可加入在校期间的荣誉奖励及课程成绩单等；如是有工作经验的职场人士，则可以加入工作理念或列出个人资历的作证人等，以便招聘单位了解。

个人基本情况主要指姓名、性别、出生年月、民族、学历、专业、联系地址与电话，另外也可加上身高、视力、政治面貌等。目的是要给用人单位留下基本的整体印象。

教育背景部分主要介绍求职者的接受教育情况，包括毕业学校、起止时间、所学专业和主要课程等。需要注意的是，在填写教育背景时，应该把最高学历或者学位放在最前面，然后依次往前推导。在写开设课程时，不要将大学所学课程都列出，要有所筛选，筛选的标准是与应聘岗位是否相关。如果是有工作经验的职场人士，也可在此部分将发表论文或进修情况列出，来证明应聘者在此行业中的能力。

工作或实践经历包括在有关单位曾从事过的工作、社会活动和兼职活动等。应届毕业生暂无正式工作经历，可以侧重强调实习经历和社会实践，强调具体细节，突出主要才能和工作业绩，同时注意，列举的实践活动应该与应聘岗位相关。

个人能力包括计算机操作能力、英语表达能力、组织协调能力、职业证书的等级、普通话等级等，也可列出所获奖励，以此证明应聘者的能力。

求职意向主要是指向用人单位表明自己感兴趣的岗位，要与自己所学的专业和自己的特长相符合。自我评价是对自己的职业素质和能力做出评价，应当客观自信。

实训评价

求职信（自荐信）、个人简历写作实训评价表

评价项目	比重	评价内容	评价标准				自我评分	小组评分	教师评分
			优	良	中	差			
求职信（自荐信）	50	格式规范，结构完整	10		5				
		条理清晰，表达流畅	10		5				
		内容充实，突出优势	10		5				
		语言简洁，态度恳切	10		5				
		讲究礼仪，不卑不亢	10		5				
个人简历	50	结合要求，针对性强	10		5				
		格式清晰，视觉美观（表格、排版、字体等）	10		5				
		语言简洁，条理清晰	10		5				
		言之有物，忌空洞浮华	10		5				
		实事求是，不夸大，不过谦	10		5				
合计	100								

拓展思考

简历是求职的敲门砖。2012年10月21日，江苏卫视《职来职往》栏目在重庆大学举行选手面试专场。与其他参试选手不同，一名大四学生带来多个版本的简历，堪称简历达人。

他为何要做多版本简历？这些简历有什么特点？有没有什么效果？

● 每一个版本重点不一样

这位简历达人叫华聪，是重庆大学光电工程学院测控技术与仪器专业大四学生，想通过《职来职往》栏目找一份电子商务工作。

"我的简历是按照行业来分的。"华聪说。按照他想求职的六个方向，他的简历分成互联网、汽车、软件开发、电子硬件、销售、机械工程六个基础版本。"根据

不同公司的要求，我又在相应版本的基础上进行了修改，目前已经有了12个修改版本。"

华聪介绍，在校期间，他创建了两个网站，其中一个是网店，主要经营销售陨石收藏品。另一个网站，他在上面发表自己写的连载小说。同时，他还拥有两项国家专利———《一种用3G网络作互动通道的双向电视机顶盒》和《一种带IC信用卡POS机功能的双向电视机顶盒》。此外，他还参加了重庆大学生科研训练计划项目，到长安、川仪、天津中环系统工程公司实习。

"12个版本的简历，就是针对不同的行业来突出我的不同能力。"华聪说。如果求职对象是互联网行业，他就会突出他创建两个网站的经历；应聘汽车类职位，就会突出他在长安汽车公司实习的经历；如果是电子硬件类职位，则会突出他的两个专利；如果是机械工程，就会突出他在川仪的实习经历。

● 接到十家单位面试通知

记者看到，华聪的简历都只有一页，除了学校、专业、联系方式等必要信息外，主要分为四大板块：一是项目经验，二是实习经历，三是校园活动，四是相关能力。

在他的汽车类版本简历中，项目经验共列出了他的三项经验，他把在实习期间跟随团队参与中国汽车技术研究中心新址安防系统的经历放在了最前面。在实习经历中，他把在长安公司的实习经历放在明显位置。在相关能力中，他特意写到"熟悉汽车基本知识，熟悉汽车行业的众多品牌文化，了解汽车行业市场"。

在互联网版本的简历中，他把项目经验换成了产品经验，突出的是他的电子商务网站、个人写作网站和国家专利；在相关能力中，特意写到"熟悉撰写产品设计文档，产品需求文档，有设计制作互联网的产品经验"。

华聪说，自己刚开始找工作时，只做了一份简单的简历，谁知道投了30多份却没有一点回音。"难道是我的简历有问题吗？"华聪自问。后来，他针对不同行业做不同版本简历，把与行业相关的经历突显出来。目前，他已收到腾讯、北京汽研院、北京奔驰等十多家单位的面试通知。

● 12个学生求职 7人只做一份简历

大学生们求职时，一般做几个版本的简历呢？21日，记者在面试现场进行了调查，12名求职学生中，有7个只做了一个版本的简历。另有1名学生做了2个版本，3名学生做了3个版本，1名学生做了5个版本。

大学生求职简历该怎么做？是不是像华聪这样多做几个版本就行了？联英人才市场副总裁曾华表示，大学生绝不能一份简历包打天下。

曾华说，像华聪的简历就做得很好，简单朴实，根据不同行业选择填写不同的经历，这样更有针对性，提高了应聘成功的机会。

曾华称，企业招聘是通过简历来初步判断一个人是否和岗位匹配。因此，简历就要突出自我特点、自我性格，突出和应聘岗位的契合程度。"只有让人觉得应聘者和这份工作契合度高的简历，才是合格的简历。"

曾华建议，简历应包括几个要素：一是学校、专业、联系方式等基本信息；二是在校专业学习情况；三是招聘方最看重的能力特点。在这部分，应聘者应根据企业的不同需求，根据自己的实际情况填写。

● 大二学生逃课前来应聘

不为成功只为感受氛围

"你既然是学人事的，那你能告诉我，人事的几大模块是什么吗?"16日下午，在《职来职往》重庆师范大学面试现场，面对自称是重师人力资源管理专业的唐海燕，招聘官陆华生问道。

"四大模块? 不知道。"唐海燕坦承。

"四大模块就是选、用、育、留，这是人力资源管理的基础专业知识啊。"面试官显得有点诧异，"你今年读大几了，难道你们没学过吗?"

"不好意思，老师，我今年才大二，很多专业知识都还没学。"唐海燕说，她听说《职来职往》来重庆设招聘专场，就和寝室另两名同学一起逃课来应聘，"我们就想来了解一下求职面试的过程。"

"那恐怕要让你失望了，我们栏目组要求的选手最好是大四应届毕业生，最低也要是大三的。"面试官刚对唐海燕解释完，又来了一名叫刘胡林的重师经济学大二男生。

"老师，我知道你们不招大二的，我就是想来感受一下面试的氛围，早点为找工作做准备。"刘胡林递上报名表，开门见山地说。

（罗静，冉文:《大学生求职制12个版本简历 简历达人收获10个offer》，载《重庆晚报》，2012年10月22日）

🔍 案例分享

求职信

尊敬的校长:

您好! 真诚地感谢您在百忙之中浏览这份求职材料。

我是××师范大学文学院汉语言文学专业2016届本科毕业生，主修汉语言文学教育专业。近闻贵单位招聘人才，特奉上个人资料，前来毛遂自荐。

"学高为师，身正为范"，四年的师范教育使我对这句话有了更为深刻的理解，而从事教育教学工作也成为我最大的人生理想。一张大学文凭只是参与竞争的入场券，而我握在掌心的是自信与知识。自信来自个人知识的积累，寒窗四载，我刻苦钻研，不断用知识充实自己、完善自己，取得了文化课平均分排名全班第二的优异成绩。同时积极锻炼各种实践技能，顺利通过了国家英语六级考试和国家计算机二级考试，并利用课余时间，努力提高自己的专业素养，如普通话、三笔字等，均取得了很大的进步。

"纸上得来终觉浅，绝知此事要躬行。"在担任学生干部的过程中，我充分发挥自己在声乐、钢琴等方面的特长，多次排演话剧、舞蹈，得到师生一致好评。此外我还积极参加校外社会实践活动，如周末进行家教式个人辅导，利用寒暑假招收学生集体辅导，等等。在锻炼自己的同时提高了教育教学能力，积累了一定的实践经验。由于我在学习、工作、文体活动各方面的突出表现，先后荣获校级"学习优胜奖""自立成才奖""品德优胜奖"等奖项。

作为21世纪的师范生，我深感竞争的压力和未来工作的挑战。但仅满足于大学所获之点滴是远远不够的，还需要在将来的工作中，积极实践，认真总结，"静下心来教书，潜下心来育人"。

一位伟人曾说过："无限的'过去'都以现在为归宿，无限的未来都以'现在'为渊源。""现在"是成就事业的关键，而您将成为我事业成功的引路人。您的一刻斟酌，是我一生的抉择！在此，我郑重地请求贵单位考虑我的自荐，相信"千淘万漉虽辛苦，吹尽黄沙始到金"，更相信千里马常有，而伯乐亦常有！

恭盼回音！

最后衷心祝愿贵校桃李芬芳，再创佳绩！

此致

敬礼

求职学子：×××

2016 年 3 月

（根据网络文献整理）

拓展阅读＞

补充读物

1. 杨汉东：《紧扣"求""职""信"，写好求职信》，载《吉林省教育学院学报（下旬）》，2013 年第 1 期。

2. 李慧君：《求职简历中存在的普遍问题和提升技巧探析》，载《社科纵横（新理论版）》，2013 年第 2 期。

3. 张凯，康永胜：《大学生如何写好求职信的几点思考》，载《商场现代化》，2010 年第 27 期。

实训二
竞聘报告

🎯 情境植入

　　××大学东方学院学生会换届，将在大一、大二学生中招聘新一届学生会干部，具体岗位设置如下。1. 主席团：学生会主席 1 名、副主席 1～4 名。2. 部长：办公室主任，外联部、宣传部、生活部、体育部、学习部、纪检部、文娱部部长各 1 名。3. 副部长：各部(室)设副部长 1～2 名。4. 干事：各部(室)设干事 1～3 名。根据学院的《学生会换届选举办法》，学生会成员产生的选举办法为：1. 具备候选人资格的同学向换届选举工作小组提交书面申请，同时提交个人工作展望等相关材料，供换届选举工作小组审查。经审查后确定候选人。2. 候选人进行公开竞选演说，由换届组委会组织现场评审团，进行公开投票。现场投票分数占 60％。3. 由换届组委会成员对入围候选人进行面试，进行打分。该环节分数占 40％。4. 最终选举出主席团及各部成员。结果报学院党委、团委审批，并进行公示。无异议者最后公布生效。

📎 实训材料

　　某公司是一家集贸易、仓储、物流于一体的实力雄厚的实业有限公司，现面向社会公开招聘办公室主任一名。要求：1. 具备良好的职业道德和敬业精神，具有从事经济管理等相关工作的经验，有较强的组织协调能力和沟通能力。2. 本科学历，有 3 年以上工作经验，会驾驶，35～50 岁，身体健康的男性。

🍃 讨论分析

　　1. 竞聘报告有什么特点？
　　2. 完整的竞聘报告结构上包括哪几个部分？
　　3. 竞聘演讲需要注意的要点有哪些？

🎯 任务与要求

　　任务一：请以竞聘者的身份撰写一份竞聘报告，预设前提是你已在基础秘书岗位工作 3～5 年，积累了一定的工作经验，相关背景信息可虚拟。

任务二：请着正装在班级内脱稿演讲，时间限于 5 分钟。

实训总结

竞聘报告，也称竞聘演讲词，它是竞聘者竞聘某一领导职务时，在特定的会议上，面对特定的听众所发表的用以阐述竞聘的优势及被聘用后的施政目标和构想等的演说词。竞聘报告既是竞聘者对自身素质的评价，也是人事部门和群众了解竞聘者情况的渠道，它既为择优选聘提供依据，也有利于竞聘者自身素质的提高。在公开招聘过程中，怎样能使对方了解自己、相信自己并委任自己，使自己"中标受聘"，竞聘报告起着非常关键的作用。

竞聘报告具有如下特点：

第一，目标的明确性。竞聘报告的目的既单一又明确，它以竞聘某一职务为目标，以竞聘成功为目的，并紧紧围绕这一目的行文。

第二，内容的竞争性。在其他类型的演讲中，内容尽管可以海阔天空地谈古论今，说长道短，但一般都不是来"显示"自己的长处，即使在事迹演讲中，也忌讳毫不客气地为自己"评功摆好"，但竞聘演讲则不同，它的全过程就是听众在候选人之间进行比较和筛选的过程。竞聘者如果"谦虚"，"不好意思"说自己的长处，表示自己也是"一般般"，就不能战胜对手。因此演讲者必须"八仙过海，各显其能"，而"竞争性"说白了，也就是演讲者无论是讲自身所具备的条件，还是讲自己的施政构想，都要尽最大可能显出"人无我有""人有我强""人强我特"。

第三，思路的"程序"性。思路，就是演讲者的思维脉络；"程序"是指演讲中先讲什么后讲什么的顺序。竞聘演讲不像一般演讲那么"自由"，它除了题目和称呼外，一般分为五步：

第一步，开门见山讲自己所竞聘的职务和竞聘的缘由。

第二步，简洁地介绍自己的年龄、政治面貌、学历、现任职务等个人基本信息。

第三步，摆出自己优于他人的竞聘条件，如政治素质、业务水平、工作能力等。

第四步，提出假设自己任职后的施政措施。

第五步，用最简洁的话语表明自己的决心和请求。

当然这只是一个大体的程序，不一定所有的竞聘报告都必须按照这个思路来写，可根据实际需要来确定。

竞聘报告由于要考虑多种临场因素与竞争对象，它的结构也就灵活多样，但就其基本内容而言，仍可分为标题、称谓和正文三个部分：

标题。一般可有三种写法：一种是文种标题法，即只标"竞聘报告"；另一种是公文式标题，一般由介词"关于"加所竞聘的职务名称及文种等要素组成，如《关于银行办公室主任一职的竞聘报告》；还有一种是文章标题法，可用单行标题拟制，也可采用正副标题形式，如《让电视机制造厂腾飞起来——关于竞聘电视机制造厂厂长的演讲》。

称谓。要根据演讲的场合确定合适的称谓，从实际情况来看，大多采用泛指性称谓，如"各位领导、同志们"等。得体的称谓体现出竞聘者对听众的尊重之情，有利于比较自然地导入下文。

正文。分为开头、主体和结尾。良好的开端是成功的一半，竞聘演讲的时间有限制，报告的开头必须简洁而又精彩，引起听众的注意。常见的开头方式有以下几种：①感谢式。用诚挚的心情表达谢意，如"非常感谢贵公司给我这次宝贵的竞聘机会"。②概述式。概括叙述自己应聘的岗位以及竞聘演讲的主要内容。例如，"今天我充满自信到贵公司竞聘文秘岗位，凭之立足的基石是我十几年不懈的努力所掌握的知识和技能。现在我向各位考官简述我的基本情况以及对竞聘岗位的认识。"又如，"今天我将坦诚地向各位领导、同志们陈述我应聘银行办公室主任所具备的优势，并提出我拟聘后的工作设想，请各位提出宝贵意见。"③简介式。简要介绍自己的经历、性格特征，让听众对自己有个初步的了解。例如，"我叫胡××，1965 年 8 月生人，中共党员。1983年 7 月毕业于中国人民大学法学专业，获硕士学位。同年 8 月被分配到市检察院案件审理部工作，现任审理部主任。我这次竞聘的职位是市检察院检察长。"

主体部分是竞聘报告的重点和核心，也是写作的难点所在。主体部分要充分有力地表述出竞聘者竞聘该职务的优势（理由）以及被聘用以后对工作的主要设想、目标和打算，从而有效地"征服"听众，实现演讲的目的。写法上的一般要求是：须做到主旨突出，层次清晰，上承开头，下联结尾，不枝不蔓。一般包括以下三方面内容：

第一，竞聘的主要优势。这一内容是要阐明竞聘者凭什么理由和资格竞聘该职务，有什么超出他人的优势。其中的竞聘条件可从政治素质、政策水平、管理能力、业务能力以及才、学、胆、识等方面展开。竞聘条件是决定竞聘者是否被聘任的重要因素之一，应该重点强调，但切忌夸夸其谈，应多用事实说话，"事实胜于雄辩"。可以结合自己前一时期的工作来写，如自己曾做过什么相关的工作，效果如何，从中展露出自己的水平、能力、知识和才华，采取引而不发的办法，通过这些事实让评委及听众自然而然地得出肯定的结论。写作时注意力求精要，切忌面面俱到。

例如，有一篇竞聘总经理助理的竞聘词是这样写的："做文秘，我已发表多篇作品；做驾驶，已有 20 万公里的驾驶记录；做经管，我已具备多年的经营管理经验。"又如，一篇竞聘幼儿园园长的竞聘词这样写道："我之所以竞聘幼儿园园长，主要凭借以下几点优势：长期的园务管理工作经验；丰富的幼教基本功；细心认真、吃苦耐劳、勇于创新以及对工作永不满足的个性。我始终坚持'没有最好，只求更好'的工作目标，始终保持着一股旺盛的精力和工作激情，自信能以自身良好的素质影响周围的人，从而带动整个幼儿园群体向更高的目标迈进。"

第二，对岗位职责的认识。竞聘前，要充分了解招聘单位和应聘岗位的情况，只有明确岗位职责，才能有的放矢地提出该岗位的工作目标、施政设想和打算。例如，一篇竞聘编辑部主任的演讲词是这样写的："策划选题、组织稿件、编辑书稿是出版工作的关键环节，也是出版社工作的重中之重。编辑室是承担这一重任的基层组织，应起好以下三个方面的作用：桥梁作用——室主任要成为领导的助手、群众的知音；领导作用——组织本室成员积极开展工作，落实社里的计划；协调作用——既要协调本室工作，又要和其他部门相互协调，合理安排人力、时间，妥善安排好各项工作。"

第三，工作目标、主要设想和打算。就实质而言，这部分等于立下"军令状"，阐明"中标"以后所要实现的工作目标、效益指标和公众受益指标；要写得切实可行、恰切适度，有实实在在之意，无泛泛空谈之词，要在竞聘者与听众之间架起一座沟通的桥梁，从而赢得听众的信任与支持。这里应特别注意的是：在表述实现工作目标的措施时，要能根据本系统、本单位及本地区的实际，详述自己的认识和措施，做到既要有胜任该职务、做好工作的宏才大略，又要能使听众看得见、摸得着、信得过。竞聘者要紧紧围绕听众关心的热点、难点问题，切忌华而不实和故作卖弄之语，那绝对不会引起听众的好感。只有提出切实可行的措施，才能有效地提高竞聘的成功率。

例如，一位竞聘某单位综合秘书岗位的竞争者是这样陈述对竞聘岗位的打算和思路的："各位评委，如果我能竞聘成功，我会认真做好以下几方面的工作，真正当好局领导和办公室主任的助手。一是本着认真负责的办事作风做好日常事务工作，提高服务质量；二是凭借深厚扎实的理论功底当好参谋助手，服务领导决策；三是依靠良好的沟通能力和强烈的团队精神做好协调工作，确保政令畅通；四是发挥自己的计算机特长，规划我局的信息化建设工作，提高我局的形象和声誉。"

结尾也是竞聘报告的重要组成部分，要做到画龙点睛，加深评选者对竞聘者的良好印象，从而有利于竞聘成功。常见的结尾方式有以下三种：

第一，表达愿望式。表达加盟对方组织的热切愿望，展望单位的美好前景，期望得到认可和接纳。例如，"如能蒙贵公司不弃，有幸成为贵公司的一员，我将竭尽所学，为贵单位的发展贡献自己的一份力量。"

第二，表明态度式。坦诚地表达自己参与这次竞聘的感受。例如，"参加这次竞聘，对我来说也是一个学习和提高的过程，是对自我的一种挑战。无论竞聘成功与否，我都将一如既往，堂堂正正做人，踏踏实实做事。"

第三，祈请支持式。表达自己对竞聘上岗的信心，恳请得到大家的支持和帮助。例如，"各位评委，请大家投我一票，我将交上一份让你们满意的答卷。"

好的结尾应写得恳切、有力，意近旨远，使人闭目能为之长思。例如，"对于这次竞聘，我是'一颗红心，两种准备'。如果竞聘成功，我将不折不扣地把所确定的工作目标及相应的办法、措施落到实处，共同把我市公安工作推向前进。如果竞聘不成功，我也绝不气馁，说明我自身的条件还不够，还需要继续努力，我将一如既往，继续创造条件，争取下次竞聘时如愿以偿。谢谢。"

竞聘报告不仅要把握好写作的结构，还必须注意适合演讲的场合，必须符合竞聘者的身份，具体要求包括以下四个方面：

第一，态度诚恳。竞聘演讲虽是向听众毛遂自荐，展示才华，展示德行，但又不能说得过头，以免让听众反感。要在写作过程中仔细揣摩，注意把握竞聘报告内容表述的"度"，态度诚恳，实事求是。一般而言，对于个人的主要特长及工作实绩一定要讲，但不可铺张扬厉，不宜写得过于具体，而应力求只要能够说明问题并能使听众了解即可。对于同一类工作业绩或成果（如科研项目），如果不止一项，一般也只选择其中一两个加以介绍，而不必面面俱到，这样既突出了重点，又不致给人啰唆之感。

第二，充满自信。自信主要是在平时的学习、工作和生活中培养出来的，所谓胸有成竹，竞聘时要充分展示出来。注视评委和听众的时间应占竞聘时间的50%，适时进行面部信息的交流和沟通。竞聘过程中表情要自然，学会微笑，微笑能给听众愉悦、快乐、轻松、友好和平易近人的亲切感；上下讲台要注意身体语言，身体的动作是心灵活动的结果，抬头挺胸，步伐矫健，会使人感到你充满自信。

第三，语言质朴。竞聘演讲不宜刻意追求气氛的烘托和渲染，应避免使用抒情的表达方式，多用符合口语表达习惯和听觉习惯的句子，避免书面语过多的倾向。在展示自己优势时，不能报流水账，要善于归纳并用简洁的语言加入段首提要，再以事实和数据佐证。例如，某竞聘者参与秘书综合岗位竞聘时的表述如下："我认为我参加该岗位竞争的优势主要体现在以下五个方面：一是具有广泛多样的知识背景（具体介绍自己的知识和技能）；二是具有谦虚谨慎的做人态度（具体介绍自己的获奖情况）；三是具有清晰顺畅的沟通能力（介绍自己的工作方法和业绩）；四是具有与时俱进、敢于争先的时代意识（介绍自己继续学习和培训的经历）；五是具备坚韧不拔、百折不挠的心理素质（介绍自己的成长经历和经受的考验）。"

第四，篇幅适宜。竞聘演讲有时间的限制，一般在5～10分钟。撰写竞聘报告要把握好字数，以千字左右为宜，字数过少，不足以充分展示你的竞聘优势，字数过多，易使听众产生厌倦情绪，会削弱演讲效果。

竞聘演讲的内容各不相同，在组织材料时既要考虑听众，又要记住自己的竞聘目的。一份优秀的竞聘报告要做到自信而不妄自尊大，自谦而不妄自菲薄，以诚恳热情的语言感染听众，充分展示自身的才能。

实训评价

竞聘报告写作实训评价表

评价项目	比重	评价内容	评价标准				自我评分	小组评分	教师评分
			优	良	中	差			
演讲内容	50	1. 凸显人无我有、人有我优、人优我特的竞争优势	10		5				
		2. 目的明确，语言表达生动形象、吸引人，具有口头宣传的作用	10		5				
		3. 全面而公正地评价自己	10		5				
		4. 对竞聘岗位有较清晰的认识和职业规划	10		5				
		5. 立意新颖，结构合理，逻辑严密，层次清晰	10		5				
语言表达	20	1. 脱稿演讲	5		2				
		2. 普通话标准，吐字清晰，表达流畅	5		2				
		3. 表情自然，手势舒展，声情并茂，激情昂扬，能灵活运用语速、语调、手势等演讲技巧	10		5				
形象风度	20	1. 着装整洁，仪表大方	10		5				
		2. 台风稳健，精神饱满，态度亲切，举止得体	10		5				
综合印象	10	有较强的现场感染力，总体印象佳，演讲效果好，能引起观众共鸣。演讲时间控制在4～5分钟，超过或达不到规定时间酌情扣分。	10		5				
合计	100								

拓展思考

竞聘演讲是竞聘者为竞争某一职位而在相应的领导和群众面前发表的口头施政演说。所以，要想使竞聘演讲活动成功，竞聘者除了必须要有高尚的思想情操、大胆缜密而又创新的工作思路、良好稳固的群众基础等硬件条件优势外，如果能在竞聘演讲的过程中，从演讲内容的选择到演讲语言的表达上，都能充分考虑现场听众的心理特点，也就是说，讲究一点攻心术，无疑会更有助于整个演讲活动的成功。

一、威信效应

古人云："有威则可畏，有信则乐从，凡欲服人者，必兼具威信。"这里，威，就是权威；信，就是守信。所以，威信效应就是提醒竞聘者要想使自己的演讲得到群众的拥护，首先就要做到自己在平时的工作中就要是一个具有高度的权威性和守信之人。具体来说，权威性是指竞聘者的业务能力突出，在平时的工作中能独当一面，是其所在科室、车间的中坚和骨干力量，竞聘者参加这样的竞聘活动也是众望所归、民心所盼。如果说，权威性是对竞聘者工作能力的反映，那么，守信，则是对竞聘者人品的评价。"信者，人之本也。"一个竞聘者工作能力再怎么突出，如果不能做到"言必信，行必果"，还是不能得到群众的支持与拥护的。

一个竞聘者如果具有威信，就会在群众中形成一种巨大的行为感召力，也会使群众产生一种超凡的向心力和凝聚力。所以，我们经常会有这样的体会，一个有着很高的群众威信的竞聘者，即使他的竞聘演讲可能并不十分精彩，群众依然会把选票投给他。因此，从这个角度来说，竞聘者"台上三分钟"的成功，的确是需要"台下十年功"的汗水努力，这其中，重视自己在群众中的威信树立就是一个很重要的方面。

二、创新效应

创新是一个民族进步的灵魂，也是当今时代人们对人才衡量标准的一个重要条件。在现实生活中，需要进行竞聘的职位大多都是人们渴望能重新注入活力与朝气，能够呈现一种新气象、新面貌的职位。所以，竞聘者在竞聘演讲中，当谈到自己的施政目标和措施的时候，就要注意两个原则：求新、求稳。

求新，就是不能墨守成规、循规蹈矩、人云亦云，而是要有创意，要有一种大胆开拓、锐意革新、积极进取的精神，能够让群众看到前途和希望，让群众感觉到自己是一个真正有胆有识、有魄力的领导者。求稳，指的是竞聘者在宣传自己的富有创意的施政目标和措施的时候，还必须要注意创新效应并不等同于标新立异，更不是浮夸和形式主义，而是要密切联系实际，因此竞聘者在叙述的时候必须要做到思维缜密、逻辑严密、见解深刻、妙语连珠，让群众感觉到自己的一切构想并不是空中楼阁，而是具有可行性和严密性的。否则只能是哗众取宠，徒留笑柄而已。

三、认同效应

演讲的听众往往是各式各样的，从对听演讲的态度上说，有愿意听的，有持无所谓态度的，也有不愿意听的；从观点、感情的接受程度上讲，有极力赞同的，有将信将疑的，也有抵触、反对的。我们常说："亲其师，信其道。"同样，竞聘者要想使群众接受认可自己的态度和观点，就必须要先让群众对自己产生一种"亲和力"，即要注意听众的这种"认同效应"心理。

认同效应又称"名片效应""自己人效应"。竞聘演讲要有创新，但这种创新如果得不到群众的拥护，结果可能正好适得其反。认同效应就是强调竞聘者要注意推销自己的艺术。认同效应就是指竞聘者在演讲中发表自己施政措施的时候，为了消除听众对自己的防范隔阂心理，先向听众传递一张同为"自己人"的有效的心理名片，让听众感觉到自己与演讲者有更多的相似性，产生一种"自己人"的感觉，从而缩短了彼此之间的心理距离，自然就能比较容易认同、接受演讲者的观点。

一百多年前，美国总统林肯曾说过一段颇为出色的话："一滴蜜比一加仑胆汁能够捕到更多的苍蝇，人心也是如此。假如你要别人同意你的原则，就要先使他相信，你是他的忠实朋友，即'自己人'。用一滴蜜去赢得他的心，你就会让他走在理智的大道上。"林肯在他的竞选总统的演讲中就多次成功运用了这种"认同效应"。

1858 年，林肯在竞选美国上议院议员的时候，在伊利诺伊州南部进行演说。那时蓄养黑奴的恶霸们平时对废奴主义者就非常仇恨，当然对林肯到此做反对奴隶制的演说恨之入骨，并发誓只要他来就置他于死地。演说之前，林肯说："南伊里诺州的同乡们，肯特基的同乡们，听说在场的人群中有些人要和我作对，我实在不明白为什么要这样做，因为我也是一个和你们一样爽直的平民，那我为什么不能和你们一样有着发表意见的权利呢？好朋友，我并不是来干涉你们的人，我也是你们中间的一人，我生于肯特基州，长于伊里诺州，正和你们一样是从艰苦的环境中挣扎出来的，我认识南伊里诺州的人和肯特基州的人，也想认识密苏里州的人，因为我是他们中的一个……"林肯根据听众的情况，简明扼要地把自己与听众相关的情况、经历加以介绍，巧妙地给听众传递了一张同为"自己人"的心理名片，消除了群众的敌对情绪，从心理上先对他产生了一种"认同感""自己人"的感觉。他的话竟把可能面对的敌对怒视变为大声喝彩，据说还有打算与他作对的听众也成了他的好朋友。

又如，在另一次竞选活动中，他的一个非常富有的竞争对手曾对林肯贫寒的出身进行攻击，林肯就巧妙地利用群众的这种"认同效应"进行回击。他说道："有人问我有多少财产，我告诉大家，我有一位妻子和一个儿子，都是无价之宝。此外，也租了一个办公室，室内有一张桌子，三把椅子，墙角还有一个大书架，架上的书值得每个人一读。我本人既高又瘦，脸蛋很长，不会发福。我实在没有什么可依靠的，唯一可依靠的就是你们。"这番话是林肯对"有多少资产"的答复，最后一句话"我实在没有什么可依靠的，唯一可依靠的就是你们"就是利用了"认同效应"来传情达意，是暗示人们："你们是我唯一的财富，我离不开你们。"选民们听了之后，自然会体验到林肯热爱民众的深厚情感。

认同效应表明，竞聘者要想使自己的演讲活动成功，还必须要具有良好的个性品质，如待人平等诚恳，性格爽朗坦率，语言幽默风趣等，只有这样，才会在演讲活动中增强自己的人际影响力。

四、晕轮效应

晕轮是指起风时月亮周围的晕圈。晕轮效应是指在人际交往中，人们常常从对方所具有的某个特性而泛化到其他有关的一系列特性上，从局部信息形成一个完整的印象，即根据最少量的情况对别人做出全面的结论。所谓"情人眼里出西施""爱屋及乌"，说的就是这种晕轮效应。晕轮效应实际上是个人主观推断的泛化和扩张的结果。它包括"光环作用"和"扫帚星作用"。在晕轮效应状态下，一个人的优点或缺点一旦变为光圈被扩大，其优点或缺点也就隐退到光的背后被别人视而不见了。在接受活动中，不仅讲话者的社会名声会产生晕轮效应，其个人的人格特点和外貌特点也具有同样作用。由于晕轮效应有时是推人及物或推物及人，有专重虚名、以貌取人的倾向，因而会使人以偏概全，对认知对象做出不够客观公正甚至十分错误的评价。这就提醒竞聘者，不但要注重自己的仪表、举止，更要注意在竞聘演讲的活动中，不夸大，不隐瞒事实，实事求是，否则会给人一种虚浮、不负责任之感。在讲施政措施时，要重点突出，不能事无巨细，不分主次，夸夸其谈，否则会给人一种"不能做大事、只会做小事"的能力有限和好浮夸邀功之感；但如果演讲的内容过于简略，则又容易让人产生一种工作态度敷衍不认真的感觉。

虽然晕轮效应有时能产生一些负面影响，但如果竞聘者能巧妙利用晕轮效应，同样也可以产生积极的作用。比如，在一次竞选副局长的竞聘演讲中，一位演讲者的演讲就要到尾声的时候，外面忽然电闪雷鸣，几乎淹没了他的声音。他稍停顿了一下，指着窗外说："同志们，听着窗外响起的阵阵春雷，我的心中不由的一震，是啊，我们的屋内不也是春雷滚滚吗？干部聘任制度改革的春雷正在我们这块天空上震响，在这场竞争中也许我只是一个过客，但我要张开双臂，为春雷春雨的到来而欢呼！"这位选手巧妙利用突如其来的天气变化做文章，显示出一种机智，不但赢得了听众们的热烈掌声，而且事后群众对他的评价也多了一个"机智灵活"。

总之，竞聘者要想竞聘成功，必须要考虑到听众的这几方面的心理效应。而其实，这其中的每一种心理效应，又何尝不是在提醒竞聘者：要想真正得到群众的拥护支持，首先自己必须是一个德才兼备之人！

（曲秀丽：《竞聘演讲应注意的几种听众心理效应》，载《成都大学学报（社科版）》，2010年第5期）

🔍 案例分享

尊敬的各位评委、各位同事：

竞争上岗是一面镜子，能够展示自己的优势，照出自己的不足；竞争上岗是一道门槛，能够明确前行的目标，激发进取的活力。基于这样的认识，今天，我毅然地站在了这个竞争的讲台上。此时此刻，我真诚地感谢领导和同志们给了我这样一个难得的机会！

一篇好的演讲应该是不加修饰的，用心说话，讲真心话。所以，我把我今天的演讲题目确定为《真实的我，期待您的信任》。站在大家面前的我，稳重而不死板，激情而不张扬，谦和而不懦弱，正直而不固执。下面，我用"金、木、水、火、土"五个字介绍自己适合处长岗位的特点。

金——我获得了金子般的荣誉。参加工作 17 年，其中有 8 个年度考核为优秀。2004 年被评为"办公厅标兵"，2005 年被评为"办公厅有突出贡献的先进个人"，2007 年被市政府授予"技术能手"称号、被市人事局记三等功。我深知，这些荣誉的背后是大家的充满期待和信任的目光。

木——我像大树一样吸收营养。"合抱之木，起于毫末"。因为生长在办公厅这个肥沃的土地上，所以对领导和同志们的优点长处看在眼里，记在心上；因为身处快速发展的年代，所以对新事物新知识求知若渴，生怕落伍；因为爱好不多，所以寄望从学习中享受快乐。这些年来，工作之余，我运用所学知识评国家大事，说民生难事，在《光明日报》《经济日报》《湖北日报》等国家级、省级报刊发表文章上百篇。

水——我是一个和谐的因子。不论在哪里工作，不论在什么岗位，我都顾全大局，团结共事。这种品质，没有随着职务的变迁、岗位的轮换而改变。担任信息处副处长以来，我找准自己的角色定位，补台不拆台，帮忙不添乱，心悦诚服地接受处长的领导，真心实意地搞好同事关系，尽力维护班子的团结、处室的和谐。

火——我激情燃烧地工作。从偏居一隅的区直小机关走进这座城市的首脑机关，我备感荣幸、温暖，也备感肩上的责任。对待工作，我是"衣带渐宽终不悔，为伊消得人憔悴"，记不清有多少个假日、多少个夜晚是在写材料，只依稀记得，为了赶写某些重要材料，经常加班到第二天太阳升起。令人欣慰的是，我撰写的多篇调研文章引起了省、市主要领导甚至是中央领导的关注，起草的多篇交办材料受到了领导的表扬、大家的认可。

土——我是地道的农民的儿子。我是伴着泥土和牛羊一起长大的，童年的记忆里充满了苦涩和艰辛。在农村的田野上，我不仅呼吸到了新鲜的空气，更培植了自己不受污染的纯净心灵。我从长辈们那里秉承到的是淳朴、善良、勤奋、忠诚。一直以来，我把这些优秀的品质视为宝贵的精神财富，时刻呵护，时刻铭记，即使是在市场经济的冲击、外界诱惑增多的形势下也毫不褪色。

假如我是一株麦子，开始扬花孕穗的时候，我忘不了引导我向上生长的太阳，忘不了供给根须营养的土地。如果我能够竞争上处长职位，我一定不负重托，不负众望，不辱使命。我用父母给我的姓名"方家平"三个字来诠释当好处长的工作理念与实践。

第一个字：方。一是领导有方。深刻领会、认真执行市委领导的方略，既带好队伍当好指导员，又率先垂范当好战斗员；既运用处长职位的有形力量，又运用个性魅力的无形力量；既不揽功，也不推过。二是明确方向。认真履行好工作职责，确定好工作重点，部署好工作格局，配置好工作资源。三是创新方法。处室工作需要在传承中创新，在创新中发展。我将通过流程再造、制度设计、柔性管理等方式来创新方法，努力让各方满意。

第二个字：家。搞好处室"小家"的和谐，维护办公厅"大家"的团结。坚决执行办公厅领导班子的决定，坚持搞好与兄弟处室之间的工作协调与感情沟通。团结出战斗力、凝聚力，也出生产力。在良好的氛围中，努力激发活力、创造佳绩。

第三个字：平。从副处长到处长，责任更大了，我将始终保持一颗平常心，诚恳做人，勤恳做事；我将始终保持一颗公平公正之心，客观地评价别人，正确地看待自己；我将始终激励和动员全处同志，在平凡的岗位上，努力把最平凡的事情做得不平凡。

各位评委、各位同志，行胜于言！给我一个机会，还您一个惊喜！

最后以一副对联结束我的演讲。上联"胜固可喜，宠辱不惊看花开"，下联"败亦无悔，立足岗位做贡献"，横批是"谢谢大家"。

（方家平：《真实的我，期待您的信任》，载《演讲与口才》，2009 年第 11 期）

拓展阅读>

补充读物

1. 金常德：《竞聘报告与述职报告写法之比较》，载《应用写作》，2008年第 9 期。

2. 郑泽宏：《怎样在竞聘演讲中塑造竞聘者的良好形象——以一篇竞聘报告为例》，载《应用写作》，2013 年第 9 期。

3. 邵佩华：《如何写好竞聘演讲稿》，载《应用写作》，2014 年第 12 期。

综合实训

一、广西商业技工学校××级家电维修班的学生徐××，在上学期间被评为三级技工，取得了家用电器维修上岗证，并在省××公司家电维修部实习，独立操作维修过 17 台冰箱，经质检合格，用户满意。现在他要找一份工作，请根据他的实际情况代他写一份求职信。

二、某市实验中学教师赵××针对秘书工作或外语公共课教学工作向××大学人事处发了一份求职信，信中介绍了她的一些情况：在校期间在省报发表过小说两篇，在《光明日报》发表大学生暑期调查报告一篇，获学校硬笔书法赛二等奖（正楷），通过了国家英语四级考试，在省级刊物上发表过翻译作品两篇，曾被市直某机关借用处理文字工作，写过多种计划、总结、报告，为×副市长的电视讲话写过讲稿。请你根据上述资料帮赵××写一份求职信。

三、王××在广州工作七年，先后在三家公司做管理类工作，想在广州应聘做工厂类生产管理工作，月薪要求5000～6500元。她有强烈的工作责任心及进取意识，能够熟练操作Office等电脑软件，熟悉电子、吸塑产品和平工艺及生产用仪器设备的调试与维修，熟悉ISO9001－2000版质量管理体系运作，熟练运用各种图表等日常管理方法，有丰富的日资企业管理经验，有独立撰写报告的能力。请帮他设计一份条文式个人简历，要能突出其各种经历和工作能力。

四、20××年5月15日，石药集团到石家庄职业技术学院招聘会计，应聘条件是：①会计专业的本科毕业生，性别不限，成绩优异，有工作经验者优先。②熟悉会计工作流程，能够熟练运用ERP财务软件。③能够熟练操作计算机。④富有责任心，学习能力强，思想积极、活跃，工作认真、负责，有较强的沟通能力和团队精神。敢于接受挑战和承受工作压力。会计专业的应届毕业生王××想参加这次招聘，请代王××制作一份表格式简历。

主要参考文献

[1]杨霞．公文写作规范与例文解析(第二版)．北京：北京大学出版社，2013.

[2]刘伟伟．公文写作中最常见的 100 个错误．北京：中国人民大学出版社，2015.

[3]韦红宁，庄小彤．商务文案写作实训教程．北京：北京交通大学出版社，2011.

[4]马正平．高等文体写作训练教程(下册)实用文体写作．北京：中国人民大学出版社，2002.

[5]朱行能．写作思维学．北京：人民出版社，2007.

[6]王景科．新编大学应用写作．北京：中国社会出版社，2011.

[7]韦志国．秘书写作．大连：大连理工大学出版社，2012.

[8]张文英．新编应用文写作教程．天津：南开大学出版社，2010.

[9]徐望驾，詹昌平，司马晓雯．应用文写作教程．西安：西安交通大学出版社，2013.

[10]杨元华，孟金蓉，等．秘书写作．上海：复旦大学出版社，2001.

[11]柳宏，丁晓昌，杨剑宇．秘书写作．北京：高等教育出版社，2011.

[12]郭冬．秘书写作(第三版)．北京：高等教育出版社，2014.

[13]杨文丰．秘书应用写作．北京：高等教育出版社，2015.

[14]李艳婷，王瑞玲．现代职业秘书写作．北京：北京大学出版社，2012.

[15]卢如华．新编秘书写作(第二版)．北京：高等教育出版社，2015.

[16]张江艳．电子公文写作实训教程．北京：高等教育出版社，2009.

[17]谢亦森．大手笔是怎样炼成的(理论篇)．武汉：长江文艺出版社，2013.

[18]刘永红．商务策划实务(案例教学)．北京：机械工业出版社，2012.

[19]刘建明，张明根．应用写作大百科．北京：中央民族大学出版社，1994.

[20]石大安．应用文写作．成都：西南财经大学出版社，2013.

[21]施新．商务文书写作：要领·技巧·最新例文．北京：中国纺织出版社，2010.

[22]姬瑞环，卢颖，崔德立．商务文书写作与处理(第三版)．北京：中国人民大学出版社，2012.

[23]周俊玲．商务文书写作实务．北京：机械工业出版社，2012.

[24]张春宝，吴瑞林．商务经济应用写作．太原：山西经济出版社，2007.

[25]张小乐．实用商务文书写作(第二版)．北京：首都经济贸易大学出版

社，2013.

[26]冯晓玲，张利莹．实用应用文写作教程．北京：中国传媒大学出版社，2011.

[27]刘宏彬．新编应用文写作教程．北京：新华出版社，2008.

[28]戴国良．企划案撰写实战全书 经典范例大全．汕头：汕头大学出版社，2004.

[29]杨德慧，彭英．商务策划与文案写作(修订第二版).北京：首都经济贸易大学出版社，2011.

[30]裴显生．应用写作(第三版).北京：高等教育出版社，2010.

[31]王绍光，鄢一龙．大智兴邦 中国如何制定五年规划．北京：中国人民大学出版社，2015.

[32]黄高才．应用写作．北京：北京大学出版社，2012.